CU00684944

Y GREFFT O GREU

Y GREFFT O GREU

Ysgrifau ar Feirdd a Barddoniaeth

Alan Llwyd

Cyhoeddiadau Barddas 1997

(h) Cyhoeddiadau Barddas
Argraffiad Cyntaf: 1997

ISBN 1 900437 15 5

*Y mae Cyhoeddiadau Barddas yn gweithio gyda chefnogaeth
ariannol Cyngor Celfyddydau Cymru, a chyhoeddwyd
y gyfrol hon gyda chymorth y Cyngor.*

Cyhoeddwyd gan Gyhoeddiadau Barddas
Argraffwyd gan Wasg Dinefwr, Llandybïe

CYNNWYS

RHAGAIR

Dr Medwin Hughes, Is-brifathro Coleg y Drindod, Caerfyrddin, a ofynnodd i mi gasglu rhai o'm hysgrifau ar farddoniaeth ynghyd, a chyhoeddi detholiad ohonyn nhw. Ym 1996 derbyniais yr anrhydedd o gael fy mhenodi'n un o Gymrodorion Ymchwil Coleg y Drindod, a bwriedir i'r gyfrol hon fod yn rhan o'r gymrodoriaeth honno. Dymunaf ddiolch i Medwin am ei ddiddordeb yn y gyfrol hon, ac mewn prosiectau eraill sydd ar y gweill.

Dywedodd yr Athro Dafydd Johnston am y casgliad hwn o ysgrifau llenyddol a beirniadol fod 'themâu cyffredin yn rhedeg trwyddynt, yn enwedig moderniaeth ac ymateb y bardd i'r byd cyfoes, sy'n rhoi unoliaeth i'r gyfrol,' a bod y gyfrol yn arddel y safbwynt mai 'crefft trin geiriau yw barddoniaeth yn anad dim'. Dyna'n union y safbwynt a goleddir yma, er y byddai llawer iawn yn anghytuno â'r safbwynt hwn. Y safbwynt a fynegir yn y gyfrol hon yw fod barddoniaeth yn grefft fanwl a disgybledig, ac yn gelfyddyd anodd y mae angen oes o ymgysegriad i'w thrin a'i thrafod yn iawn. Mae'n rhaid wrth feistrolaeth ar iaith, techneg a phrofiad i greu cerddi o'r radd flaenaf. Mae'n rhaid i bob cerdd weithio fel undod, fel patrwm cyfun a seiniau a syniadau, ac amcanu at berffeithrwydd o safbwynt mynegiant a ffurf. Ceisir dangos, drwy'r llyfr, sut y cyflawnwyd hynny gan rai beirdd.

Darlithoedd cyhoeddus oedd 'Ar Drothwy Mileniwm' a 'Canrif o Brifwyl', a cheisiwyd cadw peth o naws lafar y traddodi. Cynhwyswyd y drafodaeth ar y ffilm *Hedd Wyn* am mai ffilm am fardd ydyw, ac oherwydd y dadleuir yn y drafodaeth arni fod cyfrwng y ffilm yn perthyn yn agos iawn i gelfyddyd barddoniaeth; fe'i cynhwyswyd hefyd am fod *Hedd Wyn* yn rhan o'r maes llafur Cymraeg ar gyfer arholiadau Lefel A.

Dymunaf ddiolch i staff Gwasg Dinefwr am dywys y casgliad drwy'r wasg gyda'u gofal a'u trylwyredd arferol.

YSGRIFAU AR FARDDONIAETH A CHELFYDDYD

'CWMWL HAF' WALDO WILLIAMS

(o safbwynt barddoniaeth a beirniadaeth fodern)

Bardd modern yw Waldo Williams, ond nid am ei fod yn llunio cerddi *vers libre* nac yn cyfeirio at ddyfeisiau a thechnoleg yr oes hon. Nid yr elfennau hyn a wna fardd modern. Yn ôl rhai beirdd a beirniaid o Gymry, mae'n amhosibl creu barddoniaeth fodern ar fesurau traddodiadol mesur-ac-odl: priod gyfrwng y bardd modern yw'r *vers libre*. Er nad oes angen i neb bellach dynnu sylw at ffolineb yr haeriad hwn, efallai fod yma le i un dyfyniad cynhwysfawr a doeth. Meddai T. S. Eliot yn 'Reflections on *Vers Libre*':[1]

> ... the decay of intricate formal patterns has nothing to do with the advent of *vers libre*. It had set in long before. Only in a closely-knit and homogeneous society, where many men are at work on the same problem, such a society as those which produced the Greek chorus, the Elizabethan lyric, and the Troubadour canzone, will the development of such forms ever be carried to perfection. And as for *vers libre*, we conclude that it is not defined by absence of pattern or absence of rhyme, for other verse is without these; that it is not defined by non-existence of metre, since even the *worst* verse can be scanned; and we conclude that the division between Conservative Verse and *vers libre* does not exist, for there is only good verse, bad verse, and chaos.

Ar un ystyr, mae Eliot yn y dyfyniad uchod yn cyfiawnhau bodolaeth y mesurau traddodiadol, oherwydd y mae'r Gymru Gymraeg yn gymdeithas fechan, glòs, yn gymuned a gais ddatrys yr un problemau. Ar y llaw arall, nid yw'r frwydr hon rhwng pleidwyr y *vers libre* a phleidwyr y mesurau traddodiadol yn berthnasol o gwbl. Y delfryd yw cynhyrchu barddoniaeth dda ar amrywiaeth o fesurau cyffrous a chreadigol, a'r mesurau hynny'n asio'n berffaith â'r cynnwys, y mater.

---

1. *To Criticize the Critic,* 1965, t. 189.

1

Yn ôl eraill, beirdd a beirniaid Lloegr yn y Tridegau'n arbennig, y mae'n rhaid i farddoniaeth fodern ymdrin â dyfeisiau a phethau'r Ugeinfed Ganrif. Dyma gred yr 'Ysgol Beilonnaidd', a'r gwir yw fod llawer o gerddi'r ysgol honno, neu'r gyfeillach honno, o feirdd wedi dyddio'n enbyd, ac yn ymddangos erbyn hyn fel cynnyrch cyfnod neu gynnyrch ffasiwn lenyddol, a ddigwyddodd ac a ddarfu; ymarferiadau gweddol ddiwerth yn hytrach na cherddi gorffenedig, arhosol; ffug-foderneiddiwch yn hytrach na chyf-oesedd diffuant. Dyma enghraifft o 'foderneiddiwch' yr ysgol hon:

> … Unstable man,
> Now bent under the load of his skyscraper grief,
> Now spinning joys from the spare pylon's ribs.

Meddai H. Coombes wrth drafod y darn uchod:[2]

> 'Skyscraper', intended to suggest greatness of amount, immensity, is altogether inept when coupled with grief: for it is a strong thing, it rises tall, it is distinctly designed: it is nothing like grief. Moreover, the idea of someone bent under such a load is certainly a 'staggering' one. The second line, trotted out to keep the first company, apparently has some vague reference to wireless. 'Spinning' seems to have no justification at all. And joys from anything's or anybody's ribs must be of a strange kind. This imagery is muddled and meaningless; intended to be striking, it betrays itself as faked.

Gwthid delweddau o'r bywyd diwydiannol a thechnolegol cyfoes ar farddoniaeth gan aelodau o'r garfan hon o feirdd. Gorymdrech i fod yn fodern ac yn gyfoes a benderfynai ar eu dewis o ddelweddau yn aml, yn hytrach na bod y delweddau hyn yn rhan anhepgor ac anochel o dwf organig ac o thema gynhenid y gwaith. Meddai Terence Brown, wrth drafod drama Louis MacNeice, *Pindar is Dead*:[3]

> The impression which the play creates is of a somewhat frenzied attempt to get everything in – airports and Freud, cigarette-lighters, fried eggs and Marx. The play itself is very dated and must be judged a failure in F. O. Mathiessen's terms: 'the one occasion

2. *Literature and Criticism*, 1977, tt. 48-9.
3. *Louis MacNeice: Sceptical Vision*, 1975, t. 53.

where McNeice seems to have collapsed into being affected by the least valuable elements in Auden ...'

Mae'n rhaid mai cyfeirio at linellau fel y rhai a ganlyn o eiddo Auden a wneir uchod, o'i gerdd hir 'Letter to Lord Byron':

> I'll clear my throat and take a Rover's breath
>   And skip a century of hope and sin –
> For far too much has happened since your death.
>   Crying went out and the cold bath came in,
>   With drains, bananas, bicycles, and tin,
> And Europe saw from Ireland to Albania
> The Gothic revival and the Railway Mania.
>
> We're entering now the Eotechnic Phase
>   Thanks to the Grid and all those new alloys;
> That is, at least, what Lewis Mumford says.
>   A world of Aertex underwear for boys,
>   Huge plate-glass windows, walls absorbing noise,
> Where the smoke nuisance is utterly abated
> And all the furniture is chromium-plated.

Mae yma orymgais i fod yn gyfoes, ond dyna'r chwiw yn y Tridegau, sef llusgo delweddau o'r bywyd cyfoes i mewn i'r farddoniaeth, yn groes i'r graen yn aml. Pentyrrid delweddau cyfoes, nid am eu bod yn rhan anhepgor o weledigaeth y bardd, ond am eu bod yn moderneiddio'r farddoniaeth. Y mae'r chwiw'n ymddangos yn dric rhad erbyn hyn, er nad yw wedi diflannu o'n plith hyd yn oed heddiw. Ond mae'r dull hwn o feddwl yn hen beth, yn feddylfryd a goleddid cyn belled yn ôl â dechrau'r Tridegau; ar ddechrau'r Tridegau, er enghraifft, canmolwyd C. Day Lewis gan Michael Roberts yn rhagymadrodd y flodeugerdd *New Signatures* am dorri tir newydd â'r llinellau hyn:

> Charabancs shout along the lane
> And summer gales bay in the wood
> No less superbly because I can't explain
> What I have understood ...

Dyma farn Samuel Hynes am y llinellau uchod:[4]

---

4. *The Auden Generation: Literature and Politics in England in the 1930s*, 1976, t. 44.

It is not immediately clear why this passage is different from the prevailing sterility, but no doubt it is these shouting charabancs, since Roberts (and many critics following him) took the use of imagery taken from contemporary life to be a defining feature of the new poetry.

Yn ôl dull Michael Roberts o ymresymu, mae Gwilym Deudraeth yma yng Nghymru, â'i englyn i'r 'Charabanc' – 'Cheer, bois, i'r *charabanc*' – yn gymaint arloeswr a modernwr ag ydyw C. Day Lewis! Fodd bynnag, dilynwyd y dull hwn o synio am farddoniaeth gyfoes gan rai o feirdd Cymru yn y Tridegau, ac un o'r beirdd hynny oedd W. H. Reese yn *Y Ddau Lais*. Yn ei ragymadrodd, y mae W. H. Reese yn honni mai priod swydd y bardd bellach yw 'mynegi profiadau tragwyddol dyn a bywyd – poen, serch, angen a syrffed … mewn termau cyfnod. Hynny yw, eu lleoli mewn cyfnod, a'u gwisgo â gwedd y cyfnod, a thrwy hynny eu gwneud yn hanfodol ac yn agos i fywyd fel y mae dynion yn ei fyw'.[5]

Yn ôl W. H. Reese, nid yw cwpled William Morris:

> Ni ddychwel hen lawenydd
> Er disgwyl, disgwyl bob dydd

yn farddoniaeth fodern, am nad oes ynddo unrhyw beth y gellir ei gysylltu â'r Ugeinfed Ganrif; ond pe dywedid, er enghraifft:

> Ni ddychwel hen lawenydd
> Er disgwyl, disgwyl bob dydd
> Yn oes anghrist y piston,
> Yr oes ddi-waith ddiffaith hon …

gellid galw'r darn yn farddoniaeth fodern. Dyna egwyddor sylfaenol yr ysgol hon, ac fel canlyniad, ni ellid canu cerdd heb fod ynddi gyfeiriad at y peiriant neu at orchestion dyn ym myd diwydiant a thechnoleg. Dyma, er enghraifft, ran o gerdd W. H. Reese, 'Cân y Comiwnydd Cymreig i'w Gariad':

> Er dy fod yn rhan ohonof,
> a mi ohonot ti,
> mae'n dau fyd yn gogynnau bach

---

5. *Y Ddau Lais*, Aneirin ap Talfan (Aneirin Talfan Davies) a W. H. Reese, 1937, t. xiv.

ar werthyd chwyrn
peiriant yr hoedl hon;
a ninnau'n sugno gorffwyll rym
o ffwrneisiau anniffoddadwy
y Peiriannydd cywrain,
i sgleinio'r rheiliau,
gan fwrlwm lli sillafau ein cyflymdra,
a'i fysedd celfydd E'n rheoli'r throtl ...

Mae Waldo Williams yn fardd modern, a cherddi yn y dull modern yw
'Cwmwl Haf' ac 'Mewn Dau Gae', er nad oes odid yr un cyfeiriad ynddynt
at undim y gellir ei gysylltu'n uniongyrchol â gwareiddiad yr Ugeinfed
Ganrif. I'r gwrthwyneb yn wir, ceir yn un o benillion 'Mewn Dau Gae'
ddarlun hiraethus a rhadlon o'r cynaeafu cymdogol, gwledig, ac eto mae'n
gerdd fodern iawn. Y gwir yw nad oes raid i fardd gyfeirio at daclau'r byd
modern i fod yn fodern. Dyna pam y dywedodd F. R. Leavis hyn wrth
drafod y mater hwn o foderniaeth:[6]

> It will not be by mentioning modern things, the apparatus of
> modern civilization, or by being about modern subjects or topics
> ... All that we can fairly ask of the poet is that he shall show him-
> self to have been fully alive in our times. The evidence will be in
> the very texture of his poetry.

Beth, felly, yw hanfod barddoniaeth fodern? Nid dyma'r lle i drafod yr
ystyriaeth bwysfawr hon, gan mor eang yw'r goblygiadau. Ond gellir
mentro cynnig ychydig o sylwadau cyffredinol. Nid crybwyll taclau'r
byd modern, yn sicr, a wna fardd modern, ac nid canu cerddi *vers libre*
ychwaith; ac yn ôl Leavis, nid yw canu ar bynciau cyfoes neu amserol o
anghenraid yn cynhyrchu barddoniaeth fodern, er i John Press restru'r
pynciau canlynol fel rhai o brif themâu barddoniaeth fodern:[7]

> ... poets have been tormented, as Pascal was in his day, by the
> infinitesimal size of man in the cosmos. Two world wars, the re-
> introduction of torture by governments generally reckoned to be
> civilized, the scientific planning of genocide, the deliberate crush-
> ing of the individual by totalitarian states, the eviction of millions
> of families from their homes, the outbursts of irrational violence

---

6. *New Bearings in English Poetry*, 1932, t. 24, arg. 1979.
7. *A Map of Modern English Verse, 1969*, t. 4, arg. 1979.

and of racial hatred in the great cities of the world, the possibility
that *homo sapiens* may destroy himself – all these factors have lent
urgency to the question 'What is man?' It is this question which
haunts modern English verse.

Rhaid cyfaddef fod yr hyn a ddywed John Press am themâu barddon-
iaeth fodern Saesneg yn gyffredinol wir am themâu barddoniaeth fodern
yng Nghymru hefyd. Bychander a distadledd dyn yng ngwead anferth
y cyfanfyd yw un o brif themâu T. H. Parry-Williams, er enghraifft, ac
fe'i ceir mewn cerddi fel 'Yr Esgyrn Hyn', 'Celwydd' ('Tristach na holl
ddinodedd dyn/Yw chwerthin y cnawd am ei ben ei hun'), 'Argyhoedd-
iad', 'Dychwelyd', 'Cesar', 'Gwynt y Dwyrain', 'Ymwacâd', y ddwy soned
'Jezebel', a nifer o gerddi eraill. Ond er bod y thema hon yn thema gyfoes
ar un ystyr, y mae'n thema oesol hefyd, ac mae beirdd fel Shakespeare, i
enwi un yn unig, wedi ymdrin â'r thema. Y mae Gwenallt, T. H. Parry-
Williams, Saunders Lewis, Gwyn Thomas, R. Williams Parry a nifer o rai
eraill wedi ymdrin â threisgarwch a barbareiddiwch yr Ugeinfed Ganrif, ac
wedi llunio cerddi am hil-laddiad, am ragfarn a chasineb hiliol, ac am
dueddiadau hunan-ddinistriol dyn. Ac mae nifer o'n beirdd cyfoes ni wedi
gofyn y cwestiwn 'Pa Beth yw Dyn' yn ogystal â Waldo. Meddai R.
Williams Parry yn 'Taw, Socrates':

> O! Armagedon, sydd yn gwneud y byd
> A'r bywyd hwn yn gwestiwn oll i gyd.

ac mae'n ymddangos i mi fod John Press yn bur agos ati yn yr hyn a
ddywed am rai o brif themâu barddoniaeth fodern.

Pe gofynnid imi nodi'n gyffredinol beth yn union yw prif nodweddion
barddoniaeth fodern, y tu allan i'r elfen thematig, mi restrwn y nodwedd-
ion a ganlyn. Mae'n wahanol o ran techneg yn un peth: awgrymusedd
yn disodli uniongyrchedd; rhythmau creadigol, cyffrous, sy'n cydasio â'r
cynnwys, yn disodli mydr set, rhagbenodedig; diffuantrwydd o ran gweledig-
aeth neu ymdriniaeth, yn hytrach na ffug-weledigaeth; symboliaeth yn
disodli mynegiant traethodol, llythrennol, ac, o ran thema neu gynnwys, y
parodrwydd i wynebu bywyd yn hytrach nag encilio i ynysoedd rhith.
Nodwedd ar farddoniaeth wael, ac nid un o brif nodweddion barddon-
iaeth gyfoes, yw'r clyfrwch *eccentric*, y ffug-foderneiddiwch, a geir gan rai
beirdd. Ond sylweddolaf nad yw'r rhestr uchod, wedi'r cyfan, yn dweud
rhyw lawer am farddoniaeth gyfoes. Mae'n haws esbonio trwy enghraifft.
Dyma i ni bennill gan fardd enwog iawn, allan o'i gerdd 'Cymru Rydd':

Ei nentydd glân rhedegog
    A ennill bennill bardd;
Ei bryniau gwyllt caregog,
    Cyfoethog ŷnt a hardd;
A thanynt mewn tawelwch
A hyfryd ddiogelwch,
Ei theg ddyffryndir welwch
    Yn gwenu megis gardd.

Ni cheir yma'r un o'r nodweddion a restrwyd: uniongyrchedd difeddwl yn
hytrach nag awgrymusedd a geir yma, mydr carlamus, undonog yn hyt-
rach na rhythm myfyriol, creadigol, er y gellir dweud bod y mydr yn cyfleu
symudiad y nentydd a llyfnder yr olygfa, petai ots am hynny. Nid oes yma
weledigaeth ychwaith. Y mae'r pennill yn rhy *dlws* rywsut. Ceir gormod o
odlau dwbl yma, 'rhedegog', 'caregog', 'ennill', 'bennill', 'tawelwch', 'dio-
gelwch', 'welwch'. Ystrydebol yw'r tair odl acennog, 'bardd', 'hardd' a 'gardd'.
Nid bod odlau dwbl yn perthyn i'r oes o'r blaen: mae odlau dwbl yn
gymaint rhan o farddoniaeth gyfoes ag ydyw symboliaeth neu awgrymus-
edd, fel y dengys cerddi gan Williams Parry, Saunders Lewis, Gwenallt
neu Waldo, ond rhaid eu defnyddio mewn modd creadigol. Ond yn y
darn hwn, bardd yn ymhyfrydu yn y ffurf allanol a geir, yn chwarae ag
odlau ac yn ymfalchïo yn ei orchest, ond nid oes ganddo ddim oll i'w
ddweud. Mae'n rhoi'r holl bwyslais ar y ffurf i bob pwrpas, ac yn hepgor
y mater yn gyfan gwbl bron; felly, nid oes yma briodas rhwng ffurf a
deunydd. *Jingle* sydd yma, rhigwm disylwedd.
    Dyma i ni'n awr gerdd fechan gan fardd sydd yn nes atom:

Y BARCUT

Cydiaf yn dynn yn y llinyn llonydd
sy'n saethu i'r nen,
yr edau wawn
a'm cydia wrth yr angel lliw
sy 'mhell o'm golwg.

Ni wela'n awr
mo hwyliwr yr awelon;
ni chlywaf ddim o'i sŵn
ond gwn ei fod yn rhywle
tu draw i'r niwloedd.

Rhyngom ein dau y mae gofod
ac mae llinyn,
a rhaid dal gafael
a dal i ddal gafael ynddo
am fod 'rehedwr hardd
ynghlwm wrth hwn.

Pan ddaw plwc ar dennyn
mi wn ein bod
ar ddeupen yr un cortyn.

Mae yma awgrymusedd i ddechrau; nid disgrifiad o farcud, a hynny'n
unig, a geir yma. Mae i'r barcud arwyddocâd arbennig, y mae yma i
gynrychioli rhywbeth neu'i gilydd; bron nad yw'r barcud yn symbol.
Rhaid i ni ddyfalu beth yw arwyddocâd neu 'ystyr' y barcud, ond rhaid
inni wneud hynny trwy ddilyn techneg awgrymusedd y bardd, ac nid
dyfalu'n benagored, ffansïol. Hefyd y mae yma rythm creadigol pendant,
ac er nad yw rhythm y gerdd hon mor llwyddiannus â'r amrywiadau
rhythmig a geir gan y bardd mewn cerddi eraill o'i eiddo, fe ddengys pa
mor gryf yw ei afael ar y rhythm myfyrdod a geir yma; ac, yn sicr, mae
yma weledigaeth yn ogystal â chrefft, crefft fel ag a geir yn y llinell gyntaf
un, lle y mae'r gynghanedd Sain yn dal y llinell wrth ei gilydd, ac yn
awgrymu'r cydio tynn a fynegir ynddi. Daw'r dechneg awgrymu i'r amlwg
yn yr ymadrodd 'angel lliw', ac mae'r gerdd yn dadlennu'i chyfrinach yn
ddigon didrafferth. Onid Duw yw'r barcud, y Duw di-ddal hwn sy'n
llithro o'n gafael mor rhwydd, ac yn cadw o'n golwg? Ac onid Ffydd yr
unigolyn neu'r Cristion yw'r llinyn? Efallai na welwn Dduw â'n llygaid
noeth, ac efallai na chlywn 'ddim o'i sŵn', ond gwyddom, trwy gydio yn
llinyn ein ffydd, 'ei fod yn rhywle tu draw i'r niwloedd'. Ac er bod gofod a
gwacter a gwagle rhwng dyn a Duw, y mae llinyn ffydd yn cysylltu'r ddau,
ac mae'n rhaid dal gafael yn y llinyn hwn, rhag colli Duw. Efallai na allwn
weld na chlywed Duw, ond ar adegau daw 'plwc ar dennyn', h.y., bydd
rhyw brofiad neu'i gilydd yn dod â Duw'n nes atom ac yn tystio i'w
fodolaeth. Cerdd arbennig iawn gan fardd grymus yw 'Y Barcut', cerdd
gyfoethog yn ei hawgrymusedd; ond cerdd ysgafala ac anarbennig yw
'Cymru Rydd', er nad yw'r gerdd, rhaid cyfaddef yn ddiymdroi, yn nod-
weddiadol o'i hawdur ar ei orau. Syr John Morris-Jones yw awdur y pennill
a Gwilym R. Jones yw awdur 'Y Barcut'.

Mae 'Cwmwl Haf' Waldo Williams yn gerdd y bu cryn drafod arni, a'r
dehongliadau ohoni yn arddangos cryn amrywiaeth: dehongliadau craff a

chytbwys yn ogystal â dehongliadau ffansïol a dychmyglon, llai cywir, o leiaf mewn mannau. Os derbyniwn y ddadl mai un esboniad yn unig a ddylai fod ar gerdd, sef meddylfryd ac amcan y bardd ei hun, yna rhaid derbyn bod rhai o'r dehongliadau hyn yn gwbl anghywir. Mewn gair, credaf fod 'Cwmwl Haf, wedi ei gorddehongli, a'r gorddehongli hwn wedi esgor ar anghywirdeb rai prydiau, ac wedi ein pellhau oddi wrth ystyr gychwynnol, wreiddiol y gerdd. Un o beryglon beirniadaeth lenyddol gyfoes yw gorlwytho cerdd â gwahanol ystyron, pob beirniad yn ceisio gwrthbrofi beirniad neu feirniaid eraill, nes bod ystyr wreiddiol y gerdd yn ymgolli'n llwyr yn y gwahanol ddadleuon hyn, ac yng nghanol yr holl ddamcaniaethau cyferbyniol. Meddai'r bardd Roy Campbell yn un o rifynnau *Poetry Review*:

> For every clear-headed poet ... there are at least three hundred of crossword-conscious professors demanding ... to be *puzzled* by poetry which is more difficult to read than to write; poetry in which they can joyfully hunt the thimble of meaning through haystacks of self-bamboozlement; poetry which is vague and form-less but offers (like Leonardo's mildewed wall) a million suggestions of half-meanings and glimmerings of sense.

I raddau, ond i raddau'n unig, y mae hyn wedi digwydd yn achos 'Cwmwl Haf'. Y gwir yw nad yw 'Cwmwl Haf' yn gerdd 'dywyll'; y mae'n wir mai techneg awgrymusedd a geir ynddi, ond gellir 'deall' y gerdd, os dyna'r gair iawn, yn rhwydd trwy ddilyn y dechneg hon. Yr hyn a gymhlethodd 'Cwmwl Haf' a'i gwneud yn gerdd astrus yw trafodaethau'r beirniaid eu hunain.

Ceisio adfer ystyr gysefin y gerdd a wneir yma, a hynny trwy ddilyn techneg awgrymusedd y gerdd a dal ar bob awgrym, trwy astudio pob tystiolaeth a geir ynglŷn â hi, a thrwy gymharu'r gwahanol ddehongliadau â'i gilydd. Cyn mentro ar ddehongliad, dyma restru'r prif drafodaethau a gafwyd ar y gerdd hyd yma, gan y byddaf yn cyfeirio'n fynych atynt yng nghwrs yr erthygl hon:

(a) John Rowlands, 'Ystyried Dail Pren', *Ysgrifau Beirniadol IV* (Gol. J. E. Caerwyn Williams, Gwasg Gee, Dinbych, 1969), tt. 266-9.

(b) Bobi Jones, 'Nid Niwl yn Chwarae', *Waldo* (Gol. James Nicholas, Gwasg Gomer, Llandysul, 1977), tt. 91-4.

(c) J. E. Caerwyn Williams, 'Yng Nghysgod Dail Pren', ibid. tt. 167-74.

(ch) Dilys Williams, 'Atodiad', ibid. tt. 177-81.

(d) Dafydd Owen, 'Cwmwl Haf', *Dal Pridd y Dail Pren* (Llyfrau'r Dryw, Llandybïe, 1972), tt. 34-6.

(dd) Hugh Bevan, 'Cwmwl Haf', *Y Traethodydd*, Cyf. CXXVI, Rhif 540, Hydref 1971, tt. 296-302.

(e) John Gwilym Jones, 'Cwmwl Haf', ibid. tt. 303-7.

Egyr y gerdd trwy gyfeirio at dri enw tŷ, a thrwy gyfeirio'n niwlog benagored at berchnogion y tai hyn:

> 'Durham,' 'Devonia,' Allendale' – dyna'u tai
> A'r un enw yw pob enw,
> Enw'r hen le ...

Mae'r beirniaid yn dechrau dadlau â'i gilydd ar gorn y llinell gyntaf hyd yn oed. Mynnir gan y mwyafrif mai at 'bobl ddŵad' y cyfeirir, Saeson wedi ymddeol ac wedi ymgartrefu yng Nghymru i dreulio eu blynyddoedd olaf. Y bobl hyn biau'r tai yn y llinell gyntaf, meddir. Dyna farn John Rowlands, er enghraifft (t. 266):

> Nid yw'r weithred ddiniwed o osod enw bro mebyd ar dŷ mewn ardal estron yn ddim ond arwydd o geisio rhyw fath o gyd-destun ystyrlon sy'n goleuo'r presennol ac yn gaer o ddiogelwch am yr unigolyn.

Mae Dafydd Owen yntau yn awgrymu mai 'enwau ymfudwyr ar eu tai' (t. 34) a geir yma. Ceisiodd rhai nodi union leoliad y tai hyd yn oed: 'Gwn fod *Allendale* yn enw ar dŷ yn Nhŷ Ddewi' (t. 177) meddai Miss Dilys Williams, chwaer y bardd, ac meddai Hugh Bevan, 'enwau Saesneg ar drigfannau yn Nyfed yw'r rhain', gan nodi bod 'Devonia' yn enw ar dŷ yng ngogledd Sir Benfro. Ond awgrym yr Athro Bobi Jones yw mai yn Lyneham, Wiltshire, y gwêl Waldo y tai hyn yn y gerdd, a chytunaf yn llwyr ag ef. Daeth Bobi Jones i'r casgliad hwn oherwydd ei fod 'yn synied fod yna gyffyrddiadau o hiraeth am ei gartref ei hun nid yn unig yn y tair llinell gyntaf, eithr yn y pennill olaf hefyd, yn ogystal ag yn y pumed pennill' (t. 92). Yn sicr, mae hiraeth Waldo yn cyniwair drwy'r gerdd, yn enwedig yn yr ymadrodd. 'Enw'r hen le' ac yn y pennill olaf, ond mae angen mwy o dystiolaeth na hyn i brofi union leoliad y tai. Yn ogystal â chytuno â sylwadau Bobi Jones, hoffwn gynnig dwy dystiolaeth arall, sef y dystiolaeth fewnol a'r dystiolaeth allanol. Y dystiolaeth fewnol i ddechrau:

mae i 'Cwmwl Haf' batrwm arbennig: ceir dwy ran i'r gerdd, sef rhan 1:
llin. 1-19, a rhan 2: llin. 20-48. Yn ogystal, ceir dwy is-adran i bob rhan,
fel a ganlyn:

Rhan 1	Dieithrwch	llin. 1-5
	Perthyn	llin. 6-19
Rhan 2	Dieithrwch	llin. 20-43
	Perthyn	llin. 44-48

Yn y pum llinell gyntaf, mae Waldo yn ei gael ei hun mewn bro ddieithr,
estron. Y mae ar goll. Yn ei gywydd byr i Huw Griffith yr actor, y mae
Rhydwen Williams yn dweud amdano:

Sir Fôn yw'r sir a fynnai,
Enwau'r tir ar bennau'r tai.

A dyna a geir yma: trigolion Wiltshire yn ymfalchïo yn eu cefndir a'u
cynefin, ac yn eu huniaethu eu hunain â'u bro. Mae pawb ohonom, o bob
cenedl dan haul, am fawrygu ein cynefin, ac am gadw cysylltiad clòs â'n
gwreiddiau; ac mae gweld enwau'r tai hyn mewn bro estron yn atgoffa
Waldo am ei gartref a'i gynefin yntau, yn codi hiraeth arno, ac yn peri iddo
fyfyrio ar ei gefndir a'i genedl ef ei hun. Mae yntau hefyd yn 'perthyn' i
ddarn arbennig o dir, i le arbennig ac i genedl arbennig. Mae'r ail dystiol-
aeth yn fwy cadarnhaol ac yn llai damcaniaethol. Yn ôl y llyfryddiaeth o
weithiau Waldo yn *Y Traethodydd Coffa*, llyfryddiaeth a drefnwyd gan
B. G. Owens, lluniwyd 'Cwmwl Haf' ym 1947, anfonodd y bardd gopi
o'r gerdd at D. J. Williams, a cheir 'Dau holograff yng Nghasgliad D. J.
Williams, gyda nodyn ar frig un ohonynt, 'Mis Gorff. 1947 mewn llythyr
o Lyneham'. Mae'n amlwg, felly, mai yn Lyneham y lluniodd Waldo
'Cwmwl Haf'. Yn hytrach na chwilota am dai o'r enw 'Durham', 'Devonia'
ac 'Allendale' ar wasgar yng Nghymru, onid yw'n haws derbyn mai yn
Lloegr y gwelodd y tai hyn?

Fodd bynnag, mae'r beirniaid, at ei gilydd, yn gytûn ar arwyddocâd y
gweddill o'r paragraff cychwynnol hwn. Yn ôl John Rowlands: 'Yr ogof
yw'r cof lle mae'r gorffennol yn ymddangos yn ddisglair, ac mae'r 'tŷ sydd
allan ymhob tywydd' yn fwy na'r un o'r tri thŷ a enwir ar y dechrau:
hwn yw'r tŷ sy'n gasgliad o hanes ac atgofion, a'i sylfaen yn gadarnach na'r
preswyl-dros-dro sydd gennym ar y ddaear' (267). Meddai Hugh Bevan
yntau (297):

... olrheinir y brogarwch eiddgar yn ôl ar draws y canrifoedd hyd
at y preswylio cyntaf pan fu ogofâu'n fangre'r ymglosio goleuedig
dynol a chyn bod gwydnwch tai yn cynnig lloches.

Cynnig cyffelyb gan John Gwilym Jones wedyn (306):

Mae'r gorffennol yn bardocsaidd (*sic*) yn ogof sy'n ymestyn ar hyd
y canrifoedd i dywyllwch y cyn-oesau – i ni, Gymry, i Aneirin a
Thaliesin, i sylfaenwyr ein cenedl; ond ogof 'olau' ydyw oherwydd
ymdeimlad byw o draddodiad.

A dyma Dilys Williams (177):

Yr ogof yw'r byw mewnol, – y byw hwnnw y mae'r cof yn rhan
mor bwysig ohono. Ac mae'r pethau y mae'r cof wedi'u dethol – y
rhai a ddigwyddodd iddo pan oedd yn blentyn (ac wedi hynny yn
ei funudau mawr) yn llachar glir.

Mae Dafydd Owen, fodd bynnag, ac yntau wedi dewis trywydd gwahanol
i'w ddehongliad ef, sef y 'profiad hwnnw sydd yn arswyd i bob un ag y
mae llawer o hydeimledd plentyn ynddo o hyd, ias y diwrnod hwnnw pan
ddaw iddo'r teimlad fod plentyndod heibio, a'i fod yn llanc ifanc' (34),
wedi dewis trywydd gwahanol:

Dyddiau plentyndod, pan yw bywyd mor gul a syml, mor draddod-
iadol a diddorol i blentyn ag ogof, – yn olau drwyddo ...

Ond chwilio am esboniad sy'n gyson â'i ddehongliad ef ei hun a wna yma.

Gan fy mod, at ei gilydd, yn cytuno â'r hyn a ddywed y beirniaid am
arwyddocâd yr ogof a'r tŷ yma, ni chredaf fod angen i mi ychwanegu dim
at y dehongliadau hyn. Ogof y cof, ogof y gorffennol gloyw yn sicr yw'r
ogof, a chartref cariad, gwarineb, diwylliant a ffydd yw'r cartref, y cartref
hwn sy'n herio pob drycin. Mae'r ddelwedd o dŷ, wrth gwrs, yn un o brif
ddelweddau Waldo, tŷ tebyg i aelwyd ei rieni yn 'Y Tangnefeddwyr':

Ni châi enllib, ni châi llaid
Roddi troed o fewn i'w tre.

neu dŷ tangnefedd a chariad 'Oherwydd ein Dyfod':

Oherwydd ein dyfod i'r tŷ cadarn
A'i lonydd yn sail i lawenydd ein serch
A dyfod y byd i'r dyfnder dedwydd
O amgylch sŵn troed fy eurferch.

'Yn y tŷ mae calon cwm' meddai yn y gerdd 'Yn y Tŷ', ac 'Yn y tŷ mae
Gwlad'; 'Cael neuadd fawr/Rhwng cyfyng furiau', dyna yw bywyd i
Waldo yn ôl 'Pa Beth Yw Dyn?' 'Y tŷ i Waldo yw canolfan y bychanfyd a'r
mawrfyd' meddai'r Athro J. E. Caerwyn Williams. Y tŷ, ar un ystyr, yw'r
gymdeithas berffaith, byd gwâr, tangnefeddus, brawdgarol, a'r teulu yw'r
ddynoliaeth berffaith. Ac os yw'r tŷ yn wlad yn 'Yn y Tŷ' mae darn o'r
wlad hefyd yn dŷ yn 'Preseli':

Hon oedd fy *ffenestr*, y cynaefau a'r cneifio.
Mi welais drefn yn fy *mhalas* draw.
Mae rhu, mae rhaib drwy'r fforest ddiffenestr.
Cadwn y *mur* rhag y bwystfil, cadwn y ffynnon rhag y baw.

At ei gilydd, mae pawb yn weddol gytûn ynghylch arwyddocâd y llinellau
agoriadol hyn; ond yn awr mae beirniadaeth gyfoes yn dechrau dadlennu'i
diffygion a'i dryswch. Dyma'r pennill nesaf:

Bwrw llond dwrn o hedyddion yma a thraw
I alw cymdeithion y dydd,
Yn eu plith yr oedd anrhydedd llawer llinach.
Henffych i'r march mawr teithiol dan ei fwa rhawn,
A'i gerddediad hardd yn gywydd balchder bonedd,
Ninnau'n meddwl mai dangos ei bedolau yr oedd.

Dyma lle mae'r beirniaid yn dechrau dadlau'n groes i'w gilydd, gan geisio
gwrthbrofi ei gilydd. Yn wir, gallai amryfal esboniadau'r beirniaid yma beri
cryn ddryswch i'r mwyafrif o ddarllenwyr 'Cwmwl Haf'. Cymerwn yr
'hedyddion' i ddechrau. 'Symbol yw'r 'hedyddion' am lenorion ac yn fwyaf
arbennig am feirdd' (170) meddai'r Athro J. E. Caerwyn Williams; y mae
John Gwilym Jones yn lled-gytuno: 'Mae 'hedydd' nid yn unig yn awgrymu
canu, sef barddoniaeth, ond gan mai ef sy'n ehedeg uchaf i'r awyr, yn
awgrymu ymestyn yn ôl ymhell i ddyddiau cynnar barddoniaeth Gymraeg
hefyd' (306). Ond hedyddion gwirioneddol a geir yma yn ôl Hugh Bevan
a Dilys Williams, yn hytrach na hedyddion trosiadol. Nid yw Dafydd
Owen na Bobi Jones yn cynnig esboniad.

Nid yw'r ehedydd yn aderyn dieithr yng nghanu Waldo. Mae'n symbol cyson ganddo. Fe'i ceir yn 'Ar Weun Cas' Mael':

> Dyry'r ehedydd ganiad hir,
> Gloywgathl heb glo,
> Hyder a hoen yr awen wir
> A gobaith bro.

Yma mae'r ehedydd yn gyfystyr â hyder, parhad, grym daionus digyfnewid, llawenydd cân a gobaith; ac, yn sicr, mae iddo gysylltiad agos â barddoniaeth. Dyma ddyhead Waldo ym mhennill olaf y gerdd:

> Fel i'r ehedydd yn y rhod
> Dyro o'th lawr y nwyf a'r nod,
> Dysg inni feithrin er dy glod
>   Bob dawn a dardd.
> A thrwy dy nerth rho imi fod
>   Erot yn fardd.

Yn 'Yr Heniaith', wedyn, mae'r Gymraeg mewn perygl enbyd ar adeg 'gaeaf cenedl', ac oherwydd hynny

> … mae tir ni ddring ehedydd yn ôl i'w nen …

'Herodr goleuni', cennad gobaith, yw'r ehedydd yn y gerdd 'Caniad Ehedydd', a'i gân yn iachâd:

> Codaf o'r cyni
> A'm cân yn egni …

ac mae'r ehedydd hwn yn codi i adfer Cymru, 'Branwen cenhedloedd'. Ac mi gytunwn i'n llwyr â'r beirniaid a ddywed mai barddoniaeth a gynrychiolir gan yr ehedydd yma, ond gan ychwanegu hefyd ei fod yn symbol o ddaioni ac o lawenydd, o barhad a hyder, gobaith a goleuni. Mae'n rhaid i wrthrych ym myd barddoniaeth fodoli ar lefel lythrennol yn gyntaf oll cyn ymrithio'n ddelwedd neu'n symbol; ond cam â'r gerdd yw dweud mai hedyddion go iawn, heb fod yn ddim byd arall, yw'r hedyddion hyn, ac mai march go iawn yw'r 'march mawr teithiol'. Techneg awgrymusedd a geir yn 'Cwmwl Haf', sef yr hyn a alwodd Waldo ei hun yn *switches*, ac mae'n weddol amlwg fod y march yma yn symbol. Ond march ydyw, yn

llythrennol felly, yn ôl Hugh Bevan, ac mae Waldo yma yn 'estyn ei hun-
aniaethad personol drwy ymrithio'n greaduraidd …' (297), ac yn awgrymu
'bod yn dda gan anifeiliaid yn ogystal â dynion fodoli yn nhermau eu tras
a'u magwrfa'. Yn ôl Dilys Williams '… nid symbol yw'r march hwn – ond
disgrifio'r gweld â llygaid plentyn y peth', gan ychwanegu, 'y nerthoedd
cudd a'r llunieidd-dra a barodd i'r march ddod yn symbol'. Dywed ym-
hellach: 'Rwy'n siwr fod Waldo'n ymwybodol o'r islais symbolaidd wrth
gofio am y march ag a gwaed' (178). Mi ddywedwn i fod y symboleidd-
io'n fwriadol, yn amlwg fwriadol. Felly, dyna farn dau o feirniaid y gerdd
am y march hwn. Yn ôl yr Athro Caerwyn Williams, mae'r march hwn yn
cynrychioli 'anrhydeddusion llawer llinach – nid yn gymaint fonedd
gwaed fel yn yr hen amser ond bonedd ysbryd …', a bellach mae'r 'anrhyd-
eddusion' hyn yn ymddangos ar 'lun 'march', yr anifail a oedd yn gysyllt-
iedig â'r hen arwriaeth ac a gâi fawr barch gan ein hynafiaid, y Celtiaid –
fe gofir am y 'Ceffyl gwyn' yn Uffington – am ei fod yn symbol o rym
corfforol, deallol ac ysbrydol …' (170). March y 'diwydiant chwedlau'
ydyw yn ôl Dafydd Owen, megis march Rhiannon yng nghainc gyntaf y
Mabinogi, ac er na chytunwn yn llwyr â hyn, mae'n bur agos ati yn fy
marn i. Ond gan yr Athro Bobi Jones y ceir y dehongliad mwyaf dych-
mygus a ffansïol (92):

> Yn yr ail bennill, yr wyf fi'n synied mai golwg ar yr wybren a geir,
> golwg bendefigaidd ac urddasol.

Ac meddai, gan seilio'i ddamcaniaeth ar 'y cyd-destun awyrol': 'tybio wnes
i erioed mai'r haul a oedd gan Waldo'. Dehongli ffansïol, di-sail yw peth
fel yna, yn enwedig gan fod Waldo yn dweud wrthym, mwy neu lai, beth
yn union a gynrychiolir gan y march. Mae John Rowlands a John Gwilym
Jones wedi dehongli arwyddocâd y march yn gywir yn fy marn i. Meddai
John Gwilym Jones, er enghraifft (306):

> Awgryma 'anrhydedd llawer llinach' y cywyddau hel achau a moli,
> tra mae 'march mawr teithiol' a 'chywydd balchedd (sic) bonedd'
> yn cynrychioli'r cywyddau gofyn … Mae eu cofio a blasu eu myn-
> egiant yn ogoniant dyddiol iddo.

Mae'n amlwg mai symbol o'r traddodiad barddol yw'r march. Fe ddywedir
hynny wrthym. Yn wir, mae llinellau Waldo yn llawn o adleisiau ac o
isleisiau. Cyfeirir at anrhydedd llinach ac at 'falchder bonedd': ar ddech-
rau'r cywyddau gofyn march, rhestrid perthnasau ac olrheinid achau'r sawl

a oedd yn erchi'r march. Dyna'r fformiwla arferol yng nghywyddau Tudur Aled, er enghraifft. Cyfeirid at y rhawn yn aml, er enghraifft, yng nghwpled enwog Tudur Aled yn ei gywydd 'I Erchi March gan Abad Aber Conwy i Lewis ap Madog':

> Ei flew fal sidan newydd,
> A'i rawn o liw gwawn y gwŷdd;

Ond yn nisgrifiad Waldo mae gwegil y march yn 'fwa rhawn', a cheir trosiad cyffelyb, ar ffurf cymhariaeth, gan Guto'r Glyn ('I Ofyn Ebol'):

> A'i fwnwgl yn addfwynwych
> Fal bwa'r crwth, flew byr crych ...

Elfen anhepgor yn y cywyddau yw disgrifio tuth, cerddediad neu garlam y march, er enghraifft, yng nghywydd Tudur Aled 'i ofyn ebol dros Robert ap Rhys gan Ddafydd Llwyd', ceir:

> Cerddediad carw i'm arwain

Ceir disgrifiadau rhwysgfawr a gorchestol o'r meirch ar garlam, er enghraifft:

> Portreiwr pert ar heol,
> Pedair W'n powdro o'i ôl;

yn yr un cywydd. Yr hyn a wna Waldo yma yw myfyrio ar ei gefndir a'i genedl ef, yng nghanol estroniaid Lyneham, gan gofio'n arbennig am draddodiad barddol ei genedl, y traddodiad hwnnw sy'n unigryw Gym-reig, ac mae hyn yn lliniaru'i hiraeth, yn ei atgoffa ef hefyd am y ffaith fod iddo genedl a llinach. Y mae rhyw ddyhead ynddo'n 'Bwrw llond dwrn o hedyddion yma a thraw', ei hiraeth yn galw ar hedyddion ei ddychymyg i oleuo'r dydd, i ganu gobaith ac i gynnig hyder, ac mae'r hedyddion hyn hwythau yn eu tro yn cymell march ei ddychymyg. Y mae'r bardd wedyn, wrth fyfyrio ar orffennol ei genedl, ac ar ei thraddodiad barddol yn fwyaf arbennig, yn sylweddoli nad elfen o rwysg neu o glyfrwch yn unig a geir yn y cywyddau march. Er bod pawb yn credu mai ymorchestu ar ran y beirdd a geir yn y cywyddau hyn, clyfrwch geiriol yn unig, ac er i ni gredu mai 'dangos eu hunain' a wna'r meirch pranciog, carlamus, gosgeiddig hyn, nid felly y mae hi mewn gwirionedd.

Mae i'r traddodiad barddol arwyddocâd dyfnach na chrefft eiriol, arwynebol a chlyfrwch mursennaidd. Mae'n rhan o gof cenedl, o'n treftadaeth, yn un o brif elfennau ein hunaniaeth a'n harwahanrwydd. Dyna ystyr 'Ninnau'n meddwl mai dangos ei bedolau yr oedd' yn fy nhyb i, a dyna'r ystyr a rydd John Rowlands i'r llinell; ond nid dyna'r ystyr yn ôl John Gwilym Jones, ac, yn fy marn i, y mae'n cyfeiliorni yma (306): 'Pa wendid a wnaeth iddo feddwl eu bod yn marw, 'yn dangos ei bedolau'?' Na, nid gorwedd ar wastad ei gefn yn farw a wna'r march hwn, ond codi'i garnau wrth brancio'n rhodresgar, nes bod ei bedolau yn y golwg.

Oddi wrth y march at y fuwch. Braidd yn dawedog yw'r beirniaid ar arwyddocâd y fuwch hon, Bobi Jones heb lawer i'w ddweud, a John Rowlands, yn ddigon Freudaidd a phenagored, yn dweud ei bod '... yn debycach i ryw anghenfil yn codi o ddyfroedd yr isymwybod' (267), ac i Hugh Bevan a Dilys Williams, buwch yw buwch, a dyna ddiwedd arni ('Gwn fod yma isleisiau – ond nid symbol mo'r fuwch' meddai Miss Williams, t. 179). Yn ôl yr Athro Caerwyn Williams, 'ffrwythlonder rheoledig y ddaear' yw'r fuwch (170), a cheir dehongliad tebyg gan John Gwilym Jones, a ddywed fod y fuwch yn cynrychioli 'ei orffennol gwladaidd, amaethyddol, gwâr' (306).

Efallai fod y fuwch yn gyfystyr â ffrwythlondeb ac amaethyddiaeth yma, ond nid dyna'i phrif arwyddocâd, a'r tro hwn, rhaid i mi ochri, i raddau, â Dafydd Owen. Mae'r darn hwn yn ei atgoffa ef am 'Storïau fel 'Morwyn Llyn y Fan', a'r gwartheg rhith yn dod o'r llyn' (34). Yr hyn a wna Waldo yma yw myfyrio, unwaith yn rhagor, ar nodwedd arall a berthyn i'w genedl, sef y traddodiad rhyddiaith: meddwl am werinwyr diwylliedig ei filltir sgwâr yn chwedleua ac yn adrodd straeon, a'u Cymraeg lliwgar yn goleuo pob ymadrodd. Y chwedleuwyr, y storïwyr a'r rhyddieithwyr yw'r 'arglwyddi geiriau' hyn, ac nid, fel yr awgryma John Rowlands a John Gwilym Jones, er enghraifft, y beirdd. Mae wedi cyfeirio at y beirdd eisoes. Ar y pwynt hwn, mae Miss Dilys Williams yn cytuno â mi (179):

> Symud wedyn at y bobl – ni, arglwyddi geiriau – ac yma yn eu mysg hwy, frodorion Mynachlogddu, y cafodd y bachgen ei arwyr.

Rhaid cytuno. Deil Miss Williams y byddai'n gwbl groes i natur ddiymhongar Waldo iddo gyfeirio ato'i hun fel aelod o urdd ddethol y beirdd, ac er nad wyf yn cytuno â hyn (gw. 'Ar Weun Cas' Mael'), cytunaf â'i safbwynt. Anghytunaf hefyd â'i gosodiad nad symbol mo'r fuwch, er gwaethaf yr isleisiau. Oes, mae yma isleisiau ac adleisiau, a'r rheini'n rhai bwriadol hollol. Mae'r gystrawen a'r adlais yn Feiblaidd yn y llinell 'Ac wele i fyny o'r afon'; yn wir, bron nad yw'n gyfeiriad uniongyrchol at stori'r newyn yn yr Aifft, yn ôl Genesis, gan gyfeirio'n arbennig at Genesis 41:2:

> Ac wele, yn esgyn o'r afon, saith o wartheg teg yr olwg, a thewion o gig; ac mewn gweirglodd-dir y porent.

Fe welir bod llinell Waldo, 'Ac wele i fyny o'r afon', yn aralleiriad cydgystrawennol o 'Ac wele yn esgyn o'r afon', ac yna'r fuwch (neu wartheg) yn codi o'r dŵr. Ymgollodd y beirniaid yn labrinth eu beirniadaeth gymhleth heb ddod o hyd i'r ddolen gyswllt amlwg hon. Mae'r Beibl yn ffynhonnell gyfoethog o straeon, ac fe adroddid y rhain gan frodorion Mynachlog-ddu, o genhedlaeth i genhedlaeth; ond nid at ryddiaith y Beibl yn unig y cyfeirir, ond at chwedloniaeth lafar y Cymry'n ogystal, ac awgymir gwartheg Llyn y Fan yn ogystal â 'gwartheg gwyrthiol Pebin', chwedl R. Williams Parry, gan symbol y fuwch. Nid dyma'r unig adlais Beiblaidd yn y gerdd, ac mae'r adlais hwn yr un mor fwriadol amlwg â'r lleill. Adleisir 'yn yr awr ni thybioch y daw Mab y Dyn' (Mathew 24:44) yn y darn dilynol, ac mae 'Sŵn adeiladu daear newydd a nefoedd newydd' ar ddiwedd y gerdd yn ein hatgoffa ni am 'Canys wele fi yn creu nefoedd newydd, a daear newydd' (Eseia 65:17). Bwriad yr adleisio Beiblaidd hwn, yn un peth, yw pwysleisio magwraeth grefyddol, Feiblaidd y bardd. Mae'r disgrifiad o'r fuwch yma yn un lliwgar, gorchestol, y math ar ddisgrifio manwl a chyfoethog a geid gan gyfarwyddiaid a chan lenorion gwerin, gan gynnwys storiwyr gwerinol cynefin y bardd. Adroddid rhannau o'r Beibl, o'r Mabinogi, yn ogystal â chwedlau a straeon a berthynai i'r traddodiad llafar, ar aelwydydd Sir Benfro. Caer diwylliant, caer yr 'urddas wâr' a'r 'Caredigrwydd' mawr oedd y cartref, megis yn y gerdd 'Yn y Tŷ'. Ac yr oedd yr 'arglwyddi geiriau' hyn yn rymusach ac yn bwysicach na'r 'brenhinoedd hanes a'r breninesau' anwar, gormesol a rhwysgfawr, am mai'r arglwyddi hyn yw cynheiliaid gwarineb yn y pen draw. Mae'r cyddestun Beiblaidd yma'n peri inni feddwl am Pharao, ac fe ddywedir peth tebyg yn y gerdd 'Eu Cyfrinach'. Yno, mae'r cartref, megis yn 'Cwmwl Haf', yn nawdd rhag cynddaredd pob Pharao:

> Cyfrinach y teulu oedd yn eu caban,
> Ac yn eu cyfrinach, cyfrinach Duw.

Ac oherwydd hyn:

> ... ofer oedd hyrddio yn erbyn eu drws
> Rybudd Pharao.

Ie, dyma'r 'brenhinoedd hanes', ond mae 'arglwyddi geiriau' Mynachlog-ddu a'r cylch a rhieni'r gerdd 'Eu Cyfrinach' yn drech ac yn gadarnach na'r brenhinoedd hyn:

> Ac ofer, Pharao, yw grym fel y gwres
> A gair a all gynnull lluoedd fel tonnau.
> Gorchfygwyd, yn awr, dy gerbydau pres
> Gan ddyhead breichiau a bronnau.

A dyma ni'n awr yng nghanol dieithrwch drachefn wrth i Waldo ddwyn i gof brofiad tebyg i'r ymdeimlad o ddieithrwch diberthyn a gafodd yn Wiltshire, hynny yw, mae'r profiad a gafodd yn Lyneham yn ei atgoffa am brofiad cyffelyb. Gorchuddiwyd pobman gan niwl trwchus un haf, a dychryn Waldo, ac yntau'n blentyn ar y pryd. Daeth ofn arno, ac aeth ar goll wrth i'r niwl ddileu'r hen lwybrau cyfarwydd a chuddio'i gynefin yn llwyr. Awgrymir mai plentyn oedd Waldo ar y pryd gan yr ymadrodd 'ysbryd cawr mawr', gan yr odli 'plentynnaidd' yma (... ysbryd *cawr mawr i lawr* ... yn yr *awr*)a hefyd gan y dyheu a'r hiraethu plentynnus am nawdd a diogelwch rhieni ac aelwyd yn nes ymlaen. Mae'r niwl hwn fel 'ysbryd cawr mawr' yng ngolwg y plentyn: mae'i bresenoldeb arallfydol, goruwchnaturiol, brawychus fel pe bai marwolaeth wedi dod, neu ddiwedd y byd, a'r plentyn wedi gorfod dod wyneb yn wyneb â Duw 'yn yr awr ni thybioch'. Mae'r niwl hwn yn distewi cân yr adar, yr hedyddion, ac yn eu cipio ymaith; ni ddringant ar hyd rhaffau eu caneuon mwyach ('Gan daro'r criw dringwyr o'u rhaffau cerdd'). Ac er mai niwlen oedd y 'Cwmwl Haf', ym meddwl ac yn nychymyg y plentyn yr oedd yn rhywbeth amgenach, mwy sinistr ('Nid niwl yn chwarae'). Dyma'r 'Distawrwydd llaith a llwyd', a dyma 'Yr un sy'n disgwyl amdanom', dyma'r plentyn wyneb yn wyneb â phresenoldeb ysbrydol, â Duw ei hun (cf. 'Ac yno yn disgwyl mae Duw' yn 'O Bridd'). Ac fe ddaeth y presenoldeb goruwch-naturiol hwn 'heb ddod'; yr oedd yno heb fod yno ychwaith. Nid oedd dihangfa rhag y niwl, oherwydd 'Caeodd y mynyddoedd o bobtu'r bwlch'; nid oedd bwlch dihangfa, gan i'r niwl gau am y mynyddoedd a dileu'r hen ganllawiau. Diflannodd y mynyddoedd, fe'u dilewyd yn llwyr. Cil-iasant ymaith 'Fel blynyddoedd', a chan nad oeddynt yno mwyach, ni allai'r bardd ei uniaethu ef ei hun â'i amgylchfyd, a darfu am swcr a sicrwydd y gorffennol, yn ogystal â'r presennol. Tawelwyd cân yr adar yn llwyr, a mygwyd pob sŵn 'Mewn byd oedd rhy fud i fyw'. Mae niwl trwchus, gwlanog yn dwysáu ac yn dyfnhau distawrwydd, a'r tawelwch llethol hwn yn arswydus i blentyn. Yna'r niwl yn chwarae triciau, yn creu

rhithiau: 'Tyfodd y brwyn yn goed a darfod amdanynt'. "Rwy'n cofio
cael fy nal gan y niwl ar y mynydd, a dychryn wrth weld tarw du Glyn-
saithmaen yn ymrithio o'm blaen – a chael mai dafad ddu oedd yno'
meddai Miss Dilys Williams (180); ond nid yn unig bod y niwl yn
chwyddo maintiolaeth gwrthrychau fel hyn, ond y mae'r bychanfyd hefyd
yn ymgolli yn y mawrfyd – 'Mewn byd sy'n rhy fawr i fod'. Nid oes
unman yn bod, dilewyd pobman ('Nid oes acw'). Ef, y plentyn, yw'r unig
un sydd ar ôl yn y byd; fe'i hamddifadwyd a'i adael 'Heb dad na mam na
chwiorydd na brawd', ac mae'n cael ei orfodi i fyfyrio ar ddirgelwch ei
fodolaeth. Mae fel pe bai diwedd y byd wedi dod.

Nid yw'r darn hwn yn ddarn anodd'o gwbl. Mae'n brofiad a berthyn i'r
mwyafrif ohonom: niwl yn dileu golygfeydd cyfarwydd, yn diddymu'r
amgylchfyd yr ydym yn ein huniaethu ein hunain ag ef, yr hen droed-
leoedd diogel yn diflannu, a ninnau'n cael ein gadael ar ein pennau ein
hunain, yn unig ac yn ddiamddiffyn; a'r unigrwydd hwn yn peri ein bod
yn hunan-ymholgar, yn ein gorfodi ni i ystyried dirgelwch a diben yr
hunan. Cofnodwyd profiadau cyffelyb gan feirdd eraill. Meddai Andrew
Young yn 'Overtaken by Mist':

> ... mist that gathered from nowhere
> With a bright darkness filled the air,
> Until, both earth and heaven gone,
> Never was man or angel so alone.

Felly hefyd Waldo, yn unig a heb neb, a'r niwl wedi dileu'r nef a'r ddaear.
Meddai Young eto yn 'Walking in Mist':

> The hill too vanished like a ghost
> And all the day was gone
> Except the damp grey light that round me shone.

Felly hefyd yn 'Cwmwl Haf': 'pellhaodd y mynyddoedd' – 'The hill too
vanished', ac mae'n ddiddorol sylwi i Andrew Young a Waldo daro ar yr
un ansoddeiriau'n union i ddisgrifio'r niwl: 'Distawrwydd *llaith* a *llwyd* –
'the *damp grey* light'. Ond, mwy diddorol fyth o safbwynt cymhariaeth
yw'r gerdd 'Encounter' gan Leonard Clark, bardd o Guernsey a addysg-
wyd, gyda llaw, yn y Coleg Normal, Bangor. 'A mist fell', meddai, ac y
mae yntau hefyd yn ei gael ei hun ar goll, heb gymar, heb gymorth, heb
sylwedd a heb ystyr i'w fodolaeth:

> I stood naked between mountains.
> There was nothing in my hands,
> My lips were bloodless, my tongue
> Had forgotten its language.
> No sounds were in this place,
> Nor shadows ...

Mae yntau hefyd yn ymdeimlo â diddymdra'r sefyllfa ac â'r distawrwydd brawychus:

> I came out into a great plain,
> Without horizons or any vegetation,
> A kind of long, colourless glacier
> That seemed to have known no living thing,
> Almost suspended between void and creation;
> This region had never heard laughter,
> Nor tides,
> Nor wind.

Byd mud, marw, diorwelion a diamlinell fel byd Waldo dan garthen y niwl a geir yma. Mae'r bardd hwn hefyd yn myfyrio ar ddirgelwch ei fodolaeth yn ei unigrwydd, ac yn syllu i mewn iddo'i hun:

> A figure in the terrible distance moved towards me
> As relentlessly as day advances upon night ...

Yna, mae'r gerdd yn cloi â'r llinell hon ar ei phen ei hun: 'It was myself'. Yr un ymdeimlad a fynegir gan y ddau, ac, o ran diddordeb yn unig, lluniwyd y ddwy gerdd tua'r un adeg, sef 1947/48. Ond, mewn gwirionedd, nid oes raid inni edrych ymhellach na Chymru am ddarnau tebyg. Meddai William Jones yn 'Niwl' (*Adar Rhiannon a Cherddi Eraill*):

> Ac ofnus, ofnus, ydwyf
>   Wrth edrych ar y byd,
> A neb o'm hen gydnabod
>   I'w gweled drwyddo i gyd.

Felly hefyd Waldo, 'heb dad na mam na chwiorydd na brawd'. Profiad digon cyffredin, felly, a geir yn y rhan hon, ond bod athrylith Waldo wedi rhoi mynegiant grymusach a mwy arwyddocaol i'r profiad.

Ni thynnais sylw at ddehongliadau'r gwahanol feirniaid o'r darn hwn, gan ein bod, bawb ohonom, ar yr un trywydd i bob pwrpas. Cyflwynais fy nehongliad i fy hun yn unig, a hynny a wneir o hyn ymlaen.

Canlyniad anochel yr ymdeimlad hwn o ddiddymdra ac unigrwydd yw gofyn y cwestiwn sylfaenol 'Pwy wyf fi?', ac wrth fyfyrio ar ddirgelwch yr hunan, mae'r bardd yn 'Arswydo meddwl amdanaf fy hun'. Clyw 'Sŵn y dŵr', a hyn yn rhyddhad ac yn ollyngdod iddo ar ôl tawelwch llethol y niwl. Naid i mewn iddo am ateb, ond ni ddaw ateb, 'Dim ond y rhediad oer'. Ond o leiaf mae'r nant neu'r afon hon yn cynnig ymwared gan fod ganddo'n awr ganllaw i'w dywys tuag adref, er nad yw'n gwbl sicr a yw ei gartref yn bod o hyd ai peidio. Wedi'r profiad dirdynnol o ddiddymdra ac o unigrwydd yn y niwl, mae'n cyffwrdd â phost y glwyd rhag ofn nad yw yno mwyach. Yna'r perthyn drachefn, cyrraedd y tŷ, caer cariad, nawdd a diogelwch, cyrraedd wedi'i weddnewid, a sŵn 'clocs mam' yn sŵn llawer mwy cadarnhaol a gwaredigol na sŵn y dŵr. Mae'r profiad a gafodd yn y niwl wedi gweddnewid ei fywyd, wedi peri iddo sylweddoli pwysigrwydd bod a pherthyn, ac mae byd newydd yn ymagor o'i flaen, 'daear newydd' a 'nefoedd newydd'. Rhoes ailganfod ei gartref, wedi'r 'Cwmwl Haf', y niwl, yr ateb i Waldo.

Mae'n debyg y byddai amryw yn galw 'Cwmwl Haf' yn gerdd dywyll, ond nid oes dim byd yn dywyll ynddi. Dyfnder myfyrdod, oes, ond nid oes yma dywyllwch.

Mae'n gerdd fawr, ac 'roedd angen sawl trafodaeth arni, a sawl dehongliad ohoni, i ddod o hyd i'w mawredd. Er gwaethaf ambell gaff gwag ac ambell ddiffyg amlwg, bu Waldo'n ffodus yn ei ddehonglwyr, ac mae'r rhinweddau'n gorbwyso'r gwendidau, er nad felly y mae hi drwodd a thro yn achos beirniadaeth lenyddol gyfoes. Gobeithiaf i mi yrru peth o'r niwl ymaith a goleuo rhyw ychydig ar gyfrinach a godidowgrwydd y gerdd. Efallai, ar y llaw arall, mai'r cyfan a wnaethpwyd oedd ychwanegu at y dryswch!

[1982]

BRWYDRAU MODERNIAETH

Haid o estrysiaid, â'u pennau ynghladd yn nhywod eu byd bach cysurus, dyna fu'r rhan fwyaf helaeth o feirdd Cymru erioed; a'r beirniaid wedyn yn rhofio rhagor o dywod ar eu pennau, rhag ofn iddynt weld y byd o'u hamgylch.

Yn ddiweddar dechreuais gasglu deunydd ar gyfer cyfrol a gais ddadansoddi natur barddoniaeth y cyfnod 1900-1939, sef cyfnod mawr yr ymgiprys rhwng traddodiadaeth a moderniaeth. Yr hyn sy'n rhyfeddu rhywun yw amharodrwydd beirdd Cymru yn ystod y ganrif hon i wynebu hagrwch ac egrwch y gwareiddiad modern, a mwy o ryfeddod fyth yw parodrwydd y beirniaid i swcro paradwys ffŵl y beirdd.

Cymerer yr Eisteddfod Genedlaethol, er enghraifft. Y mae ei hanes hi drwy gydol y ganrif yn llawn o gamweddau beirniadol, yn llawn o gamwobrwyo ac o anallu i wahaniaethu rhwng y gwir a'r gau, y grymus a'r musgrell, yr arwynebol a'r arwyddocaol. Pa sawl tro y gwobrwywyd, yn ddi-ddadl, y gerdd anghywir yng nghystadlaethau'r Gadair a'r Goron? A pham y dylai hyn fod? Sut y gallai trioedd o feirniaid, a chanddyn nhw ddigon o gymwysterau a phrofiad llenyddol, dro ar ôl tro fethu gwobrwyo cerddi a glodforwyd yn ddiweddarach tra gwelwyd y cerddi a wobrwywyd ganddynt yn cilio i ebargofiant llwyr? Os astudiwn achosion o'r fath, fe welwn batrwm.

Gadewch i ni ystyried pedair enghraifft o gam-wobrwyo yn weddol fanwl. Awn yn ôl, i ddechrau, i 1922. Testun y bryddest yn Eisteddfod Genedlaethol Rhydaman y flwyddyn honno oedd 'Y Tannau Coll', a'r tri beirniad oedd T. Gwynn Jones, Gwili a Dyfnallt. Meddylier am y dyddiad i ddechrau. Dim ond ers pedair blynedd y daethai'r Rhyfel Mawr i ben, y Rhyfel a ysigodd y byd hyd at ei seiliau, y Rhyfel y mae ei ôl arnom, yn ôl beirniaid llenyddol, haneswyr a chymdeithasegwyr, hyd heddiw. Daeargryn o ddigwyddiad, mewn gwirionedd, a oedd i weddnewid y byd yn llwyr. Ac eto, beth a wobrwywyd gan y beirniaid y flwyddyn honno? Pryddest delynegol, feddal, hiraethgar Robert Beynon, pryddest a oedd yn parhau i arddel ystrydebau a oedd wedi colli eu grym ers troad y ganrif a chyn hynny. Dyma rannau o'r bryddest i ddangos yn union beth a olygir: [1]

Mae'r Gwanwyn glâs yn galw
Oddiar bob twyn a dôl;
Mae'r blagur ieuainc ar y coed,
A'r blodau'n dod yn ol.

Fe gân y fronfraith dirion
Ar fedwen ger fy nrws;
A gwrando'r gân a sugno'r mel
Mae'r blodyn bychan tlws.

Fe gwyd yr hedydd yntau
I lesni pur y nef;
A disgyn yn gawodydd aur
Olud ei galon ef.

Mae croeso tonnau'r forlan
Yn cyrraedd hyd fy nôr,
A'r afon fach yn mynd mewn brys
Wrth glywed swn y môr.

Mae defaid mân y mynydd.
Yn chwarae gyda'r ŵyn,
A'r deryn du ar gangen las
Yn canu er eu mwyn.

Fe gwyd yr haul yn gynnar
Er mynd yn hwyr i lawr,
I gael mwynhau y gwleddoedd pur
Sydd yn y byd yn awr.

Daw'r lloer i'r glesni heno,
Una yn nawns y lli':
A mil o lân forynion fydd
Yn osgordd iddi hi.

1. 'Y Tannau Coll,' Robert Beynon, *Cofnodion a Chyfansoddiadau Eisteddfod Genedlaethol 1922 (Rhydaman)*, Gol. E. Vincent Evans, t. 92.

Bydd ddisglair lawr y dyfnder
Gan berlau teg eu pryd:
A gollodd mor-forynion glân
Y perlau hyn i gyd?

Mae'r Gwanwyn glas yn galw
Oddiar bob twyn a dôl,
A'r blodau ieuainc heirdd i gyd
Ond Men yn dod yn ol.

Darn a ddewiswyd ar antur yw'r darn uchod. Mae'n gwbl nodweddiadol o weddill y bryddest ddof a threuliedig hon. Ond os dyna'r bryddest orau yn ôl y beirniaid, beth yw'r gwŷn? Os nad oedd erchyllterau'r Rhyfel wedi llwyddo i gynhyrchu ei gwell, pa hawl sydd gennym i feio'r beirniaid?

Y gwir yw y ceid yn y gystadleuaeth honno bryddest a oedd yn rhagori arni filwaith. Eiddo bardd yn dwyn y ffugenw *Israffel* oedd honno, a cherdd ydoedd am y Rhyfel Mawr a'i effaith ar gymdeithas. I ddechrau yr oedd ynddi ddarnau llawer mwy dramatig a chignoeth-onest nag a geid ym mhryddest Robert Beynon. Ceid ym mhryddest Cynan ymgais daer a diffuant i ddeall arwyddocâd y Rhyfel ac i ddehongli ei effaith ar agwedd feddwl ei gyfnod yn gyffredinol. Ceid ynddi lawer iawn o'r elfennau a fabwysiadwyd gan fodernwyr diweddarach, sef coll ffydd, gwacter ystyr, realaeth, barbareiddiwch dyn. Coll ffydd a gwacter ystyr yw byrdwn y darnau hyn er enghraifft:

Ac meddwn, 'Un fach! nid dyn ydyw Duw;
Nid etyb dy weddi. Nis deall. Nis clyw.
Gwêl sut y mae'r Arglwydd yn caru'r byd!
Mae Duw yn fyddar. Mae Duw yn fud.
Mae Duw heb galon. Mae Duw yn ddall.
Ac onidê, y mae'n waeth na'r Fall
Os rhoes y fath ddynion i fyw'n y fath fyd
Ac Yntau'n gweled ein tynged i gyd.

'Os ydyw dy Arglwydd ar orsedd y nef
Atalied y Rhyfel. Gwrandawed dy lef.
O! er mor resynus a thruan wyf;
Er ing fy enaid, ac ing fy nghlwyf,
Gwell gennyf heno fod yn ddyn
Nag yn dduw a greodd i'w fympwy ei hun

Holl feibion dynion, a'u rhoddi mewn byd
Tu hwnt i'w allu i'w lywio i gyd.
A brysied y dydd bydd y cread yn sarn,
Cans Dyn fydd y Barnwr, Ddydd y Farn.'

Dyma enghraifft o realaeth gignoeth y gerdd, sef y disgrifiad o'r milwyr yn
dringo dros glawdd y ffos i wynebu'r gelyn:

Taniai'r gynnau didosturi ddydd a nos ar ffosydd Ffrainc.
Tanient drwy'r pentrefi candryll, a thrwy'r goedwig foel, ddi-gainc.
Tanient ar eglwysi'r Ceidwad ac ar heddwch Erwau Duw
Nes bod ffosydd cul y meirw megis ffosydd cul y byw.

Syllwn eilwaith ar fy oriawr, – dwyawr tan y wawrddydd las!
Awr cyn cychwyn gyda 'nghwmni i ddistewi'r gynnau cras.
Awr nes dringo gyda 'mechgyn yn y gwyll dros fin y ffos
I wynebu Tragwyddoldeb rhwng y gwifrau yn y nos.

Tynnais eilwaith hwy o'm mynwes – sypyn o'i llythyrau hi,
A'u hailddarllen wrth wan olau'r marwor lle'r ymdwymwn i.
A mi'n darllen, uwch pob ergyd a chwibanai ar ei hynt
Braidd na chlywwn sŵn wylofain, sŵn wylofain ar y gwynt.

Ond fe ddaeth ergydion amlach a tharanai'r gynnau'n uwch
Nes bod darn o'r ffos yn deilchion. A dywedais i â chuwch:
'Beth sy a wnelwyf i â chariad a meddyliau calon merch?
Ofer cofio'r llygaid addfwyn yma ar drothwy uffern erch.

'Beth yw ing cariadon heno pan yw'r byd i gyd ar dân?
Wrth arteithiau'r blin genhedloedd beth yw'n holl helyntion mân?
Pwy a ŵyr na chaf i heno'r bwled sydd yn dwyn fy rhif?
Byr fydd f'enw ar draethell amser. Môr o ango drosto a lif.

'Nid oes serch, nac edifeirwch, nac atgofion yn y bedd;
Dim ond angof yn dragywydd, dim ond huno hir mewn hedd.'
Cydiais yn fy nryll yn dynnach tra chwibanai'r bib 'Yn awr'!
Ac o'r ffos trwy'r gwyll mi ruthrais rhagof i'r Gehenna fawr.

Nid oes amheuaeth ynghylch safle Cynan fel un o brif ragflaenwyr a
hyrwyddwyr moderniaeth Gymraeg. Problem Cynan oedd ei ddeuoliaeth,

yn yr ystyr fod ei themâu a'i ddeunydd yn gwbl fodern ond ei gyflwyniad
a'i ymdriniaeth yn gwbl draddodiadol. Sioriad ydoedd wrth reddf, a
byddai wedi bod yn fardd llawer mwy arwyddocaol pe bai wedi llwyddo i
sefydlu arddull amgenach, a thaflu ymaith ddylanwad gormesol beirdd fel
John Masefield. Er hyn, yr oedd yn un o arloeswyr moderniaeth.

Pam, felly, y bu i dri beirniad swyddogol Rhydaman goroni Robert
Beynon ar ei draul ef? 'Roedd y naill bryddest yn llawn o sioc a'r llall yn
llawn o siwgwr, a dannedd melys oedd gan feirniaid 1922. Cawn beth
goleuni ar y penderfyniad anhygoel hwn i roi'r goron i Robert Beynon yn
natganiadau'r beirniaid. Meddai Gwili, er enghraifft:[2]

> Dichon mai'r peth sy fwyaf gennym ni'n tri yn erbyn *Israffel* yw ei
> fod yn parhau i ganu am hacrwch rhyfel, yn 1922, a'r mwyafrif
> ohonom wedi glân syrffedu ar y sôn amdano, ac yn hiraethu, ers
> tro bellach, am ganiad newydd.

Dyna ddatganiad anhygoel. Y gwir yw bod beirdd yn dal i sôn am y Rhyfel
Mawr hyd heddiw. Cyhoeddwyd nifer o flodeugerddi am y Rhyfel Mawr
cyn diwedd yr Wythdegau, ac ym 1988 cyhoeddwyd casgliad Charles
Causley o gerddi, *A Field of Vision*, a cheir ynddo dair neu bedair o gerddi
am y Rhyfel Mawr. Y mae'n rhyfel sydd wedi treiddio'n ddwfn i mewn i'r
ymwybod modern, ac fe gymer ganrif arall cyn y gallwn ei lwyr anghofio.
Dyna Gwili yn synnu fod bardd yn gallu canu am y Rhyfel Mawr, a'r
rhyfel hwnnw wedi dod i ben ers pedair blynedd! Ychydig a wyddai y bydd-
ai'r beirdd yn canu amdano bedwar ugain mlynedd ar ôl iddo ddigwydd.
Fel y dywed Martin Stephen yn ei flodeugerdd o gerddi o gyfnod y Rhyfel
Mawr, *Never Such Innocence*:[3]

> The facts, and logic, dictate that if any images dominate poetry
> they should be those of Hiroshima, Dachau, and Stalingrad. Cer-
> tainly these images appear frequently in modern writing, but it is
> far easier to find the images of the Great War ...

Dywed Martin Stephen nad yw o fewn ei allu i esbonio pam y cydiodd y
Rhyfel Mawr yn y meddwl modern i'r fath raddau, ond cais, er hynny,
ddirnad ei arwyddocâd, a cheir llawer o wirionedd yn ei esboniad, ond nid
yr holl wir o bell ffordd:[4]

---

2. Ibid., t.79.
3. *Never Such Innocence: a New Anthology of Great War Verse*, Martin Stephen, 1988, t.297.
4. Ibid., t.299.

The Great War fascinates us so much because, on a vast historical and human canvas, it is tragic in form – and tragedy is perhaps the most profound and central symbolisation of man's plight of any that exist. Tragedy shows a great or admirable man led to destruction partly through his own blindness, partly through vast and inexorable forces over which he has no control and which he can only dimly comprehend. It arouses vast feelings of pity and terror in us, reveals vast carnage and disruption, and shows the death for that hero, at the same time as showing how hard he can fight, and how much he can resist. At the end we feel a tremendous sense of waste, but we also understand that death for the tragic hero is a blessing and a relief from pain. Most of all, we feel that he has made a statement which, in the midst of terror, reassures us of our own strength and our own dignity, and causes us to admire the figure who can endure so much.

Collfarnwyd Cynan, mewn gwirionedd, am fod yn ddeallus ac yn emosiynol effro i'w gyfnod ei hun, cyfnod y dadrith, y chwerwder a'r diffyg ystyr a ddilynodd y Rhyfel Mawr. Ni fynnai'r beirniaid mo hynny. Mynnent ddihangfa a chelwydd, mynnent baradwys wledig, ffug. Fe'u cyfareddwyd gan berlau môr-forynion Robert Beynon, a byd Men a'r ŵyn bach. Ni fynnent hagrwch y Rhyfel, a dyna pam y collodd Cynan y goron honno, oherwydd iddo ganu i'r Rhyfel. Gwnaethpwyd gan y beirniaid, mewn geiriau eraill, yr hyn sydd yn anfaddeuol mewn beirniadaeth lenyddol, sef collfarnu bardd am nad oedd ei weledigaeth ef yn cyd-fynd â'u gweledigaeth hwy. Camwedd o Eisteddfod oedd Eisteddfod Genedlaethol 1922.

Digwyddodd rhywbeth tebyg ym 1928, yn Nhreorci. 'Y Sant' oedd y testun y tro hwnnw, ac, fel y cofir, gwrthodwyd cadeirio awdl Gwenallt gan y tri beirniad, John Morris-Jones, J. J. Williams a Gwili. Canodd Gwenallt am nwydau anifeilaidd a thrachwantau cynhenid dyn, a gwnaeth hynny yn gignoeth ddiffriliau. Ceisiodd hefyd ddirnad natur gras, a cheir ynddi thema gyfrifol a moesol iawn, er i'r beirniaid gyhuddo'r bardd o anfon pentwr o faweidd-dra i mewn i'r gystadleuaeth, sef mai trwy ymdrech daer yn unig y gellir trechu'r anifail mewn dyn, ac mai trwy frwydro yr enillir ffydd ac y dyrchefir yr ysbrydol. 'Roedd awdl Gwenallt, fel pryddest Cynan, yn cyd-fynd â thueddiadau'r oes.

Ar ôl y Rhyfel Mawr, yn hytrach na derbyn gwirioneddau digwestiwn crefydd, bu llawer o ymholi ac ymddadansoddi mewnol, llawer o geisio cloddio hyd at ddyfnderoedd y meddwl a'r greddfau dynol, a dyma gyfnod mawr ym myd seicoleg, gyda Sigmund Freud yn cyhoeddi llyfrau fel *The*

Ego and the Id (1923), *The Future of an Illusion* (1927) a *Civilization and its Discontents* (1930). Yn Nauddegau'r ganrif hefyd, wrth gwrs, y cyhoeddwyd nofelau arbrofol, beiddgar D. H. Lawrence, ac 'roedd Gwenallt yn dilyn yn ôl troed y modernwyr hyn. Ond, unwaith yn rhagor, ni fynnai'r beirniaid mo'r cignoethni a'r erchyllterau a geid yn awdl Gwenallt, ac fe ataliwyd y Gadair. Yn ôl John Morris-Jones, yr oedd 'anfon i'r gystadleuaeth bentwr o aflendid yn rhywbeth gwaeth na diffyg barn, y mae'n haerllugrwydd a digywilydd-dra'.[5] Fe'i collfarnwyd yn hallt gan J. J. Williams hefyd:[6]

> Y gwir yw, syrthiodd yr awdur yn rhy dynn i afael y ffasiwn o ganu i nwydau'r cnawd, fel pe bae defnydd barddoniaeth mewn dim ond llygredd. Aeth awen Cymru yn bryfedyn y dom.

'Y mae yma bethau salw hyd at fod yn ffiaidd,' meddai Elfed wedyn.[7] Hynny yw, yr oedd y beirniaid, unwaith eto, yn methu wynebu'r hagr a'r annymunol mewn bywyd, er bod yr elfennau hyn yn rhan mor anhepgor o ddyn a bywyd. Mae'n amlwg na allai'r beirniaid stumogi darnau mor amrwd â'r canlynol:

> Ar wellt tŷ gwair gwyddwn orwyllt gariad,
> A chrefai, brefai am ferch yr Hafod,
> Ei hwyneb, hirwyn wddf, a'i bron aeddfed;
> Ar hyd ei blows biws rhedai blys bysedd;
> Bwytawn ei chnawd braf yn y sagrafen,
> Yfwn ei gwaed yn y meddw ddafnau gwin;
> Yn sydyn yn nwyd emyn dôi imi
> Filain wanc coch i'w thraflyncu hi.

> Rholiwn ar gae gan artaith y gwaeau,
> I'r wybr uchod codwn gri a breichiau,
> Ac weithiau'n fileinig y gwthiwn flaenau
> Y drain drwy fy nghroen, er dofi poenau
> Yr ias eirias a gerddai synhwyrau;

5. Awdl y Gadair: beirniadaeth John Morris-Jones, *Cofnodion a Chyfansoddiadau Eisteddfod Genedlaethol 1928 (Treorci)*, Gol. E. Vincent Evans, t.4.
6. Ibid., beirniadaeth J. J. Williams, t.12.
7. Ibid., beirniadaeth, Elfed, t.14.

Nid oedd yr un llais, nid oedd rhin llysiau,
Olew nac eli, awel na golau
A allai laesu fy ngorffwyll loesau.

Digwyddodd yr un peth ddwywaith yn olynol yn y Pumdegau, sef ym 1952 a 1953, pan gafwyd atal a cham-wobrwyo. Ym 1952, yn Eisteddfod Genedlaethol Aberystwyth, 'Y Creadur' oedd un o destunau cystadleuaeth y Goron. Anfonodd Harri Gwyn bryddest i mewn. Ei thema oedd meddwl llofrudd, seicoleg llofrudd, ac ymson y llofrudd hwnnw ac adeg ei grogi yn nesáu yw deunydd y gerdd. Thema debyg, mewn gwirionedd, i thema Gwenallt, sef y bwystfil neu'r creadur o fewn dyn, a thema hefyd y mae iddi enghreifftiau fyrdd mewn canu modern ledled Ewrop. A beth oedd ymateb y beirniaid? Nid oedd dim gwahaniaeth sylfaenol rhwng agwedd feddwl beirniaid 1928 a dau o feirniaid 1952. Nid oedd barddoniaeth na beirniadaeth, os daliadau a syniadau'r ddau feirniad hyn oedd y norm, wedi camu ymlaen fodfedd hyd yn oed. Dywedodd W. J. Gruffydd mai 'y nwydau gwrthgymdeithasol wedi eu cymryd yn ail-law o gatalog y seicolegydd, y pethau sy'n codi teimlad o ffieidd-dra yn y dyn cyffredin, a'r rheini'n unig, sy'n cynhyrfu mynegiant ein beirdd ieuainc'.[8] Nid fel ymgais ddiffuant i geisio deall y natur ddynol yng nghymhlethdod ein gwareiddiad modern y gwelai W. J. Gruffydd ymdrechion beirdd fel Harri Gwynn; yn hytrach, cyfrwng oedd barddoniaeth y gellid ei ddefnyddio i roi sioc i bobl gyffredin. 'Roedd y bryddest yn gwbl anweddus yn ôl David Jones: prin y gallai ei darllen yn gyhoeddus neu yng ngŵydd ei deulu. Y mae agwedd o'r fath, wrth gwrs, a hynny wedi i Ryfel Byd arall ddigwydd, a hwnnw'n gieiddiach filwaith na'r rhyfel blaenorol, yn peri syndod di-ben-draw. Hyd yn oed ar ddechrau'r Pumdegau, ymddengys mai prif nodweddion barddoniaeth, yn ôl W. J. Gruffydd o leiaf, oedd 'harddwch a thynerwch a syberwyd'. A beth yn union a oedd mor dram-gwyddus o anfoesol yng ngherdd Harri Gwynn? Darnau fel y darn hwn, o bosibl:

Mi welais i ddwy wefus wleb
Yn crogi'n goch, ddisgwylgar
Ym mreichiau chwant.
Dwy wefus wleb yn sugno serch,
A gynnau fach yn sugno'n gryf
Am safn un arall.

8. Pryddest y Goron: beirniadaeth W. J. Gruffydd, *Beirniadaethau a Barddoniaeth Eisteddfod Genedlaethol Cymru Aberystwyth, 1952*, Gol. E. D. Jones. t.70.

Ac oni wnaet a wneuthum i, fy chwilen fach?
Gwesgais ei thafod ffals
Trwy gochni y ddwy wefus,
Can's dyna oedd arch y teyrn o'm mewn.
Y teyrn a ddywaid wrth yr hwch
Ei hamser,
Ac wrth y baedd
Ei ffordd.

Nid Harri Gwynn mo'r bardd cyntaf i geisio treiddio i ddyfnderoedd meddwl llofrudd. Gwnaeth Robert Browning hynny ryw ganrif o'i flaen, yn 'Porphyria's Lover'.

That moment she was mine, mine fair,
    Perfectly pure and good: I found
A thing to do, and all her hair
    In one long yellow string I wound
    Three times her little throat around,
And strangled her. No pain felt she;
    I am quite sure she felt no pain.
As a shut bud that holds a bee,
    I warily oped her lids: again
    Laughed the blue eyes without a stain.
And I untightened next the tress
    About her neck; her cheek once more
Blushed bright beneath my burning kiss:
    I propped her head up as before,
    Only, this time my shoulder bore
Her head, which droops upon it still:
    The smiling rosy little head,
So glad it has its utmost will,
    That all it scorned at once is fled,
    And I, its love, am gained instead!
Porphyria's love: she guessed not how
    Her darling one wish would be heard.
And thus we sit together now,
    And all night long we have not stirred,
    And yet God has not said a word!

Beth sy'n peri fod beirniaid o Gymry, yng nghanol yr Ugeinfed Ganrif, yn gwrthod derbyn fod hawl gan fardd i archwilio meddwl llofrudd, tra bo beirniaid yn Lloegr, yng nghanol oes Fictoria, yn derbyn y math hwn o ganu yn ddibrotest. Mae 'Porphyria's Lover' yn gerdd weddol enwog, a'i henwogrwydd yn deillio o'r ffaith iddi ymddangos yn gyson mewn blodeugerddi o gyfnod Fictoria ymlaen.

Ym 1953, 'y Llen' oedd testun y bryddest. Dilys Cadwaladr a goronwyd, gan i ddau o'r beirniaid, J. M. Edwards a T. H. Parry-Williams, ddyfarnu ei phryddest yn fuddugol, a hynny gyda chryn dipyn o glod. Y trydydd beirniad oedd Saunders Lewis. Ni fynnai ef goroni pryddest Dilys Cadwaladr. Iddo ef, 'darn o areithio hwyliog' oedd pryddest *Hebog*, ffugenw Dilys Cadwaladr yn y gystadleuaeth. Ffafriai ef bryddest arall, eiddo *Gwrandawr*. Meddai amdani:[9]

> Stori fer mewn *vers libres* oedd hi; disgrifiai derfyn gwareiddiad Cymraeg mewn cwm diwydiannol a'r llen haearn rhwng yr hen fywyd Cymreig a'r bywyd di-Gymraeg sy'n ei ddisodli. Yr oedd gan y bardd hwn, i'm tyb i, weledigaeth a rhywbeth i'w ddweud; iddo ef, er gwaethaf pob mefl, y buaswn i yn dyfarnu'r goron.

Dyfnallt Morgan oedd *Gwrandawr*. Trafodwyd ei bryddest ar wahân i'r gweddill gan T. H. Parry-Williams, ac meddai: '... er clyfred yw'r braslun hwn, ni allaf dybied mai awen bardd sydd wedi ei gynhyrchu fel y mae'.[10]

Nid oes angen dyfynnu mwy nag un darn o bryddest Dilys Cadwaladr i ddangos mai barddonllyd a rhethregol oedd y canu; gwneud sŵn fel bardd a wnâi, mynd trwy'r mosiwns:

> Eiriolaeth poen! Ba sadydd gwawdus
> A fwyn awgrymodd wrth feibion dynion
> Mai poen yw meichiau bywyd;
> Mai yn yr ing y mae cyweirnod
> Ei salm a'i anthem undonog Ef?
> Eithr gwn o chwilio a chwalu hil ac ach,
> Mai dyfnder poen yw dyfnder y cread.
> O eithaf poen y cyfyd
> Y wag ochenaid o'r gorwel eithaf.

9. Pryddest y Goron: beirniadaeth Saunders Lewis, *Cyfansoddiadau a Beirniadaethau Eisteddfod Genedlaethol Y Rhyl, 1953*. Gol. D. M. Elis, t. 73.
10. Ibid., beirniadaeth T. H. Parry-Williams, t. 68.

A ŵyr Ef wae a phoen y sylweddau
A dyfodd yn nyddiau Ei wendid Ef?
Saith niwrnod Ei fympwy, gwyll a goleuni,
Gwagle a thir a môr:
Ei ddwylo Ef yn gwau y llen o'i gylch
Fel gwe pryf copyn,
Llen mater a'i noddai am dragwyddoldeb –
Y llen a dewychodd gan lwch yr oesoedd.

Pryddest o ffiniau, mewn gwirionedd, yw pryddest Dyfnallt Morgan: y ffin rhwng dwy genhedlaeth, y ffin rhwng bywyd Cymreig rhan arbennig o Forgannwg ar un cyfnod a'r bywyd Seisnigedig presennol, y ffin hefyd rhwng Cymry Cymraeg cydwybodol a diwylliedig a Chymry Cymraeg difater. Dyma ddyfyniad neu ddau:

Dêr, ges i waith i ddiall a,
Ryw Gwmr'eg dwfwn a 'wnnw yn i lwnc i gyd!
(Glywas i nw'n gweud
Taw lan sha'r north ma'i galon a o 'yd,
Ond i fod a'n meddwl caiff a dicyn o stwff
Useful lawr sha'r sowth 'na;
Mae 'obbi gyta fa o sgryfynnu
I brogrammes Cwmr'eg y wireless.)
Ges i grap itha da arno fa, sachni, o beth wetws a
Ar i weddi ar lan y bedd: diolch
Wnas a am gartrefi cryfyddol mywn o's 'ddreng'
(Na'r gair wetws a, wi'n cretu, ta beth yw a.)

Ond wotsho'r plant o'n i,
A meddwl!
'Na le'r o'dd Glatys a Susie,
A'u gwrwod gwrddon' nw yn yr A.T.S. –
A reini weti c'el gwaith ar y Tradin' Estate 'nawr;
A Isaac a'i wraig –
Merch o Ireland a fe weti troi'n Gathlic gyta 'i …
A dim un o'onyn' nw'n diall Cwmr'eg.
Ond wi'n canmol nw am g'el anglodd Cwmr'eg iddo fa,
A o'n nw weti catw'r 'en foi'n itha' teidi 'yd y diwadd 'ed.
(I galon a 'eth yn ddiswmwth.)

Do, do, nison' nhw i d'letsw'dd reit i wala; weti'r cyfan
Dim ond ta'cu o'dd a iddyn' nw, a peth arall
O'dd a me's o'u byd nw'n deg.
Wyt titha a finna'n gwpod rwpath am 'yn,
Wath dyw'n plant ni ddim yn wilia'r 'en iaith, otyn' nhw?

Yn ei feirniadaeth, dywedodd T. H. Parry-Williams am ieithwedd y bryddest: 'Yn gymysg â'r dafodiaith bur (Morgannwg) fe geir ganddo ymadroddion llafariaith benstryd sathredig a macaronig, ac y mae'r gymysgedd yn adlewyrchu'n ddigon teg rai o'r elfennau sydd, ysywaeth, yn nodweddu'r iaith lafar fyw drwy Gymru gyfan'.[11] Mae defnydd Dyfnallt Morgan o ieithwedd yn y gerdd, mewn gwirionedd, yn gelfydd iawn. Defnydd eironig o iaith a geir yma. Mae'r gymysgedd o dafodiaith a bratiaith, o Gymraeg trawiadol, lliwgar ('Ryw Gwmr'eg dwfwn a 'wnnw y i lwnc i gyd!') a Chymraeg salw, bratiog ('stwff/Useful', 'I brogrammes Cwmr'eg y wireless'), yn awgrymu fod y llefarwr, er ei fod yn galaru colli'r bywyd Cymreig, ei hun ar y ffin rhwng cymdeithas Gymraeg ei hiaith a Chymdeithas Saesneg ei hiaith. Hynny yw, mae'r trawsnewidiad yn digwydd ynddo ef ei hun. Awgrymir ffin hefyd rhwng cymdeithas ddiwylliedig Gymraeg, a chadarn ei hiaith, a chymdeithas fas, ddidraddodiad a diwreiddiau. Nid yw'r ymadrodd 'oes ddreng' yn golygu dim i lefarwr y gerdd ('Na'r gair wetws a, wi'n cretu, ta beth yw a'). Byddai unrhyw Gymro diwylliedig, Cymro a chanddo Gof a gorffennol, yn sylweddoli fod yma gyfeirio at gerdd enwog Hedd Wyn, 'Rhyfel' ('Gwae fi fy myw mewn oes mor ddreng'). Yn yr ail baragraff yn y dyfyniad uchod awgrymir y rhesymau am y dirywiad hwn ym mywyd Cymreig y fro, a cheir darnau tebyg, wrth gwrs, yn 'Ffynhonnau' Rhydwen Williams. Bu'r ddau fardd yn dystion byw i'r newidiadau difaol a welwyd yng nghymoedd Deheudir Cymru yn ystod y ganrif hon.

Y gair pwysig, unwaith yn rhagor, yw 'arwyddocaol'. Hynny yw, yr oedd gan Dyfnallt Morgan rywbeth hollbwysig, tyngedfennol i'w gyfathrebu i eraill, tra oedd Dilys Cadwaladr yn siarad â hi ei hun. Methiant i ganfod yr arwyddocaol mewn llenyddiaeth, dyna brif gamwri llawer o feirniaid llenyddol Cymru yn y gorffennol.

Mae barddoniaeth Ewrop yn y ganrif hon yn llawn o ing ac o angst, oherwydd mai canrif wallgof o farbaraidd fu hi. Yn wir, bu rhai beirniaid yn cyhuddo'r beirdd Saesneg o fod yn rhy ddof mewn canrif mor orffwyll, ac mae barddoniaeth Saesneg yn llawer mwy ingol na barddoniaeth Gym-

---

11. Ibid., t.68.

raeg; ond nid yw hi mor ingol â gwaith beirdd Ewrop. Byddai beirdd a beirniaid y tu allan i Gymru yn rhythu'n gegagored wrth glywed rhai o'r datganiadau a'r ymbiliadau a wneir gan feirdd a beirniaid Cymru. Ac onid gwrthod cydnabod fod gan farddoniaeth hawl i draethu am yr hagr a'r annymunol a fu'n gyfrifol am y camweddau eisteddfodol y soniwyd amdanynt? Enghreifftiau yn unig o'r camweddau hyn a roddwyd. Gellid dewis eraill, fel amharodrwydd y beirniaid i roi'r Goron i'r bryddest rymus honno, 'Terfysgoedd Daear', o eiddo Caradog Prichard, yn Eisteddfod Genedlaethol 1939. Pam? Yr esgus oedd ei bod yn annhestunol, ond y gwir yw mai thema'r bryddest, hunanladdiad, a barai i'r beirniaid anesmwytho. Ond os nad yw'r cyflwr hunanladdiadol yn gyflwr terfysglyd ddaearol, beth sydd?

Nid dweud yr wyf y dylai pob bardd draethu am yr elfennau ciaidd a dinistriol yn y ddynoliaeth, ond dweud yn hytrach fod sôn am y pethau hyn, os yw bardd mewn cytgord â'i oes, yn *anochel*, a dweud hefyd fod gan feirdd *hawl* i ganu i'r pethau hyn, heb i'r beirniaid gyfarth arnyn nhw a hawlio ganddyn nhw farddoniaeth fwy ramantus-feddal neu ysgafnddoniol.

Gobeithio y caiff traethau caregog Cymru gyfle i ail-lenwi. Mae gormod o lawer o dywod wedi cael ei ddwyn ohonyn nhw yn y gorffennol.

[1991]

YNGHYLCH
MODERNIAETH ETO

Bu llawer o ymosod yn ddiweddar ar Philip Larkin, yn dilyn cyhoeddi cofiant Andrew Motion iddo a *Selected Letters of Philip Larkin 1940-1985*, dan olygyddiaeth Anthony Thwaite. Dadlennwyd cymeriad pur gymhleth gan y ddau lyfr. Gallai Larkin fod yn bitw ac yn giaidd ar brydiau, 'roedd yn wleidyddol naïf, a hyd yn oed yn llenyddol naïf, ar adegau. Mae cyfrol Andrew Motion hefyd yn datgelu fod i bersonoliaeth Larkin ochr dywyll iawn: ei besimistiaeth ddofn, ei hoffter o bornograffiaeth, ei anallu i gynnal perthynas garwriaethol gyflawn a pharhaol, a nifer o ffactorau eraill. Yn wir, dadlennir Larkin fel person unig a dihyder. Bu rhai o'r dadleniadau hyn ynghylch cymeriad Larkin yn fêl ar fysedd rhai o'i brif wrthwynebwyr, a defnyddiwyd ei wendidau personol i'w ddifrïo fel bardd, fel pe bai gwendidau o'r fath yn penderfynu ansawdd y gwaith! Mae cofiant Andrew Motion yn llyfr hynod o ddarllenadwy, ond, yn anffodus, gan mai bywyd gweddol ddiddigwydd a gafodd Larkin, mae'n dibynnu'n ormodol ar fanion dibwys. Mae gwendidau honedig Larkin wedi eu gorbwysleisio a'u gorwneud oherwydd mai bywyd gweddol dawel a digyffro a gafodd.

Nid yw Andrew Motion yn diraddio Larkin fel bardd. Yn ôl ei gofiannydd, mae Larkin yn un o brif feirdd yr Ugeinfed Ganrif. Mae eraill yn anghytuno. Cafwyd enghraifft arall eto fyth o amau mawredd barddoniaeth Larkin yn *The Independent*, Mawrth 18, 1993, mewn ysgrif yn dwyn y teitl 'The dreary laureate of our provincialism' gan Bryan Appleyard. Mae Appleyard yn amau'r statws a roir i Philip Larkin gan rai beirdd a beirniad. 'Even before the latest revelations emerging from Andrew Motion's biography, it was easy to make a case for disliking Philip Larkin to the point of revulsion. So much in the life, and quite a bit in the work, exudes a repellent, smelly, inadequate masculinity,' meddai. Mae'n disgrifio Larkin fel 'this provincial grotesque', gan gyfeirio at gulni gwladgarol y bardd, ond mae'n ddigon parod i wahaniaethu rhwng y bywyd a'r gwaith '... any defence of Larkin the poet must first discard the taint of Larkin the man. Certainly many liked, even worshipped him, but to the objective eye he seems to have been almost wholly repulsive, even in the recollections of close friends like Amis'.

Mae gan Bryan Appleyard nifer o gwynion yn erbyn Larkin. Mae'n cydnabod ei fod yn fardd poblogaidd iawn, 'about as popular as it is possible for a poet to be these days short of becoming Pam Ayres or Maya Angelou'. Ond poblogrwydd a enillwyd am y rhesymau anghywir ydoedd:

> This popularity is not an accident. Almost from the beginning Larkin was determined to oppose the view expressed by T. S. Eliot, that 'poets in our civilisation, as it exists at present, must be difficult'. For Larkin, Eliot's élitism was part of a literary conspiracy between poet, critic and academic, designed to annex the art of poetry and remove it from the grubby attentions of the masses. Popularity was, for him, an artistic imperative.

Yn ôl Bryan Appleyard, ceisiodd Larkin chwarae ar ffug-deimladau'r Saeson yn y blynyddoedd a ddilynai'r Ail Ryfel Byd. 'In the immediate post-war years such a reaction was precisely in tune with a significant and vociferous element in the national psyche. England and Englishness had prevailed over something nasty in Europe – more to the point, they had prevailed over someting modern and nasty. The war appeared to prove that the sturdy provincial values of England were a match for the international industrialism of Germany. It was time to return to a solid, brass-bound, English common sense, perfectly accessible to the solid, brass-bound yeomanry'. Mudiad Ewropeaidd a byd-eang oedd moderniaeth mewn barddoniaeth, a chyhuddwyd y beirdd mwyaf ffyrnig Prydeinig, fel Larkin, o anwybyddu a dilorni'r mudiad oherwydd ei wreiddiau estron. Prif gyhuddiad Bryan Appleyard yw i Larkin roi i'w bobl yr hyn a chwenychent, hynny yw, canu i'r dorf i foddhau ei dyheadau. O roi'r mater yn ein termau ni, mae'n cyhuddo Larkin o fod yn rhy blwyfol-gul, yn union fel y gellid cyhuddo nifer o feirdd Cymru heddiw o fod yn rhy frogarol, wladgarol-gul, am eu bod yn canu am Gymru a'i hiaith a hynny oherwydd bod canu o'r fath yn cyffwrdd â rhyw seice cenedlaethol. Lluniodd Larkin nifer o gerddi am y Lloegr draddodiadol a gwledig, ac am yr hen arferion a defodau a oedd yn ddwfn yng ngwneuthuriad ei genedl. Canodd hefyd ar adeg pan oedd Lloegr yn dyheu am rywun i greu delwedd ddiogel-sefydlog ohoni, yn wyneb pob newid a bygythiad i'r hen ddull o fyw. Y perygl yn hyn, yn ôl Bryan Appleyard, oedd y ffaith y gallai Larkin ddirywio i fod yn rhyw fath o John Betjeman ail-law.

Mae ganddo gŵyn arall yn erbyn Larkin: 'The perverse truth about this compounded misery was that, in impulse if not in execution, Larkin was a modernist. His 'common sense' told him that, stripped of its myths and illusions, life was a senseless decline towards death. It was the same insight that modernism confronted. But the modernists had tried to stitch the culture bach together in the light of this sense of meaninglessness. For Larkin, this was an obscurantist futility. The 'truth' lay in an ordinary, universal suffering of banal frustrations occasionally illuminated by shafts of an entirely unconvincing transcendence'.

Mae dadl Bryan Appleyard yn ddigon eglur. Wynebu diddymdra a wnaeth moderniaeth, wynebu gwacter ystyr heb ymdrechu i osgoi erchyllterau bywyd. 'Roedd yn fudiad gwrol yn ei hanfod. Ond yn hytrach nag ildio i'r gwacter, yn hytrach na derbyn y diddymdra yn ferfaidd a di-hid, ceisiodd moderniaeth ail-greu ystyr, ail-greu diben mewn byd ymddangosiadol ddibwrpas, weithiau'n llwyddiannus, dro arall yn aflwyddiannus. Wynebodd T. S. Eliot, er enghraifft, ddiddymdra a gwacter y bywyd modern benben yn *The Waste Land*, ond ailddarganfu Gristnogaeth ar ôl ymdroi yn y gwacter; wynebodd Saunders Lewis yr affwys hefyd, ond troes at Babyddiaeth ac at genedlaetholdeb ystyr. Moderniaeth yn ei hanfod, sef wynebu gwacter a baster byw, a geir gan Saunders Lewis yn 'Y Dilyw 1939':

> A'r frau werinos, y demos dimai,
> Epil drel milieist a'r *pool* pêl-droed,
> Llanwodd ei bol â lluniau budrogion
> Ac â phwdr usion y radio a'r wasg.
> Ond duodd wybren tueddau Ebro,
> Âi gwaed yn win i'n gwydiau newynog,
> A rhewodd parlys ewyllys wall
> Anabl gnafon Bâle a Genefa.
> Gwelsom ein twyllo. Gwael siomiant ellyll
> Yn madru'n diwedd oedd medr ein duwiau;
> Cwympo a threisio campwaith rheswm
> A'n delw ddihafal, dyn dihualau;
> Crefydd ysblennydd meistri'r blaned,
> Ffydd dyn mewn dyn, diffoddwyd hynny ...

Ni ddaeth pob bardd, fodd bynnag, o'r affwys yn fuddugoliaethus; gwallgofi a wnaeth Ezra Pound, er enghraifft, ond o leiaf fe wynebodd y diddymdra, ac yn yr ymdrech, nid yn y fuddugoliaeth, yr oedd y gwrhydri.

Sylweddolodd Larkin, hefyd, mai syllu yn wyneb gwacter a diddymdra a wnâi'r dyn modern, ond cŵyn Bryan Appleyard, ac eraill o ran hynny, yw'r ffaith nad aeth Larkin yn ddigon dwfn i bwll diddymdra. Nid gwir ddiddymdra'r Ugeinfed Ganrif, yr holi am ystyr yng nghanol llwch a llanast dau Ryfel Byd, y chwilio am Dduw ym mherfeddion Auschwitz a Belsen, yr ymbalfalu am gyfeiriad yng nghanol metelau toddedig Hiroshima, mo'i ddiddymdra ef. Yr *ennui* modern, y diflastod cymdeithasol arwynebol, y llithro hamddenol o ganol mân ddefodau a mân arferion y gymdeithas ddosbarth canol ddiddyfnder i gyfeiriad marwolaeth, dyna a'i poeni ef. Hynny yw, i ddefnyddio ansoddair ystrydebol y cyfnod diweddar hwn, *boring* oedd bywyd a chymdeithas i Larkin, ac ar ôl y diflastod nid oedd un dim ond y darfod. I raddau, mae'r cyhuddiadau hyn yn erbyn Larkin yn wir. Darllener ei gerdd 'Wants' er enghraifft, lle mae'n dyheu am ryddhad rhag mân ofynion cymdeithasol a mân ddefodau bywyd:

> Beyond all this, the wish to be alone:
> However the sky grows dark with invitation-cards
> However we follow the printed directions of sex
> However the family is photographed under the flagstaff –
> Beyond all this, the wish to be alone.

Mae'r pennill uchod yn amlygu un o'r cwynion yn erbyn Larkin, sef mai mân bethau dibwys oedd craidd ei agwedd negyddol tuag at fywyd, swm a sylwedd ei ddiddymdra, yn hytrach na phethau erchyllach, llawer mwy brawychus a dirdynnol. Mae hyn, eto i raddau, yn wir, ond dyna'i weledigaeth ef, ac 'roedd ganddo hawl i'w weledigaeth, dim ond bod y weledigaeth honno wedi'i mynegi'n gelfyddydol berffaith a chyffrous. A'r cyhuddiad wedyn iddo ildio i'r merfeidd-dra. 'The gesture of the life was a turning of the back, a shrugging of the shoulder, an irritable 'why bother?'; the art was a consoling balancing act, a remote radio signal from the distant planet of Hull that, at least, we were all in this loneliness together.' Dyna gyhuddiad pennaf Bryan Appleyard yn erbyn Larkin, o bosibl; sef iddo wrthod brwydro yn erbyn y gwacter a throi ei gelfyddyd yn arf cadarnhaol yn erbyn diddymdra cyfoes.

'Rwy'n credu fod gorsymleiddio wedi bod ar Larkin. Mae ei agwedd at gymdeithas, at fywyd Lloegr yn y cyfnod ôl-ryfel, yn gymhleth, mewn gwirionedd. Mae'n lladmerydd cywir i gyflwr ysbrydol Lloegr o ddiwedd yr Ail Ryfel Byd ymlaen. Mae'n glynu wrth arferion a phatrymau'r gymdeithas, er mwyn cael rhyw rith o ystyr i'w fywyd, ond er mor bwysig yw'r mân arferion hyn iddo, gwêl y diffyg pwrpas a'r rhagrithio drwy'r cyfan. Ei brif dechneg fel bardd yw eironi, ac weithiau anodd sylweddoli mai bod yn eironig y mae. Ac os methodd Larkin ganfod ateb a chael gwaredigaeth i'w argyfwng gwacter ystyr personol ef ei hun, pa ots yw hynny? Yr unig gwestiwn o wir bwys yw: pa mor rymus yw'r anallu hwn i ganfod ystyr a phwrpas?

Mae'n debyg y bydd llawer o drafod ar safle a statws Larkin am flynyddoedd i ddod. Dyfynnaf gerdd gyfan o'i eiddo. Mae hi'n gerdd gwbl Larkinaidd. Mae hyd yn oed ei theitl, ac yntau'n fardd mor eironig, yn drwyadl eironig. Mae'r gerdd yn drylwyr nodweddiadol o Larkin am ei fod ynddi yn gweld y gwacter drwy'r defodau, y diddymdra anochel drwy'r cyfarwydd a'r cyffredinol. Dyna pam y camddeallwyd Larkin. Nid bardd mawl y gymdeithas Seisnig yn y cyfnod ôl-ryfel mohono, ond bardd gwacter a diddymdra'r cyfnod. Lleolodd ei ddiddymdra yn yr unig gyfnod a chefndir a adnabu. Os T. S. Eliot oedd bardd diddymdra Lloegr yn y blynyddoedd a ddilynai'r Rhyfel Mawr, Larkin oedd bardd gwacter Lloegr yn y cyfnod a ddilynai'r Ail Ryfel Byd. Os gwir fy namcaniaeth, mae'n haeriad eironig, gan i Larkin wrthwynebu a dilorni dull Eliot o farddoni. Yn 'Aubade', ceir llinellau sy'n gwbl nodweddiadol o Larkin: llinellau tawel, hamddenol, ffeithiol yr olwg, ond sy'n drymlwythog o eironi, fel y llinell olaf un, 'Postmen like doctors go from house to house', bywyd yn mynd yn ei flaen, ond dan gysgod parhaus marwolaeth. Bardd yr is-ddweud yw Larkin, ac mae'r llinell glo hon yn debyg iawn i'r llinell honno o'i eiddo yn 'Ambulances': 'All streets in time are visited'. Dyma'r gerdd yn ei chrynswth. Ai cynnyrch bardd bach, cymharol ddibwys ydyw?

AUBADE

I work all day, and get half-drunk at night.
Waking at four to soundless dark, I stare.
In time the curtain-edges will grow light.
Till then I see what's really always there:
Unresting death, a whole day nearer now,
Making all thought impossible but how
And where and when I shall myself die.
Arid interrogation: yet the dread
Of dying, and being dead,
Flashes afresh to hold and horrify.

The mind blanks at the glare. Not in remorse
– The good not done, the love not given, time
Torn off unused – nor wretchedly because
An only life can take so long to climb

Clear of its wrong beginnings, and may never;
But at the total emptiness for ever,
The sure extinction that we travel to
And shall be lost in always. Not to be here,
Not to be anywhere,
And soon; nothing more terrible, nothing more true.

This is a special way of being afraid
No trick dispels. Religion used to try,
That vast moth-eaten musical brocade
Created to pretend we never die,
And specious stuff that says *No rational being*
Can fear a thing it will not feel, not seeing
That this is what we fear – no sight, no sound,
No touch or taste or smell, nothing to think with,
Nothing to love or link with,
The anaesthetic from which none come round.

And so it stays just on the edge of vision,
A small unfocused blur, a standing chill
That slows each impulse down to indecision.
Most things may never happen: this one will,
And realisation of it rages out
In furnace-fear when we are caught without
People or drink. Courage is no good:
It means not scaring others. Being brave
Lets no one off the grave.
Death is no different whined at than withstood.

Slowly light strengthens, and the room takes shape.
It stands plain as a wardrobe, what we know,
Have always known, know that we can't escape,
Yet can't accept. One side will have to go.
Meanwhile telephones crouch, getting ready to ring.
In locked-up offices, and all the uncaring
Intricate rented world begins to rouse.
The sky is white as clay, with no sun.
Work has to be done.
Postmen like doctors go from house to house.

[1993]

IEITHWEDD
BARDDONIAETH GYFOES (1)

Fe gafwyd dadl yn Eisteddfod Bro Madog, 1987, rhwng y dramodwyr a'r ysgrifenwyr sgriptiau ynghylch addasrwydd iaith, hynny yw, pa fath o iaith i'w defnyddio mewn dramâu llwyfan a dramâu teledu. Bu'r dadlau yn amlochrog ac yn amrywiol iawn, ond cafwyd y datganiad doeth gan y dramodydd William R. Lewis mai mater i'r unigolyn yw hwn yn y pen draw. Dylai'r unigolyn ddibynnu ar ei gydwybod a'i grebwyll artistig wrth ddewis ei iaith. Bu rhai'n cwyno, wrth gwrs, fod gormod o Saesneg mewn rhai dramâu, ac eraill yn cwyno fod gormod o fratiaith ynddyn nhw, nid tafodiaith, ond bratiaith salw a diurddas. Fe ddylid gwahaniaethu rhwng bratiaith a thafodiaith, wrth reswm, ond ni wneir hynny drwodd a thro. Y Gymraeg yn ei hisraddoldeb yw bratiaith a'r Gymraeg yn ei naturioldeb yw tafodiaith.

Nid i fyd y ddrama yn unig y mae'r mater hwn o addaster iaith yn bwysig, ond i unrhyw un o'r celfyddydau y mae iaith yn brif gyfrwng iddi; ac nid yw byd barddoniaeth yn eithriad. Fe ddylai bardd fod yn feistr llwyr ar ei iaith. Os nad yw ei gynefin, neu hyd yn oed ei gartref, wedi rhoi'r iaith iddo yn ei grym a'i graen, fe ddylai ymlafnio a llafurio i'w meistroli a'i chaboli ei hunan. Rhaid i fardd *adnabod* ei iaith yn drylwyr, nid yn unig y pethau mwyaf sylfaenol fel rheolau gramadeg a chywirdeb cyffredinol, ond hefyd ei chystrawennau, ei hidiomau, ei rhithmau a holl ystyron a chysylltiadau ei geiriau. Wrth baratoi *Blodeugerdd o Farddoniaeth Gymraeg yr Ugeinfed Ganrif*, cefais fy synnu dro ar ôl tro gan anallu rhai beirdd i ysgrifennu Cymraeg cwbl gywir. Bu'n rhaid gwrthod rhai cerddi am fod ynddyn nhw wendidau amlwg, gwendidau cystrawennol, gramadegol, ac yn y blaen. Dyna chi'n darllen cerdd sy'n dechrau gafael ynoch, a'r teipiadur yn barod i'w hatgynhyrchu ar gyfer teipysgrif eich blodeugerdd, ond yn sydyn dyna gystrawen yfflon, ddisynnwyr, dyna ddiffyg treiglad (ie, peth mor sylfaenol â hynny), dyna wall iaith go fawr, ac allan â'r gerdd drwy'r ffenestr. Beth am ei golygu wedyn, i'w hachub, gofynnwn? Rhaid i mi gyfaddef i mi orfod gwneud hynny gydag ambell gerdd, ond ai fy lle i oedd cywiro cerdd a oedd wedi ei llunio ers rhai blynyddoedd, a rhai beirniaid wedi ei chanmol heb hyd yn oed sylwi ar ei diffygion? Iaith onest yw iaith o'r fath, meddai rhai, iaith onest sy'n adlewyrchu cyflwr ieithol a gwleidyddol Cymru heddiw; iaith sy'n dangos i'r byd mai cenedl orthrymedig ydym. Nage ddim.

Mae caboli eich Cymraeg, ei llwyr feistroli a'i pharchu, yn arf grymus ac effeithiol yn eich dwylo i ymladd taeogrwydd, i ddiddymu drwg-effeithiau byw dan lywodraeth estron, ac i adfer i'ch iaith ei chyflwr cysefin. Y mae'r Gymraeg yn iaith gywrain, gymhleth hyd yn oed, ac esgus dros ddiogi yw'r ddadl hon o blaid ysgrifennu Cymraeg bratiog.

Cyn y gellwch chi wneud dim â'ch iaith, rhaid i chi ei hadnabod. Os llunio cerddi ac ynddyn nhw beth bratiaith, eu llunio yn fwriadol ac i ddiben, ac nid o anwybodaeth, Os ydych yn gogwyddo tuag at y tafodieithol a'r llafar (fel ag y gwna Gwyn Thomas, dyweder), rhaid ichi wybod beth yw gwir dafodiaith, a rhaid ichi allu gwahaniaethu rhwng tafodiaith a bratiaith. Ac os yw dyn yn feistr ar ei iaith a'i gyfrwng, gall wedyn ddewis y ffurf sy'n gweddu i'w bersonoliaeth, ac i themâu, pynciau a chynnwys ei gerddi. Mater o bersonoliaeth ydyw. Ni ddylid gwrando ar y beirniaid hynny sy'n canmol y bardd a'r bardd am ei fod yn ysgrifennu 'yng Nghymraeg yr oes'. Dyma bedair enghraifft o 'Gymraeg yr Oes':

(1)

    Wrexham agro,
    gorthrwm,
    trwm iawn, very heavy
    our boots, our byd.

    gorthrwm yn magu gorthrwm;
    gwadnau lleder cenedlaethau
    o ddiaconiaid a landlordiaid
    yn magu'r genhedlaeth hon
    o wadnau trymion y traed ifainc;
    gwadnau gonest sy'n mynnu gwaed ...

(2)

        Wyt ti'n gwpod
    Fel ma cyrtens yr 'Ippodrome yn cau
        ... yn ddistaw bach ...
          Ar ddiwedd y perfformans?

Wel falna mae 'co?
Wi'n gweld llai o'r 'en scenery bob tro …
A wi'n c'el y teimlad
Bo fi'n c'el yng ngwascu m'es gyta'r crowd.

(3)

Wedon nhw ddim
'i bod hi'n eira Awst yn y Cwm.
Wedon nhw ddim
bod y gwynt yn 'i gronni
ac yn 'i golofni'n lluwch
y tu hwnt i'r berth
ar y Llethr-ddu,
y tu hwnt i ddirnad croten fach deirblwydd.

Yn ddisymwth,
ro'dd deryn dierth ar y tra'th.
Pioden unig
yn dwyn 'i neges sinistr,
yn damshgel ar y cestyll …

(4)

Wylit, wylit Lywelyn,
Wylit waed pe gwelit hyn.
Ein calon gan estron ŵr,
Ein coron gan goncwerwr,
A gwerin o ffafrgarwyr
Llariaidd eu gwên lle'r oedd gwŷr.

Yn y pedwar dyfyniad ceir:

1: Cymraeg 'safonol' & Saesneg: Wenglish o ryw fath;
2: Cymraeg tafodiaith & Cymraeg bratiaith;
3: Cymraeg tafodieithol;
4: Cymraeg 'safonol', 'llenyddol', clasurol hyd yn oed.

Gadewch inni graffu ar y pedwar darn. Mae'r darn cyntaf yn ceisio cyfleu (ac yn llwyddo i gyfleu) anniddigrwydd, dibwrpasrwydd a diffyg gwreiddiau cenhedlaeth ifanc ardal Wrecsam. Cerdd am 'athroniaeth' cefnogwyr pêldroed mewn amgylchfyd trefol-ddiwydiannol Seisnigaidd. Mae'r cymysgu

a geir yma ar y ddwy iaith – y Wenglish, neu'r Gymraesneg, inni gael
bathu term newydd – yn cyfleu'r dryswch cymdeithasol i'r dim. Pobl ifainc
yw'r rhain heb wreiddiau – Cymry heb fod yn Gymry, Saeson heb fod yn
Saeson. Protest yw eu hwliganiaeth: protest yn erbyn crefydd gyfun-
drefnol, ddi-liw, a rhagrithiol yn aml, protest yn erbyn y cyfoethogion a'r
breintiedig, protest yn erbyn eu diffyg gwreiddiau a'u diffyg cyfeiriad a'u
hansefydlogrwydd. Mae'r rhithm yn drwm-bwysleisiol, er mwyn cyfleu
tramp y traed ar gerdded:

> trŵm iáwn, véry héavy.
> oúr bóots, oúr býd.

Eironig iawn yw'r gynghanedd ddwyieithog 'our boots, our byd'. Y mae'r
modd y trewir cytseiniaid yn erbyn ei gilydd, er mwyn cyfleu sŵn y traed
trwm yn cerdded, ac er mwyn cyfleu'r gwrthdaro hwn rhwng yr ifainc
a'r byd o'u hamgylch, yn grefftus wych: 'o wadnau *tr*ymion y *tr*aed
ifainc': '*gwad*nau *g*onest sy'n mynnu *gwaed*'. Nid o anwybodaeth y mae'n
ysgrifennu. Mae ganddo feistrolaeth, a phwrpas i'w ddull. Cafodd y bardd
y fagwrfa a'r cefndir diwylliannol a llenyddol gorau bosibl. Siôn Eirian
yw'r bardd, a'r gerdd yw 'Agro'.

Fe geir ffurfiau tafodieithol yn yr ail ddarn, ond yn gymysg â bratiaith.
Cymraeg digon bregus a leferir gan yr un y rhoir y geiriau yn ei enau:
'cyrtens' yn lle llenni, 'perfformans' yn lle perfformiad, 'scenery' yn lle
golygfa, 'crowd' yn lle torf neu dyrfa. Ond bwriadol yw hyn oll. Ceisio
cyfleu y mae'r awdur y modd y bu i un rhan o Forgannwg newid a
Seisnigo, ac nid newid yn ieithyddol yn unig ond newid yn gymdeithasol
yn ogystal. Er mwyn cyfleu'r tro hwn ar fyd, rhoir y geiriau yng ngenau un
o'r brodorion. Mae ei iaith yn fratiaith, gan fod y Gymraeg yn gwanychu
ac yn prysur ddiflannu dan bwysau'r Saesneg. Mae'r lle'n newid, a'r hen
olygfeydd yn diflannu, a sefydlogrwydd cymdeithasol yn darfod gyda
chynnydd, ac mae'r newid yn yr iaith yn cyd-ddigwydd â'r newidiadau
eraill hyn. Dyfnallt Morgan yw'r awdur, a rhan o bryddest 'Y Llen' yw'r
dyfyniad. Unwaith eto, nid diffyg meistrolaeth nac anwybodaeth a bair
iddo ysgrifennu yn y modd hwn. Os darllenwn ryddiaith Dyfnallt
Morgan fe welwn ei fod gystal Cymreigiwr â'r gorau ohonom.

Tafodiaith a geir yn y trydydd darn, tadodiaith lifeiriol, raenus, gyfar-
eddol. Nid bratiaith. Dyfyniad o'r bryddest 'Llwch' gan T. James Jones
ydyw. Yn awr, cerdd bersonol iawn yw hon, ac ynddi mae dau agos yn
cyfnewid ac yn rhannu profiadau personol iawn, dirdynnol o bersonol.
Mae'r dafodiaith yn gweddu i'r deunydd. Gan mai dau sydd yma yn rhannu

eu profiadau mwyaf personol, fe wnânt hynny yn yr iaith sy'n naturiol iddyn nhw. Cawn ninnau'r argraff mai gwrando yr ydym, heb fod dim hawl gennym i wrando, mewn gwirionedd. Defnydd cyfareddol a phwrpasol o dafodiaith a geir yma.

Nid Cymraesneg, nid bratiaith ac nid tafodiaith y tro hwn, ond clasuroldeb cymesur, pwyllog. Mae'r 'fi' yn absennol. Mae yma lais sy'n llais cynrychioliadol yn hytrach na phersonol, oesol yn hytrach na chyfoes. Protest a gwewyr enaid a geir yma: protest yn erbyn arwisgo glaslanc o estron yn Dywysog Cymru. Dewiswyd yn cywydd, gyda'i wreiddiau yn ddwfn yn y traddodiad, a'r union fesur a ddewiswyd yn adleisio'n ôl i'r Canol Oesoedd yng Nghymru, ac yn ôl yn y pen draw y tu hwnt i gyfnod y cywydd, yn ôl hyd at gyfnod ein hannibyniaeth. Gerallt Lloyd Owen yw'r awdur. Cynhwyswyd pob un o'r cerddi uchod yn *Blodeugerdd o Farddoniaeth Gymraeg yr Ugeinfed Ganrif.*

Cyn y gellir chwarae o gwmpas â phosibiliadau iaith ac arddull fel yna, rhaid bod yn feistr ar iaith. 'Rwyf am ddyfynnu dwy gerdd Saesneg, inni gael gweld arbrofion tebyg ar waith yn yr iaith honno. Dyma'r gerdd gyntaf, y seithfed gerdd yn y gyfres 'One Times One' gan e.e. cummings:

ygUDuh

ydoan
yunnuhstan

ydoan o
yunnuhstan dem
yguduh ged

yunnuhstan dem doidee
yguduh ged riduh
ydoan o nudn
LISN bud LISN

dem
gud
am
lidl yelluh bas
tuds weer goin
duhSIVILEYEzum

Dyna rywun pur anllythrennog yn llefaru yn iaith lafar lleoedd fel Chicago yn America. Dyma aralleiriad mewn Saesneg mwy dealladwy: *You've got to/You don't (you understand)/You don't know (you understand) them/You've got to get (you understand)/them dirty/You've got get rid of/(You don't know nothing)/Listen, bud, listen!/them goddam little yellow bastards/We're going to civilize 'em!* Eironig hollol yw'r gerdd. Yn un peth y mae'n gondemniad chwyrn ar ragfarn hiliol. Ond yr eironi yw fod rhywun sydd mor amlwg anllythrennog a thwp yn mynd i wareiddio rhywun arall.

Dyma gerdd arall, a'r bardd y tro hwn yw Wilfred Owen:

THE CHANCES

> I mind as 'ow the night afore that show
> Us five got talkin', – we was in the know.
> 'Over the top to-morrer; boys, we're for it.
> First wave we are, first ruddy wave; that's tore it!'
> 'Ah well,' says Jimmy, – an' 'e's seen some scrappin' –
> 'There ain't no more nor five things as can 'appen:
> Ye get knocked out; else wounded – bad or cushy;
> Scuppered; or nowt except yer feelin' mushy'.
> One of us got the knock-out, blown to chops.
> T'other was 'urt, like, losin' both 'is props.
> An' one, to use the word of 'ypocrites,
> 'Ad the misfortoon to be took be Fritz.
> Now me, I wasn't scratched, praise God Amighty,
> (Though next time please I'll thank 'im for a blighty).
> But poor young Jim, 'e's livin' an' 'e's not;
> 'E reckoned 'e'd five chances, an' 'e 'ad;
> 'E's wounded, killed, and pris'ner, all the lot,
> The bloody lot all rolled in one. Jim's mad.

Yr oedd Wilfred Owen am gyfleu uffern y milwyr yn ffosydd y Rhyfel Byd Cyntaf, ac fe wnaeth hynny drwy beri i un o'r milwyr cyffredin draethu ei brofiad, er mwyn pwysleisio'r diawledigrwydd a hoelio'r neges i gof a chalon ei ddarllenwyr. Rhyw fath o acen 'werinol', fel acen Gocni, a geir yma, a llwyddwyd i bwysleisio dilysrwydd ac uniongyrchedd y profiad trwy fabwysiadu ieithwedd o'r fath.

Nid yr ieithwedd a ddefnyddir ganddo a wna fardd yn 'arwyddocaol' neu'n 'gyfoes', ond yr hyn a wna â'i ddewis-iaith ac â'i briod gyfrwng. Ni ddylid gwrando ar y beirniaid hynny sy'n mynnu fod hwn-a-hwn yn 'arwyddocaol' am ei fod yn llwytho'i gerddi â 'chyfoesedd' amlwg, ac yn tueddu i ddefnyddio iaith sy'n llai ffurfiol ac yn fwy llafar. Yr unig fardd arwyddocaol yw hwnnw sy'n trin ei ddeunydd yn fedrus. Mae cynildeb a gorffennedd y gynghanedd yn gweddu i rai ohonom, i'n personoliaeth, i'n themâu ac i'n deunydd. Mae Cymraeg 'safonol', Cymraeg graenus, yn cyfateb yn union i brofiadau, i fynegiant ac i anian rhai ohonom. Y mae eraill yn arbrofi â'r iaith lafar, gan fod iaith lai ffurfiol a mwy hyblyg, o bosibl, yn gweddu i'w personoliaethau hwythau, ac i'w hagwedd at fywyd. Beirniaid anghymwys sy'n mynnu fod un dull yn bwysicach yn ei hanfod na dull arall, dyna sydd wedi peri bod beirniadaeth lenyddol Gymraeg, ers cenedlaethau lawer, yn beth mor amherthnasol ac eilradd: y dadlau ynghylch allanolion yn hytrach na'r mewnolion a'r anwybyddu hwn ar bersonoliaethau er mwyn cymeradwyo a hyrwyddo systemau.

[1988]

IEITHWEDD
BARDDONIAETH GYFOES (2)

Un tro, cymerais ran mewn trafodaeth radio ar y pwnc bytholwyrdd hwnnw, 'Cyflwr Barddoniaeth Gyfoes'. Un arall a gymerodd ran oedd Robert Rhys. Prif ddadl Robert Rhys oedd fod rhai beirdd heddiw yn mynnu glynu wrth ffurfiau confensiynol treuliedig yn hytrach na defnyddio ieithwedd fwy cyfoes, mwy cydnaws â'r cyfnod hwn. Yr enghraifft a gymerodd o'r ieithwedd 'awtomatig', hwylus-barod hon oedd y pennill hwn:

> Yn fwrlwm megis ewyn gwyn
> Dan eich ysgwyddau heulog chwi,
> Mor llathr y llithra'i blygion cryn
> Yn fwrlwm megis ewyn gwyn,
> A'i si fel siffrwd dail yr ynn;
> O, pwy a'i gwnaeth i'm llithio i
> Yn fwrlwm megis ewyn gwyn
> Dan eich ysgwyddau heulog chwi?

Pennill o'r gerdd 'Sidan' gan Gwynn ap Gwilym yn ei gyfrol *Gwales* (1983) ydyw. Gwir fod y pennill yn defnyddio ieithwedd gonfensiynol y delyneg draddodiadol, ond ni cheir ynddo yr un geir marw na ffug. Gair a ddefnyddir mewn rhyddiaith a barddoniaeth yw 'megis', a cheir y trawiad cynganeddol *llathr/llithro* gan fardd cyfoes arall, Gwyn Thomas, yn 'Deilen' ('Yn llithro – fflach llathr'), a 'siffrwd dail' yw'r ymadrodd Cymraeg cyfoethog am 'rustling of leaves'. Yn ei naws a'i awyrgylch, yn y modd y mae'n cyfuno geiriau ac ymadroddion ac yn tueddu at y ffurfiol, y mae'r pennill yn adleisio ac yn ailadrodd dulliau'r confensiwn telynegol, ond enghraifft amlwg eithafol ydyw. Ni chredaf fod Gwynn ap Gwilym ar ei orau nac ar ei fwyaf amcanus ddifrifol ynddo, ac ni chredaf ychwaith fod y pennill yn cynrychioli'n deg ieithwedd y beirdd heddiw, er bod Robert Rhys yn llygad ei le wrth iddo gondemnio'r elfen dreuliedig, hen-ffasiwn yn y pennill.

Mae'r pwnc hwn, ieithwedd barddoniaeth, a pha mor berthnasol yw'r ieithwedd honno i'r sefyllfa ar y pryd, yn bwnc cymhleth a phwysig, ac nid ar chwarae bach y dylid ymdrin ag ef. Y gwir yw fod y rhan fwyaf o'n beirdd cyfoes, y rhai mwyaf blaenllaw ac ymroddedig yn enwedig, wedi meddwl yn hir ac yn ddwys ynghylch y broblem, a phob un ohonynt wedi ymosod ar y broblem yn ei ffordd ei hun, gan chwilio am yr ieithwedd sy'n gweddu orau i'w bwrpas ei hun, i'w themâu, i'w natur a'i bersonoliaeth fel bardd.

Cymerwyd y dyfyniadau canlynol i gyd o gyfrolau gweddol ddiweddar, a rhoddwyd blwyddyn cyhoeddi'r cyfrolau wrth gwt pob darn:

(1)

> Nid oedd ond enaid iddynt, y deunaw
> Na roed wyneb arnynt;
> Deunaw gŵr dienw gynt
> Ym mreuddwyd Cymru oeddynt.

(1982)

(2)

> Mae 'na goed,
> fel hen obeithion
> wedi gwreiddio yn y tir,
> ar lannau harbwr Sydney,
> a changhennau sy'n hŷn
> na Sydney ei hun.
>
> Cael un goeden ddeuddeg troedfedd o led,
> rhisgl llwyd llyfn,
> a dail cyffelyb i ddail yr onnen.

(1982)

(3)

> Encil hoe yn Heracleion
> yw pedwar yn llun pedreiniau llew,
> eu sail yn Sgwâr Venezelos,
> a'u genau, yn braff fantau, yn boer ffownten,
> lle mae siopau, caffeau a phobl
> â'u saig werin yn segura.
>
> Ias cynion yr Oesau Canol
> a reolodd yr olwg

yn dirion ar eu deoriad
a hwy'n gynnes, ail i gŵn anwes y gôl.

(1981)

(4)

Heddiw mae'r haul yn fflam yn llwyni'r hwyaid
A chlychau'r gog yn lasfor ger Pen-rhiw,
Rhengoedd y tiwlip ir fel beilch facwyaid
Yn holl ogoniant eu hysblennydd liw.

(1982)

(5)

Ond hwyrach, jyst hwyrach, mai'r tân hwn
yw'r unig rwystr sy'n cadw'r arth
'nawr i ffwrdd o'n rhanbarthau.
Ac eto mae'r cyfan, holl leng yr alanas
mor niferus, mor erchyll o bwerus erbyn hyn
fel eu bod nhw bron iawn yn ddiniwed ...

Na, ar y llaw arall, mae'r holl lot
yn un hunllef chwerthinllyd o arfau
at y lladdfa, sydd efallai'n anorfod;
jyst digon i'n chwilfriwio sawl gwaith drosodd.

(1982)

(6)

Rhydd fo d'enaid
Yn ehangder tragwyddol amser
Nad yw'n treiddio i gilfachau cystuddiol
Pechod y cof.
Yng nghwsg fo dy boenau dan welâu'r nentydd,
Ym mynyddoedd dy fuddugoliaeth,
A'u cyfrinach ddofn dan glo bythol
Rhag gwendid ein heddiw.

Yn angof fyddo d'alar hir
A'th ddiffrwythni ofer, yr awron,
Nes y gwawria bore gwyn
Hafddydd ein perffeithrwydd ...

(1982)

(7)

... Mae'n anodd meddwl am Elvis marw.
Efô yr oedd bywyd yn gwingo trwyddo
A'i ganu trwy'r byd yn gyffro.
Gŵr y gitâr, y gloywder a'r goleuadau,
Hwnnw, yn farw ...

Yr ydym ar ein gwyliau yn yr Alban
Ac y mae fy mab, sy'n naw,
Yn darllen, yn Saesneg,
Mewn papur newydd tra phoblogaidd yn y wlad honno
Gyfres o adroddiadau sy'n canolbwyntio braidd
Ar Elvis y twchu a'r tabledi
A'r hwrio ar fideo ...

Ar y ffordd yn ôl mae fy mab yn gofyn,
'Am ei fod yn sâl, yntê,
Yr oedd Elvis yn byta drygs ac yn llyncu tabledi,
Pethau oedden nhw at ei gadw fo'n fyw?'

(1978)

Mae'r darnau hyn oll yn dra gwahanol i'w gilydd. Fe'u trafodwn fesul un.

Englyn yw'r darn cyntaf. Ffurfiol lenyddol, ar un ystyr, yw'r iaith: 'Nid oedd' yn hytrach na "doedd", 'iddynt' ac nid 'iddyn nhw', 'arnynt' nid 'arnyn nhw', 'oeddynt' nid 'oedden nhw' neu 'oeddan nhw'. Ac eto, nid yw'r iaith yn dod rhyngom a'r deunydd; nid yw'n anhyblyg galed nac yn anystwyth afrwydd. Yn wir, mae'r englyn yn un rhagorol iawn. Y gwir yw fod y ffurfiau traddodiadol neu lenyddol yn gynilach na ffurfiau'r iaith lafar. Po bellaf y symudir o gyfeiriad y ffurfiol lenyddol i gyfeiriad y tafodieithol a'r llafar, mwyaf cwmpasog yr eir. Dyna'r ffurf 'ni'm câr' (cf. 'Ni'm câr y macwy eurwallt', Williams Parry) – dwy sillaf; y mae 'nid yw'n fy ngharu' yn bum sillaf, a "dydi o ddim yn fy ngharu' yn wyth sillaf. Ffurf gyffelyb yw 'ni'm gwrthyd', fel yn englyn George Rees, 'Cyfaill':

Rhed ei gariad i'w gerydd, – ni'm gwrthyd,
    Ni'm gwerth yn dragywydd:
  Fy llyw da trwy f'holl dywydd,
  Lloer fy nos, lleuer fy nydd.

Yr ail ffurf i gyfleu'r un ystyr fyddai 'nid yw'n fy ngwrthod', ac erbyn cyrraedd y ffurf lafar, "dydi o ddim yn fy ngwrthod', mae'r nifer sillafau wedi treblu bron. Nid yw cwmpasedd a chynghanedd yn dygymod â'i gilydd yn dda iawn, yn enwedig cynghanedd yn y mesurau traddodiadol. Deg sillaf ar hugain yn unig sydd i'r englyn, a byddai rhai ffurfiau llafar yn llyncu'r deg sillaf ar hugain yna yn ddiymdrech. Un o brif hanfodion y gynghanedd, un o'i phrif nodweddion, yw cynildeb, ac ymarferiad mewn cynildeb yw pob llinell a lunnir mewn englyn neu gywydd, yn enwedig englyn. Problem arall yw mai ffurfiau acennog yw'r ffurfiau llafar: *'dydw i ddim, 'doedd o ddim, arnyn nhw, meddan nhw,* ac yn y blaen, a byddai hynny yn drysu patrwm acennog-diacen yr englyn a'r cywydd (a hefyd ffurfiau eraill, fel yr englyn penfyr, yr englyn milwr), yn ogystal â chyfyngu ar bosibiliadau rhithmig y mesurau caeth. Nid yw ffurfiau fel *iddyn'*, *arnyn'*, *atyn'* ychwaith yn datrys y broblem, gan mai rhyw fath o gyfaddawd rhwng y ffurfiau gramadegol gywir a sgyrsiol-lafar yw'r ffurfiau ffug hyn. Os caf fod mor haerllug ag ymyrryd â'r englyn uchod, gellir dangos yr egwyddor yn gliriach. Dyma fersiwn mwy llafar ohono:

> 'Doedd dim ond enaid iddyn', y deunaw
>   Heb fod wyneb arnyn';
> Yn herio'u ffawd, deunaw dyn
> Ym mreuddwyd Cymru oeddyn'.

Erthyl o englyn, mewn gwirionedd. Y mae nid yn unig wedi colli ei gywasgedd a'i gynildeb ond hefyd ei rin. Os ydyw'r mesurau cynganeddol traddodiadol i fyw, rhaid i ni dderbyn rhai ffurfiau gramadegol a llenyddol 'bur'. Nid yw hynny'n golygu, wrth gwrs, na ellir cynganeddu ffurfiau'r iaith lafar o gwbl. Gerallt Lloyd Owen yw awdur yr englyn, ac fe'i ceir yn ei awdl 'Cilmeri'.

Mae'r ail enghraifft yn ymgomiol-fyfyriol ei gywair, a ffurf a berthyn i'r iaith lafar yw 'Mae 'na'. Dyma ddarn o *vers libre* sy'n defnyddio symudiad yr iaith lafar yn fwriadol, heb fod yn rhyddieithol o gwbl. Cais roi'r argraff mai gwrando arno yn meddwl yn uchel a wnawn. Mae'r bardd yn feistr ar ei gyfrwng. Hollol wahanol yw'r trydydd darn. *Vers libre* yw hwn eto, ond mae'r mynegiant yn afrwydd-gwmpasog, yn farddonllyd, ac fe roir inni'r argraff mai gofynion y gynghanedd sy'n rheoli'r dweud, ac nid y bardd ei hun. Dull od o ddweud bod pedwar llew o amgylch ffynnon ('ffownten') yng nghanol Sgwâr Venezelos, a bod dŵr yn arllwys o'u cegau i'r ffynnon, a geir yn y rhan gyntaf. Dyna gymhlethu'r syml trwy ddefnyddio cystrawen gaglog, gynganeddlyd. Nid oes cynildeb ar ei gyfyl. Ffordd od hefyd o ddweud mai cerfluniau o'r Oesau Canol yw'r llewod hyn yw 'Ias cynion yr

Oesau Canol/a reolodd yr olwg'. Gair treuliedig yw 'mant', sy'n swnio'n waeth fyth yn y cyfuniad barddonllyd 'yn braff fantau', lle rhoir yr ansoddair o flaen yr enw, a 'hwy' a gawn yma, nid 'nhw'. Euros Bowen yw awdur yr ail ddarn, darn o'i gerdd 'Cofeb Rose Bay, Sydney' yn *Dan Groes y Deau*, ac ef hefyd yw awdur y trydydd darn, allan o 'Llewod Heracleion' yn *Masg Minos*. Mewn gwirionedd mae dau fardd o'r enw Euros Bowen, Euros Bowen y bardd cynganeddol ac Euros Bowen y bardd digynghanedd. Ef yw Jekyll a Hyde barddoniaeth gyfoes.

Darn o soned yw'r pedwerydd darn. Anodd credu i'r bardd ei llunio rywbryd yn ystod yr ugain mlynedd diwethaf hyn, ond i'r cyfnod diweddar hwn y perthyn. Ffurf a berthyn i ganu rhamantaidd dau ddegawd cyntaf y ganrif hon yw 'macwyaid'; mae'r ffaith fod yr ansoddair o'i flaen yn peri iddo swnio'n waeth. Rhamantaidd rosynnog hefyd yw 'hysblennydd liw'. 'Urddas ffug yw gosod ansoddair o flaen enw yn Gymraeg heb achos,' meddai Euros Bowen yn ei ysgrif 'Cymraeg y Gwasanaethau Newydd' yn *Yr Haul a'r Gangell* (rhif xvii, Gwanwyn 1963), ac nid oes gan awdur y pedair llinell dan sylw unrhyw achos o gwbl i osod yr ansoddair o flaen enw ddwywaith, ddim mwy nag yr oedd gan Euros Bowen ei hun yn ei gerddi cynganeddol, 'Anniflan dwf', 'yn bêr awyr', 'noeth glwyf', er enghraifft, a geir mewn tair cerdd yn ymyl ei gilydd yn *Amrywion*. Penderfynais bum mlynedd yn ôl y byddwn yn llwyr ymwrthod â'r arferiad o roi'r ansoddair o flaen yr enw, gan mai arferiad barddonllyd ydyw, nes bod peidio â dilyn yr arferiad hwn yn ail-natur, yn reddf. Dywedir bod y dewis o allu rhoi'r enw o flaen yr ansoddair neu ar ei ôl yn ehangu posibiliadau'r gynghanedd, ond ni allaf weld fod unrhyw wirionedd yn y ddadl hon, a hyd yn oed pe bai'n wir, byddwn yn derbyn y cyfyngu ar fy adnoddau, er mwyn hepgor yr arferiad. Iorwerth Peate yw awdur y pedwerydd darn, ac fe'i ceir yn 'Goleuni' yn *Cerddi Diweddar*. Ffurfiol lenyddol, ac, ar brydiau, moethus-ramantaidd, yw arddull y cerddi diweddar hyn, er enghraifft:

> Er hynny, ef yntau ni orfu; nid yno
> y'ch ceid chwi: diengyd a wnaethoch o dir y trallodion
> i wawl fy holl hoedl a'r ffawd a'm dilyno
> nes myned ohonof innau i wyll y cysgodion.
>
> Pan ddêl, nid yw marwolaeth namyn cam
> Tros grib y dibyn i ddiddymdra meddf ...

Ni wnaeth Iorwerth Peate yr un ymdrech i gyfoesi ei iaith; bodlonodd ar aros yn ei unfan. Mae ieithwedd y darn cyntaf a ddyfynnwyd yn ein hatgoffa am ieithwedd T. Gwynn Jones. Weithiau, yn *Y Dwymyn* yn enwedig, y mae gorffurfioldeb ieithwedd Gwynn Jones yn mygu'r mynegiant, nes bod rhai darnau yn ymylu ar fod yn annealladwy, fel y darn hwn:

> A fo doeth, iddo bydd ei brofiad ef
> ddiogel er dim a ddigwydd,
> a allo a fydd wrth reol ei ewyllys
> a'i ewyllys a ŵyr a allo
> yn neilliad a therfynau ewyllys
> wrth raid anghyfryw weithredoedd
> a mesur anesgor gymwysedd;
> a'i dynged, cyd bo nas dihango,
> fe'i hwyneba ac ofn ni wybydd;
> yn ei dranc y bydd drech
> na'i dynged pe na bai dim wedi angau.

Darn cynganeddol yw'r pumed darn, er nad yw'r gynghanedd yn amlwg i bawb, dim ond i'r arbenigwr. Y mae'n rhan o fwriad yr awdur i guddio'r gynghanedd, ond ei chael, er hynny, yn y cefndir, rhag ofn i'r arddull, wrth arbrofi â'r rhyddieithol, fod yn rhyddieithol. Rhyddieithol-farddonol, mewn gwirionedd, yw'r arddull, a cheir yma ffurfiau a berthyn i'r iaith lafar: 'jyst', 'fel eu bod nhw', 'holl lot', 'jyst digon', 'sawl gwaith drosodd'. Gan mai thema gyfoes hollol sydd i'r darn, bygythiad rhyfel niwclear, ceisiodd yr awdur greu arddull fwy realistig a chignoeth i drosglwyddo'i genadwri. Nid oes amheuaeth ynghylch pwysigrwydd yr arbrawf, cyfoesi a rhyddieithu'r gynghanedd, ond mae'n amlwg mai arbrofi â ieithwedd y mae'r bardd, ac y mae hynny yn tynnu ein sylw oddi wrth y mater, y cynnwys, braidd. Donald Evans yw'r bardd, a rhan o'r gerdd 'Arfau' yn *Gwenoliaid* a ddyfynnwyd. Erbyn iddo gyhoeddi *Machlud Canrif* yr oedd yr arddull newydd hon wedi datblygu'n ail-natur iddo, yn gynneddf gynhenid, a'r canlyniad yw y ceir yn y gyfrol bwysig odiaeth honno gerddi rhagorol lle mae'r arddull foel, realistig-lafar newydd hon wedi ymbriodi'n llwyddiannus ac yn naturiol â'r cynnwys.

Ffurfiol lenyddol eto yw mynegiant y chweched darn, a hynny'n annisgwyl braidd, gan mai un o feirdd ifainc Cyfres y Beirdd Answyddogol, Lleucu Morgan, yw'r awdur. Dywedyd wrthym sawl tro fod y beirdd answyddogol hyn yn mynegi teimladau ieuenctid heddiw trwy gyfrwng iaith sy'n fwy cydnaws â bywyd heddiw, ond prin yw'r dystiolaeth o hynny. Mae rhai o'r beirdd answyddogol hyn yn fwy ffurfiol eu hieithwedd na nifer o'r beirdd 'swyddogol'.

Yn y dyfyniad olaf ceir ieithweddau gwahanol yn yr un gerdd. 'Efô yr oedd bywyd yn gwingo trwyddo' nid 'Fo 'roedd bywyd yn gwingo trwyddo' a geir yma, 'Yr ydym ar ein gwyliau yn yr Alban', nid ''Rydan ni ar ein gwyliau yn yr Alban', hynny yw, yn y naratif wrth gwrs. Mae geiriau'r plentyn naw oed, wedyn, yn atgynhyrchu'n gywir yr iaith lafar, yn naturiol. Gwyn Thomas yw awdur y darn, ''Dydi Arwyr Ddim yn Marw' yn *Croesi Traeth*. Mae Gwyn Thomas yn fardd diddorol iawn yn ei ddeunydd o ieithwedd. Ceir ffurfiau fel *'doedd*, a *'dydi o ddim* ganddo yn ogystal â *nid oedd*. Yn 'Pen-blwydd, Chwech' ceir y ffurf *arnynt* yn y naratif, ond ffurfiau mwy llafar wedyn yn y darnau sgyrsiol:

> "*Company-y halt*," bloeddiais inna'
> Wedi cael fy ngwynt ata', ac yna
> "Y-y-mlâ-en rŵan, yn ara'.
> Gan bwyll, dalltwch hogia'."

Yn ei gerddi doniol am blant, mae'r ieithwedd yn llai ffurfiol ac yn fwy tafodieithol-sgyrsiol, ac mae hefyd mewn cerddi o'r fath yn cyfuno ac yn cymysgu, yn fwriadol er mwyn creu doniolwch a hwyl, y blodeuog a'r sathredig, y ffurfiol lenyddol a'r iaith lafar, fel yn 'Crwban':

> Ond, *atolwg*, pwy oedd yno
> Yn y gornel *sancteiddiolaf,*
> *Letuseiddiaf* o'r ardd
> Yn drilio drwy'r dail ac yn eu *llowcio*
> Ond *efô.*

Defnyddia hefyd ffurfiau tafodieithol a llafar fel 'slwj', 'sgrytian', 'glaw yn stido', 'raflins yfflon', 'dengid', 'felan' a 'janglo'. Yn ei gerddi llai ysgafn a mwy difrifol, wedyn, y mae'r cerddi yn nes at yr iaith lenyddol, ac mewn cerddi fel 'Abraham ac Isaac', y mae'r arddull yn Feiblaidd gan mai Beiblaidd yw'r thema:

> Ac Abraham a alwodd y lle hwnnw
> Yn Jehofa-Jire,
> Sef, heddiw, fel y dywedir,
> "Ym mynydd yr Arglwydd y gwelir."

Wrth dynnu sylw at y gwahanol ieithweddau hyn ym marddoniaeth Gwyn Thomas, mi ddyfynnaf eiriau Cecil Day Lewis:[1]

> I am inclined to feel that pure colloquialism – pure slang if you like – should be confined to poetical drama and satire. It should be directly associated with the speech of characters in drama or in narrative. It is felt to be unsuitable for use in lyrical or contemplative poems. Compare Shakespeare's incessant use of colloquial language in the plays, with the complete absence of it in the sonnets.

Hollol berthnasol hefyd yw'r hyn a ddywedodd T. S. Eliot wrth drafod 'Rhetoric and Poetic Drama' yn *The Sacred Wood* (1920):[2]

> There is no conversational or other form which can be applied indiscriminately: if a writer wishes to give the effect of speech he must positively give the effect of himself talking in his own person or in one of his roles; and if we are to express ourselves, our variety of thoughts and feelings, on a variety of subjects with inevitable rightness, we must adapt our manner to the moment with infinite variations.

Rhaid i bob bardd ymosod ar y broblem o'i safbwynt ef ei hun, a defnyddio'r iaith sy'n gweddu orau i'w ddiben. Mae ieithweddau arbennig yn gweddu i themâu arbennig, fel y dywed Eliot, ac nid gwaith y bardd neu unrhyw lenor yw atgynhyrchu Cymraeg gwael, bratiog yn ei waith, na bod yn ddifeddwl ryddieithol ychwaith. Celfyddyd yw barddoni wedi'r cyfan, ac ni ellir creu celfyddyd heb lwyr feistroli iaith yn ei holl agweddau ac yn ei holl adnoddau: gramadeg, idiomau, cynghanedd, ac yn y blaen. I gloi hyn o sylwadau, rhoddaf y gair terfynol i T. S. Eliot eto. Meddai yn *The Music of Poetry* (1942):[3]

> A language is always changing; its development, in vocabulary, in syntax, pronunciation and intonation – even, in the long run, its deterioration – must be accepted by the poet and made the best of. He in turn has the privilege of contributing to the development

---

1. *The World of Poetry: Poets and Critics on the Art and Functions of Poetry*, Clive Sansom, 1959, t.170.
2. Ibid., t.171.
3. Ibid., t. 172.

and maintaining the quality, the capacity of the language to express a wide range, and subtle gradation, of feeling and emotion; his task is both to respond to change and make it conscious, and to battle against degradation below the standards which he has learnt from the past. The liberties that he may take are for the sake of order.

Dyna'r her i bawb ohonom.

[1994]

BARDDONIAETH GYNGANEDDOL GYFOES

Un peth i'w ddweud am ganu cynganeddol diweddar yw ei fod yn amrywiol iawn ei foddau, o safbwynt cynnwys, crefft a chyfrwng. Mae'r canu *vers libre* cynganeddol erbyn hyn wedi ennill ei blwyf, ac mae llawer o feirdd heddiw yn ymarfer y cyfrwng, yn bennaf, efallai, Euros Bowen, Donald Evans, Moses Glyn Jones, Gwynne Williams, Emrys Roberts. Beirdd yr englyn a'r cywydd yn bennaf, a bron yn gyfan gwbl, yw eraill o'n beirdd blaenllaw cyfoes: Gerallt Lloyd Owen, T. Arfon Williams, Dic Jones, Ieuan Wyn a Geraint Bowen. Y mae'r rhan fwyaf helaeth o gynnyrch Gerallt Lloyd Owen, ers blynyddoedd bellach, ar ffurf englyn; yn wir, prin erbyn hyn yw ei gerddi *vers libre*, fel y rhai a gafwyd yn *Cerddi'r Cywilydd* (1972). Deil Dic Jones i farddoni'n loyw, yn bennaf drwy gyfrwng cywydd ac englyn, ac nid bardd sy'n perthyn i'r gorffennol agos mo Geraint Bowen, ond bardd cyfoes, bardd sy'n parhau i farddoni heddiw, yn achlysurol, ond awen achlysurol fu ei awen ef erioed. Gŵyr pawb am T. Arfon Williams. Tua chanol y Saithdegau y dechreuwyd clywed sôn amdano. Tyfodd yn gyflym, meistrolodd y cynganeddion ar frys, a rhoes stamp ei bersonoliaeth ef ei hun ar yr englyn. Nid rhyfedd felly i Bobi Jones ddweud, yn rhifyn Hydref 1984 o *Barddas*:

> Mae gennym ar hyn o bryd yn y sefyllfa brydyddol – yn arbennig yn adfywiad yr englyn – lawer i fod yn falch ohono.

Mae'r geiriau 'yn arbennig yn adfywiad yr englyn' yn awgrymu'n gryf fod ein canu englynol ni yn un o'r pethau pwysicaf sy'n digwydd heddiw ym myd barddoniaeth, a gwir hynny. Bu llawer o ganmol ar englynwyr eil-radd a thrydedd radd, fel Trebor Mai a Havhesp, gan feirniaid y gorffennol, ond ni roddir llawer o bwys ar eu cynnyrch erbyn heddiw. Anghynnil, geiriog a gwasgarog yw eu henglynion, ac mae'n anochel fod eu haul wedi machlud erbyn hyn, yng ngwawrddydd y canu englynol newydd, gwell a

rhagorach. Hoffwn ychwanegu at y rhai a enwais eisoes enw englynwr
arall a fu gyda ni hyd at ychydig flynyddoedd yn ôl, Roger Jones, yr
englynwr epigramatig a chynnil hwnnw, a chofier hefyd fod rhai o feirdd y
vers libre, Donald Evans ac Emrys Roberts yn enwedig, yn englyna'n bur
gyson.

Fe dybiech, felly, y byddai'r beirdd *vers libre*, yr arbrofwyr, a'r beirdd
mwy traddodiadol, yr englynwyr, yn ymgarfanu yn erbyn ei gilydd, ond
nid felly y mae hi o gwbl (gyda rhai eithriadau). Mewn gwirionedd, mae
ein canu cynganeddol diweddar ni yn un paradocs mawr: mae'n geid-
wadol o draddodiadol ac yn fentrus o arbrofol ar yr un pryd, yn tynnu'n
ôl i gyfeiriad y gorffennol ac yn symud ymlaen i gyfeiriad y dyfodol ar yr
un adeg. Ond y gwir yw fod y beirdd wedi sylweddoli nad un swyddog-
aeth yn unig sydd i'r gynghanedd (a'r mesurau), ond sawl swyddogaeth,
gan ddibynnu ar y cyd-destun, y pwnc neu thema. Deil yr englyn i fod yn
arbennig o addas i ganu marwnadol, oherwydd ei sigl trymddwys, ond
pan fo'r beirdd cynganeddol cyfoes hyn yn ymdrin â phynciau mwy cyf-
oes, defnyddiant y *vers libre* cynganeddol a mesurau eraill, llawer ohonyn
nhw yn fesurau newydd sbon. A dyna un rheswm pam y mae'r canu cyngan-
eddol cyfoes yn cwmpasu'r traddodiadol a'r newydd: y sylweddoliad ar ran
y beirdd fod gwahanol ddulliau o gynganeddu a gwahanol fesurau cyngan-
eddol yn gweddu i wahanol bynciau. Arbennig o addas yw'r englyn ar
gyfer pynciau oesol, y pynciau hynny sy'n gyffredin ym mhob oes, prof-
iadau'r ddynoliaeth ym mhob gwlad ac ym mhob cyfnod; ond rhaid wrth
ddieithrwch y *vers libre*, a mesurau newydd eraill, i gyfleu dieithrwch a
newydd-deb y bywyd cyfoes.

Wrth adolygu un o gyfrolau'r cyfnod diddordeb newydd hwn yn y
gynghanedd, ac un o gyfrolau Cyhoeddiadau Barddas, dywedodd Gruffydd
Aled Williams (*Llais Llyfrau*, Gwanwyn 1985):

> Yn annisgwyl efallai, blodeuodd y gynghanedd o'r newydd yn
> ystod y saithdegau: fe'i harddelwyd yn frwd gan feirdd newydd
> disgleiriaf y cyfnod, arbrofwyd yn fentrus â hi ... a bu cynnydd
> ymddangosiadol yn y diddordeb poblogaidd ynddi. Nid rhyfedd
> fod sôn mynych am 'ddadeni cynganeddol'.

Annisgwyl oherwydd i gynifer o feirniaid y Chwedegau ddarogan tranc y
gynghanedd, ond, o safbwynt arall, nid mor annisgwyl â hynny. Ceir
digon o arwyddion ym meirniadaethau a thrafodaethau llenyddol y Chwe-
degau fod beirdd, beirniaid a chyhoedd yn dyheu am adfywiad o'r fath, yn
deisyf canu mwy disgybledig a llachar. Wrth adolygu *Awen Myrddin* yn *Y*

Cymro, dan y pennawd 'Mabolgampau'r Beirdd yn Troi'n Ddiddanwch Gwir' (Chwefror 4, 1960), meddai Harri Gwynn:

> Cyfaddefaf fod gennyf yr hyn a ddichon fod yn rhagfarn o blaid y canu caeth canys, yn gam neu'n gymwys, yr wyf yn mynd i gredu fwy-fwy mai trwy gyfrwng y canu caeth, yr hen fesurau ac yr (*sic*) rhai newyddion, y mae'r ffordd sicraf i gael at ganu newydd ag ynddo urddas a grym ac ymatal clasurol.
>
> Ar ôl gormod o bwdin melys dechrau'r ganrif cawsom ddogn foddhaol o wermod lwyd yr ail chwarter. Credaf ein bod yn barod am fwyd sylweddol, plaen yn awr. Yn y cyswllt hwnnw gall y gynghanedd fod yn gymorth mawr megis yng ngwaith Waldo.

Mynegodd Harri Gwynn yr un safbwynt, ac yntau'n fardd digynghanedd ei hunan, wrth adolygu *Gwreiddiau* Gwenallt yn *Lleufer* (cyf. xvi, rhif I, Gwanwyn 1960):

> ... y mae'n tyfu ynof argyhoeddiad ei bod yn bryd i Wenallt droi unwaith yn rhagor i fyd y mesurau caethion a rhoi inni ei weledigaeth drwy gyfrwng y rheini, ac yntau'n gymaint meistr arnynt. Yn wir, yr wyf yn ochri fwy-fwy at y gred ei bod yn hen bryd inni oll feddwl am droi at gynildeb ac ymatal clasurol o ran deunydd a mynegiant, er mwyn dianc rhag gwewyr gwely-angau Rhamantiaeth.

Dyhead yn hytrach na phroffwydoliaeth a fynegwyd gan Harri Gwynn, ond digwyddodd yr union beth yr oedd yn dyheu cymaint amdano. Yn y Chwedegau y mae hadau'r dadeni cynganeddol; cafwyd y blaenffrwyth yn ystod blynyddoedd cynnar y Saithdegau, ac erbyn hyn mae'r dadeni yn dwyn cnwd ar ôl cnwd blynyddol. 1966, yn fy marn i, oedd blwyddyn y trobwynt. Ym 1966 yr enillodd Dic Jones y Gadair Genedlaethol â'i awdl fawr 'Cynhaeaf'. Dangosodd y pen-cynganeddwr hwn y gellid llunio barddoniaeth fawr drwy gyfrwng y mesurau traddodiadol, a bod mesurau'r awdl yn gwbl berthnasol i'n hoes. Ym 1966 hefyd y cyhoeddwyd *Ugain Oed a'i Ganiadau* Gerallt Lloyd Owen, a dangosodd y bardd ifanc hwn o'r newydd werth a grym y mesurau traddodiadol. Yn yr un flwyddyn cyhoeddwyd *Y Tân Melys* gan Derec Llwyd Morgan, un o feirdd yr 'adwaith modern', a cheid yn y gyfrol arbrofion â mesur y cywydd, ac â'r gynghanedd. Profwyd gan y ddau fardd hyn fod lle i'r gynghanedd mewn canu mwy traddodiadol ei naws ac mewn canu mwy arbrofol a modernaidd.

Ym 1969 wedyn cyhoeddwyd cyfrol bwysig odiaeth, *Rhwng Gewyn ac Asgwrn* gan Gwynne Williams. Cyfrol arbrofol yn ei hanfod yw hon. Arbrofodd Gwynne Williams yn helaeth â'r gynghanedd, gan greu, i bob pwrpas, gynganeddion newydd. Cyfunodd elfennau'r gwahanol gynganeddion, nes creu patrymau newydd, er enghraifft, y mae'r llinell 'o bapur/ a rown ar hap/yn rhes' yn cyfuno elfennau'r gynghanedd Lusg a'r Sain. Pe baem yn hepgor y sillaf olaf yn 'bapur', gellid cael cynghanedd Sain gywir gyflawn, 'O b*ap*/a rown ar h*ap*/yn rhes', a phe gosodid 'hap' o flaen 'Papur', byddai'n gynghanedd Lusg. 'Roedd Euros Bowen wedi arbrofi â chynghanedd a mesurau cyn Gwynne Williams, ond gwahanol hollol oedd arbrofion y ddau â'r gynghanedd.

Barn llawer o feirniaid am Gwynne Williams yw ei fod yn dibynnu gormod ar eraill am syniadau a phatrymau i'w gerddi, hynny yw, ei fod yn cyfaddasu gormod, un o'i brif ddulliau o greu cerddi. Efallai fod llawer o wir yn y cyhuddiad, ond eto rhaid inni sylweddoli beth yn union y mae Gwynne Williams yn ceisio'i wneud. Efelychiadau, nid cyfieithiadau, o waith beirdd eraill yw llawer o'i gerddi, yn *Rhwng Gewyn ac Asgwrn*, ac yn *Gwreichion* yn enwedig, lle ceir tua 28 o gerddi o fath. Yn hyn o beth mae gwaith Gwynne Williams yn ein hatgoffa ni am arbrofion bardd arall, Robert Lowell, awdur *Imitations*, a gyhoeddwyd ym 1961. Yn *Imitations*, cyfaddaswyd cerddi gwreiddiol o eiddo eraill gan Lowell, nes creu cerddi newydd sbon ohonynt. Dywedodd Donald Hall am *Imitations*:[1]

> ... a collection of translations which are largely inaccurate on purpose, adaptations which either attempt obliquely to express the feeling of the original or frankly to use the translated images to make new Lowell poems.

A dyna union ddull Gwynne Williams hefyd. Dyma enghraifft, i ddangos y dull ar waith, 'Nos Galan', a seiliwyd ar 'Christmas Landscape' Laurie Lee:

> Heno
> mae dannedd
> gwydr y gwynt
> yn cnoi'r cnawd;
> y sêr yn brathu,
> crafu'r croen;

---

1. *Contemporary Poets*, Gol. James Vinson, 1975, t. 941.

rhynna'r frân ar frig;
haearn yw'r lleuad.

Arian
yw'r anadl
o ffroenau'r llwynog
yn ffau'r waun;
llonydd
yw'r llygoden yn ei nyth heno
yn cnoi ei gwanc a'i newyn;
lle bu pawen y gwningen
    angau
a'i ôl a welir
yn glynu'n goch wrth y gwlân gwyn.

Mae marc
a dim mwy i'w weld
lle bu deilen yr afallen heno;
ac ar y foel
a weli di y griafolen –
mor chwerw a hen
    yw ei chraith?

Ond mae'r wadd er hyn
yn glyd
ym mru y ddaear heno;
braf ydyw'r hun a brofa'r draenog
wrth orwedd mewn croth o wair;
sugna'r dderwen a hadau'r gwenith
yr hen deth.

A than y croen dur
heno
mae calon y ffrwd yn curo.

Nodweddiadol o gynghanedd anymwthiol, gefndirol Gwynne Williams
yw'r tair llinell olaf, sy'n gynghanedd Lusg hir ar ei hyd ('d*ur*'/'*cur*o'), a
sylwer hefyd fel y mae llinell olaf y paragraff olaf ond un ('Yr hen deth')
yn cynganeddu â llinell gyntaf y darn olaf ('A than y croen dur') – cyng-
hanedd Draws. Dyma gerdd Laurie Lee:

Tonight the wind gnaws
with teeth of glass,
the jackdaw shivers
in caged branches of iron,
the stars have talons.

There is hunger in the mouth
of vole and badger,
silver agonies of breath
in the nostril of the fox,
ice on the rabbit's paw.

Tonight has no moon,
no food for the pilgrim;
the fruit tree is bare,
the rose bush a thorn
and the ground bitter with stones.

But the mole sleeps, and the hedgehog
lies curled in a womb of leaves,
the bean and the wheat-seed
hug their germs in the earth
and the stream moves under the ice.

Tonight there is no moon,
but a new star opens
like a silver trumpet over the dead.
Tonight in a nest of ruins
the blessèd babe is laid.

And the fir tree warms to a bloom of candles,
the child lights his lantern,
stares at his tinselled toy;
our hearts and hearths
smoulder with live ashes.

In the blood of our grief
the cold earth is suckled,
in our agony the womb
convulses its seed,

in the last cry of anguish
the child's first breath is born.

Fe welir fod yna lawer o'r elfennau a geir yn y gwreiddiol wedi diflannu yn y cyfaddasiad, gan gynnwys y tri phennill olaf.

Mabwysiadodd Donald Evans lawer o ysbryd anturus ac arloesol Gwynne Williams. Ceir ganddo yntau hefyd arbrofion â'r gynghanedd. Arbrofodd â chyfuniadau newydd, ac fel Gwynne Williams, archwiliodd bosibiliadau'r gynghanedd anymwthiol, anamlwg; yn wir, arbenigwyr yn unig a all ddweud wrthych ym mhle y mae cynganeddion rhai o'n beirdd cyfoes ni. Ond yn wahanol i Gwynne Williams y mae Donald Evans yn fardd dygn, toreithiog, a'i waith yn gyfundrefn gymhleth o'i themâu a'i athroniaethau fel bardd. Bardd ydyw sy'n ceisio dadansoddi arwyddocâd y cysylltiad a'r berthynas rhwng dyn a phridd daear ei gynefin, ac yn ceisio dirnad y grymusterau tywyll, cyntefig sy'n creu ac yn cynnal bywyd, ac yn ei ddileu; cais hefyd ddadansoddi ein cyfnod modern ni, dadansoddi'r dryswch, y gwewyr a'r gwacter, effaith technoleg ar ein bywydau, ac effaith yr hollt a'r dieithrwch cynyddol rhyngom a'r tir ar ein hymddygiad. Mae *vers libre* Donald Evans yn arbennig o addas gogyfer â thrin y themâu hyn. Fel Gwyn Thomas, y mae wedi llunio nifer o gerddi am dechnoleg ein dydd, a chanodd y ddau ohonyn nhw ddwy gerdd debyg iawn o safbwynt eu hagwedd at y Bom, 'Hiroshima' gan Gwyn Thomas, ac 'Yr Anifail' gan Donald Evans yn *Machlud Canrif.* Yng ngherdd Gwyn Thomas y mae llwch celanedd Hiroshima ddeugain mlynedd yn ôl wedi treiddio i'n hymwybod ni ac wedi dod yn rhan ohonom am byth. Troes ein tosturi a'n cydymdeimlad a'n cydalar yn gariad, wrth inni ymdynghedu'n daerach i garu ein gilydd. Felly, troes dyfais diawlineb a chasineb dynion, y Bom Atomig, yn offeryn ac yn gyfrwng cariad, gan ein bod yn sylweddoli o'r newydd fod yn rhaid inni gyd-fyw a charu ein gilydd:

> Yn y golofn fwg a grynhôdd wedi rhwygo'r ddaear
> Yr oedd cariad yn codi i'r awyr.
> Yn ysgerbwd yr hen lew, yr hen ryfel,
> Yr oedd cariad yn suo fel gwenyn.
> Allan o'r bwytawr y daeth bwyd
> Ac o'r cryf y daeth allan felystra.
> Y mae'r awyr yn llawn o gariad.

Cymharer â diwedd 'Yr Anifail':

Wyt, 'rwyt ti'n anwar, ond gelli garu
mewn modd na all rheswm na moes;
caru bywyd yn ddychrynllyd â'th reddf;
ei garu â'th holl gyhyrau, –
y gloywder du sy'n canu drwy'n cyrff.
Ni'th dwyllir di'n hir gan neb;
gwyddost â'th berfedd am ein hofn heddiw,
a hwyrach mai dy gariad di,
yr anghenfil tywyll
yw'r ofnau goleuaf
rhyngom a'r bom yn y bôn;
y dychryn anwar sy'n caru,
y gloywder du sy'n canu'n ein cyrff
yn fwy na dim dan ffurfafen Duw.

Yng ngherdd Donald Evans mae ofn ac arswyd yn troi'n gariad; ein harswyd yn peri inni sylweddoli pa mor werthfawr yw bywyd, a pha mor angenrheidiol yw inni garu ein gilydd. Mewn gwirionedd, y mae'r Bom Niwclear yn ein gorfodi i gadw heddwch, a diawledigrwydd fel petai yn esgor ar fendith, fel yng ngherdd Gwyn Thomas. Cofier hefyd mai 'hwyrach' a ddywed Donald Evans, *hwyrach* mai'r anifail hwn sy'n cadw heddwch; mewn cerddi eraill o'i eiddo y mae'n bendant o wrth-niwclear.

Mae gwaith diweddar Donald Evans, Gwynne Williams a Moses Glyn Jones yn bwysig o safbwynt arall ar wahân i'w hymdrechion i ystwytho ac ehangu posibiliadau'r gynghanedd. Bu symudiad yn ystod y blynyddoedd diweddaraf hyn i ystwytho ieithwedd barddoniaeth gynganeddol, rhoi gwedd lai ffurfiol a mwy llafar i'r deunydd, er mwyn cyfoesi a diweddaru'r gynghanedd. Mae'r duedd hon yn amlwg, er enghraifft, yn 'Ail Gartref' Gwynne Williams:

Wn i ddim
pam mae pob emynydd o hyd
am i ni ddyheu
am y lan lle mae hapus dyrfa'n
cadw stŵr.

Hapus dyrfa wir!

Pa stori fu erioed
mor wirion?

Rôl croesi'r Iorddonen
rydw i'n siŵr y daw 'na Sais
o rywle
hefo'r hawl ar lyfr rhent
yn dweud bod ei Ewyrth Duw
(o du ei dad)
wedi rhoi
    i osgoi'r dreth
y nef ei hun
yn ei enw fo.

Cafwyd arbrofion tebyg gan Donald Evans yn *Gwenoliaid*, ond bod yr arbrofion yn llawer mwy eithafol na rhai Gwynne Williams. Dyma enghraifft nodweddiadol o'r canu:

Ond hwyrach, jyst hwyrach, mai'r tân hwn
yw'r unig rwystr sy'n cadw'r arth
'nawr i ffwrdd o'n rhanbarthau.
Ac eto mae'r cyfan, holl leng yr alanas
mor niferus, mor erchyll o bwerus erbyn hyn
fel eu bod nhw bron iawn yn ddiniwed ...
Na, ar y llaw arall, mae'r holl lot
yn un hunllef chwerthinllyd o arfau
at y lladdfa, sydd efallai'n anorfod;
jyst digon i'n chwilfriwio sawl gwaith drosodd.

Arbrawf o gyfrol oedd *Gwenoliaid*, ac er nad yw'r cerddi drwodd a thro'n gwbl lwyddiannus, mae'n gyfrol bwysig ar lawer ystyr. Pwy a ŵyr na fydd canu cynganeddol y dyfodol yn yr un ieithwedd a chywair â cherddi'r gyfrol hon? Gwnaeth Donald Evans lawer i addasu'r gynghanedd ar gyfer pynciau cyfoes, ond un dull yw'r eiddo ef. Ceir dulliau eraill yn ogystal.

Dywedais nad oes ymgecru ac ymdderu gwirion rhwng beirdd y *vers libre* cynganeddol a'r beirdd mwy traddodiadol, beirdd yr englyn a'r cywydd, a gwir hynny. Ond y mae Donald Evans yn 'Belsen' yn *Machlud Canrif* fel pe bai'n edliw'n ysgafn i Gerallt Lloyd Owen ei duedd i ganu'n ormodol i orffennol ei genedl, yn hytrach nag i bresennol y byd mawr eang. Wrth sôn am Belsen, mewn cerdd rymus, dywed:

Bu'r erchyllter yn ein hamser ni,
fan hyn yn ein canrif ni.
Fe wnaed y cyfan yma, ar blaned

lle mae ŵyn yn llamu ym Mai
a miri'n oleuni yn llygaid plant.

Deuair pwysig ym marddoniaeth Gerallt Lloyd Owen yw 'fan hyn', ac
mae'r llinellau uchod gan Donald Evans fel pe baent yn cyfeirio at 'Cil-
meri' Gerallt Lloyd Owen, y gerdd fer yn *Cerddi'r Cywilydd* ac nid yr awdl:

Fin nos, fan hyn
O'r golwg nesâi'r gelyn.
Fe wnaed y cyfan fan hyn.

Fan hyn yw ein cof ni,
fan hyn sy'n anadl inni.
Fan hyn gynnau fu'n geni.

Fe welir fod 'fan hyn yn ein canrif ni' Donald Evans yn adleisio 'fan hyn'
Gerallt Lloyd Owen, a chyfeiriad uniongyrchol yw 'Fe wnaed y cyfan yma'
Donald at 'Fe wnaed y cyfan fan hyn' Gerallt.

Dyna rai o'r symudiadau sydd ar gerdded ym myd barddoniaeth gyng-
aneddol y dyddiau hyn. Mae ein barddoniaeth gynganeddol yn dra amrywiol
ar hyn o bryd, a phob un o'r beirdd yn defnyddio'r gynghanedd i'w bwr-
pas ef ei hun.

[1985]

GWEITHIO TUAG AT BERFFEITHRWYDD

Nid yw cerddi yn dod yn eu crynswth. Mae llunio cerdd yn broses hir a phoenus, a gall un gerdd gymryd misoedd, ac weithiau flynyddoedd, i'w chwblhau. Mae yna fan cychwyn, wrth gwrs. Ceir enwau gwahanol ar yr ysgogiad gwreiddiol hwn sy'n fan cychwyn i gerdd, 'awen', 'ysbrydoliaeth', 'cyffro', ac yn y blaen. Mae sawl ffurf ar y cyffro cychwynnol wedyn. Weithiau, syniad ysbrydoledig ydyw, dro arall, llinell ar ei phen ei hun, ac weithiau, nifer o linellau yn llifo drwy'r meddwl yn eithriadol o gyflym, cyn i'r ffrwd ballu; dro arall, sŵn a symudiad geiriau yn yr ymennydd, fel murmur gwenyn, yw'r ysgogiad cychwynnol, rhithm a sigl heb na syniad na llinell ar eu cyfyl. Cychwyniad yn unig yw'r cyffro creadigol hwn; mae'n rhaid i'r bardd wedyn weithio ar ei gerdd, yn ofalus ac yn bwyllog, arbrofi â'r gerdd, arbrofi â geiriau a llinellau, a symud yn raddol tuag at berffeithrwydd, y perffeithrwydd hwnnw na all yr un ohonom ni byth ei gyrraedd. Dyna sy'n peri fod barddoni yn waith mor rhwystredig a straenllyd. Mae barddoni fel pe bai rhywun yn codi castell perffaith o dywod fodfedd neu ddwy o fewn cyrraedd y llanw.

Llunnir pob cerdd yn rhywle rhwng y cyffro annelwig cychwynnol a'r methiant i gyrraedd perffeithrwydd. Mae'r weithred yn ei hanfod fel rhywun yn cychwyn ar daith i gyrraedd paradwys o le, yn llawn awydd a chyffro, ond yn darganfod, ar ôl cyrraedd pen y daith, nad oes paradwys. Yn yr ymdrech i gyrraedd perffeithrwydd y crëir pob cerdd o werth. Sut y mae beirdd yn cyrraedd y perffeithrwydd hwnnw? Dewiswn ddau fardd a dwy enghraifft.

Pwy sy'n adnabod y gerdd hon?

> What minute-bells for these who die so fast?
> – Only the monstrous anger of our guns.
> Let the majestic insults of their mouths
> Be as the priest-words of their burials.
> Of choristers and holy music, none;

69

Nor any voice of mourning, save the wail,
The long-drawn wail of high far-sailing shells.
What candles may we hold to light these lost?
– Not in the hands of boys, but in their eyes
Shall many candles shine; and [gair annealladwy] light them.
Women's wide-spreaded arms shall be their wreaths,
And pallor of girls' cheeks shall be their palls.
Their flowers, the tenderness of all men's minds,
And every Dusk, a drawing-down of blinds.

Dyna ddrafft cyntaf cerdd o'r enw 'Anthem for Dead Youth' gan Wilfred Owen. Dangosodd y gerdd i'w gyfaill newydd, Siegfried Sassoon, bardd rhyfel arall, wedi i'r ddau gyfarfod â'i gilydd yn Ysbyty Rhyfel Craiglock-hart yng Nghaeredin, a dod yn gyfeillion. Sassoon, mewn gwirionedd, a awgrymodd roi 'Anthem for Dead Youth' yn deitl i'r gerdd. Awgrymodd hefyd rai gwelliannau, ond ni dderbyniodd Wilfred Owen yr un ohonyn nhw. Un o awgrymiadau Sassoon, er enghraifft, oedd newid 'majestic insults' yn 'blind insolence'. Ar ôl trafod y gerdd â Sassoon, sylweddolodd Owen mai cerdd anorffenedig oedd hi, ac aeth ymaith i weithio arni eto.

Er nad oedd y gerdd yn orffenedig, 'roedd ei nod a'i fwriad yn amlwg o'r dechrau. Bwriad Wilfred Owen oedd llunio marwnad i genhedlaeth gyfan o fechgyn ifanc. Ceisiodd bwysleisio a chondemnio oferedd a gwastraff rhyfel drwy ofyn y cwestiwn: pa fath o angladd a gaiff y genhedlaeth gyfan hon o wŷr ifanc? Nid yr angladd eglwysig traddodiadol yn sicr. Mae gormod o feirwon i'w claddu yn ôl y dull a'r ddefod arferol, ac mae'r meirwon hynny yn marw mewn gwledydd estron. Yn ogystal â'r elfen farwnadol hon, mae yma hefyd elfen o brotest. Mae'r bardd yn collfarnu crefydd y cyfnod yn llym, ac mae'r collfarniad yn un â'r farwnad. 'Does dim ots gan grefydd am yr ebyrth hyn. Gwaith yr Eglwys oedd annog yr ifainc i ryfel, nid gofalu am eu heneidiau. Cawn weld sut y mae'n datblygu'r thema hon wrth iddo fynd yn ei flaen.

Lluniodd fersiwn newydd sbon:

What passing bells for you who die in herds?
– Only the monstrous anger of more guns.
Only the stuttering rifles' rattled words
Can patter out your hasty orisons.
No chants for you, nor balms, nor wreaths, nor bells,
Nor any voice of mourning, save the choirs,

The shrill demented choirs of wailing shells;
And bugles calling for you from sad shires.

What candles may we hold to speed you all?
Not in the hands of boys, but in their eyes
Shall shine the holy lights of long goodbyes.
The pallor of girls' brows shall be your pall;
Your flowers, the tenderness of mortal minds;
And each slow dusk, a drawing-down of blinds.

Y newid mwyaf trawiadol ac arwyddocaol oedd iddo droi cerdd ddi-odl yn gerdd odledig, ei throi yn soned, mewn gwirionedd. Rhoddodd hynny ffurf, unoliaeth a thyndra i'r gerdd. Yr unig awgrym o odl a geid yn y ffurf flaenorol oedd 'minds' a 'blinds' yn y ddwy linell olaf. Yn sicr, mae'r gerdd wedi gwella yn sylfaenol. Mae 'Only the stuttering rifles' rattled words/ Can patter out your hasty orisons' ganmil yn well na 'Let the majestic insults of their mouths ('of their *iron* mouths' yn wreiddiol yn y drafft cyntaf, cyn iddo ddileu'r ansoddair)/Be as the priest-words of their burials'. Pam? Am sawl rheswm. Mae disgrifio'r reiffl drwy ddweud fod atal-dweud arno, wrth geisio cyfleu unswn ailadroddus cyson a chyflym y gwn, yn athrylithgar; ar ben hynny, mae'r syniad o atal-dweud yn awgrymu nerfusrwydd, ofnusrwydd a niwrotigrwydd. Mae sŵn y weithred yn yr ymadrodd onomatopeiaidd 'stuttering rifles' rattled words'. Ac wedyn yr un dewis athrylithgar o eiriau yn y llinell ddilynol: 'Can *patter* out your hasty orisons'. Os edrychwn yng Ngeiriadur Rhydychen am union ystyr *patter*, cawn dair ystyr, gan gynnwys y ddwy hyn:

> **patter** (2): Repeat (prayers etc.) in rapid mechanical way; talk glibly.

> **patter** (3): 1. Make rapid succession of taps, as rain on window-pane; run with short quick steps … 2. Succession of taps.

Mae defnydd Wilfred Owen o'r gair yng nghyd-destun ei soned yn ymgorffori'r ddwy ystyr. Gan mai delweddaeth eglwysig yn ymwneud â defod claddedigaeth a geir yn y gerdd, mae *patter* yn golygu gweddi a adroddir yn fecanyddol ddiystyr a dideimlad yma (o *paternoster* y daw *patter* yn yr ystyr hon). Yn wir, *peiriant* sydd yn adrodd y weddi fecanyddol hon. Mae'r ystyr arall i'r gair yma hefyd, gan fod *patter*, sŵn tapio sydyn a chwim, yn disgrifio sŵn y gwn i'r dim.

Yn sicr, 'roedd y gerdd yn nesáu at ei ffurf derfynol, ond 'roedd rhai darnau yn ei boeni o hyd. Yn y trydydd fersiwn, newidiodd 'more guns' yn 'the guns'. Aeth y llinell ragorol 'The shrill demented choirs of wailing shells', llinell onomatopeiaidd arall, yn 'And long-drawn sighs of wailing shells', ond 'roedd y llinell yn fyr o sillafau, heb sôn am y ffaith nad oedd hi cystal. Hyd yn oed ar ôl taro ar yr union ymadrodd, rhaid oedd arbrofi drachefn, rhag ofn bod gwell ymadrodd i'w gael. 'Roedd yr unfed llinell ar ddeg yn ei boeni hefyd, a cheisiodd wasgu 'gleams' i mewn iddi.

Ymlaen wedyn at y pedwerydd fersiwn:

> What passing-bells for these dumb-dying cattle?
> – Only the monstrous anger of more guns!
> Only the stuttering rifles' rapid rattle
> Can patter out their hasty orisons.
> No chants for them, nor wreaths, nor asphodels,
> Nor any voice of mourning save the choirs,
> The shrill demented choirs of wailing shells;
> And bugles calling for them from sad shires.
>
> What candles may we hold to speed them all?
> Not in the hands of boys, but in their eyes
> Shall shine the holy gleams of their goodbyes.
> The pallor of girls' cheeks shall be their pall.
> Their flowers the tenderness of silent minds
> And each slow dusk a drawing-down of blinds.

Nid yw Wilfred Owen yn cyfarch y meirwon yn uniongyrchol y tro hwn. Mae hyn yn rhoi pellter a gwrthrychedd i'r gerdd, ac mae hynny yn fwy effeithiol. Newidiodd yr odl yn y llinell gyntaf a'r drydedd. Mae'r odl yn well, ac yn rymusach. Mae onomatopeia'r drydedd linell wedi cryfhau eto fyth ac erbyn i ni gyrraedd y fersiwn nesaf, a'r un terfynol, bydd y llinell gyntaf wedi cryfhau'n sylweddol. Mae 'asphodels' wedi dod i mewn fel odl hefyd. Llwyddodd yn ogystal i gael 'gleams' i mewn i'r unfed llinell ar ddeg.

A dyma ni'n cyrraedd y fersiwn terfynol:

> What passing-bells for these who die as cattle?
> – Only the monstrous anger of the guns.
> Only the stuttering rifles' rapid rattle
> Can patter out their hasty orisons.

No mockeries now for them; no prayers nor bells,
   Nor any voice of mourning save the choirs,
The shrill demented choirs of wailing shells;
   And bugles calling for them from sad shires.

What candles may be held to speed them all?
   Not in the hands of boys, but in their eyes
Shall shine the holy glimmers of goodbyes.
   The pallor of girls' brows shall be their pall;
Their flowers the tenderness of patient minds,
And each slow dusk a drawing-down of blinds.

A dyna'r gerdd orffenedig, yr 'Anthem for Doomed Youth' enwog, un o gerddi grymusaf y Rhyfel Mawr. Sassoon a awgrymodd y teitl terfynol. Mae 'doomed' yn gryfach na 'dead', ac yn dweud llawer mwy. Sassoon hefyd a awgrymodd 'patient' yn '*patient* minds'. 'Roedd Wilfred Owen wedi newid 'silent minds' yn y fersiwn blaenorol i 'sweet white minds'. Hyd yn oed wrth lunio'r fersiwn terfynol, 'roedd Owen wedi archwilio posibiliadau eraill. 'Roedd 'demonic choirs of wailing shells' a 'disconsolate choirs of wailing shells' wedi bod ganddo, ond glynodd wrth 'demented'. Mae 'demented' yn gysylltiedig â gwallgofrwydd, ac yn cydfynd yn berffaith â'r gynnau ag atal-dweud arnyn nhw. Mae'n rhaid i ni gofio fod Wilfred Owen, pan luniodd y soned, yn Ysbyty Craiglockhart ar y pryd, a'i fod yng nghanol cleifion meddyliol yr oedd y Rhyfel wedi chwilfriwio eu nerfau, ac yntau hefyd yn un o'r cleifion drylliedig feddyliol hyn. 'No music for all them', ymadrodd afrwydd braidd, oedd 'No mockeries for them', ac adferodd y llinell 'And bugles calling for them from sad shires' ar ôl meddwl am gynnwys y llinell 'And bugles calling sad across the shires'. Byddai wedi colli amwysedd aml-ystyrog y llinell derfynol pe bai wedi derbyn y llinell a wrthodwyd. Mae 'for them' yn gryfach. Mae'r llinell derfynol yn awgrymu'r alwad olaf mewn angladd militaraidd, sef y 'last post', i ddefnyddio'r term milwrol, ond mwy na hynny, awgrymir hefyd fod biwglau militariaeth yn galw o hyd am fechgyn ifanc i lenwi'r rhengoedd a adawyd yn wag.

Yr hyn a geir yn y soned ydi parodi ar wasanaeth angladd eglwysig a chladdedigaeth Gristnogol, 'mockery', mewn gwirionedd. Dicter y gynnau yw clychau cnul y meirwon hyn, a chlecian a chlindarddach y gynnau sy'n adrodd y gweddïau brys ('hasty orisons') uwch cyrff y meirwon; biwglau a chorws o sieliau yw'r marwnadwyr yn yr angladd hwn. Cydblethir delweddau yn ymwneud â chrefydd yn ddeheuig â delweddau o fyd rhyfel.

Daw trobwynt a newid cywair yn ail ran y gerdd. Yr angladd militar-aidd a geir yn yr wythawd, ond yn y chwechawd ymateb yr anwyliaid a geir. Mae cyferbyniad nerthol rhwng dideimladrwydd y gyfundrefn ryfel wrth ymateb i farwolaethau'r milwyr hyn ac ymateb tynerach, tristach brodyr, chwiorydd, cyfeillion, cariadon a rhieni. Mae'r cywair yn addfwyno, a'r cytseinio cras, caled yn diflannu. Parheir â'r ddelwedd o angladd, a chawn ganhwyllau, elorlen, blodau a llenni. Dagrau hiraeth yn pefrio'n y llygaid fydd canhwyllau coffâd y meirwon hyn; lliw gwelw talcennau cariadon a chwiorydd, gwelw gan ofid a galar, fydd eu helorlenni gwynion (gan gysylltu'r ddelwedd hefyd â'r arferiad militaraidd o orchuddio arch â lluman), a blodau coffâd y milwyr mud fydd tynerwch a dwyster y galar a'r atgofion ar eu hôl. Mewn ffordd, gofyn cwestiwn y mae'r bardd yn y gerdd. Sut y gellir marwnadu cenhedlaeth gyfan o ddynion ifanc? Sut y mae modd galaru'n weddus yng nghanol y fath laddfa? Sut y gall cyfeillion a pherthnasau alaru'n urddasol ac yn weddus am eu hanwyliaid, a'r rheini wedi cael eu claddu ar frys ac yn ddiseremoni mewn gwledydd estron, a'r galarwyr heb hyd yn oed weld y corff? 'Roedd y modd yr amherchid celanedd y ffosydd wedi tarfu ar Wilfred Owen, ac wedi effeithio'n drwm ar ei sensitifrwydd. Cloch a genir ar union eiliad marwolaeth person yw 'passing-bell'? Byddai angen miloedd o glychau i nodi ymadawiad pob un o'r meirwon hyn.

Sylweddolodd Sassoon, ar ôl darllen y fersiwn terfynol, ei fod wedi dod wyneb yn wyneb â bardd arbennig iawn:[1]

> ... my little friend was much more than the promising minor poet I had hitherto adjudged him to be. I now realized that his verse, with its sumptuous epithets and large-scale imagery, its noble naturalness and the depth of meaning, had impressive affinities with Keats, whom he took as his supreme exemplar. This new sonnet was a revelation ... It confronted me with classic and im-aginative serenity.

O awen un Owen at awen Owen arall: Gerallt Lloyd Owen. Ymddan-gosodd yr englyn canlynol, dan y teitl 'Hiraeth Mam', yn rhifyn Gorffennaf/Awst 1978 o *Barddas*:

> Gwyrth ei greu o groth i grud – a gofiaf,
>   A'r gafael am ennyd
>   I 'nghof daw'r angau hefyd:
>   Crud gwag yw'r cread i gyd.

---

1. *Siegfried's Journey*, Siegfried Sassoon, 1945, tt. 59–60.

'Rydw i wedi clywed llawer o englynion a chywyddau Gerallt Lloyd Owen ar y ffôn dros y blynyddoedd, ac ar y ffôn y clywais i hwn gyntaf. Aeth ias i lawr fy meingefn wrth iddo lefaru'r llinell olaf, a chanmolais hi, a'r englyn yn gyffredinol. Ond mae'n amlwg nad oedd y bardd yn fodlon arno, er mor rhagorol ydoedd hyd yn oed yn ei ffurf wreiddiol. Awgrymodd mai'r llinell olaf hon oedd yr unig beth o werth yn yr englyn. Erbyn cyhoeddi *Cilmeri a Cherddi Eraill* ym 1991, mae'r englyn wedi ei lwyr weddnewid. 'Marwolaeth Baban' yw'r teitl yn y gyfrol, a dyma'r ffurf derfynol:

Enaid bach yn llond y byd, a'i lewyrch
    Yn goleuo'r hollfyd.
Lle bu yn gannwyll bywyd
Crud gwag yw'r cread i gyd.

Mae'r gwelliannau wedi creu englyn sy'n gyfanwaith di-fefl. Disodlwyd y llinell gyntaf gref ei chynghanedd gan linell dawelach a symlach, ac ynddi baradocs, sef bod corff mor fychan yn gallu llenwi'r byd, a goleuo'r hollfyd, delwedd nid annhebyg 'glimmer' Wilfred Owen. Mae mynegi'r cariad angerddol gryf hwn sydd gan fam at ei phlentyn yn dyblu'r sioc a geir yn y llinell olaf syfrdanol, a 'doedd yr englyn gwreiddiol ddim yn gwneud hynny. Mae'r ddelwedd o 'gannwyll bywyd' yn cydio wrth y syniad o'r llewyrch sy'n goleuo'r hollfyd, ond mae'r ddelwedd yn ei hanfod yn awgrymu bywyd byr hefyd; ac mae'r llinell olaf yn cyferbynnu'n nerthol â'r llinell gyntaf, ac yn parhau ac yn pwysleisio'r syniad. Os oedd y baban 'yn llond y byd' pan oedd yn fyw, yna, mae'n dilyn yn naturiol mai 'Crud gwag yw'r cread i gyd' ar ôl ei farw. Mae llinellau yn gallu cryfhau ei gilydd, o'u gosod yn y cyd-destun cywir, priodol, fel y mae ffrâm hardd, briodol yn gallu cyfoethogi darlun sydd eisoes yn gyfoethog. Nid ar eu pennau eu hunain y mae llinellau ar eu mwyaf effeithiol, ond yn eu perthynas a'u cyswllt â llinellau eraill. Mae rhai timau pêl-droed yn gweithio fel undod, heb un seren amlwg ymhlith yr un ar ddeg, ac mewn timau eraill fe gewch chi unigolyn cwbl ddisglair yn chwarae gyda deg pêl-droediwr cymedrol.

Tîm sy'n dibynnu'n ormodol ar ddisgleirdeb un unigolyn yw'r englyn gwreiddiol, ond yn yr englyn gorffenedig, mae'r tîm yn chwarae fel undod, a'r pedwar unigolyn cydradd-ddisglair yn toddi i mewn i'w gilydd i greu tîm perffaith.

Ni wn pa bryd y lluniodd Gerallt Lloyd Owen fersiwn terfynol yr englyn. Efallai iddo gymryd deuddeng mlynedd. Mae barddoniaeth yn grefft anodd a manwl. Ni wyddom ychwaith pa sawl fersiwn a luniwyd o'r englyn cyntaf na'r ail. Mae llinell gan Waldo sy'n sôn am 'Awydd creu, amynedd crefft'. Yr awydd yw'r cyffro cychwynnol, y cynnwrf yn y meddwl sy'n ysgogi cerdd, ond mae'n rhaid wrth 'amynedd crefft' i roi siâp terfynol ar y cyffro hwnnw, hyd yn oed os golyga hynny fisoedd, os nad blynyddoedd, o chwilio am y mynegiant perffeithiaf posib, gyda'r pwyslais ar y 'posib'.

[1996]

Y GREFFT O GYFIEITHU

Rhan bwysig odiaeth o'r gyfundrefn farddonol yn ei chrynswth yw cyfieithu cerddi o un iaith i iaith arall. Bu beirdd yn cyfieithu erioed, ond yn ystod y pum mlynedd ar hugain diwethaf bu bri mawr ar gyfieithu. Yn wir, bu'n ddiwydiant prysur ryfeddol. Yn ystod y Chwedegau, cafwyd y gyfres enwog honno gan Penguin, *Penguin Modern European Poets*, a chafwyd cyfrolau o waith beirdd fel Apollinaire, Rilke, Günter Grass, Miroslav Holub, Hans Magnus Enzenberger, Lorca, a llawer o rai eraill. Chwalwyd y ffiniau ieithyddol a llenyddol yn llwyr, a daeth Ewrop i mewn i'n byd bach ni. Disodlwyd y gyfres honno'n ddiweddarach gan gyfres arall o eiddo Penguin, sef cyfres yr *International Poets*. Sefydlwyd sawl cylchgrawn yn ystod y cyfnod diweddar hwn a ganolbwyntiai'n gyfan gwbl ar gyfieithiadau, fel *Nine* ac *Arion*, ac wedyn y cylchgrawn pwysig *Modern Poetry in Translation*, a ddechreuwyd ym 1965. Yma yng Nghymru cafwyd Cyfres Barddoniaeth Pwyllgor Cyfieithiadau yr Academi Gymreig, a neilltuwyd rhifyn arbennig o'r cylchgrawn *Poetry Wales*, sef rhifyn Gaeaf 1976, i drafod cyfieithu.

Y mae cyfieithiadau yn bwysig o safbwynt dwy ystyriaeth, ystyriaeth bersonol, fewnol os mynnwch, ac ystyriaeth gymdeithasol, neu allanol. Y safbwynt mewnol yw'r ffaith fod pob cyfieithiad yn her i fardd. Rhaid iddo ddefnyddio'i holl adnoddau mydryddol, ei holl grefft; rhaid iddo greu cerdd sy'n adlewyrchiad ffyddlon a chywir o'r gwreiddiol, ar y naill law, a chreu cerdd sy'n ymddangos yn naturiol, yn wreiddiol ac yn ddistraen, ar y llaw arall. Yn wir, rhaid iddo greu cerdd sy'n ymddangos yn *awengar*. Y mae cyfieithu'n ymarferiad gwych i fardd, ac yn hanfodol o safbwynt cadw'i arfau'n barhaol lân. O safbwynt yr ail ystyriaeth, gall cyfieithiadau fod o les i gymdeithas, i bawb sy'n ymhél â barddoniaeth. Trwy gyfieithiadau y down i wybod am safonau rhyngwladol; trwy gyfieithiadau y cawn flasu gweithiau beirdd mawr y byd, a chymryd, wrth gwrs, fod ieithoedd gwreiddiol y beirdd hynny yn ddieithr inni.

Y mae tri dull o gyfieithu barddoniaeth, sef, yn gyntaf, cyfieithu cerdd ar ffurf cerdd, barddoniaeth i farddoniaeth; yn ail, cyfieithu barddoniaeth ar ffurf rhyddiaith, barddoniaeth i ryddiaith; ac, yn drydydd, cyfaddasu

cerdd yn hytrach na'i chyfieithu, barddoniaeth i efelychiad. Nid yw'n wir
ychwaith fod y beirdd sy'n cyfieithu yn medru'r iaith y cyfieithir ohoni
ganddyn nhw. Faint o Gymraeg sydd gan Anthony Conran, awdur *The
Penguin Book of Welsh Verse*? Y mae beirdd fel Yeats wedi cyfieithu cerddi o
ieithoedd nad oedd ganddyn nhw grap o gwbl arnynt. Ac yn ddieithriad
bron, y cyfieithwyr gorau yw'r beirdd, ac nid nid yr ieithwyr. Efallai fod yr
ieithydd yn gyfarwydd â'r iaith y cyfieithir ohoni, ond nid yw arfau'r
bardd ganddo at ei wasanaeth: fel saer coed â'r grepach ar ei ddwylo. Gall
bardd gyfieithu o iaith nad yw'n gyfarwydd â hi trwy gael rhywun sy'n
rhugl yn yr iaith honno wrth ei benelin, neu drwy astudio cyfieithiadau
rhyddiaith o gerdd, a bodio geiriadur ar yr un pryd. Y mae cyfieithiadau
rhyddiaith yn bethau gwerthfawr a buddiol iawn, ond dim ond o saf-
bwynt ymarferol. Gall cyfieithiadau o'r fath gyflwyno cynnwys cerdd inni,
ond ni chawn brofi dim o grefft y gerdd honno, na'i hawyrgylch na'i chyd-
weithredu geiriol. Ond hyd yn oed os yw'r cyfieithiad barddonol o un
iaith i iaith arall yn gwbl lwyddiannus, a'r bardd wedi llwyddo i greu'r
cyfieithiad gorau bosibl o gerdd arbennig, y mae'r cyfieithiad hwnnw yn
ddiffygiol ac yn amherffaith yn ei hanfod. Y mae gan eiriau ym mhob
iaith riniau a chysylltiadau arbennig, awyrgylch a chynodiadau arbennig,
hynny yw, nodweddion sy'n perthyn i'r iaith ei hun, ac a gollir o'u tros-
glwyddo i ieithoedd eraill. Sut y gellir cyfieithu ystyr fewnol geiriau fel
treftadaeth, cenedl, cenedlaethau, hiraeth, dilead, cynfyd, rhin, ac yn y blaen,
i Saesneg? Cyfieithu eu hystyr allanol yn unig a ellir. 'Poetry is that which
is lost in translation,' meddai Robert Frost yn ei ddiffiniad enwog. Soniwyd
am lawer o broblemau'r cyfieithydd gan George Steiner yn y gyfrol *Poem
into Poem*:[1]

> There are no total translations: because languages differ, because
> each language represents a complex, historically and collectively
> determined aggregate of values, proceedings of social conduct, con-
> jectures on life. There can be no exhaustive transfer from language
> A to language B, no meshing of nets so precise that there is identity
> of conceptual content, unison of undertone, absolute symmetry of
> aural and visual association. This is true both of a simple prose
> statement and of poetry.

Cafwyd llawer o gyfieithu i'r Gymraeg. Cyfieithwyd Rilke, er enghraifft,
gan J. Henry Jones, ond yn gwbl anfoddhaol yn fy nhyb i, am nad bardd
mono. Cyfieithwyd cerddi o sawl iaith gan E. T. Griffiths, a'u cywain

---

1. *Poem into Poem: World Poetry in Modern Verse Translation*, 1966, arg. 1970, t. 23.

ynghyd yn y gyfrol *Cerddi Estron* (1966), eto yn bur anfoddhaol, ac eto am nad bardd mo'r cyfieithydd. Ym 1927 cyhoeddodd cwmni Hughes a'i Fab gyfrol o gyfieithiadau mewn clawr papur, sef *Bytheiad y Nef a Chaniadau Eraill*, gan D. Tecwyn Evans. Cyfieithwyd ganddo 'The Hound of Heaven', Francis Thompson, 'Ode on the Morning of Christ's Nativity', Milton, 'Ode on Intimations of Immortality from Recollections of Early Childhood', Wordsworth, a 'The Defence of Guinevere', William Morris. Nid yw'r rhain ychwaith yn taro deuddeg. Ystyrir 'Penillion Omar Khayyâm' John Morris-Jones yn glasur, ac felly y mae. Gellid dweud bod ei gyfieithiadau o gerddi Heine hefyd yn llwyddiannus yn ôl safonau ieithwedd ei gyfnod, ond erbyn heddiw mae ei flodeuos a'i funiaid, a'i holl ffurfiau gorymwybodol farddonol, yn ymddangos yn od. Cyfieithiadau llwyddiannus iawn hefyd yw cyfieithiadau T. Gwynn Jones o'r Wyddeleg yn *Awen y Gwyddyl*. Y mae llawer o feirdd eraill wedi ymhél â chyfieithu hefyd, Gwyn Thomas, Rhydwen Williams, Gwenallt, ac yn y blaen.

Diddorol, mi gredaf, yw bwrw golwg ar ryw ychydig o enghreifftiau o gyfieithu o ieithoedd eraill i'r Gymraeg, ac o'r Gymraeg i Saesneg. Dechreuwn gyda chyfieithiadau o Gymraeg i Saesneg. Dyma, i ddechrau, ddau gyfieithiad o gerdd Gymraeg adnabyddus iawn:

> Still the mountains stand rockfast,
> Still around them roars the blast;
> At the blueing of the day
> Still outpours the pastoral lay;
> Underneath the frowning scaur
> Still the daisy lights her star;
> But the sun and moon behold
> Other shepherds than the old.
>
> Over cottage, church and grange
> Steals the silent hand of change;
> Like the ocean's ebb and flow,
> Generations come and go.
> Life's tempestuous struggle o'er,
> Alun Mabon is no more;
> But unto the dear old tongue
> Still the dear old songs are sung.

*   *   *

> Still do the great mountains stay,
>   And the winds above them roar;

There is heard at break of day
    Songs of shepherds as before.
Daisies as before yet grow
    Round the foot of hill and rock;
Over these old mountains, though,
    A new shepherd drives his flock.

To the customs of old Wales
    Changes come from year to year;
Every generation fails,
    One has gone, the next is here.
After a lifetime tempest-tossed
    Alun Mabon is no more,
But the language is not lost
    And the old songs yet endure.

Dyma'r gwreiddiol:

Aros mae'r mynyddau mawr,
    Rhuo trostynt mae y gwynt;
Clywir eto gyda'r wawr
    Gân bugeiliaid megis cynt.
Eto tyf y llygad dydd
    O gylch traed y graig a'r bryn,
Ond bugeiliaid newydd sydd
    Ar yr hen fynyddoedd hyn.

Ar arferion Cymru gynt
    Newid ddaeth o rod i rod;
Mae cenhedlaeth wedi mynd
    A chenhedlaeth wedi dod.
Wedi oes dymhestlog hir
    Alun Mabon mwy nid yw,
Ond mae'r heniaith yn y tir
    A'r alawon hen yn fyw.

Nid yw'r naill gyfieithiad wedi arddel patrwm mydryddol y gwreiddiol yn llwyr tra bo'r cyfieithiad arall wedi gwneud hynny. Y mae'n amlwg oddi wrth ei ieithwedd a'i ymadroddion fod y cyfieithiad cyntaf yn perthyn i gyfnod arbennig, a'i fod yn llawer cynharach na'r ail drosiad. Blodeuog braidd yw 'the pastoral lay' o'i gymharu â 'Songs of shepherds' naturiol a diymffrost-gywir y llall. Ond eto y mae naturioldeb syml 'Generations come and go' y cyfieithiad cyntaf yn rhagori ar 'One has gone, the next is here' yr ail gyfieithiad. Yr unig broblem oedd fod 'Generations come and go' yn cyfieithu dwy linell o eiddo Ceiriog, ac felly lluniodd y cyfieithydd linell o'i eiddo'i hun, 'Like the ocean's ebb and flow'. Eiddo'r cyfieithydd cyntaf hefyd yw'r ffansi hyfryd, 'Still the daisy lights her star'. Nid oes fflach o'r fath yng ngherdd Ceiriog. Yr ail gyfieithiad, er hynny, yw'r gorau, o ran ffyddlondeb i'r gwreiddiol ac o ran medrusrwydd geiriol. Lluniwyd y cyfieithiad cyntaf gan Alfred Perceval Graves, tad Robert Graves, ac fe'i ceir yn *English Verse Translations of the Welsh Poems of Ceiriog Hughes* (1926). Anthony Conran yw'r ail gyfieithydd, a cheir ei gyfieithiad ef yn *The Penguin Book of Welsh Verse.*

Dyma ddau gyfieithiad arall o gerdd Gymraeg adnabyddus, sef 'Hen Gychwr Afon Angau' R. Williams Parry:

> There were assembled, so the papers say,
>   Seven and four score motorcars in conclave
> To the solemn task, the day before yesterday,
>   Of running someone dead towards his grave.
> Though flashy's the paint on each fat, pampered cur,
>   Yet at the funerals hereabouts, their guise
> And conduct are as prim as if they were
>   In God's Eisteddfod trying for a prize.
> And when the body tires of the ferry road
>   And the spirit its appointed end must meet,
> Can we not quicker lay our brother's load
>   In these luxurious vans than on two feet?
> But on the flood that's shrouded from our dust,
> Though boat be old and slow, Charon's not fussed.

Anthony Conran, unwaith yn rhagor, biau'r cyfieithiad uchod. Joseph P. Clancy biau'r nesaf, ac fe'i ceir yn *Twentieth Century Welsh Poems.*

> Four-score and seven, so the papers say,
> The solemn motor-cars that congregated
> To speed some dead man just the other day
> To where his cemetery plot's located.
> Plump, pampered hounds! Flashy the paint on them
> At any funeral in any shire,

But in their conduct and their carriage solemn
As if competing in a heavenly choir.
And when flesh wearies on the ferry-road
And the spirit's allotted time runs out,
Is it not quicker to convey a comrade
In these luxurious movers than on foot?
But on the stream, behind dust's curtain fold,
The Boatman takes his time: the boat is old.

Dyma'r gwreiddiol, er mwyn inni allu cymharu:

Yn ôl y papur newydd yr oedd saith
  A phedwar ugain o foduron dwys
Wedi ymgynnull echdoe at y gwaith
  O redeg rhywun marw tua'i gŵys.
Fwythdew fytheiaid! Fflachiog yw eu paent
  Yng nghynebryngau'r brôydd, ond mor sobr
Eu moes a'u hymarweddiad â phetaent
  Mewn duwiol gystadleuaeth am ryw wobr.
A phan fo'r ffordd i'r fferi'n flin i'r cnawd,
  Ac yn hen bryd i'r ysbryd gadw'r oed,
Onid ebrwyddach yr hebryngir brawd
  Yn y symudwyr moethus nag ar droed?
Ond ar y dwfr sydd am y llen â'r llwch
Ni frysia'r Cychwr, canys hen yw'r cwch.

Ceir rhinweddau yn y ddau gyfieithiad. Mae 'each fat, pampered cur' a 'Plump, pampered hounds' yn cyfleu'n llwyddiannus iawn ymadrodd gwych R. Williams Parry, 'Fwythdew fytheiaid'. Mae pedwarawd cyntaf y cyfieithiad cyntaf a ddyfynnwyd yn llawer esmwythach a chywirach na'r ail. Yr odl a benderfynodd gynnwys y llinell 'To where his cemetry plot's located' yn yr ail gyfieithiad, llinell sy'n gwyro llawer oddi wrth y llinell wreiddiol, ac nid yw afrwyddineb 'Flashy the paint on them' yn foddhaol o gwbl. Ar y llaw arall, gwell gennyf fi'n bersonol gwpled clo yr ail gyfieithiad. Mae'n rhagori ar y llall.

Ymarferiad diddorol arall yw cymharu cyfieithiadau i Saesneg ac i'r Gymraeg o iaith dramor. Yng nghyfrol Gareth Alban Davies o gyfieithiadau o'r Sbaeneg, *Y Ffynnon Sy'n Ffrydio*, yng nghyfres yr Academi Gymreig o gyfieithiadau, ceir cyfieithiad o un o gerddi byrion enwocaf Lorca, 'Canción de Jinete', 'Cân y Marchog', neu, yn ôl teitl Gareth Alban Davies, 'Cân y Dyn ar Gefn Ceffyl'. Dyma'r cyfieithiad:

Córdoba,
bellennig, unig.

Ceffyl du, a lleuad fawr,
ac olifaid yn fy nghod.
Er gwybod yn iawn y ffordd,
'chyrhaedda' i ddim Córdoba.

Trwy'r gwastadedd, a thrwy'r gwynt,
lleuad borffor, ceffyl du.
Angau sy'n fy ngwylio i
o ben tyrau Córdoba.

Gwae fi y fath siwrnai faith!
A gwae fi fy ngheffyl dewr!
Angau sy'n fy nisgwyl i
cyn byth cyrraedd Córdoba.

Córdoba,
bellenning, unig.

Cyfieithiad cynnil, yn sicr, a'r 'lleuad borffor' yn Cymreigio'r darn yn gyf-
eiriadol. Dyma gyfieithiad Roy Campbell o'r un gerdd:

Córdoba.
Remote and lonely.

Jet-black mare and full round moon,
With olives in my saddle bags,
Although I know the road so well
I shall not get to Córdoba.

Across the plain, across the wind,
Jet-black mare and full red moon,
Death is gazing down upon me,
Down from the towers of Córdoba.

Ay! The road so dark and long.
Ay! My mare so tired yet brave.

Death is waiting for me there
Before I get to Córdoba.

Córdoba.
Remote and lonely.

Diddorol iawn i mi oedd gweld cyfieithiad Gareth Alban Davies o 'La Guitarra' Lorca, gan i mi hefyd ei chyfieithu hi. Dyma gyfieithiad Gareth Alban Davies, a pheidier â synnu ei fod gryn dipyn yn well na'r un a luniais i, ac a ailgyhoeddir yma er mwyn cymhariaeth. Y mae gan Gareth Alban Davies y cyfuniad perffaith fel cyfieithydd, bardd profiadol a medrus yn cyfieithu o iaith y mae'n feistr arni:

Cychwyn mae griddfan
y gitâr.
Mae gwydrau'r wawrddydd
yn torri'n deilchion.

Cychwyn mae griddfan
y gitâr.
Amhosibl ydyw
ei ddistewi.
Wyla'n undonog
fel dŵr yn wylo,
neu'r gwynt yn wylo
uwchben yr eira.

Amhosib' ydyw
ei ddistewi.
Wylo y mae hi
am bethau pell.
Tywod poeth y De
sy'n galw am gameiliau gwyn.
Wylo am saeth heb nod,
am hwyr heb drannoeth,
am yr adar meirw
cyntaf ar y gangen.

O gitâr!
Calon a glwyfwyd
gan bum cleddyf.

Yr unig werth i'm cyfieithiad i, os oes ynddo werth o gwbl, yw dangos pa mor athrylithgar-hyblyg yw'r gynghanedd, a'r modd y gall wreiddioli cyfieithiad; ac os oes gwerth i'r cyfieithiad, i'r gynghanedd y mae pob cydnabyddiaeth yn ddyledus, nid i'r cyfieithydd:

> Mae'r gitâr
> yn dechrau galaru.
> Y mae gwydrau gwin
> y wawr wedi torri.

> Mae'r gitâr
> yn dechrau galaru.
> Amhosibl
> yw tewi ei miwsig.
> Nid oes dim
> i'w distewi hi.
> Mae ei hwylo'n undonedd
> fel undonedd dŵr,
> fel y gwynt yn cwynfan
> uwchlaw eira'n alarus.

> Amhosibl
> yw tewi ei miwsig.
> Mae'n wylo dagrau
> am y pethau pell,
> am dywod twym y Deau
> yn ymbil am wynder camilia.
> Mae'n wylo saeth mewn hiraeth am nod,
> hwyr heb y bore,
> a'r aderyn cyntaf yng ngafael
> angau ar gangen.
> O! gitâr,
> calon alarus
> y mae clwyf iddi hi gan bum cledd.

Hoffwn ddangos un enghraifft o gyfaddasu cyn dwyn y drafodaeth i ben. Un o'r meistri ar hyn o beth yn Saesneg yw Robert Lowell, ac mae Ezra Pound yn un arall. Yn ein hiaith ni ein hunain mae gennym Gwynne Williams. Dyma'i gyfaddasiad ef o 'Balloons' Sylvia Plath ochr yn ochr â'r gwreiddiol:

BALŴNS
(Ar ôl Sylvia Plath)

Er y Nadolig buont yn trigo
Gyda ni.
Amlwg, diniwed.
Ŵy anifeiliaid yn nofio awelon.
Llyncu hanner y tŷ.

Rhwbio sidan y to.
Dagrau lliw wedi eu gweu o aer llyfn.
Rhoi gwich, rhoi gwaedd
O'u bygwth. Ymgilio heb wegian.
Cathod a physgod

Gwyn a phiws.
Mor lloerig, ar fy myw, yw'r lloerau
O goch, melyn a gwyrdd
Yn marchogaeth dodrefn marw a chegin –
Matiau gwellt, waliau gwelw.

Golau'r galon.
Fel dymuniadau rhydd.
Fel y dimeiau hynny adewir ar ôl
O iasau aur y sêr
Weithiau, neu beunod

Hyd y fro. Mae dy frawd
Am i un acw, ust!
Ddynwared mewian cath
Gan weld
Drwyddi fyd coch i'w gnoi.

Bratha.
Eistedda yn grwn fel stên
I wylio, i fyfyrio ar fyd
Di-wae, clir fel dŵr.
A dim,
Dim

Ond un rhimyn
O liw gwaed
Ar ôl

       yn ei ddwylo gwyn.

      *   *   *

Since Christmas they have lived with us,
Guileless and clear,
Oval soul-animals,
Taking up half the space,
Moving and rubbing on the silk

Invisible air drifts,
Giving a shriek and pop
When attacked, then scooting to rest, barely trembling.
Yellow cathead, blue fish –
Such queer moons we live with

Instead of dead furniture!
Straw mats, white walls
And these traveling
Globes of thin air, red, green,
Delighting

The heart like wishes or free
Peacocks blessing
Old ground with a feather
Beaten in starry metals.
Your small

Brother is making
His balloon squeak like a cat.
Seeming to see
A funny pink world he might eat on the other side of it,
He bites,

Then sits
Back, fat jug

Contemplating a world clear as water.
A red
Shred in his little fist.

Y mae cerdd Gwynne Williams yn gyfaddasiad, neu'n ddynwarediad, yn hytrach nag yn gyfieithiad oherwydd ei bod wedi gwyro cryn dipyn oddi wrth y gwreiddiol, ac wedi cynnwys ynddi elfennau nas ceir yn y gwreiddiol. Llwyddodd i greu cerdd Gymraeg newydd sbon, cerdd drawiadol a meistrolgar, sy'n ychwanegu at gyfoeth ein barddoniaeth fodern. Cynganeddodd ei gyfaddasiad, gan roi gwisg hollol Gymreig am gorff estron. Mewn gwirionedd, dysgwyr ein llenyddiaeth yw'r cyfieithiadau da hyn. Ein cerddi gwreiddiol yn y Gymraeg yw ein siaradwyr brodorol, a'r dysgwyr yw'r cyfieithiadau hyn. Weithiau y mae ambell ddysgwr yn llwyddo i lefaru'r iaith yn llawer iawn gwell na brodor, ac, yn yr un modd, y mae ambell gyfieithiad neu gyfaddasiad, fel cerdd Gwynne Williams, yn rhagori ar fyrdd o gerddi gwreiddiol yn y Gymraeg. Tristwch mawr, gyda llaw, yw sylweddoli mai 'Balloons' oedd y gerdd olaf ond un i Sylvia Plath ei llunio cyn ei hunanladdiad trasig ar Chwefror 11, 1963. Lluniwyd 'Balloons' ar Chwefror 5.

Y mae cyfieithiadau'n bwysig ryfeddol, am eu bod yn ein tywys dros y ffiniau i gael cip ar wledydd eraill. Y gamp, hyd y gwelaf fi, yw cyfieithu cerdd yn y fath fodd nes bod y cyfieithiad yn ymddangos fel cerdd wreiddiol. Mae'n dasg amhosibl bron, ond mae llunio cerdd wreiddiol dda yn dasg amhosibl hefyd.

I gloi, dyma gyfieithiad i Saesneg gennyf o gerdd Gymraeg adnabyddus iawn. Os gall y darllenydd adnabod y gwreiddiol, yna y mae'r cyfieithiad wedi llwyddo i ryw raddau. Ond dim ond i ryw raddau. Nid oes y fath beth â chyfieithiad perffaith, dim ond cyfieithiadau da.

Why was I born into this age
    In which mankind has exiled God?
With God departed, man, with rage,
    Now wields the sceptre and the rod.

And when man knew that God had gone
    To spill his brother's blood he bore
His eager sword, and cast upon
    Our homes the shadow of the War.

The harps to which we sang are hung
On willow boughs, and their refrain
Drowned by the anguish of the young
Whose blood is mingled with the rain.

Ysbrydegwyr, cyfryngwyr o ryw fath, yw cyfieithwyr. Trwy eu cyrff hwy y mae ysbrydion beirdd eraill yn llefaru.

[1990]

SAFONAU CREU

Dechreuwn gyda safon, yr hyn y byddai Bobi Jones, o bosibl, yn ei alw'n werth. Beth yw safon, a safonau pwy? Pam mae'n rhaid cael safon? Gellir diffinio safon yma fel rhywbeth i amcanu ato, nod i ymgyrraedd ato. Mae'n rhaid i lenyddiaeth, yn ogystal â bywyd, gael nod, safon o ryw fath, rhywbeth i ymgyrraedd ato. Heb safon nid oes ond anhrefn, gwacter, diffyg cyfeiriad. Safon mewn barddoniaeth yw'r ymdrech daeraf bosibl i gyrraedd perffeithrwydd. Pam, wedyn, mae'n rhaid amcanu at berffeithrwydd? Yn syml oherwydd bod angen perffeithrwydd, neu o leiaf y dyhead am berffeithrwydd, ar fywyd. Os yw dyn yn arddel y rhinweddau cadarnhaol, er enghraifft, caredigrwydd, cadernid egwyddorol, dyngarwch, y mae'n cynnal safon o ryw fath, ac yn rhoi gwerth ar fywyd a phwrpas i fyw; os ydyw'n arddel nodweddion nacaol neu ddinistriol, er enghraifft, hunanoldeb, casineb, creulondeb, trais, lladrata, llofruddio, y mae'n diddymu gwerth bywyd. Yn y pen draw, y mae safon neu werth yn rhywbeth moesol (nid moeswersol). Pe bai llenyddiaeth yn arddel yr elfennau nacaol – baster, diffyg meistrolaeth, blerwch mynegiant – byddai yn colli ei gwerth. Nid oes iddi werth o gwbl heb safon.

Mae'n rhaid i iaith ei hun gael safon, neu mae'n dirywio i fod yn fratiaith, ac, yn y pen draw, yn diflannu i mewn i'r iaith a wna fratiaith ohoni. Wedyn, ar ôl sefydlu fod gan iaith safonau, rhaid i bopeth sy'n gysylltiedig â'r iaith honno feddu ar safonau. Mae popeth disafon yn farwolaeth. Mae'r iaith nad yw'n meddu ar ei safonau cynhenid hi ei hun yn y pen draw yn marw. Pe bai popeth a ysgrifennid o fewn iaith yn isel ddisafon, neu bopeth a ddarlledid neu a deledyddid o fewn iaith, byddai'r diffyg safon yn lladd yr iaith. Byddai'r iaith ei hun yn amddifad o bob gwerth a phwrpas, ac felly byddai'r rhai a'i siaradai yn chwilio am lenyddiaethau eraill mewn ieithoedd eraill i'w bodloni, ac am raglenni mewn iaith arall i'w difyrru. Pe bai rhaglenni ar S4C yn druenus o wael, byddai S4C yn marw. Pe bai llyfrau, boed nofelau neu gyfrolau o farddoniaeth, a gyhoeddid yn y Gymraeg yn affwysol o wael, ni fyddai neb yn prynu llyfrau Cymraeg, a byddai'r farchnad lyfrau, y cyhoeddwyr, y Cyngor Llyfrau, y siopau llyfrau

Cymraeg, yn darfod. Ni fyddai gwerth i'w bodolaeth, a heb brynwyr ni fyddai'r byd cyhoeddi yn bod.

Efallai fy mod yn dadlau ac yn pwysleisio pethau amlwg, ond mae'n rhaid cael gwared â'r safbwynt a goleddir gan amryw, sef mai sothach sy'n mynd i achub y Gymraeg. Wrth gwrs, mae'n rhaid i chi wedyn ddiffinio sothach. Term diraddiol a ddefnyddid yn bur fynych rai blynyddoedd yn ôl oedd 'sothach'. Os yw'n dda, ni all fod yn sothach. Byddai rhai yn galw comedïau sefyllfa yn sothach. Mae'r ddawn i ysgrifennu comedi dda yn ddawn aruthrol o brin; dyna pam mae teledu Saesneg yn talu mwy o lawer o arian i sgriptwyr comedïau nag i ddramodwyr 'difrifol': am ei bod yn ddawn mor aruthrol o brin, ac yn grefft mor anhygoel o anodd. Y mae'r syniad o gomedi i rai yn golygu sothach, ond, mewn gwirionedd mae comedi ardderchog yn gelfyddyd ar ei phen ei hun. Nid y syniad ei hun sy'n sothach, ond yr ymdriniaeth â'r syniad. Sothach yw unrhyw beth gwael. A beth sy'n digwydd i gomedïau gwirioneddol wael, yn Saesneg o leiaf? Eu symud oddi ar y sgrin ar ôl un gyfres yn unig. Sothach yw'r hyn a wneir yn wael, boed lunio cerdd neu lunio dodrefnyn, ac ni all sothach gynnal nac achub dim. Yn wir, mae sothach yn ennyn llid ac anniddig-rwydd. Y mae pob symudiad oddi wrth safon yn symudiad i gyfeiriad tranc.

Yn awr gadewch i ni ymdrin â dau fwgan go fawr, a chael gwared â'r ddau, sef yr 'isel-ael' a'r 'uchel-ael'. 'Rydym yn bur gyfarwydd â'r ddau hyn, er mai dim ond haniaethau ydyn nhw. Mae'r 'isel-ael' yn chwyrn yn erbyn unrhyw beth sy'n amcanu at fod yn gelfyddydol uchelgeisiol, yn amau unrhyw beth sydd uwchlaw dirnadaeth a chrebwyll y 'werin', pwy bynnag yw honno. Cofiaf i rywun ddadlau yn y cylchgrawn *Barn*, flyn-yddoedd helaeth yn ôl erbyn hyn, fod barddoniaeth wedi symud yn rhy bell oddi wrth y cofiadwy a'r dealladwy, yn rhy bell oddi wrth werin ein gwlad, a bod beirdd yn poeni mwy am 'anfarwoldeb eu llinellau' nac am ddim arall. Clywyd bardd arall yn dweud ei fod yn llusgo bratiaith ac ym-adroddion Saesneg i mewn i'w ganu caeth er mwyn i'r werin, nid y deallus a'r academaidd yn ein plith, ymateb yn ffafriol i'w farddoniaeth. Gellir dweud dau beth yn y cyd-destun hwn: yn gyntaf, fod y safbwynt hwn yn dilorni'r 'werin' trwy ei galw yn anneallus, ac yn analluog i ymateb i ddim onid yw'n syml ac mewn bratiaith, ac yn ail, y mae'r ffaith fod unrhyw un sy'n barddoni yn fodlon gostwng ei safonau er mwyn ei gynulleidfa a chaniatáu i'w ddarllenwyr reoli ei ysgrifennu yn fwy na gwrthun. Mae'n gamwedd anfaddeuol, ac yn gyfaddawd sy'n golygu tranc. Rhaid i fardd neu lenor ysgrifennu i'w safonau ef ei hun, ac nid i safonau neb arall. Mae'r 'isel-ael' yn tybio fod pob peth sy'n amcanu at ragoriaeth ac at fod yn safonol-uchelgeisiol, yn snobeiddiwch o ryw fath. Ar y llaw arall mae'r 'uchel-ael' yn difrïo popeth onid yw'n ymwneud â'r ffurfiau mwyaf cydnabyddedig ar gelfyddyd. Go brin y byddai'n cydnabod bodolaeth pethau fel opera sebon neu gomedi sefyllfa hyd yn oed, neu o leiaf byddai'n eu diystyru ac yn eu condemnio pe bai yn cydnabod eu bodolaeth. I rai, y mae'r fformiwla seml hon yn bod:

Sebon = sothach

neu'r fformiwla hon:

Comedi = sothach

Gellir gofyn: a ydyw drama sebon yn sothach os ydyw'r sgript yn fywiog a'r deialog yn idiomatig afaelgar, y cymeriadau'n fyw, yn ddifyr ac yn ddiddorol, a'r sefyllfaoedd yn aml iawn yn ymdrin â materion cyfoes o bwys?

Cyn symud oddi wrth deledu, dyma ddau ddyfyniad. Daw'r cyntaf o lyfr Eric Paice, *The Way to Write for Television*:[1]

> It would be quite unfair to suggest that all comedy writers are simply avoiding the emotional expression that drama demands. Comedy writing is a highly-skilled craft, and comedy dialogue is, on the whole, much more difficult to construct than drama dialogue. Timing is often far more crucial. The best comedy writers do, in fact, handle emotions with consummate skill. Carla Lane's comedy series *Butterflies* is probably the best example of a superb blend of comedy underlined by tragedy in the Chekovian tradition. She claims that all her stories are basically sad stories. Traditionally, through the ages, comedy and tragedy have been inextricably linked, and Carla Lane has virtually changed the whole direction of the television situation comedy by returning to that tradition.

Daw'r ail ddyfyniad o lyfr Gerald Kelsey, *Writing for Television*:[2]

> The discipline that writing comedy imposes is more severe than that imposed by writing straight drama. When you are bashing

---

1. *The Way to Write for Television*, 1981, t. 28.
2. *Writing for Television*, 1990, t. 111.

your brains trying to find a funny line or a comic situation only a funny line or a comic situation will do. You will doubtless think of a hundred lines that would make the point of the story; a dozen situations that would serve to develop the plot but none be worth so much as a titter. More than in any other form of script writing comedy writing demands that the writer go on sifting through and throwing out ideas until he finally comes up with something that is exactly right.

Y pwynt a wneir yn y ddau ddyfyniad yw mai crefft anodd, ddisgybledig, fanwl yw'r grefft o lunio comedi. Hynny yw, y mae'n gelfyddyd pan fo ar ei huchelfannau. Gwendid yr 'isel-ael' yw ei fod am ddiddymu safon; gwendid yr 'uchel-ael' yw ei fod yn gwrthod cydnabod fod y fath beth â safon i'w gael y tu allan i'w ddewis-ffurfiau celfyddydol ef.

Diben yr holl drafodaeth hyd yma yw pwysleisio pa mor hanfodol yw safon mewn unrhyw waith creadigol. Safon sy'n gwarchod popeth rhag marwolaeth. Dychmygwch fod y Gymraeg yn iaith heb iddi feirdd da na barddoniaeth dda, dim ond rhigymau gwachul. Byddai felly yn iaith wan, a byddai cyfran weddol uchel o'i siaradwyr, sef y rhai a chanddynt dueddfryd llenyddol, yn cefnu arni, ac yn chwilio am ieithoedd eraill i'w boddhau. Pe bai pob peth ar S4C o'r safon isaf posibl, byddai hyd yn oed y Cymry yn gwylio'r sianeli Saesneg, a byddai S4C yn dod i ben. Ni byddai ei hangen. Oes, y mae digon o sothach gwirioneddol wedi'i gyhoeddi a'i ddarlledu yn y Cymraeg, ond y mae pethau safonol wedi sicrhau bod llyfrau a rhaglenni Cymraeg wedi goroesi, hynny yw, y mae'r da wedi llwyddo i drechu drwg-effeithiau'r gwachul, i raddau.

Nid mater o snobeiddiwch nac uchel-aeldra yw'r ymboeni hwn i gyrraedd safonau uchel; safon yw'r hyn a wna iaith yn ddeniadol yn hytrach nac yn ddinodedd, yn hanfodol, yn werthfawr ac yn gyffrous. Y mae llawer o'r dryswch a'r anniddigrwydd hwn yn myd barddoniaeth wedi codi o'r ymdrech fwriadol hon i ddiddymu safon, safon mewn barddoniaeth yn ogystal â safon mewn beirniadaeth lenyddol. Y mae rhai'n mynnu mai pwysigrwydd a chyfoesedd pwnc y gerdd sy'n bwysig, y neges fel petai, yn ei noethni plaen anghelfydd. Nid yw'r dull mynegiant yn bwysig o gwbl, dim ond yr hyn a ddywedir, cyn belled â bod yr hyn a ddywedir yn ym-fflamychol gyfoes neu'n gyfredol wleidyddol. Dyna pam y rhoir llawer o ganmoliaeth i gerddi disafon heddiw. Yr hyn a anghofir yw fod barddoniaeth yn gelfyddyd, a bod celfyddyd yn hawlio perffeithrwydd mynegiant yn ogystal â phwysigrwydd testun. Nid yw'r peth mwyaf gwreiddiol-arwyddocaol, y peth mwyaf ysgytwol-bwysig a ddywedwyd erioed, o fawr werth onid yw wedi ei ddweud yn gaboledig, gywasgedig derfynol. Ac, wrth gwrs, y mae'r cerddi hyn sy'n stribedu daliadau gwleidyddol neu gymdeithasol mewn modd afradus, anghelfydd, yn ddiwerth yn y bôn. Barddoniaeth dros-dro ydyw, a dim byd arall.

Sut mae sicrhau safon? Trwy anelu at yr amhosibl. Y mae safon a pherffeithrwydd yn gorwedd yn rhywle rhwng yr amhosibl a'r ymarferol. A beth yw safon? Cyfanbeth a grewyd o wahanol rannau ydyw, er enghraifft, meistrolaeth lwyr ar bob agwedd ar iaith (cystrawen, geirfa, idiomau, treigladau, etc), meistrolaeth lwyr ar dechneg, ar rithm, ar brofiad, ar emosiwn, ac y mae'n golygu cyfuniad perffaith o'r holl elfennau hyn. Hynny yw, y mae pob cerdd lwyddiannus a gwerthfawr yn gyfuniad perffaith, cytbwys o ysbrydoliaeth, angerdd, meistrolaeth ar iaith, perffeithrwydd mynegiant, rhithm, ac yn y blaen. Mae un gerdd fawr yn gynnyrch oes faith o ymroddiad a disgyblaeth, dawn a greddf.

Efallai y gallwn glosio at wir hanfod barddoniaeth trwy astudio tri darn sy'n ymwneud â thema gyffelyb. Dyma'r darnau, dau ohonyn nhw yn gerddi cyflawn, ac un yn ddetholiad allan o gerdd hwy:

> Nant y Mynydd groyw loyw,
>   Yn ymdroelli tua'r pant,
> Rhwng y brwyn yn sisial ganu;
>   O na bawn i fel y nant!

> Grug y Mynydd yn eu blodau,
>   Edrych arnynt hiraeth ddug
> Am gael aros ar y bryniau
>   Yn yr awel efo'r grug.

> Adar mân y Mynydd uchel
>   Godant yn yr awel iach,
> O'r naill drum i'r llall yn 'hedeg;
>   O na bawn fel deryn bach!

> Mab y Mynydd ydwyf innau
>   Oddi cartref yn gwneud cân,
> Ond mae 'nghalon yn y mynydd
>   Efo'r grug a'r adar mân.

*   *   *

Ryw fin hwyr, a'r hydref yn ei waed,
y daeth ef o'i ymdaith hir,
yn ei ofid i'w hen gynefin.

Hŷn oedd na mesur ei flynyddoedd;
ei wallt oedd mwy yn wyn,
a'i gam nid oedd fel yn y dyddiau gynt.

Am unwaith, cyn ei fod yntau'n myned
o dir y byw, mynnai gael hyd i'r bedd,
y bedd lle rhoed hi, oedd â'i henw yn byw
yn loyw ei fri, yn ei lyfrau ef.

Aeth o faen i faen yn yr hen fynwent,
a darllen yr enwau,
o un i un yno.

Cofiai lawer enw; 'r oedd un cyfaill
a garai gynt, yno dan garreg wen –
hwnnw a glywsai yr hanes
fyth nad anghofiodd efô.

Ond yno mwy ni welid un maen
a'i henw hi wedi ei dorri arno ef,
a siomedig y troes i ymado –
un nid oedd a'i cofiai, onid ef? …

Tybed a wyddai'r hen wraig, oedd yn myned heibio
ar y funud tua'r fynwent,
am y fan, ped ymofynnai? …
ai ef ei hun oedd yr unig un a'i cofiai hi? …
hen a methiannus oedd honno,
gwael a hurt ei golwg –
siawns er hyn na chlywsai ryw sôn …

"Bedd rhyw ferch oedd yn byw
yn Nhyn y Lôn?" meddai'r hen wreigan lesg,
"honno, onid Elin oedd ei henw? …

Syr, mae hi'n aros o hyd,

yn hen ac yn hurt…
honno oeddwn i fy hunan …
ond y mae o wedi mynd,
a mae o'n hir hir yn dwad yma 'n 'i ôl."

"Duw mawr!" meddai ef dan ei lais,
    "'does dim modd!"
"A phwy," medd hithau, "ŷch chi, a phaham
y mae dyn hen yn holi amdani hi?
ifanc ydi hi, ac ynte hefyd …
ond mae o'n hir yn dwad yma 'n 'i ôl …
hwyrach y daw o nos yfory."

A gwenodd yr hen wraig, ac yna,
dros ei chof dyfnhaodd y dyryswch hurt;
hen, hen a di-ddeall oedd ei hwyneb,
a'i threm yn llonydd a thrist.

"Elin!" meddai yntau, ag ing yn ei lais a'i olwg,
"Elin wyt ti ddim yn cofio Aled?"

Mud oedd hithau mwy,
o gof aethai'r gwynfyd a'r gofid gynt,
gwag oedd ei meddwl i gyd.

Ac yno ar ei rhedeg y daeth geneth,
un dirion, â dau lygad araf,
leddf, las.

"Da chi, Nain," meddai, "dowch, yn wir,
mae hi'n oeri a chithe fan yma'n aros;
hwyrach y daw o nos yfory …
Nain fach, dowch yn wir, awn i fewn."

Ac o gam i gam aeth â'r hen wraig ymaith.
Yntau megis un drwy ei hun a droes
ac ymaith yr ymlusgodd yn ei gwman
o'r fan yn druan, drwm.

*   *   *

DYFED A SIOMWYD?

Dyfed a somed, symud – ei mawrair
Am eryr bro yr hud;
(*Marwnad Dafydd ap Gwilym i'w ewythr Llywelyn ap Gwilym,*
o'r Ddôl Goch, Cwnstabl Castellnewydd Emlyn.
Roedd Dafydd yn cydnabod ei ddyled i'r gŵr dysgedig hwn.)

Ma' gwynt tra'd y meirw
yn troi'r rhedyn heibo
ar y fron anniben uwchben Cwm-bach ...

Cofio gorwe' fan 'ny'n grwtyn
â'r houl yn crasu'r rhedyn.
Pob parc yn gynefin –
Parc Llwyncelyn, Parc Y Plain,
Cwm Mora, Bariwns Coch a'r Llain ...
Clos Parc Nest yn llochesu'r llyn,
a'r helygen yn ildio'i changhenne
fel dagre i'r dŵr ...

Hafe cricet a wherthin o'dd 'rheini.
Dat wrthi'n bato ddiwedy' cynhaea',
â'i ydlan yn ddiddos.

Pan ele'r bêl i'r llyn y dele'r gêm i ben ...

Troi'n fab-yn-dod-gatre.
Cerdded lle bues i'n rhedeg
'â'm llyfr yn fy llaw'.
Ond er nabod rhai wynebe,
naw o bob deg heb enwe ...
A'r cloc yn taro'r unfed awr ar ddeg ...

Bro'r hud yn fro'r mewnfudwyr.

Dou Sais fel gafrod syn
heb glywed am ysgol y sgwlyn
yn y Ddôl Goch, lan y dyffryn.

'The school did you say?
It's Category A.
But our kids are O.K.
with Education First down the valley ...'

Mab-a'th-o-gatre
heb gau'r iete,
gan adel i'r gafrod bori'r perci i'r byw.
Gadel i'r rhedyn egino'n yr ydlan,
a'r helygen i lefen y glaw ...

Ody'r bêl yn y llyn?

Mae'r tri darn yn ymwneud, mewn rhyw fodd neu'i gilydd, ag alltud-
iaeth, yr ymdeimlad o fod ar wahân i gynefin, o fod wedi colli cysylltiad â
bro mebyd. Nid oes angen i mi gelu enw awdur y gerdd gyntaf rhag neb.
Gŵyr pawb mai 'Nant y Mynydd' Ceiriog yw hon. Cerdd enwog iawn, yr
enwocaf o'r tair cerdd a ddyfynnwyd, ac eto hi yw'r gerdd waelaf. Pam?
Nid oherwydd y thema yn sicr (tebyg iawn yw thema'r ddwy gerdd ddilynol),
ond oherwydd ymdriniaeth y bardd â'i thema. Prif wendid y gerdd hon
yw'r baster meddyliol a geir ynddi, ei theneurwydd a'i harwynebedd. Mae
ganddo thema ddigon dilys, sef hiraeth person am ei gynefin, ond ni
lwyddodd i gyfleu dim o ing neu angerdd ei alltudiaeth a'i hiraeth am ei
fro. Mae hi'n gerdd dlos, naïf, blentynnaidd bron. Hiraeth tlws a geir ynddi.
Cais Ceiriog gyfleu ei ddyhead i fod yn ôl yn ei fro drwy ei uniaethu'i hun
â'r nant ac â'r adar – 'O na bawn i fel y nant!'/'O na bawn fel 'deryn bach!'
Mae'r gerdd yn gwbl amddifad o ddyfnder, a'i harwynebedd yn peri inni
amau mai profiad ffug a geir yma mewn gwirionedd, neu ymdeimlad ffug
o leiaf. Gellir dweud iddo ddal sŵn yr afon yn y cyfuniad geiriol odledig
'groyw loyw', ond dyna unig ragoriaeth y gerdd. Nid aeth dan groen ei
brofiad, dim ond cosi'r croen yn arwynebol. Nid yw dymuno bod fel nant
neu aderyn ond dull ystrydebol-ffansïol o gyfleu hiraeth. Cerdd wan iawn
ydyw, a hollol aflwyddiannus fel barddoniaeth. Mae'r mydr yn rhy sionc,
yn rhy ddifeddwl. Nid oes yma briodas berffaith rhwng sŵn a synnwyr,
rhwng rhithm a thema, rhwng mydr a mater. Mae'r mydr yn rhy afieithus-
sbonclyd i gyfleu dim ar ddwyster yr hiraeth. Mae fel petai rhywun yn
mynd i angladd mewn dillad clown. Ac eto, mae'r gerdd hon yn dra
adnabyddus, ar ôl cenedlaethau o'i gwthio i lawr corngyddfau plant Cymry.
Ac fe'i ceir ym Mlodeugerdd Rhydychen Syr Thomas Parry. Mae hi'n
gerdd wael iawn, yn gerdd ddisafon.

Darn o *vers libre* cynganeddol yw'r ail ddarn. Ynddo adroddir hanes hen ŵr yn dychwelyd i'w gynefin ar ôl treulio'r rhan fwyaf o'i fywyd ymhell o'i fro. Mae'n dychwelyd i chwilio am y ferch a garai pan oedd y ddau ohonyn nhw yn ifanc. Yn ôl y stori sy'n rhagflaenu'r darn olaf hwn yn y gerdd, 'Dau', 'roedd y ddau mewn cariad unwaith, ond aeth y mab i weithio i'r ddinas, a chan bwyll bach, ac uchelgais a materoldeb bellach wedi ei newid a'i galedu, oerodd ei gariad tuag at y ferch. Daw pyliau o edifeirwch drosto yn awr ac yn y man drwy gydol y blynyddoedd, ac un diwrnod mae'n dychwelyd i'w gynefin i holi am hynt ei gyn-gariadferch. Y darn a gynhwyswyd yma yw diweddglo'r gerdd, lle mae'r hen ŵr yn holi hen wraig ynghylch ei gariadferch gynt, ac yn canfod mai'r union hen wraig hon oedd ei gariadferch, ac yntau heb ei hadnabod.

Yn awr, a yw'r darn yn farddoniaeth? I ddechrau, mae'r hyn a ddywedir yn arwyddocaol. Ceir yma brofiad dwys iawn, profiad trist, dirdynnol sy'n ymwneud â bywyd dyn. Hiraeth, henaint, creulondeb heneiddio, edifeirwch, amser, marwolaeth, mae'r cyfan yma. Hynny yw, mae gan y bardd rywbeth pendant ac arwyddocaol i'w ddweud. Mae'r *vers libre* cynganeddol a'i symudiad myfyrgar, araf, dwys yn gweddu'n berffaith i'r thema, yn wahanol i gerdd Ceiriog. Ydyw, mae'r darn yn farddoniaeth yn sicr, ond ceir gwendidau er hynny. Rhaid cofio mai yn nyddiau'r arbrofi mawr â'r *vers libre* cynganeddol y lluniwyd y gerdd, dyddiau'r arloesi, ac mae'r gwendidau yn deillio o'r ffaith hon. Yn un peth, mae'r cymeriadau yn siarad ar gynghanedd, ac y mae hynny yn fy anniddigo i rywfaint. Nid yw'n fy llwyr argyhoeddi. Hefyd, mae'r gynghanedd yn afrwydd weithiau, oherwydd y pellter a geir rhwng y rhannau acennog, er enghraifft, y llinell

Cofiai//lawer enw; 'roedd un cyfaill

Dro arall, fodd bynnag, mae'r acennu a'r symudiad yn cyfleu'r union beth y sonnir amdano. Mae aceniad y llinell

A'i gam//nid oedd fel yn y dyddiau gynt

yn cyfleu afrwyddineb cerddediad yr henwr i'r dim, ac mae'r llinell glo

O'r fan yn druan, drwm

unwaith eto yn cyfleu symudiad trwsgl yr henwr, yn ogystal â'i siom a'i drymfyd. Er hynny, mae hwn yn ddarn sy'n cyffroi rhywun, yn ennyn ein hymateb, ac yn dweud llawer am fywyd, ac amlwg hefyd, wrth gwrs, yw'r feistrolaeth ar iaith a chynganedd a thechneg. Awdur y darn yw T. Gwynn Jones, a chyhoeddwyd y gerdd gyfan, 'Dau', yn *Y Dwymyn*. Dylid nodi hefyd fod anghofusrwydd yr hen wraig yma yn ein hatgoffa am ddiweddglo stori fer Kate Roberts, 'Henaint' yn *Cors y Bryniau*, pan ddywed yr hen wraig am ei mab ei hun: "Tydw i ddim yn 'i nabod i, wldi."

Sefyllfa debyg i'r hyn a geir yn y darn uchod gan T. Gwynn Jones a geir yn 'Dyfed a Siomwyd?' Mae hyd yn oed y teitl, a ddaw o gerdd gan Ddafydd ap Gwilym, yn eironig, gan nad Dyfed a siomwyd yn y gerdd ond yr unigolyn sy'n llefaru ynddi. Ac eto, mae'r ffaith iddo gefnu ar ei fro a'i gadael ar drugaredd estroniaid yn rhan o siom Dyfed, siŵr o fod. Rhywun yn dychwelyd i fro ei febyd ar ôl absenoldeb maith a geir yma. Mae'r tair llinell gyntaf yn awgrymu mai anialwch, anghyfannedd, yw'r lle, awgrym y ceir cadarnhad iddo yn nes ymlaen. Mae'r unigolyn hwn yn hel atgofion, yn cofio hafau ei blentyndod yn ei gynefin, a thafodieithol yw'r cywair, hyn yn cyfleu'i ymlyniad cryf wrth ei fro a'i gariad angerddol tuag ati. Ond a oedd yr ymlyniad hwnnw a'r cariad hwnnw yn ddigon cryf? Dyna'r cwestiwn a ofynnir. Ceir dweud trawiadol iawn yn 'a'r helygen yn ildio'i changhenne/fel dagre i'r dŵr'.

Mae'n cofio'r hafau chwarae criced a'r arferiad o ddirwyn y gêm i ben wedi i'r bêl gael ei tharo i'r llyn, a mynd ar goll. Cofio wedyn fel y byddai'n dychwelyd i'w fro ac yntau bellach yn fyfyriwr, a'r ymlyniad clòs wrth y fro a'i adnabyddiaeth drwyadl ohoni bellach yn dechrau gwanhau a chilio. Aeth 'Bro yr hud' Dafydd ap Gwilym, bro traddodiad a threftad, bellach 'yn fro'r mewnfudwyr', meddir mewn cynghanedd Lusg gofiadwy (nid yr unig gynghanedd yn y gerdd). Ceir wedyn y pennill

> Dou Sais fel gafrod syn
> heb glywed am ysgol y sgwlyn
> yn y Ddôl Goch, lan y dyffryn.

Mae'r pennill yn eironig o ran ei ffurf a'i gynnwys. Gan ei fod wedi cysylltu ei fro â gorffennol a threftadaeth, trwy gyfeirio at 'fro yr hud' Dafydd ap Gwilym, ceir ganddo dair llinell sy'n barodi neu'n amrywiad ar yr englyn milwr. Ond mewn pennill sy'n ein hatgoffa am y traddodiad mae'n sôn am ddau Sais na wyddan nhw ddim byd am y fro na'i thraddodiadau. Trwy'r gerdd ceir symudiad o fod yn llwyr adnabod y fro, trwy led-adnabod y fro, hyd at golli pob adnabyddiaeth ohoni. Aeth y crwtyn yn 'fab-yn-dod-gatre' ac wedyn yn 'Fab-a'th-o-gatre'. Disgrifir y diffeithwch cymdeith-asol wedyn trwy ddisgrifio anhrefn a diffeithwch ac esgeulustod. Bellach mae'r rhedyn yn 'egino'n yr ydlan', yr ydlan ddiddos honno a fu dan ofal ei dad, a throes y ddelwedd o'r helygen yn wylofain ei dail i'r dŵr yn rhywbeth amgenach na delwedd; troes yn symbol o holl dristwch y sefyllfa. Ac yna'r cwestiwn amwys, penagored, dirdynnol ar y diwedd. Gwyddom yn iawn fod y bêl yn y llyn, ac nad oes modd ei chael yn ôl byth mwy; ac nid pêl yn unig a geir dan y dyfroedd ychwaith, ond cymdeithas gyfan, gan ddwyn i gof Tryweryn a Chlywedog. Awgrymusedd y gelwir y dechneg hon, sef awgrymu rhywbeth, ac awgrymu llawer mwy nag a ddywedir, yn hytrach na datgan rhywbeth yn uniongyrchol.

Pam mae'r gerdd yn farddoniaeth? Pam mae hi'n gerdd mor wych? Am fod yma berffeithrwydd ffurf – mynegiant cyfewin – wedi'i asio wrth bwnc arwyddocaol; am fod rhithm a symudiad y gerdd yn cydweddu'n berffaith â'r cynnwys; am fod y dweud yn gaboledig ac yn raenus a grymus; am ei bod yn glòs ei gwead heb ynddi wastraff o gwbl; am ei bod yn mynegi profiad dilys mewn modd argyhoeddiadol, ac am fod ei diffuantrwydd hi yn cyffwrdd â ni, yn cael effaith arnom; am fod ei hawgrymusedd yn dweud llawer mwy nag a ddywedir, am ei bod yn gerdd o safon.

Awdur y gerdd yw T. James Jones, ac fe'i ceir yn ei gyfrol *Eiliadau o Berthyn*.

[1992]

CYNULLEIDFA'R BARDD

Problem dragwyddol ym myd barddoniaeth yw'r berthynas rhwng y bardd a'i gynulleidfa. I ba raddau y dylai bardd geisio bodloni dyheadau a gofynion ei gynulleidfa, a chanu ar ei chyfer? I ba raddau y dylai bardd ystyried ei gynulleidfa o gwbl? Ac os ydyw'n llwyr anwybyddu ei gynulleidfa, pam y dylai gyhoeddi ei waith o gwbl? Pwy, wedyn, yw'r gynulleidfa hon? Gan fod unigolion yn amrywio cymaint o ran chwaeth, cefndir, profiad, diwylliant a chyraeddiadau deallusol, a oes y fath beth ag *un* gynulleidfa yn bod? Go brin. Beth sydd fwyaf llesol i fardd ac i farddoniaeth? Ai cynulleidfa brin, ond bod honno'n gynulleidfa ffyddlon, effro, werthfawrogol, a llwyr gyfarwydd â gwaith bardd, neu gynulleidfa ehangach sy'n darllen barddoniaeth yn arwynebol ac yn achlysurol. Beth sy'n peri fod cyfrol gan un bardd yn gwerthu cannoedd o gopïau, a chyfrol gan fardd arall yn cael trafferth i werthu mwy na chan copi? Y llynedd cyhoeddwyd pedair cyfrol o farddoniaeth gan Gyhoeddiadau Barddas. Nid wyf am eu henwi, dim ond nodi nifer y copïau a werthwyd: 119, 168, 276, 346. Oes, mae cryn wahaniaeth rhwng y pedair. A ydyw hynny'n golygu mai'r bardd a werthodd leiaf yw'r bardd gwannaf? Pe bawn yn datgelu ei enw, byddai llawer yn dadlau mai ef yw'r bardd pwysicaf o'r pedwar, a byddai llawer yn dadlau i'r gwrthwyneb hefyd. Ond mae un peth yn sicr, a bydd yn rhaid i bawb dderbyn fy ngair: sef bod y bardd y gwerthwyd 119 o gopïau o'i gyfrol gystal bob blewyn â'r bardd a werthodd 346 o gopïau, ond nid yw ymateb y gynulleidfa yn awgrymu hynny o gwbl.

Mae dau safbwynt pendant yn bod ynghylch y mater hwn o farddoni ar gyfer cynulleidfa, o greu gyda chynulleidfa mewn golwg. Yn ôl rhai beirdd a beirniaid, dylai'r bardd ganu iddo ef ei hun, a cheisio cynnal a chadw'i safonau ef ei hun; ac os yw ei ganu'n ddigon cryf, bydd ganddo gynulleidfa. Deil eraill na ellir anwybyddu'r gynulleidfa, ac mai creu mewn gwagle yw barddoni heb ystyried y gynulleidfa.

Ystyriwn rai datganiadau; Keats, er enghraifft: 'I never wrote one single Line of Poetry with the least Shadow of public thought', meddai yn un o'i lythyrau. 'The Genius of Poetry must work out its own salvation in a man', meddai mewn llythyr arall. Hynny yw, brwydr bersonol ar ran y bardd yw'r frwydr i feistroli barddoniaeth, a brwydr unig hefyd. Nid oes gan unrhyw gynulleidfa unrhyw ran yn y frwydr honno. Ar y llaw arall, gallai bardd fel Cecil Day Lewis ddatgan yn wahanol, i raddau:[1]

> Because a poem can so work upon men's hearts, you have an obligation to men and to the humankind within yourself. You may sing to yourself alone, but you cannot sing for yourself alone. The poet is the only child of solitude. He should guard and cultivate his solitude. But, as he goes about his business there, he must not forget his older obligation: as he explores the labyrinth he must not lose hold of the clue.

Yn ôl Cecil Day Lewis, nid oes gan y bardd hawl i anwybyddu'i gynulleidfa.

Cytunai'r beirniad llenyddol Americanaidd J. Livingston Lowes â Day Lewis. Meddai yn ei gyfrol enwog *Convention and Revolt in Poetry*:[2]

> The greatest art, from Homer down, has had its roots deep in the common stuff. It may and will have overtones; it may and will awaken thoughts beyond the reaches of the average soul. But no attempts to make poetry once more a vital, civilizing force need ever hope to attain its goal, if it sets to work solely by way of the initiates and the elect. For what the art of the coterie ignores is the weighty fact that the very public which it scouts wants in reality more than it knows it wants. The more or less crude touching of the springs of laughter and of tears, of love, and pity, and indignation and adventure – this which it thinks is all it asks, is merely the instrument ready at the artist's hand for creating and satisfying finer needs. The Elizabethan public wanted blood and thunder; Shakespeare took the raw materials of melodrama and gave it *Hamlet* ... The finest and most exquisite art need make no compromise whatever with the public taste. At its height it transcends and transmutes that taste; it responds, and in its response creates.

Mae John Livingston Lowes yn credu'n bendant y dylai llenorion ddarparu ar gyfer y cyhoedd. Rhaid cael perthynas fyw rhwng y llenor a'i gynulleidfa os ydyw llenyddiaeth i ffynnu a bod yn rhan o fywydau pobl

1. *The World of Poetry*, t. 130.
2. *Convention and Revolt in Poetry*, 1919, t. 110.

unwaith yn rhagor, ac nid rhaid i'r bardd neu'r llenor ostwng ei safonau er mwyn ennyn cymeradwyaeth y dorf; yn hytrach, gall godi safonau'r cyhoedd drwy roi i'r mwyafrif yr hyn y mae'n ei ddymuno a chadw'i safonau ef ei hun ar yr un pryd. Cymerwyd Shakespeare fel enghraifft ganddo. Yn ôl J. Dover Wilson, yn *The Essential Shakespeare* (1932), 'Shakespeare wrote to please his audience, but first and foremost and all the time, he wrote to please himself'.[3] Credaf ein bod yn nes ati gyda'r hyn a ddywed J. Dover Wilson. Mae'n sicr fod Shakespeare yn llunio'i ddramâu ar gyfer cynulleidfa Theatr y Glôb, ond *ar ôl ei fodloni ef ei hun* yn gyntaf, a hynny heb ostwng ei safonau ef ei hun er mwyn rhyngu bodd ei gynulleidfa.

Mae beirniaid fel Jules Supervielle yn bendant o blaid annibyniaeth y llenor. Ni ddylai ystyried ei gynulleidfa o gwbl yn ôl y beirniad hwn:[4]

> The artist is at his best when he follows his own aspirations without troubling his head about pleasing society, or, if you prefer, the public. Work done to order, or made to conform to the taste of those who have no artistic consciousness, is in danger of losing much of its value.

Efallai fod yma elfen o ddirmygu'r cyhoedd ('those who have no artistic consciousness'), ond mae cred y beirniad hwn yn adlewyrchu un o'r prif ofnau o safbwynt y gyfathrach rhwng y bardd a'i gyhoedd, sef, i ba raddau y mae'r gynulleidfa, y dorf, y cyhoedd, yn ddilychwin ei chwaeth ac yn gwbl hyfforddedig mewn llenyddiaeth? Rhywbeth i'w feithrin dros gyfnod maith o ymroddiad yw chwaeth, nid rhywbeth y genir dyn gydag ef.

Y broblem, wrth gwrs, yw'r holl syniad hwn o gynulleidfa neu gyhoedd, neu beth bynnag y dymunwn ei alw. Cyffredinoliad annelwig yw'r holl syniad, ac nid yw, mewn gwirionedd, yn bod. Mae darllenwyr unigol yn bod, ond ni ellir hel y rheini at ei gilydd a'u galw'n gynulleidfa neu'n gyhoedd. Mae'r ymateb i waith bardd yn dibynnu ar adnoddau meddyliol, cefndirol a deallusol y darllenwyr unigol hyn. Gall darllenydd o Gristion argyhoeddedig a fagwyd yn y traddodiad capelyddol Cymreig ymateb yn llawer llawnach i waith Gwenallt, dyweder, nag y gall anffyddiwr o ddysgwr; gall rhywun sydd wedi'i drwytho'i hun ym marddoniaeth Symbolaidd Ffrainc ymateb yn fwy cadarnhaol i waith Euros Bowen nag y gall y darllenydd barddoniaeth achlysurol nad yw ei ddiddordeb yn codi'n uwch na

---

3. *The World of Poetry*, t. 128.
4. Ibid.

ffraethineb a hwyliogrwydd y Babell Lên; gall y cefn-gwladwr ymateb yn fwy cyflawn i awdl 'Cynhaeaf' Dic Jones nag y gall y dinesydd; ac yn y blaen. Y gwahaniaethau enfawr hyn mewn chwaeth a chefndir, diwylliant a deallusrwydd, sydd yn creu carfanau yng Nghymru (ac mewn gwledydd eraill hefyd, wrth reswm), ac yn peri bod rhai beirdd, neu rai mathau o farddoniaeth, yn cael mwy o sylw a mwy o ddilynwyr na mathau eraill.

Gan nad oes y fath beth â chyhoedd neu gynulleidfa ddiragfarn, eang ei chydymdeimlad a hyfforddedig ei chwaeth yn bod, bu beirdd a beirniaid erioed yn chwilio am y darllenydd perffaith, a hynny ymhell cyn y mudiad ymateb-darllenwyr diweddar hwn ym myd beirniadaeth lenyddol. 'The ideal reader must be sensitive to words over their whole poetic range, and respond to poetry musically, emotionally, imaginatively, and in other ways besides', meddai Katharine M. Wilson yn *Sound and Meaning in English Poetry* (1930).[5] 'Sympathetic understanding means … imaginative effort – your true reader of poetry is always a bit of a poet himself', meddai John Livingston Lowes eto.[6] Dyna ddwy enghraifft weddol gynnar o geisio diffin-io'r darllenydd perffaith, ac y mae llawer o wirionedd yn perthyn i'r ddau ddatganiad. Ond mae beirniadaeth lenyddol ddiweddar wedi creu cwlt o'r darllenydd, ac wedi ei wneud yn ffigwr allweddol a chanolog ym myd y gerdd. Un term a glywyd yn weddol aml yn Saesneg oedd 'the optimal/ideal reader', sef y darllenydd perffaith sydd yn meddu ar yr holl adnoddau hynny sy'n angenrheidiol o safbwynt ymateb yn gwbl gyflawn i ddarn o lenyddiaeth, y darllenydd sy'n berchen yr holl adnoddau ieithyddol, cefndirol, profiadol, deallusol, gwybodusol ac emosiynol hynny y mae'n rhaid wrthynt i ymateb yn drylwyr i lenyddiaeth, neu i fathau o lenyddiaeth, yn hytrach, oherwydd fe bwysleisir na all yr un unigolyn ymateb i bob math o lenyddiaeth.

Yn ôl un beirniad llenyddol diweddar, yr Americanwr Stanley Fish, dyma rai o briodoleddau'r hyn a eilw 'the informed reader':[7]

The informed reader is someone who (1) is a competent speaker of the language out of which the text is built up; (2) is in full posses-sion of 'the semantic knowledge that a mature … listener brings to his task of comprehension,' including the knowledge (that is, the experience, both as a producer and comprehender) of lexical sets, collocation probabilities, idioms, professional and other dialects, and so on; and (3) has *literary* competence. That is, he is sufficiently

---

5. Ibid., t. 154.
6. *Convention and Revolt in Poetry*, t. 55.
7. *Is There a Text in this Class? The Authority of Interpretive Communities*, 1980, t. 48.

experienced as a reader to have internalized the properties of local discourses (including everything from the most local of devices, figures of speech, and so on) to whole genres.

Y gwir yw y byddem yn disgwyl i unrhyw un a chanddo neu ganddi wir ddiddordeb mewn barddoniaeth feddu ar nodweddion fel cynefindra ag iaith y gerdd, gwybodaeth gefndirol, ieithyddol, ac yn y blaen, a medrusrwydd llenyddol. Os nad yw'r cefndir llenyddol ac ieithyddol angenrheidiol gan rywun, pam trafferthu i ddarllen barddoniaeth o gwbl? O du'r Brifysgol y daeth llawer o'r damcaniaethau hyn ynghylch ymateb darllenwyr, a'r broblem yw mai ar ymateb myfyrwyr i lenyddiaeth y seiliwyd damcaniaethau o'r fath, pobl sy'n gorfod darllen llenyddiaeth fel rhan o'u cyrsiau academaidd heb fod gan lawer ohonyn nhw unrhyw ddiddordeb dwfn, angerddol mewn barddoniaeth, yn hytrach nag ar ymateb darllenwyr greddfol, gwirfoddol.

Yr unig beth y gall bardd ei wneud yw ymdrechu'n daer i greu cerddi grymus, agos-at-berffaith, a bydd ganddo ddarllenwyr ym mhob oes. Os oes grym a diffuantrwydd, gloywder crefft ac angerdd mynegiant, yn y cerddi, bydd ganddo ei ddilynwyr. Bydd nifer y dilynwyr yn amrywio o oes i oes, o gyfnod i gyfnod, gan ddibynnu ar yr hyn sy'n boblogaidd ac yn ffasiynol ar y pryd. Os nad yw cerddi bardd yn digwydd cyd-fynd â'r hyn sy'n gyfredol ffasiynol, gall nifer ei ddarllenwyr ostwng, ond bydd yn codi drachefn wedi i'r ffasiynau hynny encilio a darfod o'r tir. Ond, ar y llaw arall, os bydd bardd yn ceisio canu yn ôl y ffasiynau ar y pryd, gan ostwng ei safonau neu anwybyddu ei wir genadwri i wneud hynny, bydd ei farddoniaeth yn marw gyda thranc y ffasiynau hynny y ceisiwyd eu harddel a'u hefelychu.

[1993]

AR DROTHWY MILENIWM

'Rydym bellach ar drothwy canrif newydd a mileniwm newydd. I ddechrau mae'n rhaid i ni ddatgan fod y ffaith ein bod ni'n trafod dyfodol llenyddiaeth Gymraeg o gwbwl yn wyrth – gwyrth ein goroesiad. Drwy gydol y ganrif hon, a chyn hynny, 'roedd y siawns y gallai'r Gymraeg oroesi i'r unfed ganrif ar hugain yn un bach iawn. 'Roedd y Gymraeg yn colli tir yn raddol, a phob cyfrifiad yn dangos gostyngiad sylweddol a brawychus. I raddau mae yna atal wedi bod ar y gostyngiad hwnnw, ac mae'n ymddangos fod y Gymraeg fel petai hi'n ennill tir mewn rhai mannau, ond yn dal i'w golli mewn mannau eraill.

Ar ddiwedd y ganrif bresennol, gwlad fechan sy'n llawn o broblemau economaidd a gwleidyddol ydi Cymru, gwlad o rwygiadau mewnol, gwlad ddwyieithog sy'n cael trafferth i gael y cydbwysedd rhwng dwy iaith yn iawn. Ond dyma'r union elfennau sydd wedi creu tyndra, a heb dyndra, 'does dim llenyddiaeth. Y tyndra allanol sy'n creu'r tyndra mewnol. 'Ellwch chi ddim creu llenyddiaeth, na ffilm na chelfyddyd na dim, heb dyndra. Mae problem dragwyddol yr iaith, y syniad o ddilead, o dranc gwareiddiad cyfan, wedi rhoi arf a thema a thyndra i lenorion. Y tyndra hwn sydd wedi creu pob llenor o bwys yng Nghymru, a phob gwaith o bwys. Mae yna arwyddion, ar ddiwedd y ganrif, fod y tyndra hwnnw yn llacio, ac ni wn a ydi hynny yn beth da ai peidio.

Mae cymaint yn gallu digwydd mewn canrif. Mae cymaint o wahaniaeth rhwng canrif a chanrif. Dim ond am ryw bum mlynedd arall y gallwn ni alw'r Bedwaredd Ganrif ar Bymtheg yn 'y ganrif ddiwethaf'. Ymhen pum mlynedd byddwn yn galw'r Ugeinfed Ganrif wrth y term 'y ganrif ddiwethaf'. A meddylier am y gwahaniaeth mawr rhwng canrif a chanrif. 'Roedd Cymru yn byw yng nghysgod Lloegr a Phrydain Imperialaidd yn y ganrif ddiwethaf. 'Roedd ei llenyddiaeth mewn cyflwr echrydus o wael – ei barddoniaeth yn gynnyrch damcaniaethau eisteddfodol, yr arddull yn chwyddedig, yn glogyrnaidd, yr eirfa yn ffug ac yn hynafol, a'r rhyddiaith yn Seisnig ei naws ac yn garbwl ei mynegiant. Yr Eisteddfod a reolai lenyddiaeth, i bob pwrpas. Peth eithriadol o brin oedd bardd aneisteddfodol. Yr Eisteddfod, y Wasg a'r Capel, oedd prif warchodleoedd sefydliadol y

Gymraeg. Bellach mae'r capeli yn gwagio, er bod y Wasg a'r Eisteddfod gyda ni o hyd.

Ddiwedd y ganrif ddiwethaf, 'roedd seiliau yn cael eu gosod ar gyfer y ganrif bresennol. 'Roedd mudiadau pendant ar y gweill i dynnu Cymru a'r Gymraeg o'r anialwch a'r llanast a fodolai ar y pryd. 'Roedd T. Gwynn Jones, er enghraifft, yn ceisio adfer urddas, cynildeb a cheinder y gynghanedd, ar ôl canrif a rhagor o gynganeddu gwag, prennaidd a di-fflach. Gwnaeth Gwynn Jones hynny drwy ddychwelyd at safonau'r Cywyddwyr mawr, yn Oes Aur y Cywydd, a rhoi'r pwyslais ar yr elfen gynnil, ddramatig ac epigramatig yn nhraddodiad y gynghanedd. Gosododd y seiliau ar gyfer canrif o gynganeddu crefftus a chynnil. Gwnaeth John Morris-Jones yr un peth gyda'r canu rhydd. Dangosodd y ffordd drwy lunio'r Delyneg Fodern, ac ymarfer ieithwedd gynnil, gain i ddisodli pryddestau gwlanog a chlogyrnaidd y ganrif. Yn yr un modd, gosododd Daniel Owen y seiliau ar gyfer y Nofel Fodern. Ym myd rhyddiaith eto 'roedd Emrys ap Iwan yn gosod sylfeini ar gyfer llunio rhyddiaith greadigol gain, rhyddiaith epigramatig, idiomatig hardd, ac 'roedd John Morris-Jones ac Emrys ap Iwan yn ceisio gosod y sylfeini ar gyfer 'sgwennu Cymraeg cywir. Arloeswyr oedd y rhain, a'u dylanwad ar y ganrif bresennol yn aruthrol. Mae un peth diddorol iawn yn clymu'r llenorion hyn ynghyd. Yn wahanol i feirdd eisteddfodol y ganrif, 'roedden nhw'n edrych tuag at wledydd eraill, pawb ac eithrio T. Gwynn Jones, efallai, er bod Gwynn Jones hefyd yn edrych i gyfeiriad Lloegr a'r gwledydd Celtaidd. Edrychai Daniel Owen i gyfeiriad Lloegr, Emrys ap Iwan i gyfeiriad Ffrainc, a John Morris-Jones i gyfeiriad Yr Almaen a gwledydd eraill. Heine oedd un o batrymau mawr John Morris-Jones, Thomas Hardy, Scott, Dickens a George Eliot ac eraill oedd patrymau Daniel Owen, ac 'roedd Emrys ap Iwan dan ddylanwad y Ffrancwyr Pascal a Paul-Louis Courier.

Ar ddiwedd canrif arall, a oes yna batrymau tebyg yn eu hamlygu eu hunain? 'Roedd y llenorion a enwyd yn llusgo'r Bedwaredd Ganrif ar Bymtheg gerfydd ei chlogau archdderwyddol i gyfeiriad yr Ugeinfed Ganrif. Pa fynegbyst a welwn ni bellach? A oes angen arweiniad o gwbwl arnon ni? A oes angen i ni, unwaith yn rhagor, edrych y tu allan i ni ein hunain, i gyfeiriad gwledydd Ewrop?

Mae'r newidiadau a'r datblygiadau sy'n gallu digwydd mewn canrif yn syfrdanol, ac yn ddychrynllyd. Erbyn hyn, mae'r teledu gyda ni fel dyfais, a phrosesydd geiriau, teclyn sy'n gwneud gwaith unrhyw lenor yn haws, o safbwynt yr ochr ymarferol o roi llyfr wrth ei gilydd, a gwneud newidiadau yn hawdd, ac yn y blaen. Mae'r dechnoleg yma i'n helpu, ac mae proseswyr geiriau a theledu yn fendith i 'sgwenwyr, yn enwedig gan fod

ein sianel ni ein hunain gennym ni bellach. Beth, felly, am gyflwr llenydd-
iaeth ac am gyflwr yr iaith?

Yr Eisteddfod oedd y prif sefydliad llenyddol yn y ganrif ddiwethaf, a'r
Wasg yn ail. 'Roedd aflwyddiant llenyddiaeth yn y Bedwaredd Ganrif ar
Bymtheg i'w briodoli i safonau isel yr Eisteddfod. Mae'r Eisteddfod gyda
ni o hyd, ond nid fel prif sefydliad bellach. Sefydliadau eraill sy'n cadw
llenyddiaeth yn fyw, fel Cyngor Celfyddydau Cymru, sy'n rhoi ysgolor-
iaethau i awduron, yn ariannu swyddi o fewn llenyddiaeth, ac yn rhoi
grantiau i gyhoeddwyr i gyhoeddi llyfrau Cymraeg; ac wedyn y Cyngor
Llyfrau, sy'n comisiynu awduron, yn ariannu cyhoeddiadau, fel y Cyngor
Celfyddydau, ac yn cynnig gwasanaeth golygyddol arbenigol, tra bo'r
Ganolfan Lyfrau wedyn yn dosbarthu llyfrau. Mae gennym sefydliadau
eraill sy'n derbyn nawdd drwy'r Cyngor Celfyddydau, fel Cymdeithas
Barddas ei hun, yr Academi Gymreig a Gwasg Honno, ac wrth gwrs,
mae'r gweisg a'r llyfrwerthwyr gennym. Yn ymddangosiadol mae pethau
yn llewyrchus, ac mae'n sicr na fyddai fawr ddim llenyddiaeth yn bod heb
gefnogaeth a nawddogaeth y cyrff hyn. Mae mwy o lyfrau Cymraeg yn
cael eu cyhoeddi nag erioed o'r blaen, a mwy o amrywiaeth nag erioed o'r
blaen.

Os ydi llenyddiaeth Gymraeg i barhau i'r ganrif nesaf, ac os ydi hi i ddal
ei thir drwy gydol y ganrif, bydd yn rhaid wrth arian nawdd cyhoeddus.
Mae'n amhosib fel arall, yn enwedig gyda phris papur yn codi'n sylweddol
bob blwyddyn, yn frawychus o gyflym, fel y gŵyr unrhyw un sy'n gweithio
o fewn y gyfundrefn gyhoeddi heddiw. Felly, llenyddiaeth sy'n cael ei
chadw'n fyw gan y Llywodraeth ydi hi i raddau helaeth. Mae'r cyhoedd-
wyr yn dibynnu ar y cyhoedd. Hefyd o'n plaid mae gennym ni Sianel
Deledu sy'n peri fod y Gymraeg i'w chlywed ar bob aelwyd yng Nghymru
yn gyson, fel mewn unrhyw wlad iach arall.

Mae llawer o bethau o'n plaid, yn sicr. Ar ben hynny, mae gennym
ddigon o lenorion medrus, blaenllaw, a beirdd o bwys, beirdd a llenorion
sy'n feistri ar y Gymraeg ac yn feistri ar eu crefft. Mae nofelwyr a storiwyr
arbennig iawn wedi codi'n ddiweddar, Robin Llewelyn, Mihangel Morgan
ac Angharad Tomos, i enwi dim ond tri; ac mae gyda ni ddigon o feirdd o
bwys, o Gwyn Thomas a Gerallt Lloyd Owen hyd at Iwan Llwyd, i enwi
dim ond tri eto. Ac o safbwynt barddoniaeth gynganeddol, mae diddordeb
mawr wedi bod yn y gynghanedd ers chwarter canrif bellach, a thoreth o
feirdd medrus wrthi.

Ac eto, mae yna beryglon. 'Rydw i'n mynd i geisio rhestru rhai o'r
peryglon hynny, gan ddechrau gyda sefyllfa'r iaith. Mae'r iaith yn colli tir
mewn rhai mannau, ac yn ennill tir mewn mannau eraill. Mae hi'n colli

tir yng nghadarnleoedd y Gymraeg, ac yn ennill tir yng ngwanleoedd y
Gymraeg. Mae'r brodorion yn symud allan, a'r dysgwyr yn symud i mewn.
Mae'r Gymraeg fel iaith cof, calon ac ymennydd yn gwanhau, a'r Gymraeg
fel iaith ailfynegiant, ac fel iaith cyfathrebu yn bennaf, yn hytrach nag fel
iaith holl rwydwaith y Gymdeithas, ar gynnydd. Mae'n fater o orfoledd
mawr fod dysgwyr yn llenwi'r bylchau a adawyd yn wag gan y Cymry
Cymraeg brodorol. Ond fel y bydd dysgwyr yr iaith yn cynyddu a'r Cymry
cynhenid yn lleihau, bydd holl natur a strwythur yr iaith yn newid.

Mae'n rhaid i unrhyw lenor, yn fy nhyb i, fod yn feistr ar yr iaith, yn
feistr ar ei gyfrwng. Mae hynny yn golygu bod yn wybodus yn yr iaith, yn
yr holl agweddau ar iaith. 'Dydi llwyr gywirdeb gramadegol ddim yn
ddigon. Mae hwnnw yn hanfodol fel sylfaen, ac fel sylfaen yn unig.
Rhywbeth y dylid ei gymryd yn ganiataol hollol ydi o. 'Dydi ehangder
geirfa ddim yn ddigon ychwaith. Dylai geirfa pob llenor fod yn ddi-ben-
draw o eang, a 'dydi hynny ddim yn cynnwys geiriau ffug a hynafol, na
ffurfiau sathredig, Seisnigedig, ond y Gymraeg fyw, naturiol, gyfoes, gyf-
oethog. Dylid cymryd hynny yn ganiataol hefyd. Gellwch ddysgu gram-
adeg yr iaith, a geirfa'r iaith, ond mae yna bethau na ellwch eu dysgu. Mae'n
rhaid i chi fedru'r Gymraeg yn idiomatig, adnabod yr iaith yn llwyr; mae'n
rhaid i chi allu defnyddio'r iaith fel pe na bai unrhyw iaith arall yn bod yn
y byd, yn ei grym ac yn ei phurdeb dilychwin (ac nid sôn am ryw burdeb
academaidd uchel-ael a wnaf), heb unrhyw ymosodiad arni na gormes
arni o du unrhyw iaith arall. Mae'n rhaid ichi allu meddwl ynddi hi, ac
ynddi hi yn unig. Yn bwysicach na dim, mae'n rhaid gallu adnabod per-
sonoliaeth geiriau. Mae i bob gair ei bersonoliaeth a'i bwysau ei hun, ei
fydoedd o ystyr, ei flas a'i rin arbennig mewn cyd-destun. Mae'r cyd-
destun hwnnw yn perthyn i ganrifoedd o ymarfer yr iaith. Hyn sy'n mynd
i'w golli yn y dyfodol. Dim ond trwy gael eich magu mewn cymdeithas a
chymuned lle mae'r iaith wedi bod yn iaith fyw a naturiol ers canrifoedd y
gellwch chi feddwl yn llwyr yn yr iaith, a'ch mynegi eich hun yn rymus
drwyddi. 'Dydw i ddim yn sôn am allu siarad y Gymraeg yn dda; 'rydw
i'n sôn am allu creu llenyddiaeth ynddi, sy'n beth hollol wahanol. Y brob-
lem ydi fod y cymunedau trwyadl a chynhenid Gymraeg hyn yn teneuo,
yn edwino, a rhai ohonyn nhw ar fin diflannu, neu wedi diflannu. Yr
ardaloedd lle siaredir y Gymraeg fel iaith fwyafrifol ydi craidd a chalon y
Gymraeg, ond mae'r galon yn egwan. Mae'n newid anochel, efallai, ond
rhaid i ni ymaddasu ar ei gyfer.

Mae iaith yn newid, yn naturiol. Ond mae yna wahaniaeth rhwng iaith
sy'n newid yn naturiol yn ei hamgylchfyd naturiol, a iaith sy'n newid
oherwydd ei bod dan warchae, dan fygythiad, iaith sy'n newid drwy an-

wybodaeth ac esgeulustod. Mae rhai yn darogan y bydd y treigladau yn diflannu o'r iaith, ac mae argoelion o hynny. Mae'r iaith lafar heddiw yn llawn o ddiffyg treiglo, ond mae'r treigladau yn rhan gynhenid o'r Gymraeg, anodd i rai neu beidio. Os bydd y treigladau yn darfod, bydd y gynghanedd yn darfod. Mae'r gynghanedd mor gynhenid i'r Gymraeg ag ydi'r treigladau, a natur yr iaith sydd wedi peri fod y gynghanedd yn bosib. Y ffaith fod geiriau yn treiglo sydd wedi peri fod y gynghanedd yn bosib. Byddai'r gynghanedd wedi peidio â bod ers canrifoedd oni bai am y treigladau. Byddai pob cynghanedd bosib wedi ei chreu. Os bydd y treigladau yn marw yn y ganrif nesaf, bydd y gynghanedd hefyd yn marw. Mae hynny yn golygu y byddai un o brif ddiwylliannau'r Gymraeg, un o hanfodion y Gymraeg, yn marw, a byddai hynny yn ergyd fawr.

Mae llenyddiaeth Gymraeg gyfoes yn llyfr caeëdig i lawer un heddiw, oherwydd nad ydyn nhw yn gallu ymateb i'r Gymraeg yn ei dyfnder, ac nid sôn am ddysgwyr yr ydw i. Clywais droeon am Gymru Cymraeg sy'n darllen cyfieithiadau Joseph P. Clancy o farddoniaeth Gymraeg. Yn wir, dywedodd Joseph Clancy hyn ei hun wrthyf. Oherwydd amgylchiadau a newidiadau ieithyddol anorfod, bydd y Gymraeg yn y ganrif nesaf yn iaith dra gwahanol, yn iaith heb wreiddiau i raddau. Fe gollir llawer o eiriau a ffurfiau cynhenid. Mae hynny yn golygu y bydd y llenyddiaeth yn dlotach. 'Ellwch chi ddim bod yn llenor o unrhyw werth heb helaethrwydd Cymraeg. Mae arwyddion, mewn barddoniaeth, ac mewn rhyddiaith, fod y Gymraeg arwynebol wedi ein cyrraedd ni eisoes. 'Ellwch chi ddim traethu am brofiadau dwfn mewn iaith fas. 'Ellwch chi ddim darganfod y trysor yn y gist ar waelod y môr mawr drwy chwilio amdano mewn nant fechan, fas. Hyd y gwelaf fi, natur ac ansawdd yr iaith fydd un o broblemau mawr y ganrif nesaf.

Y frwydr i sefydlu iaith mynegiant addas ydi'r wir frwydr lenyddol fawr ym mhob cyfnod, nid ystyriaethau fel cynnwys neu thema, cyfoesedd llenyddiaeth, ac yn y blaen. Mae pob bardd yn perthyn i'w oes a'i gyfnod er ei waethaf ei hun, a 'does dim angen iddo orlwytho'i gerddi â phynciau a gwrthrychau modern. Yn aml iawn, gall hynny ddyddio cerddi ymhen chwarter canrif neu lai. Darllenwch waith rhai o feirdd y Tridegau yn Lloegr, er enghraifft. Maen nhw'n darllen fel Catalog o Ddyfeisiadau'r Oes. Bywiogrwydd, addasrwydd, a *pherthnasrwydd* iaith i'r person sy'n creu ynddi, ydi'r peth hanfodol. Dyma ddarn gan fardd a fethodd fathu'r ieithwedd briodol a pherthnasol ar gyfer ei ddeunydd:

> "Nid oes un Duw,"
> meddai'r beilch sydd yn meddu'r byd,

"nid oes allu onid y sy o ewyllys,
nac ewyllys oni bo drech na'i gallu,
na medr ychwaith onid o ymdrech hir,
na gobaith, namyn gwybod;
ni orfydd onid a fynno'i arfaeth
drwy rym, ac nid grym onid a grymo
i'w ewyllys bob dim ar a allo,
fel na bo mewn un cyfle'n y byd
un hawl namyn hi."

Iaith llyfr, iaith ramadegol afrwydd a stiff, a gawn yma, nid iaith gyfoes finiog, fyw sy'n ceisio ymgiprys ag un o argyfyngau mawr yr Ugeinfed Ganrif, sef colli ffydd yn Nuw. 'Dydi methiant T. Gwynn Jones i ddod o hyd i iaith addas i'w ddeunydd yn y gerdd uchod ddim yn wir amdano yn gyffredinol, wrth gwrs; ond mae'n wir yn yr achos hwn. Credaf y dylai iaith unrhyw fardd sy'n creu yn y Gymraeg fod yn gyfuniad o ystwythder a choethder, bywiogrwydd a miniogrwydd, yn gyfoes, ie, ond yn gyfoes trwy gyfoeth.

A throi at farddoniaeth yn unig am eiliad, bydd angen i feirdd y presennol a'r dyfodol fod yn feirdd hynod o fedrus a galluog ac ymroddgar os ydyn nhw'n gobeithio goroesi i'r ganrif nesaf, ac i'r canrifoedd dilynol. Ar hyn o bryd, 'does dim problem. Mae cyfrolau fel *Cywyddau Cyhoeddus* yn tystio i'r amlochredd doniau a geir yng Nghymru heddiw. Ond po fwyaf yr â gwareiddiad yn ei flaen, mwyaf oll o feirdd a gollwn. Ni all y cof dynol, na'r cof llwythol, ddal ond hyn a hyn o lenyddiaeth. Cof sy'n dethol yn ei hanfod ydi o, yn dethol y goreuon a'r cerddi mwyaf perthnasol a phwrpasol. Ymhen canrif arall bydd miloedd ar filoedd o gerddi newydd wedi eu creu, os pery barddoniaeth i fod yn un o brif weithgareddau diwylliannol y Cymry o hyd. Ac ymhen canrif arall wedyn … a chanrifoedd? Mae traddodiad barddol unrhyw wlad fel cwch sydd ar fin suddo yn barhaol, oherwydd bod twll yn y gwaelod. Mae hen ddŵr yn cael ei gwpanu allan dros yr ochor, a dŵr newydd yn dod i mewn drwy'r gwaelod. Mae'n rhaid taflu dŵr allan i adael i'r dŵr newydd lifo i mewn. Mae dŵr yn y cwch ar hyd yr amser, ond ar ôl blwyddyn, dyweder, nid yr un dŵr yn union ydi o. 'Bardd poblogaidd a phwysig yn ei ddydd, ond 'does neb yn cofio amdano erbyn heddiw.' Pa sawl gwaith y clywyd datganiadau o'r fath am wahanol feirdd, o wahanol gyfnodau ac o wahanol wledydd? Mae'r rheswm am hynny yn syml, wrth gwrs. Gall bardd fod yn bwysig yn ei ddydd, hyd nes yr ychwanegir rhagor o farddoniaeth at y crynswth, ac wedyn mae'r cof hiliogaethol yn gwrthod y gwannaf ac yn cadw'r gorau.

Mae detholiad naturiol y rhywogaethau yn digwydd ym myd llên yn ogystal.

Bydd gan y beirdd cynganeddol broblem ychwanegol yn y dyfodol, yn ychwanegol at broblem y treigladau. Y tu ôl iddyn nhw ar hyn o bryd mae canrifoedd o gynganeddu. Os nad ydi barddoniaeth gynganeddol yn newydd yn ei thrawiadau a'i chyfuniadau, mae hi'n farw-anedig. Ac mae'n rhaid i'r bardd cynganeddol cyfoes, heb sôn am feirdd y dyfodol, chwilio am gyfuniadau newydd yn barhaus, ar ôl i'r canrifoedd o'n blaenau ddihysbyddu'r cynganeddion mwyaf amlwg a naturiol, a dihysbyddu miliynau o gyfuniadau a thrawiadau. Mae'n rhaid i'r cynganeddwyr cyfoes, a chynganeddwyr y dyfodol yn ogystal, fod yn gynganeddwyr o'r safon uchaf oll os oes i'w gwaith unrhyw werth. Mewn gair, mae'n rhaid iddyn nhw chwysu! Clywyd llawer yn ceisio diystyru a diraddio gwaith y beirdd cynganeddol drwy honni fod ganddyn nhw draddodiad canrifoedd y tu cefn iddyn nhw, yn cynnal eu breichiau, yn faglau i'w traed cloff. Gorthrwm ydi'r traddodiad hwnnw, ac nid cymorth, magl ac nid bagl. 'Rydych yn gweithio o fewn traddodiad sydd wedi dihysbyddu miliynau ar filiynau o bosibiliadau, ac ni all dim byd yn y maes cynganeddol fod yn hawdd bellach. Mae angen geirfa anhygoel o eang ac adnabyddiaeth drylwyr o'r iaith i fod yn fardd cynganeddol o safon. Ond os bydd yr eirfa yn teneuo yn y dyfodol, a'r adnabyddiaeth yn lleihau?

Problem fawr sy gyda ni heddiw ydi diffyg darllenwyr. Bydd y gynulleidfa fechan sydd gennym ar hyn o bryd yn crebachu fwyfwy yn y ganrif nesaf. Mae gennym ni, yng Nghyhoeddiadau Barddas, er enghraifft, feirdd nad ydyn nhw'n gwerthu mwy na rhyw 100–120 o gyfrolau. Mae un bardd wedi aros yn ei unfan ar 82 o gopïau. Mae'n wir ein bod ni wedi gwerthu dros dair mil o gopïau o un llyfr, a rhyw bedwar arall wedi gwerthu mwy na 1,500 o gopïau, ond eithriadau ydi'r rhain, nid y ffon fesur arferol.

Mae ein diwylliant, a'n hadloniant ni, yn mynd yn fwy gweledol a chlywedol. Bydd llai o ddarllen y gair ysgrifenedig oherwydd hynny. *Gweld* llenyddiaeth, a *chlywed* llenyddiaeth, yn hytrach na'i darllen, y byddwn yn y ganrif nesaf. Bydd nofelwyr yn sgriptio ffilmiau yn hytrach na 'sgwennu nofelau. Mae'r darllenwyr yn prinhau ond cynulleidfa'r sgrin fawr a bach yn lluosogi. Mae hwn yn newid anochel. Sgriptwyr a ffilmwyr fydd beirdd a nofelwyr yfory. Mae'n rhaid inni symud ymlaen â'r oes. Er gwaethaf cyfundrefn effeithiol a brwd y Ganolfan Lyfrau a'r Cyngor Llyfrau, bydd y darllenwyr yn lleihau eto yn ystod y ganrif nesaf. Mae'r lleihad yn ystod yr ugain mlynedd diwethaf mewn rhai categorïau wedi bod yn syfrdanol o arwyddocaol. Ymhen hanner canrif arall, gyda'r angen i warchod adnoddau naturiol y byd yn dwysáu, cyn i ddynoliaeth ei hyrddio ei hun i ddifancoll, moethusrwydd fydd papur, un o adnoddau gwirioneddol brin y byd. Pa gyhoeddi a wneir wedyn? Dim llawer, a'r rhan fwyaf o hwnnw i ddibenion ymarferol. Ond erbyn hynny bydd y gerdd fideo wedi disodli'r gerdd brintiedig, bydd cyfrolau newydd yn cael eu cyhoeddi ar y Rhyngrwyd, a datblygiadau tebyg eraill, a bydd beirdd a nofelwyr yn defnyddio cyfrwng y dydd, sef ffilm a theledu, a hefyd yn 'cyhoeddi' eu nofelau yn syth ar ffurf disg gryno, neu'r hyn a fydd yn cyfateb i'r ddisg gryno yn y dyfodol.

Os ydi llenyddiaeth i fyw, yn hytrach na lled-fyw, yn y ganrif nesaf, mae'n rhaid cael gwared â rhai drwg-arferion pur ddiffrwyth. Soniais fel 'roedd y bryddest eisteddfodol yn y ganrif ddiwethaf yn seiliedig ar ddamcaniaeth, damcaniaethau Goronwy Owen, yn un, ynghylch yr Epig Fawr Gristnogol Gymraeg. Nid ar Goronwy Owen 'roedd y bai, wrth gwrs. Uchelgais personol oedd llunio epig o'r fath ganddo, ond i'w amgylchiadau, ei dlodi a'i brinder llyfrau, ei ansefydlogrwydd a'i alcoholiaeth, ei rwystro rhag gwireddu ei freuddwyd. Mabwysiadwyd ei ddamcaniaethau gan feirdd a beirniaid llawer iawn llai galluog nag o, a cheisio'u gweithredu heb hyd yn oed batrwm o'u blaenau. Mae'r ganrif hon hefyd yn diweddu gyda'r damcaniaethwyr. Damcaniaeth ydi popeth gan rai. Mae'r damcaniaethwyr wedi israddoli swyddogaeth a rhan llenyddiaeth yn ein bywydau: cais gan feirniaid i roi beirniaid yn uwch o ran statws na'r person creadigol. 'Fyddan nhw byth, wrth gwrs. Mae rhai damcaniaethwyr wedi gwneud môr a mynydd o ran darllenwyr yn y gyfathrach rhwng llenor a'i gynulleidfa. Mae'r darllenydd cyn bwysiced â'r llenor, os nad yn bwysicach. A 'dydi'r llenor yn neb bellach. Y gwaith sy'n bwysig, nid y sawl a'i creodd. Ar ben hynny, mae yna ymdrech wedi bod i ehangu tiriogaeth llenyddiaeth, a damcaniaethu fod popeth ysgrifenedig yn llenyddiaeth – syniadau cyfeiliornus bob un. Mae yna ymdrech i ddilorni beirdd a llenorion hyd yn oed. Ffasiynau ydi'r rhain, ond maen nhw'n gryf ar hyn o bryd. 'Dydi'r crewyr eu hunain ddim yn bwysig gan nifer o'r ysgolion damcaniaethu hyn, ac os nad ydi'r sawl sy'n creu llenyddiaeth yn bwysig, sut y gall llenyddiaeth ei hun fod yn bwysig? Llawforwyn sy'n gweini ar y brenin ydi beirniadaeth lenyddol, ond heddiw mae'r llawforwyn yn ceisio disodli'r brenin.

Os ydi llenyddiaeth Gymraeg yn mynd i ennill ei pharch, ac ennill ei phlwy yn ôl, mae'n rhaid i ni roi'r holl bwyslais ar safon, ar lenyddiaeth gyffrous, ddiddorol wedi ei 'sgwennu mewn Cymraeg cryf, cyhyrog, darllenadwy. 'Dydi pob dim sydd yn y Gymraeg heddiw ddim yn ddarllenadwy nac yn ddifyr. Mae'n rhaid i ni hefyd godi safon beirniadaeth lenyddol, a chael gwared â'r mewnblygrwydd a'r plwyfoldeb yma sy'n perthyn i ni, a rhoi'r llenor yn ôl ar ganol y llwyfan. Mae'n rhaid i ni ddychwelyd, rywsut neu'i gilydd, at y gwreiddiau, at lenyddiaeth sy'n llenyddiaeth o'i herwydd hi ei hun ac ynddi hi ei hun, ac nid yn llenyddiaeth sy'n boddio carfanau ac yn perthyn i fudiadau. Mellith, at ei gilydd, ydi mudiadau llenyddol, a mudiadau llenyddol-wleidyddol yn enwedig, oherwydd fe all hyrwyddwyr y mudiadau hynny, yn enwedig os ydyn nhw yn bobl mewn safleoedd o rym, godi rhai beirdd yn uwch nag eraill, nid am eu bod yn well beirdd ond am eu bod nhw yn dweud y pethau iawn. Y broblem gyda cherddi sy'n gynnyrch mudiadau llenyddol a chymdeithasol ydi'r ffaith mai llithro o fyd llenyddiaeth i fyd hanes a wnân nhw yn y pen draw.

Gellwch ragweld y bydd awduron y dyfodol yn awduron teledu a ffilm. 'Does dim diben i ni gicio yn erbyn y tresi. Os nad ydi llenyddiaeth yn bwriadu bod yn rhan o'r chwyldro technolegol cyfredol, mae hi'n mynd i'w ffosileiddio ei hun. Mae'n rhaid i lenyddiaeth fod yn rhan o brif gyf-rwng cyfathrebu a chyfathrachu ein gwareiddiad modern. 'Dydw i ddim yn gallu condemnio'r symudiad hwn o fyd y gair printiedig i fyd y sgrin, oherwydd mae'n anochel, ac mae'r teledu, Sianel Pedwar Cymru, yn bwys-icach o safbwynt y Gymraeg nag ydi llyfrau a'r byd cyhoeddi. Fe ellwch gael can mil a mwy o Gymru i wylio *Pobol y Cwm*. Fe ellwch, efallai, gael dwy fil ar y mwyaf i brynu'r nofel Gymraeg orau ar y pryd gan y nofelydd Cymraeg gorau ar y pryd. Rhowch y nofel honno at y sgrin, a bydd iddi rhwng 50,000 a 100,000 o wylwyr, hynny yw, yn y Gymraeg yn unig. Os llwyddir i'w gwerthu i wledydd eraill gydag is-deitlau, bydd y gynulleidfa yn dyblu ac yn treblu.

Mae gen i brofiad personol o hyn. Nos yfory byddaf yn darlithio yma ar sgript y ffilm *Hedd Wyn*, a thynnaf enghraifft o'r gwaith a wnaethpwyd ar Hedd Wyn. Rai blynyddoedd yn ôl, cyhoeddais gofiant i'r bardd, *Gwae Fi fy Myw*. Gwerthwyd 1,500 o gopïau – gwerthiant uchel iawn yn Gymraeg – ac aeth y gyfrol allan o brint, ac mae'n debyg y byddai wedi gwerthu mwy pe baem wedi argraffu rhagor o gopïau Ar y llaw arall, gwelwyd y ffilm am Hedd Wyn gan ryw 70,000 pan ddarlledwyd y fersiwn Gymraeg ohoni yn unig am y tro cyntaf. Gwelodd 700,000 y ffilm pan ddangoswyd hi un hwyr y nos ar Sianel Pedwar Lloegr, a bu ail a thrydydd ddangosiad yng Nghymru hefyd, gydag is-deitlau y troeon hynny. Dyna ryw filiwn wedi'i gweld yng Ngwledydd Prydain yn unig. Mae hi wedi cael ei gwerthu i ryw 20 o wledydd erbyn hyn, gan gynnwys Ffrainc a'r Almaen, ac mae hi ar fin cael ei gollwng i fynd ar gylchdaith sinematig yn America. 'Rydym yn sôn am gynulleidfa o filiynau yn y pen draw, nid ychydig gannoedd.

Y pwynt ydi hyn: mae llenyddiaeth y llyfr ar fin darfod; mae'n perthyn i oes a fu. 'Does fawr neb yn gwrando, ac mae'r llenor yn llefaru mewn gwagle. Prawf pendant o hynny ydi'r gwerthiant isel sydd i lyfrau Cymraeg yn gyffredinol. Mae llenyddiaeth y sgrin, ar y llaw arall, yn rhywbeth perthnasol, byw a chyfoes, a miliynau yn barod i wrando, am mai dyma'r dull perthnasol o gyflwyno llenyddiaeth yn yr oes hon. A dyna'r pwynt hollbwysig i'w gofio: *nid llenyddiaeth sy'n amherthnasol i'r oes ond y dull o gyflwyno llenyddiaeth.* Beth, wedi'r cyfan, ydi *Un Nos Ola' Leuad* ond nofel wedi'i throi'n ffilm – llenyddiaeth ar y sgrin? Pwynt arall ynghylch llenyddiaeth y sgrin ydi'r ffaith ei bod yn llenyddiaeth ac yn ddiwylliant rhyngwladol. Os ydi llenyddiaeth i oroesi hyd ddiwedd y ganrif nesaf, bydd yn rhaid iddi wneud hynny drwy gyfrwng technoleg i raddau helaeth. Mae'n rhaid i ni fod yn rhan o'r hyn sy'n digwydd yn Ewrop, a thrwy'r byd i gyd, sef bod yn blant technoleg, ac yn llenorion technoleg. A dyna ni, ar ddiwedd canrif arall, yn edrych i gyfeiriad Ewrop a'r byd unwaith yn rhagor.

[1995]

O'R YSGWRN FACH
I'R SGRIN FAWR

Sylwadau ar y Ffilm *Hedd Wyn*

Hanfod ffilm lwyddiannus yw stori gref, afaelgar, stori â digon o wrth-drawiadau ynddi, gwrthdrawiad rhwng y prif gymeriad a'r cymeriadau eraill, rhwng nod a chyflawniad, rhwng uchelgais a rhwystrau. Y gwrth-drawiad hwn sy'n creu tyndra, ac mae grym y ffilm yn dibynnu ar ddyfnder a chryfder y tyndra sydd ynddi. Byddai unrhyw ddadansoddwr sgriptiau yn pwysleisio mai gwrthdrawiad yw craidd ffilm. Er enghraifft, Syd Field:[1]

> ... the basis of all drama is *conflict*; once you can define the need of your character, that is, find out what he wants to achieve during the screenplay, what his goal is, you can then create obstacles to that need. This generates conflict.

Mae'n rhaid i arwr neu arwres y ffilm, y prif gymeriad, gael nod, uchel-gais, rhywbeth y mae'n ceisio'i gyflawni, rhywbeth y mae'n brwydro i'w gyrraedd. Dyna'r stori: yr angen i gyflawni rhywbeth, y frwydr i gyrraedd nod yn erbyn nifer o rwystrau, o wrthwynebiadau, o feini tramgwydd. 'Need' ac 'obstacles' yw termau Syd Field. 'Desires' a 'dangers' yw termau Dwight V. Swain a Joye R. Swain yn *Scriptwriting*. Dyma'r modd y mae'r cyd-awduron yn diffinio'r termau hyn:[2]

> *Desire* is Humankind's yearning for happiness, the one objective we all seek. But different things symbolize happiness to different people. One man dreams of eagerly wanton females. Another aches for the luxury wealth buys. A third pursues the power to make

---

1. *Screenplay: the Foundations of Screenwriting*, Syd Field, 1979, tt. 9-10.
2. *Scriptwriting: a Practical Manual*, Dwight V. Swain a Joye R. Swain, 1988, t. 78.

others fawn and grovel. And yes, you find desire at work in a
suicide, too, or a misanthrope, or a failure.

Danger, in turn, is something, anything, which threatens our
present or future happiness to the point where we're forced to feel
an unpleasant emotion: loneliness, loss, anger inferiority, fear, hatred,
or what have you.

... the drive of desire is the life's blood of every film. And
danger is its heartbeat.

Felly, y dyhead, y nod neu'r uchelgais yw'r grym sy'n gyrru'r ffilm yn ei
blaen, ond y rhwystrau, y peryglon, sy'n rhoi bywyd a thyndra iddi. Bob
tro y mae'r prif gymeriad yn wynebu rhwystr mae'n creu gwrthdrawiad, a
gorau po fwyaf o wrthdrawiadau a geir. '*The greater the change in a person's
life, the greater the conflict,*' meddai Robert McKee.

Mae awduron *Scriptwriting* yn rhestru pump o elfennau hollbwysig o
fewn fframwaith ffilm, fel hyn:[3]

1. *A character.* The central character in your story; that is. Actually,
   a character isn't just a person; he – or she – is a point of view.
   An individual with a strong attitude towards your topic, he's
   someone you can involve in the "What if-?" of your premise
   with full faith that he'll react.
2. *A predicament.* A predicament is a premise-related state of affairs
   somehow sufficiently uncomfortable as to arouse emotion – that
   is, tension – in Character; and so, hopefully, to arouse emotion
   and create tension in viewers also.
3. *An objective.* An objective is a prize for Character to fight for
   ... a new and different state of affairs, happier than that re-
   vealed in Predicament, which Character hopes to attain.
4. *An opponent.* An opponent is someone or something for Char-
   acter to fight against. He, like Character, is a point of view –
   but one in such contrast to that of Character as to insure con-
   flict within the situational framework arising from the premise
   [*premise*: y syniad gwaelodol neu lywodraethol mewn ffilm].
5. *A disaster.* A disaster ... is the potential terrible fate with which
   you confront Character at climax as his penalty should he lose.
   It also provides the ultimate focal point for audience tension.

Hoffwn drafod sgript *Hedd Wyn* o safbwynt rhai o'r syniadau hyn.

---

3. Ibid., tt. 85-86.

Man cychwyn pob ffilm yn ôl dywediad poblogaidd yn Hollywood yw:
"Who wants to do what, and why can't he?" Cyn bod neb yn gallu
dechrau sgriptio unrhyw ffilm, rhaid ateb y cwestiwn yma. Yn achos *Hedd
Wyn*, yr ateb oedd: mae bardd ifanc o Gymro o'r enw Ellis Evans (neu
Hedd Wyn) yn dyheu am ennill Cadair yr Eisteddfod Genedlaethol, ond
ni all wneud hynny yn rhwydd am amryw resymau. Yr 'amryw resymau'
hyn yw'r rhwystrau, y peryglon. A dyna pam 'roeddwn i wedi meddwl y
gwnâi stori Hedd Wyn ffilm ddelfrydol: am fod holl hanfodion ffilm yn y
stori, hynny yw, o'i sgriptio'n ofalus, ac o ychwanegu rhwystrau dych-
mygol at y rhwystrau gwirioneddol, hanesyddol. Ond cyn dechrau sgriptio,
dim ond un rhwystr a wyddwn i amdano, er mai hwnnw oedd y prif
rwystr, sef y Rhyfel Mawr, wrth gwrs. Nod Hedd Wyn oedd ennill y
Gadair yn yr Eisteddfod Genedlaethol; llunio awdl a fyddai'n trechu pob
awdl arall yn y gystadleuaeth, ac esgyn i lwyfan yr Eisteddfod i gael ei
gadeirio yng ngolwg y miloedd, a chael ei gydnabod yn fardd. Y Rhyfel a
ddaeth rhyngddo a chyflawni'r nod hwnnw, ac eto, ni lwyddodd y Rhyfel
yn llwyr i'w amddifadu o'i uchelgais. 'Roedd eironi arbennig yn y stori
hon: llwyddodd a methodd Hedd Wyn ar yr un pryd, enillodd a chollodd.
Mae'r prif arwr yn ennill ac yn colli, ac mae'r prif wrthwynebydd neu'r prif
rwystr hefyd yn ennill ac yn colli. Ond beth am y rhwystrau eraill?

'Rydw i'n gredwr cryf mewn ymchwil, ac nid ymchwil arwynebol, ond
dyfnder ymchwil. Dyfnder a thrylwyredd ymchwil yw'r gyfrinach fawr,
oherwydd bod ymchwil o'r fath yn eich galluogi i adnabod a gwybod
popeth o bwys am eich prif gymeriad: ei gartref, ei deulu, ei gyfeillion a'i
gariadon, ei gyfnod a'i gefndir, ei freuddwydion a'i ofnau. Golygodd yr
ymchwil i fywyd a hanes Hedd Wyn gruglwyth o waith imi, ac 'roeddwn i
wedi casglu digon o ddeunydd amdano yn y pen draw i lunio cofiant
swmpus iddo yn ogystal â sgript-ffilm. Yng nghwrs yr ymchwil hwnnw,
deuthum i adnabod aelodau o'i deulu'n dda; deuthum i adnabod ei ffrind-
iau a'i gariadon, ei fro a'i gyfnod; deuthum i wybod sut fath o gymeriad
oedd o, neu'n hytrach, cyfunwyd hanes a dychymyg yn y broses o greu i
lunio cymeriad arbennig. Hynny yw, 'roedd yr Hedd Wyn ffilm wedi'i
seilio ar yr Hedd Wyn hanesyddol. Y trylwyredd ymchwil hwn a roddodd
y rhwystrau eraill hyn i mi, yn ogystal â rhoi cymeriadau eraill y ffilm imi,
wrth gwrs.

Ar ôl cwblhau'r ymchwil, gallwn lunio'r fformiwla ffilmig ganlynol:

CYMERIAD: Hedd Wyn.
NOD: Ennill Cadair yr Eisteddfod Genedlaethol.

RHWYSTRAU/PERYGLON:

(1) Diffyg hyder ynddo'i hun oherwydd ei ddiffyg addysg; ei gyfaill William Morris yn wrthbwynt iddo yn hyn o beth, ac yn pwysleisio'r gwendid hwn ynddo; mae William Morris hefyd yn ei helpu i drechu'r rhwystr hwn.

(2) Diffyg cydymdeimlad a hwb gan rai aelodau o'i deulu, ei chwaer Mary yn enwedig. Y tad o'i blaid, ond y lleill yn weddol ddifater. Aelodau o'r teulu yn ochri o'i blaid ac yn ei erbyn.

(3) Dim lle ar yr aelwyd i farddoni, oherwydd bod y tŷ yn rhy fach a'r teulu yn rhy fawr. Mewn un olygfa mae'n barddoni allan yn yr ardd ganol gaeaf; mewn golygfa arall mae'n llunio'i gerddi allan ar y mynydd ac yn cadw'i gerddi mewn blwch a gaiff ei guddio mewn twll mewn wal; mewn golygfa arall mae'n barddoni yn hwyr yn y nos ar ôl i bawb arall fynd i gysgu.

(4) Diffyg cydymdeimlad gan ddwy o'i gariadon, ond y llall, Mary Catherine, yr unig un sy'n ei alw'n Hedd Wyn ac yn caru'r bardd ynddo, mewn cyferbyniad i'r ddwy arall, yn rhoi ei chefnogaeth iddo. Dwy o'i gariadon hefyd yn rhoi pwysau arno i briodi, ac yntau'n gweld y bygythiad hwn fel rhwystr iddo rhag cyrraedd ei nod. Ei gariadon yn ochri o'i blaid ac yn ei erbyn.

(5) Y Rhyfel yn rhoi pwysau ychwanegol arno. Pwysau cynyddol arno o sawl cyfeiriad i ymuno â'r Fyddin, er enghraifft, ei gariad Lizzie yn edliw ei lwfrdra iddo ac yn ei adael am filwr; dau filwr ar y trên yn ei alw'n gachgi ym mhresenoldeb ei gariad Jini; Bob ei frawd yn edliw ei lwfrdra iddo; dwy o'i chwiorydd yn gadael y cartref i helpu'r ymdrech ryfel.

(6) Gorfod ymuno dan bwysau. Cyfnod ei hyfforddiant a'r drefn filwrol yn ei fwrw oddi ar ei echel. Methu barddoni yng ngwersyll hyfforddi Litherland oherwydd sŵn ac ymyrraeth milwyr eraill, ac oherwydd caethiwed y drefn.

(7) Ceisio cwblhau'i awdl wrth orymdeithio i gyfeiriad maes y gad. Gorfod bachu ar bob cyfle i geisio'i chwblhau.

(8) O'r diwedd, mae'n llwyddo i drechu pob rhwystr. Cwblhaodd yr awdl. OND, mae tri rhwystr ar ôl, a'r rhain yw'r prif rwystrau. Yn gyntaf, ar ôl iddo lwyddo, yn erbyn pob anhawster, i lunio'r awdl a fyddai, o bosib, yn ei alluogi i gyflawni ei uchelgais, mae'r swyddog sensro yn bygwth ei stopio. Yma ceir gwrthdrawiad rhwng dau ddiwylliant.

(9) Mae'r swyddog sensro yn pasio'r awdl. Dau rwystr ar ôl. Rhaid

i'r beirniaid yn yr Eisteddfod ddyfarnu'r awdl yn fuddugol, a
rhaid iddo beidio â chael ei ladd. Mae'r beirniaid yn ei ddyfarnu'n
fuddugol, yn ddiarwybod iddo, ond mae'n cael ei ladd. Meth-
odd drechu'r rhwystr olaf un, a'r rhwystr pennaf. Ond eto,
mae'n fuddugol yn ei gwymp. Dyna'r trasiedi a dyna'r eironi.

Dyna'r meddylwaith a oedd y tu ôl i lunio'r sgript. Yng ngoleuni'r pum
elfen a restrwyd gan gyd-awduron *Scriptwriting*, mae'n gweithio fel hyn:
(a) *Cymeriad*: mae'r prif gymeriad yn gymeriad cryf, penderfynol, ac mae
ganddo agwedd gadarnhaol iawn tuag at brif thema'r ffilm, sef ennill y
Gadair Genedlaethol yn wyneb pob anhawster; (b) *Sefyllfa Ddyrys* (*Pre-
dicament*): drwy'r ffilm mae'r prif gymeriad mewn sefyllfa anodd sy'n
achosi llawer o dyndra ynddo ef ac ynom ni. Mae'r mab fferm cyffredin a
diaddysg hwn yn gorfod trechu deallusion ei genhedlaeth i ennill Cadair
yr Eisteddfod Genedlaethol. Mae ychwanegu'r Rhyfel at sefyllfa a oedd
eisoes yn ddigon anodd yn dwysáu ac yn gwaethygu'r sefyllfa; (c) *Nod/
Uchelgais*: ymladd i gyrraedd y nod, i ennill y wobr, y mae'r prif arwr drwy
gydol y ffilm; (ch) *Gwrthwynebydd*: mae iddo sawl gwrthwynebydd, ond y
Rhyfel ei hun yw'r pennaf; y gwrthdaro rhwng y prif gymeriad a'i
wrthwynebydd sy'n creu tensiwn; (d) *Trychineb*: fel y dywed cyd-awduron
Scriptwriting, y trychineb yw'r ffawd erchyll bosib y mae'r prif gymeriad
yn gorfod ei hwynebu ar uchafbwynt y film. Mae'n gorfod wynebu'r
dynged hon pa un a ydyw yn ei threchu ai peidio. Hynny yw, pe bai'r prif
gymeriad yn methu, mae'n rhaid i ni gael gwybod beth fyddai ei gosb
(hunanladdiad, ysgariad, carchariad, cael ei ladd, etc). Yn achos Hedd Wyn,
cael ei ladd yn y Rhyfel oedd y trychineb.

Mae'n rhaid pwysleisio mai math arbennig o ffilm sy'n cynnwys ac yn
defnyddio'r elfennau hyn, sef y ffilm glasurol (yn hytrach na'r ffilm arbrofol),
neu'r ffilm fasnachol fel y byddai Hollywood yn ei galw. Ond dyma'r math
o ffilm sy'n tynnu'r cynulleidfaoedd i mewn i'r sinema wrth eu miloedd;
dyma'r math o ffilm sy'n chwarae ar emosiynau'r gynulleidfa, oherwydd ei
bod yn creu tyndra ynom. Yn ôl Robert McKee: 'Because most people
believe in life, and their life is a classical structure, most people appreciate
a classical plot.' Dywedodd hefyd: 'Only classical structure can play on the
emotions of people because from mother's knee we receive classical plot
stories.' Termau McKee am y ddau fath arall o ffilm yw 'Minimalism'
ffilmiau arbrofol sy'n bortread o fywyd, darn o fywyd yn hytrach na stori
gyflawn gyda dechrau, canol a diwedd, math o ffilm sy'n apelio at ddeall-
usion yn unig (nid yw hyn yn golygu nad yw ffilmiau clasurol hefyd yn
apelio at ddeallusion), a ffilmiau 'gwrth-blot', sy'n gwadu fod trefn ac

ystyr i fywyd, ac felly'n gwrthod fframwaith y ffilm glasurol. A 'does dim rhaid i'r elfen gelfyddydol neu artistig fod yn absennol am fod ffilmiau clasurol yn chwilio am lwyddiant ariannol. Yn aml iawn, oherwydd eu bod nhw mor artistig y maen nhw'n llwyddo'n ariannol.

Hoffwn gyfeirio'n fyr at un olygfa i ddangos rhai o elfennau'r grefft o sgriptio ar waith. Mae hi'n un o olygfeydd cynharaf y ffilm, yr olygfa gyntaf i bob pwrpas ar ôl y golygfeydd sy'n cynnwys y cydnabyddiaethau. Mae'r teulu'n hel y cynhaeaf gwair. Hedd Wyn sydd ar ben y llwyth. Mae hyn yn rhoi statws iddo, statws y prif gymeriad. Y frawddeg gyntaf yw: "Ti'm yn meddwl y basat ti 'di clwad erbyn hyn, Ellis"? o enau Magi, ei chwaer. Clywed beth? Down i wybod fod Hedd Wyn wedi cystadlu am y gadair mewn eisteddfod leol ym Mhwllheli. Mae'r frawddeg gyntaf un yn sefydlu prif nod y prif gymeriad: ennill cadeiriau. Down i wybod yn syth ei fod yn fardd. 'Dydi Hedd Wyn ddim wedi clywed dim byd gan yr eisteddfod. "Mae'n rhy hwyr, bellach," meddai. Mae hyn yn awgrymu ei ddiffyg hyder ynddo'i hun. 'Dydi o ddim yn disgwyl ennill. Mae'n troi at ei frawd iau, Bob. "Ty'd 'laen, Bob, hel dy draed," meddai wrtho. Mae Bob yn edliw iddo mai ganddo ef y mae'r gwaith hawsaf. "Sa'n well gin i 'neud dy waith di," meddai. "Mi gei di un d'wrnod," yw ateb Hedd Wyn. Mae hyn yn eironi. Erbyn diwedd y ffilm, mewn golygfa gynaeafu arall, sy'n llwyr gyferbynnu â'r olygfa gyntaf hon, mae Bob yn gwneud gwaith Hedd Wyn, ar ôl i'w frawd gael ei ladd, ie, a'i ladd yn lle Bob, a fyddai wedi ymuno â'r Fyddin pe na bai Hedd Wyn wedi mynnu mynd yn ei le. Mae'r geiriau rhwng y ddau frawd yn awgrymu fod gwrthdaro rhyngddyn nhw. Mae Bob yn eiddigeddus o'i frawd, am mai ef yw'r brawd hynaf. Mae'r gwrthdaro hwn yn bwysig, gan ei fod yn datblygu'n fwy o wrthdaro yn nes ymlaen yn y ffilm, yr union wrthdaro sy'n peri fod Hedd Wyn, yn hytrach na Bob, yn ymuno â'r Fyddin, ac yn y man yn cael ei ladd. Sefydlir o'r cychwyn fod y teulu hwn yn deulu unol ac agos, ond bod gwrthdaro o fewn y teulu hefyd. Golygfa olaf y ffilm yw golygfa arall o'r teulu'n casglu'r cynhaeaf, ond mae'r closrwydd, yr uned deuluol, wedi ei chwalu. Mae'r ddwy olygfa sy'n ymwneud â chynaeafu hefyd yn symbolaidd, yn symbolaidd o'r cynaeafu mawr drwy Ewrop yn ystod blynyddoedd y Rhyfel Mawr.

Mae elfennau eraill yn y ffilm y dylwn dynnu sylw atyn nhw hefyd. Mae sawl is-blot neu is-thema yn y stori, a'r rhain i gyd yn adlewyrchu'r brif thema, ac yn effeithio arni mewn rhyw fodd neu'i gilydd. Un is-thema yw effaith y Rhyfel Mawr ar un teulu. Fel y dywedais eisoes, cyn i'r Rhyfel ddod, 'roedd y teulu'n unol, ond dryllir yr undod hwn gan y Rhyfel. Mae dwy chwaer i Hedd Wyn yn ymadael â'r Ysgwrn er mwyn cynorthwyo yn yr ymdrech ryfel, a hyn yn creu llawer o gymhlethdod ac euogrwydd yn Hedd Wyn, gan mai ef, yn anad neb, a ddylai fynd. Trwy iddi ddatgelu enwau ac oedrannau ei brodyr i'r swyddog sy'n casglu enwau ar gyfer y Fyddin, mae Enid, chwaer ieuengaf y prif gymeriad, yn ddiniwed anfwriadol yn bradychu ei brawd. Mae Hedd Wyn, o'r herwydd, yn gorfod ymddangos gerbron tribiwnlys, gan ei fod ef a'i frawd Bob o fewn oedran ymuno. Dryllir undod y teulu ymhellach pan mae'n rhaid i un ai Hedd Wyn neu Bob ymuno â'r Fyddin. Mae hyn yn achosi cweryl a drwgdeimlad o fewn y teulu.

Is-thema arall yw thema Hedd Wyn a'i gariadon. Perthynas gnawdol yn bennaf sydd rhyngddo a Lizzie, er ei bod hi am ei briodi; perthynas ysbrydol yn unig sydd rhyngddo a Mary Catherine (mae'r ddau'n methu caru pan ddaw cyfle delfrydol iddyn nhw wneud hynny), a chyfuniad o'r ddau, corfforol ac ysbrydol, rhyngddo a Jini. Mae'n methu cael perthynas gyflawn â'r un ohonyn nhw, oherwydd mae'r tair yn bygwth gosod cyfrifoldeb teulu a phriodas arno, a byddai hynny yn peri iddo wyro oddi wrth ei brif nod fel cymeriad, ac yn ei feichio â dyletswyddau a fyddai'n mygu'r bardd ynddo.

Elfen hollol estron i'w fyd, rhywbeth a berthynai i genhedloedd eraill, oedd y Rhyfel i Hedd Wyn, ac i filoedd tebyg iddo. Cynnyrch gwleidyddiaeth, milwriaeth ac imperialaeth ydoedd. Adlewyrchir y safbwynt hwn yn y ffilm gan is-thema arall, sef gwrthdrawiad rhwng dau ddiwylliant. Mae milwr o Sais yn cipio'i gariad oddi arno (hollol symbolaidd: y Fyddin yn dwyn ei gariad at ei fro, ei iaith a'i ddiwylliant oddi arno), ac yn taro Hedd Wyn â'i ddwrn mewn tafarn: gwrthdaro corfforol sy'n adlewyrchu gwrthdaro meddyliol ac ysbrydol. Mae'r swyddog sensro yn bygwth difetha holl gynlluniau a breuddwydion Hedd Wyn, gan nad yw'n Gymro, a chan nad yw'n deall dim ar ddiwylliant y Cymry. Amlygir y gwrthdaro hwn rhwng dau ddiwylliant yn yr olygfa lle mae'r milwyr yn mynd heibio i Grist drylliedig ar groesbren ar ochr y ffordd, ac yn canu, y Saeson yn canu cân boblogaidd Saesneg gan y milwyr ar y pryd, a'r Cymry yn canu emyn yn Gymraeg. Mae'r ddwy garfan yn canu ar yr un dôn, ac er bod gwahaniaeth rhwng yr iaith a'r geiriau, mae'r un dôn hon yn clymu'r ddwy garfan ynghyd, ac yn awgrymu mai'r un yw tynged cynheiliaid y ddau ddiwylliant: tranc dan drefn filitaraidd a gwleidyddol y pwerau mawrion.

Mae'n eironig mewn ffordd arall mai ffilm am fardd yw *Hedd Wyn*. 'Rydw i'n dal fod celfyddyd y ffilm yn agos iawn at gelfyddyd barddoniaeth. Mae'r ddwy gelfyddyd yn chwiorydd, mewn gwirionedd. Er bod ffilm yn gyfuniad o bob celfyddyd bron: cerddoriaeth (miwsig yn y cefndir), y nofel (yr elfen storïol), y ddrama (deialog), y celfyddydau gweledol fel arlunio a cherflunio (sef yr elfen weledol), mae hi'n nes at farddoniaeth nag unrhyw gyfrwng celfyddydol arall. Mae barddoniaeth yn ymwneud â delweddau, darluniau, a chyfrwng gweledol, nid cyfrwng llafar, yw ffilm yn ei hanfod. Mae deialog yn hanfodol, wrth gwrs, ond y gwahaniaeth mawr rhwng ffilm a drama yw mai trwy ddelweddau y mae ffilm yn cyflwyno stori, a drama trwy eiriau. Ffordd Robert McKee o ddweud y peth, yn un o'i ddarlithoedd, yw: 'The greatest moments in film are pure image – usually without dialogue. In novels, the greatest moments are when the words create an image in your head.' Cynildeb yw hanfod barddoniaeth, a chynildeb yw hanfod y ffilm hefyd. Mae cynildeb yn hanfodol i bob cyfrwng celfyddydol, wrth gwrs, ond mewn ffilm, ac mewn cerdd yn yr un modd, mae'n rhaid i bob gair gario pwysau, rhaid i bob brawddeg fod yn arwyddocaol. Mae'r ddau hefyd yn gyfryngau sy'n defnyddio symbolau yn helaeth, symbolau yn ogystal â delweddau. Y ddelwedd sy'n cyflwyno symbol, y llun sy'n cyflwyno'r arwyddocâd amgenach. Nid nad oes symbolau mewn nofelau a dramâu, ond cymharol ychydig ydyn nhw, ond tra bo symboliaeth yn gwbwl hanfodol i farddoniaeth, fel y gŵyr unrhyw un, gellwch gael nofelau neu ddramâu heb yr un symbol ar eu cyfyl. Mae llawer o symboliaeth yn *Hedd Wyn*. Cyfeiriwyd eisoes at symboliaeth y golygfeydd cynaeafu. Enghraifft arall yw'r modd y mae sŵn y gynnau mawr ar faes tanio Trawsfynydd yn dryllio un o ffenestri'r capel lleol (digwyddiad gwirioneddol, gyda llaw), hyn yn symbolaidd o dranc yr hen fyd, o ddirywiad Cristnogaeth oherwydd i'r Rhyfel Mawr beri i bobl golli eu ffydd. Ceir delwedd debyg yn nes ymlaen pan welir y ddelw o Grist ar y Groes wedi ei malurio'n ddarnau. Enghraifft arall o symboliaeth yw'r olygfa lle mae Lizzie yn dannod ei lwfrdra i Hedd Wyn, a'r ddau wedi eu hamgylchu ar y pryd gan filwyr yn ymarfer rhuthro â bidogau. Mae hyn yn awgrymu fod tynged Hedd Wyn eisoes wedi ei rhagbennu, ac nad oes modd iddo ddianc rhagddi. Mae hi wedi ei gwau o'i gwmpas fel gwe'r corryn o gylch corff pryfyn.

Cyfrwng barddonol, rhagor cyfrwng rhyddieithol, yw ffilm i mi, ac efallai fod gosodiad o'r fath yn swnio braidd yn eironig, o ystyried mai adrodd stori, fel nofel, a wna ffilm. Mae'r ffilm yn farddonol yn y modd y mae'n cyflwyno darlun a delwedd, ac yn dibynnu ar yr awgrym yn hytrach na'r gosodiad. Cyfrwng awgrymog yw barddoniaeth yn ei hanfod, a chyfrwng awgrymog yw'r ffilm. Byddaf yn meddwl yn aml fod y gwahanol olygfeydd mewn ffilm sy'n creu'r cyfanwaith fel y gwahanol gerddi unigol mewn cyfrol sy'n creu'r gyfrol yn gyfanwaith: cerddi bychain yw'r gwahanol olygfeydd mewn ffilm. Pe bai rhywun yn eistedd o gylch bord, a phob un o'r celfyddydau wedi eu parselu'n dwt o'i flaen – cerddoriaeth, y nofel, drama, barddoniaeth, cerfluniaeth, arluniaeth – ac yn gorfod dewis y ddwy

gelfyddyd debycaf i'w gilydd, byddai'n rhaid iddo ddewis ffilm a barddon-
iaeth, oherwydd yr elfen weledol, ddelweddol hon. O'r dechrau un, cyfrwng
gweledol fu'r ffilm, hynny yw, cyfrwng gweledol *dieiriau*, ac mae'r elfen
weledol hon wedi aros yn brif hanfod a nodwedd y cyfrwng.

Aeth y ffilm i un ar ddeg o ddrafftiau wrth geisio cael y sgript mor
berffaith ag oedd bosib, gyda Paul Turner yn gweithredu fel golygydd ac
yn taflu awgrymiadau hynod o werthfawr i mewn. Euryn Ogwen a daflodd
y ddau ohonom at ein gilydd, Paul Turner a minnau. Yn ddiarwybod i mi
pan gyflwynais y syniad i Euryn ac S4C, 'roedd y syniad o greu ffilm am
stori Hedd Wyn wedi bod yn berwi ym mhen Paul ers blynyddoedd.
'Roedd digon o weledigaeth gan Euryn i sylweddoli fod dau frwd ganddo,
a'r ddau yn dyheu am droi'r un stori yn union yn ffilm. 'Doedd strwyth-
uriaeth ganolog y ffilm wedi newid fawr ddim yn ystod y gwahanol
ddrafftiau hyn, yn enwedig rhan gyntaf y ffilm a'r hanner awr olaf, ond bu
llawer o newid yn ôl ac ymlaen yn y canol. Byddaf yn meddwl am gelf-
yddyd y ffilm fel tŷ. Y sgriptiwr sy'n gosod y sylfeini; y cynhyrchydd a'r
cyfarwyddwr wedyn yw'r penseiri, y rhai sy'n cynllunio'r tŷ ar ôl codi'r syl-
feini; y technegwyr – gwaith camera, sain, dybio, goleuo, golygu, ac yn y
blaen – yw'r rhai sy'n addurno ac yn dodrefnu'r tŷ, a'r actorion yw trigol-
ion y tŷ, y bobl sy'n troi'r tŷ yn gartref byw. Os yw'r seiliau'n fregus, hynny
yw, os yw'r sgript yn anarbennig, gall y cyfan ddymchwel i'r llawr, dim o'r
ots pa mor wych yw gwaith y penseiri. Os yw'r penseiri'n anghymwys i'r
gwaith, adeilad gwael a geir, er mor gadarn y sylfeini. Os yw'r technegwyr
yn rhai tila, tŷ blêr a siabi yr olwg a geir, er gwaethaf ei gadernid; ac os
yw'r actorion yn rhy brennaidd ac yn amddifad o ddawn, aelwyd farw,
ddiflas ac anniddorol a geir. Y cyfuniad perffaith sy'n creu'r tŷ perffaith.
Ac eto, fel ym myd llenyddiaeth yng Nghymru heddiw, y sgriptiwr, yr un
sy'n gosod y sylfeini, yw'r unig weithiwr rhan-amser, yr unig amatur, yn yr
holl gyfundrefn. Ym myd llên yng Nghymru ar hyn o bryd, mae'r cyhoedd-
wyr, y golygyddion, swyddogion y Ganolfan a'r Cyngor Llyfrau yn Aber-
ystwyth a'r Cyngor Celfyddydau yng Nghaerdydd, yn ogystal â'r llyfr-
werthwyr, i gyd yn bobl broffesiynol, amser-llawn yn y fasnach lyfrau. Yr
awdur llyfrau yw'r unig amatur yn yr holl gyfundrefn, er bod yr holl gyf-
undrefn, yr holl fasnach, yn dibynnu ar ei gynnyrch ef. Mae'r un peth yn
wir ym myd ffilm a theledu, ac eithrio'r rhai sydd wedi mentro ar eu liwt
eu hunain. Mae'r cynhyrchwyr, y gweinyddwyr, y cyfarwyddwyr, y tech-
negwyr a'r actorion i gyd yn bobl broffesiynol, tra bo'r sgriptiwr mewn
swydd arall, ac yn gorfod brwydro am amser i lunio'i sgriptiau. Pan syl-
weddolir ynfydrwydd y sefyllfa, pan wneir awduron, drwy gyflogau cyson
a swyddi llawn-amser, yn rhan o'r tîm hwn o bobl broffesiynol sy'n gallu

sianelu eu holl amser a'u holl egni i un cyfeiriad yn unig, bydd hwnnw yn gam mawr ymlaen yn hanes ffilm a theledu Cymraeg, yn gam chwyldroadol, arloesol a fydd yn codi'r safonau'n uwch o lawer. Pa mor gryf a chadarn, wedi'r cyfan, yw tŷ a godir ar dywod?

[1994]

CANRIF O BRIFWYL

Mae diwedd canrif a diwedd mileniwm yn prysur nesáu, ac fe allwn ni ymhen pedair blynedd arall edrych yn ôl ar ganrif gron gyfan o eisteddfota, ac o lenydda. Mae cymaint o bethau wedi digwydd yn ystod y ganrif hon. Pwy a feddyliai, ym 1900, y byddai dyn cyn diwedd y ganrif wedi dyfeisio'r radio a'r teledu, wedi hollti'r atom, wedi glanio ar y lleuad ac wedi dyfeisio'r cyfrifiadur? Pwy, ar drothwy'r ganrif, a allai ragweld y byddai dau ryfel byd yn difa miliynau o drigolion y blaned hon, heb sôn, wrth gwrs, am y cannoedd o fân ryfeloedd a gynhaliwyd bob hyn a hyn ac yma a thraw drwy gydol y ganrif? Pwy fyth a ddychmygai y gallai un bom ddifa miloedd ar amrantiad, neu y gallai llaw-feddygon drawsblannu calon gŵr marw yng nghorff dyn byw fel y gellid estyn ei einioes? Ym 1900, testun yr englyn oedd 'Y Geirseinydd (*Gramaphone*)', ac ym 1994, 'Cyfrifiadur'. Mae'r testunau yn adlewyrchu cynnydd gwyrthiol a brawychus technoleg yn ystod cwrs y ganrif. Ac eto, yn ein canrif ni o newidiadau syfrdanol, mae rhai pethau wedi aros yn gymharol ddigyfnewid. Un o'r rheini ydi'r Eisteddfod.

Mae'n rhaid i lenyddiaeth adlewyrchu'r oes y crewyd y llenyddiaeth honno ynddi. 'Dydi hynny ddim yn golygu fod yn rhaid iddi gyfeirio'n ddiddiwedd at ddyfeisiau'r oes, neu ddulliau byw unrhyw gyfnod, neu bynciau gwleidyddol a chymdeithasol gyfredol ar y pryd. Mae cyfeiriadau o'r fath yn tueddu i ddyddio llenyddiaeth yn gyflym yn hytrach na'i chadw'n fyw. Defnydd y bardd o'i iaith a'i ieithwedd, natur ac ansawdd ei ymdeimlad, a medrusrwydd a chrefftusrwydd ei fynegiant, dyma'r elfennau sy'n peri fod bardd yn fyw yn ei gyfnod ac i'w gyfnod, ac yn fyw ar ôl ei gyfnod hefyd. Wrth edrych yn ôl ar ganrif o farddoniaeth eisteddfodol, mae'n rhaid gofyn i ba raddau y mae'r Eisteddfod wedi adlewyrchu natur, safon a thueddiadau barddoniaeth yr oes?

Cyn ceisio ateb cwestiynau o'r fath, mae'n ofynnol ein bod ni'n gofyn: a oes raid i'r Eisteddfod adlewyrchu tueddiadau barddonol yr oes, ac a oes ganddi unrhyw gyfrifoldeb i lywio cwrs barddoniaeth Gymraeg? Yr ateb, wrth gwrs, ydi y dylai, i raddau helaeth, fod yn flaenllaw ymhob tueddiad neu ddatblygiad. Y Wasg a'r Eisteddfod oedd dau gynheiliad mawr llen-yddiaeth Gymraeg cyn dyfodiad dau gynheiliad mawr arall, Cyngor Celf-yddydau Cymru a'r Cyngor Llyfrau Cymraeg, ac mae'r Eisteddfod, er bod y sefydliadau newydd hyn wedi ei hamddifadu o'i statws uchel, yn un o'r prif sefydliadau llenyddol o hyd.

Ond mae'r sefyllfa'n baradocsaidd i raddau helaeth. Fe ddylai'r Eistedd-fod fod yn ddrych i dueddiadau llenyddol y dydd, ac i raddau fe ddylai fod yn rhannol gyfrifol am ffurfio chwaeth lenyddol pob cyfnod, yn ogystal â phennu cyfeiriadau a gogwyddiadau llenyddol pob cyfnod, ond mae natur y sefydliad yn gweithio yn erbyn diben y sefydliad. Dewisir testunau a beirniaid gan bwyllgorau llên lleol. Mae'r rheini ohonon ni sydd wedi gweithredu ar bwyllgorau o'r fath wedi cael ein dychryn a'n syfrdanu gan geidwadaeth ac anwybodaeth, rhagfarnau a diffyg crebwyll, rhai aelodau o'r pwyllgorau hyn. Maen nhw weithiau yn dewis testunau sydd mor hen ag Eden, ac yn dewis beirniaid anfedrus ac anghymwys yn aml. Mae llawer ohonom wedi cau'n cegau wrth weld rhai o feirniaid yr englyn yn coll-farnu englynion sy'n berffaith gywir, yn edmygu camp englynion gwallus, ac yn cam-ddefnyddio termau Cerdd Dafod yn yfflon. 'Dydi'r gyfundrefn eisteddfodol yn ei hanfod ddim yn caniatáu i'r Eisteddfod ei phriod le yn ein llên. Rhaid cofio mai cyfundrefn gystadleuol ydi'r Eisteddfod hefyd, ac weithiau mae gofynion y gystadleuaeth yn rhy dynn ac yn rhy anhyblyg i unrhyw fardd allu bod yn unigol-fyw neu'n gyfoes ynddi. Prin fod un-rhyw fardd yn gwbwl rydd i rodio'i lwybr ei hun os dewisir y testun, yn ogystal â ffurf neu fesur neu fesurau'r gerdd, ar ei gyfer; heb sôn am benodi beirniaid, cymwys neu beidio, i benderfynu a ydi'r bardd wedi llwyddo neu fethu yn ei amcan. Testun cystadleuaeth y Gadair ym 1907 yn Eis-teddfod Genedlaethol Abertawe, oedd 'John Bunyan'. Hyd yn oed ym 1907, 'roedd dewis y fath destun dieneiniad a di-glem yn gam mawr yn ôl, i fyd awdlau diwinyddol a ffeithiol-fywgraffyddol y ganrif flaenorol. A beth am y beirniaid? Tri o bileri mwyaf ceidwadol a hen-ffasiwn yr Eisteddfod, tri chynganeddwr hirwyntog, carbwl a chlogyrnaidd, a phob un ohonyn nhw yn cynrychioli bardd eisteddfodol y Bedwaredd Ganrif ar Bymtheg ar ei waethaf: Dyfed, Pedrog ac Elfyn. Yn wir, 'roedd yna bosibiliadau trasiedi yn y rhagbaratoadau, a thrasiedi a gafwyd: awdl drychinebus Bethel, neu Thomas Davies i roi iddo'i enw cywir, a llai diwinyddol. Mae'n anodd credu fod darnau fel

> John Bunyan bia enw – na wybydd
> Am Nebo i farw,

Olynol oesau leinw – a'i enaint,
O! ni bydd henaint na bedd i hwnw.[1]

yn perthyn i awdl a luniwyd rhwng 'Ymadawiad Arthur', T Gwynn Jones,
ac awdl 'Yr Haf', R. Williams Parry; fel pe bai afon ddrewllyd yn hollti tir
gwyrdd a ffrwythlon yn ddau. 'Roedd pwyllgor llên 1907 wedi dewis testun
amherthnasol ac anghymwys yn ogystal â beirniaid hollol anaddas. 'Doedd
dim modd i gystadleuaeth y Gadair ym 1907 adlewyrchu tueddiadau'r oes.

Mae'r dull o ddewis testunau a beirniaid wedi peri anniddigrwydd erioed.
Arferai W. J. Gruffydd ymosod yn gyson ar bwyllgorau lleol yr Eisteddfod
Genedlaethol. Er enghraifft, ymosododd arnyn nhw yn chwyrn yn *Y Llenor*
ym 1928:[2]

> Y gwir ydyw bod dydd y Pwyllgor Lleol ar ben. Ni bu'r Eisteddfod
> erioed yn Eisteddfod Genedlaethol; eisteddfod leol ydyw bob amser
> ar radd fawr. Nid oes digon o wybodaeth ac o ddiwylliant Cymraeg
> wedi ei grynhoi yn unrhyw un dref yng Nghymru i drefnu testunau
> a beirniaid fel y dylid eu trefnu; dylai holl adnoddau'r genedl fod ar
> alwad yr Eisteddfod.

Ac wrth gwrs, mae llawer o wirionedd yn haeriadau Gruffydd.

Mae yna rai pethau eraill sy'n rhwystro'r Eisteddfod rhag bod yn brif
ladmerydd barddoniaeth Gymraeg. Yn ddelfrydol, cydnabod prentisiaid,
yn hytrach nag anrhydeddu meistri, a ddylai'r Eisteddfod ei wneud. Ac os
ydi hynny'n wir, nid y rhai sy'n cystadlu sy'n penderfynu tymheredd
lenyddol unrhyw oes; gwaith i'r meistri ydi hynny. Ac eto, ni all sefydliad
mor bwysig a mawr, hyd yn oed os ydi'r gyfundrefn yn ffaeledig yn ei han-
fod, a hyd yn oed os ydi'r Eisteddfod yn sefydliad sy'n perthyn i brentis-
iaid yn bennaf, beidio ag adlewyrchu rhai tueddiadau llenyddol, neu
adlewyrchu rhywfaint ar rai symudiadau a gogwyddiadau. Hyd yn oed os
ydi'r brifwyl yn ddrych hollt, amherffaith, mae'n rhaid i'r drych hwnnw
adlewyrchu rhywfaint ar yr hyn sy'n sefyll o'i flaen.

Ar rai adegau yn y gorffennol bu'r Eisteddfod yn fynegbost pendant i
lenyddiaeth yr oes. 'Roedd awdlau degawd cyntaf y ganrif, 'Ymadawiad
Arthur', 'Gwlad y Bryniau' ac awdl 'Yr Haf', yn sicr yn brawf o'r diddor-
deb newydd yn y gynghanedd, a'r feistrolaeth newydd arni, ac yn brawf

---

1. 'John Bunyan', *Cofnodion a Chyfansoddiadau Eisteddfod Genedlaethol 1907 (Abertawe),
   rhan 1: Barddoniaeth a Chyfieithiadau*, Gol. E. Vincent Evans, 1912, t. 35.
2. 'Nodiadau'r Golygydd', *Y Llenor*, cyf. VII, rhif 3, Hydref 1928, t. 131.

hefyd o rym y Rhamantiaeth newydd. 'Roedd rhai o bryddestau'r degawd cyntaf hefyd yn dathlu dyfodiad y farddoniaeth newydd fwy cnawdol-synhwyrus a thelynegol ac yn canu cnul y farddoniaeth Feiblaidd athron-yddllyd syrffedus.

Cyhuddwyd yr Eisteddfod sawl tro gan y Moderniaid o fod yn orgeidwadol, yn ddisymud o geidwadol; gŵyl symudol, ddisymud. I'r Moderniaid astrus, estrys oedd y 'Steddfod, sefydliad llenyddol a gladdai ei ben fel estrys yn nhywod ei Gerdd Dafod. Caer o draddodiadaeth oedd yr Eisteddfod, caer na allai môr moderniaeth ei darnio. Ond 'dydi hynny ddim yn wir. Yn ystod y Rhyfel Byd Cyntaf, ac yn enwedig ar ôl y Rhyfel, ar ôl i ddadrith a siom a galar a dicter a gwacter ysbrydol ddisodli'r hen ddiniweidrwydd a'r hen optimistiaeth, y dechreuodd moderniaeth ddangos ei dannedd y tu allan i Gymru. 'Roedd moderniaeth wedi cychwyn cyn y Rhyfel Mawr ar raddfa fechan, ond blynyddoedd y Rhyfel, ac yn enwedig y degawd a ddilynodd y Rhyfel, a'i gwthiodd ymlaen gyda grym. Drwy gydol y Dauddegau, 'roedd cystadleuaeth y Goron nid yn unig yn adlewyrchu'r hyn a oedd yn digwydd ar y pryd yn Ewrop ond 'roedd hefyd yn rhan o'r symudiadau hynny. Dyna'r unig dro i'r Eisteddfod fod yn un â thymheredd lenyddol ei chyfnod a'i chyfandir.

Ystyriwn y pryddestau hynny. 'Mab y Bwthyn', Cynan, pryddest fuddugol Eisteddfod Genedlaethol Caernarfon, 1921, oedd y gyntaf o'r pryddestau chwyldroadol-fodernaidd ac oes-berthnasol hyn. 'Roedd y bryddest hon yn sôn am y 'jazzband' ac am y tango; 'roedd hi'n darlunio bywyd dinesig gwag a diystyr Llundain yn y cyfnod ôl-ryfel. 'Pryddest ryfedd ydyw!' meddai Anthropos, ac '"Inferno" ofnadwy ydyw'r olygfa'.[3] 'Roedd *ennui* a gwacter ystyr y dyn modern wedi cyrraedd llwyfan y Brifwyl:

> Tlodion oeddem heb weld ein bod yn dlawd –
> Eneidiau wedi marw'n trigo mewn cnawd,
> Merched a ddawnsiai yn uffern drwy'r nos,
> Er bod lili'n eu gwallt a pheraidd ros;
> A dynion yn y pwll er eu chwerthin ffri,
> Ac yno yng Ngehenna yr oeddwn i.

Dyma diriogaeth 'The Love Song of J. Alfred Prufrock' (a gyhoeddwyd yn *Prufrock and Other Observations*, 1917) a *The Waste Land* (1922), T. S. Eliot. Ond llawer pwysicach na thrin y gymdeithas ddigyfeiriad a diwerthoedd a

---

3. Pryddest y Goron: beirniadaeth Anthropos, *Cofnodion a Chyfansoddiadau Eisteddfod Genedlaethol 1921 (Caernarfon)*, Gol. E. Vincent Evans, t. 53.

fodolai ar ôl y Rhyfel Byd Cyntaf oedd y modd y darluniodd y bardd
erchyllterau ac oferedd rhyfela modern yn y gerdd, er enghraifft:

> Cofiaf o hyd am ing y nos
> Gyntaf a dreuliais yn y ffos,
> Ac am y gynnau mawr yn bwrw
> Llysnafedd tân; ac am y twrw
> Pan rwygid bronnau'r meysydd llwm
> Gan ddirdyniadau'r peswch trwm;
> A'r dwymyn – twymyn boeth ac oer,
> Pan grynai'r sêr, pan welwai'r lloer.
> Cofiaf am y tawelwch hir
> A ddaeth fel hunllef dros y tir
> Cyn inni gychwyn gyda'r fidog
> Ar arch y goleuadau gwridog.

Cymwynas y bryddest oedd iddi drafod pynciau anghyfarwydd yn y Gym-
raeg, a bwrw ergyd gadarn yn nhalcen Rhamantiaeth. Pryddest fodern am
bwnc modern. Heriodd Cynan ragrith Piwritaniaeth Cymru, a throchodd
wisgoedd parchusrwydd y tadau Fictorianaidd yng ngwaed ei genhedlaeth.
Meddai Anthropos, gan sylweddoli pa mor newydd a heriol oedd y bryddest
ar y pryd:[4]

> ... y mae ynddi olygfeydd mor ofnadwy yn eu llun a'u lliw fel y
> buasem yn dewis tynnu'r gorchudd drostynt, a'u claddu o'r golwg
> ... nid "pasio heibio uffern drist" y mae *Pentewyn*, ond mynd i'w
> chanol ... Nid oes cysgod ffug na rhagrith ar y bryddest: y mae
> gonestrwydd diffuant, a beiddgarwch di-ofn, yn amlwg yn y gerdd.

Er iddo wisgo mantell yr Arch-eisteddfodwr yn y man, 'roedd Cynan ym
1921 yn nes at Eliot, Wilfred Owen, Sassoon a Rosenberg na Dyfed,
Bethel a Hwfa Môn. 'Ceir ynddi fwy o *realism* beiddgar nag a geir yn un
o'r lleill,' meddai Gwili amdani, gan ddatgan fod 'ynddi rai darnau a ym-
ddengys yn groes i Gymro a fagwyd ar farddoniaeth testunau o'r Ysgrythur,'
ond mae Gwili'n cyfiawnhau'i benderfyniad i goroni *Pentewyn* drwy ym-
falchïo nad ydi Cynan yn gogoneddu rhyfel na chnawd, ac mai 'Natur a
Christ yw noddfeydd y bardd o hyd'.[5]

---

4. Ibid., tt. 54-55.
5. Ibid., beirniadaeth Gwili, t. 74.

'Roedd Cynan yn ffodus yn ei feirniaid ym 1921. Ni bu mor ffodus y flwyddyn ganlynol. 'Roedd 'Mab y Bwthyn' wedi cynhyrfu'r dyfroedd, ac wedi ennyn adwaith chwyrn yn ei herbyn yn ogystal ag edmygedd o'i phlaid, ac efallai fod y beirniaid yn fwy gochelgar flwyddyn yn ddiweddarach. Testun cystadleuaeth y Goron ym 1922 yn Rhydaman oedd 'Y Tannau Coll', ac anfonodd Cynan bryddest dan y ffugenw *Israffel* i'r gystadleuaeth. 'Roedd holl gynnwys y gerdd wedi tramgwyddo'r beirniaid. Yn y gerdd wreiddiol mae milwr clwyfedig yn syrthio mewn cariad â'r nyrs a fu'n ymgeleddu iddo yn ystod ei gyfnod o wella o'i archollion. Mae'n ei beichiogi ac wedyn yn ei gadael ar y clwt. Mae'r ferch yn colli ei baban ac yn troi'n butain yn ei chwymp – 'O Dduw! aeth merch y bryniau'n ferch y stryd!' chwedl y bardd. Mae'r milwr yn dychwelyd i Ffrainc, ac ar ôl pwl arall o ryfela yn edifarhau iddo gefnu ar ei gariadferch. Mae'n dychwelyd o Ffrainc ac yn mynd i chwilio amdani yn Llundain, ond mae'n cyrraedd yn rhy hwyr. Mae'r ferch wedi ei boddi'i hun yn Afon Tafwys. Fersiwn diwygiedig o'r gerdd a geir yn *Cerddi Cynan*, fersiwn gŵr a oedd wedi mynd yn hen a pharchus a phawb yn canu'i glod, ond mae adlais o'r hen wrthryfel yn 'Y Tannau Coll'. Er bod ynddi elfennau coeg-feddal, mae ynddi hefyd ymgais i bortreadu dyn wedi colli ei ffydd ac wedi caledu yn ei galon oherwydd effaith y Rhyfel Mawr arno:

> Gwae fi! fe gladdesid fy ffydd yn Ffrainc
> Ac ysu fy nghrefydd, wreiddyn a chainc.
> Ac meddwn, "Un fach! nid dyn ydyw Duw;
> Nid etyb dy weddi. Nis deall. Nis clyw ..."

> Ond fe ddaeth ergydion amlach, a tharanai'r gynnau'n uwch
> Nes bod darn o'r ffos yn deilchion. A dywedais i â chuwch:
> "Beth sy a wnelwyf i â chariad a meddyliau calon merch?
> Ofer cofio'r llygaid addfwyn yma ar drothwy uffern erch."

Y sôn am y Rhyfel a gythruddodd ddau o'r beirniaid. 'Dichon mai'r peth sy fwyaf gennym ni'n tri yn erbyn *Israffel* yw ei fod yn parhau i ganu am hacrwch rhyfel, yn 1922, a'r mwyafrif ohonom wedi glân syrffedu ar y sôn amdano,' meddai Gwili.[6] 'Peth arall sydd yn fwy o wendid nag o gryfder ynddi yw awyrgylch ffiaidd y rhyfel,' meddai Dyfnallt, un o'r ychydig feirdd Cymraeg i brofi erchyllterau'r Rhyfel Mawr a chanu am y profiadau

---

6. Pryddest y Goron: beirniadaeth Gwili, *Cofnodion a Chyfansoddiadau Eisteddfod Genedlaethol 1922 (Rhydaman)*, Gol. E. Vincent Evans, t. 79.

hynny.[7] Ar y llaw arall, anochel oedd i'r beirdd farddoni am y Rhyfel yn nhyb T. Gwynn Jones, a gwelai ef arwyddocâd dyfnach ac ehangach i'r thema:[8]

> Nid wyf i'n beio mo'r beirdd am ddwyn y Rhyfel i mewn i'w cerddi, canys dyna'r peth mwyaf ym mhrofiad dynion ers blynydd-oedd lawer, a rhaid i'r rhai a fu'n chwythu'r tân ddygymod a gwrth-ryfel y beirdd bellach. Dengys y gystadleuaeth hon yn eglur ddigon mai nid dynion yn unig a laddwyd. Y mae'r hen grefydd wedi marw, ac y mae dynion yn berwi gan anniddigrwydd ysbryd. Chwerddir am ben y "parchusrwydd" a'r mân ddefodau a elwid yn grefydd gynt, a beirniedir Duw a dyn.

Collodd y beirniaid gyfle gwych ym 1922. Yn hytrach na gwobrwyo pryddest onest-gignoeth Cynan, pryddest arall a oedd yn hyrwyddo moderniaeth, ac yn herio'r confensiwn telynegol-hiraethus, gwobrwywyd pryddest fas Robert Beynon am yrfa dyn, o'i faboed i'w ganol oed, gan ei llwytho yn y canol ag ystrydebau fel marwolaeth cariadferch:[9]

> Ond ni arosaf heno –
> Ynghlo mae'm teml i:
> Mae Men mewn hedd yng ngwaelod bedd
> A'r allwedd gyda hi.

'Roedd yr awdl a'r bryddest y flwyddyn honno yn dilyn yr un trywydd rhamantaidd, a'r gariadferch farw yn ganolog i'r ddwy gerdd, yn ogystal â phryddest Cynan, ac 'roedd awdl J. Lloyd Jones i'r 'Gaeaf' yn llawn o'r hen eirfa ramantaidd:[10]

> Ar elor dodwyd gwir loer y dudwedd
> Er dirfawr ofid i'r dyrfa ryfedd
> Ar ôl dyn araul; a'i dwyn i orwedd
> Yn hir ac unig yn naear Gwynedd, –
> Ban roed bun i weryd bedd – darfu f'oes,
> A rhwygo f'einioes wrth oer gyfannedd.

7. Ibid., beirniadaeth Dyfnallt, t. 87.
8. Ibid., beirniadaeth T. Gwynn Jones, t. 71.
9. 'Y Tannau Coll', ibid., t. 87.
10. 'Y Gaeaf', J. Lloyd Jones, ibid., t. 51.

'Roedd y galaru am gariadferched ifainc yn chwithig o ddiystyr ac yn chwerthinllyd o amherthnasol i'r oes, o gofio mai cenhedlaeth gyfan o ddynion ifainc a oedd wedi colli eu bywydau yn y Rhyfel Mawr.

Cam yn ôl yn sicr oedd Eisteddfod 1922. 'Doedd W. J. Gruffydd ychwaith ddim yn or-hoff o bryddest Cynan, ond nid oherwydd ei bod yn trafod diawlineb rhyfel. Meddai Gruffydd, wrth adolygu *Y Tannau Coll: Pryddest Ailoreu Eisteddfod Genedlaethol Rhydaman, 1922*, a gyhoeddwyd gan Cynan ei hun ar ôl yr Eisteddfod, ar ôl nodi fod 'pryddestau fel hyn yn gadael cam-flas ar fy ngenau ar ôl eu profi'.[11]

> Waeth dywedyd y gwir yn blaen, – y mae rhyw ysfa mewn dynion i ganu ac i sôn am bethau rhywiol (*sexual*). Nid condemniad ar yr hil ddynol yw hyn, ond esgus drosti, oherwydd fe'n dysgir gan feddylegwyr mai'r meddyliau hynny a rwystrir ffyrnicaf ac a wthir o'r golwg i'r hunan is-ymwybodol sy debycaf o ymddangos ar y wyneb. Ac mewn celfyddyd, lle y caiff yr isymwybodol gymaint o le, tuedda'r rhywiol i gynhyrfu dawn yr awen yn llawer amlach nag y dylai yn ôl yr herwydd, hynny yw, yn ôl ei bwysigrwydd ym mhethau cyffredin bywyd.

'Roedd sylwadau Gruffydd ar *Y Tannau Coll* yn eironig ac yn broffwydol. Ym 1924, cododd y bwgan Rhyw ei ben eilwaith, ac mewn modd amlycach a llawer mwy herfeiddiol nag ym 1922. Enillwyd y Goron yn Eisteddfod Genedlaethol Pontypŵl ym 1924 gan E. Prosser Rhys am ei bryddest ddadleuol 'Atgof'.

Un o feirniaid cystadleuaeth y Goron ym 1924 oedd W. J. Gruffydd. Grym rhyw, a'r modd y mae'r reddf rywiol yn llywodraethol-ganolog yn ein bywydau, ydi thema pryddest Prosser Rhys. Ar ôl collfarnu Cynan am gynnwys ambell awgrym bach digon cynnil – a diniwed – ynghylch rhyw yn *Y Tannau Coll*, dyma Gruffydd yn gorfod wynebu cerdd gyfan ar y pwnc. Meddai:[12]

> Ni buasai'r canu a geir yma yn bosibl yng Nghymru nag yn unrhyw wlad arall ddeugain mlynedd yn ôl; dibynna'n gyfangwbl am ei ddefnydd ar gasgliadau'r athroniaeth newydd a elwir yn *psycho-analysis*. Yn wir, fe geid pethau tebig i ddefnydd y gân yn llenydd-

---

11. 'Yr Awen ar Ddisberod', *Y Llenor*, cyf. I, rhif 4, Gaeaf 1922, t. 263.
12. Pryddest y Goron: 'Atgof': beirniadaeth W. J. Gruffydd, *Cofnodion a Chyfansoddiadau Eisteddfod Genedlaethol 1924 (Pontypŵl)*, Gol. E. Vincent Evans, t. 32.

iaeth pob oes, ond mewn *Memoirs* a hunan-gofiannau yr oeddynt, a rhestrir hwy gan y llyfr-werthwyr cyfrwys fel "Curious" neu "Erotica". Yn Saesneg lladmerydd pennaf y dull hwn o ysgrifennu yw James Joyce, ond ei fod ef yn rhoddi adgofion mebyd mewn rhyddiaith, ac yn wir mewn rhyddiaith y disgwyliem gael pethau o'r fath, a phe dywedid wrthyf ei bod yn bosibl gwneuthur prydyddiaeth ar y testun yn y Gymraeg ni buaswn yn coelio, onibae i'm weled praw o'r gamp yn y bryddest hon. Wrth basio, rhaid imi gyhoeddi nad wyf yn credu bod y testun, fel rheol, yn gymhwys i brydyddiaeth, a hefyd fy mod yn bur anfoddlon i ddarllen pethau o'r fath, yn bennaf am fy mod yn credu bod *psycho-analysis*, heb ddigon o brofion, wedi gorbwysleisio rhyw a'i le mewn bywyd …

Mae Gruffydd yn sôn am seico-analysis. Athroniaeth newydd iawn oedd hon ym 1924. 'Roedd Freud i gael dylanwad eang a phell-gyrhaeddol ar lenyddiaeth yr Ugeinfed Ganrif, ond cymharol newydd oedd ei ddamcaniaethau ym 1924, a newydd ymddangos ychydig flynyddoedd ynghynt yr oedd ei brif weithiau ar natur breuddwydion ac effaith rhyw ar ein bywydau a'n meddyliau. Mae Gruffydd yn sôn hefyd am Joyce. Dim ond ers dwy flynedd 'roedd *Ulysses*, campwaith Joyce, wedi'i gyhoeddi. Dyma un o nofelau mwyaf dylanwadol yr Ugeinfed Ganrif, nofel a adawodd ei hôl yn ddwfn ar y meddylfryd modern. Mae'n bur debyg fod Prosser Rhys, yn ogystal â Gruffydd, wedi darllen gweithiau Joyce. 'Roedd ffugenw Prosser Rhys yn y gystadleuaeth, *Dedalus*, yn awgrymu hynny. Stephen Dedalus ydi un o gymeriadau canolog *Ulysses* Joyce, ac mae'n debyg mai Joyce, yn hytrach na chwedloniaeth Roegaidd, a roddodd i Prosser Rhys ei ffugenw, er iddo yntau hefyd hedfan yn bur agos at yr haul ym 1924. 'Roedd Prosser Rhys yn trafod rhyw fel grym llywodraethol yn ein bywydau yn y Gymraeg ym 1924 pan oedd nofelau arloesol D. H. Lawrence yn trafod yr un pwnc yn Saesneg.

Mae'n syndod fod beirniaid 1924 wedi gwobrwyo cerdd Prosser Rhys, mewn gwirionedd. Un peth oedd trafod rhyw rhwng mab a merch yn agored, fel yn y llinellau hyn:[13]

Ar lan y llyn

Yr eisteddasom fel y cochai'r hwyr.
Nesheais ati hi, a'i gwasgu'n dynn,
A'i hanner annog i ddïbristod llwyr.

---

13. 'Atgof', ibid., tt. 53-54.

Llenwais ei llygaid du â mwynder maith;
Cusenais â gwefusau gwancus, llawn;
Teimlais ei ffurf hudolus lawer gwaith;
Gyrrais ei gwaed ar gerdded cyflym iawn
O funud dwymn i funud, fe ddaeth tro
Penllanw gorchfygol Rhyw, ac ildio'n dau ...

ond peth arall oedd sôn am gariad llanc at lanc:[14]

Fe gredasom
Ninnau, ill dau, fod ein Meddyliau'n lân
Y noson ryfedd honno, a hunasom
A'n clustiau yn ail-ganu'r santaidd gân;
Hunasom ... Rywdro hanner-deffro'n dau;
A'n cael ein hunain yn cofleidio'n dynn;
A Rhyw yn ein gorthrymu; a'i fwynhau;
A phallu'n sydyn fel ar lan y llyn ...
Llwyr-ddeffro ... ac ystyried beth a wnaed;
Fe aeth f'ymennydd fel pwll tro gan boen;
Roedd Cyfeillgarwch eto'n sarn tan draed,
A ninnau gynnau'n siwr sancteiddio'n hoen!
Mi lefais: Gad fi'n llonydd bellach, Ryw,
Yr wyf yn glaf, yn glaf, o eisiau Byw!

Yn ôl Crwys, 'cân angNghymreig (sic)' oedd 'Atgof' Prosser Rhys, 'ond,' ychwanegodd, 'rhaid inni ddweyd nad yw yr hyn a genir gan *Dedalus* yn wir ond am ychydig gobeithio'.[15] 'Ceisiodd *Dedalus*,' meddai Gwili, wrth chwysu i gyfiawnhau'i benderfyniad i goroni Prosser Rhys iddo'i hun ac i bobl Cymru, 'ar ôl gosod ei broblem gerbron dau bregethwr ac athro Cymraeg (sydd yn gystal Piwritan yn ei syniadau am farddoniaeth ag yw'r un o'i gyd-feirniaid) ... ei achub ei hun drwy ddangos mor frau ac ofer yw pleser pechod'.[16] Penderfynodd, fel y ddau feirniad arall, 'geryddu a gwobrwyo *Dedalus*,'[17] ond 'roedd y cystwyo yn amlycach na'r gwobrwyo yn achos Gwili.

Hwb arall i foderniaeth oedd cystadleuaeth y Goron ym Mhwllheli ym 1925, a'r tro hwn, buddugoliaeth i ffurf a dull newydd a gafwyd, yn

---

14. Ibid., tt. 55-56.
15. Ibid., beirniadaeth Crwys, t. 43.
16. Ibid., beirniadaeth Gwili, t. 50.
17. Ibid.

hytrach na hwb i agwedd, thema neu feddylfryd. Am y tro cyntaf erioed yn hanes yr Eisteddfod Genedlaethol, gwobrwywyd cerdd a oedd wedi'i llunio, yn bennaf, ar ffurf *vers libre*, ffurf bur newydd ym 1925, yn enwedig yng Nghymru, sef 'Bro fy Mebyd' gan Wil Ifan. Bu'n rhaid i'r beirniaid betruso a phwyllo cyn mentro gwobrwyo. Dywedodd H. Emyr Davies na hoffai 'y diystyrwch o'r mydr' a geid yn y gerdd.[18] 'Ymddengys fel pe na bae yn malio dim mewn hyd, mesur, ac odl wrth gyfansoddi,' meddai drachefn, gan ddadlau fel hyn:[19]

> Petruswn ar y cyntaf a oedd ei gwerth barddonol a'i syniadau newydd ac awenyddol yn ddigon o iawn am y dibrisdod o'r rheolau a'r mesurau a geir yn y bryddest; eithr wedi ei ddarllen lawer gwaith drosodd, argyhoeddir fi fod ynddi ragoriaeth sydd yn ddigon i dalu gyda llôg am bob coll a diffyg sydd yn perthyn iddi; canys nid yw odl wedi'r cwbl yn hanfodol i farddoniaeth ...

Ceisiodd Cynan hefyd gyfiawnhau'i ddyfarniad o a'i gyd-feirniaid:[20]

> Y cwestiwn ydyw – A lwyddodd *O'r Frest* i gynnyrchu barddoniaeth, er ymwrthod â'r hên ddulliau – a lwyddodd i'w fynegi ei hun yn awenyddol, ac yn felodaidd? A oes ganddo rywbeth gwerth i'w ddywedyd? A fyddai'n amhosibl iddo ddywedyd y peth hwnnw yn well yn yr hên ffordd? Dyna'n unig a gyfiawnhai ei wrthryfel. Credaf ei fod wedi ei gyfiawnhau ei hun yn llwyr. Er bod yr iaith yn rhydd, nid yw byth yn "rhyddieithol," ac er bod y mydr yn ddi-reol, nid yw byth yn amhersain ... Er mai ecsperiment ydyw, a dieithrwch ac ansicrwydd ecsperiment o'i chwmpas ar brydiau, eto teimlaf mae (*sic*) hon yw'r bryddest fwyaf awenyddol, a gwreiddiol ...

Buddugoliaeth arall i ffurf allanol barddoniaeth y Goron oedd y modd y dechreuodd cyfresi neu gasgliadau o gerddi ddisodli'r bryddest draddodiadol. 'Roedd Wil Ifan eisoes wedi arbrofi â ffurfiau amrywiol yn 'Bro fy Mebyd' drwy gymysgu cerddi ar fydr ac odl â darnau *vers libre*. Am 'Bryddest ar Fydr ac Odl ... ar ffurf Cyfres o Delynegion ... pob telyneg yn gyflawn ynddi ei hun', y gofynnwyd ar gyfer cystadleuaeth y Goron yng Nghaergybi

---

18. Pryddest y Goron: beirniadaeth H. Emyr Davies, *Cofnodion a Chyfansoddiadau Eisteddfod Genedlaethol 1925 (Pwllheli)*, Gol. E. Vincent Evans, t. 25.
19. Ibid.
20. Ibid., beirniadaeth Cynan, tt. 44-45; 48.

ym 1927, a Caradog Prichard a enillodd y Goron honno. Daeth yntau hefyd ag elfen fodernaidd i mewn i'r Eisteddfod. Ei bwnc mawr oedd gwallgofrwydd, ac unigrwydd, a'r ddau beth yn un: unigrwydd yn esgor ar wallgofrwydd wedi i un cymar golli'r llall. Archwiliodd Caradog Prichard y meddwl drylliedig yn ei gerddi a'i bryddestau eisteddfodol ar ddiwedd y Dauddegau, ac 'roedd ei thema yn llwyr berthyn i'r cyfnod. 'Roedd llawer iawn o famau wedi colli meibion, a gwragedd wedi colli gwŷr, yn y Rhyfel Mawr, a rhoddodd Caradog Prichard fynegiant i wewyr unigrwydd y cyfnod ôl-Ryfel, a bu'n ymdrin yn helaeth ag un o brif themâu moderniaeth, sef dibwrpasrwydd bywyd, a'r ffaith fod dyn yn ysglyfaeth i bwerau tywyll a dieflig na wyddai fawr ddim amdanyn nhw, ac nad oedd a wnelo Rhagluniaeth Duw ddim oll â nhw.

Tra oedd beirdd y Goron yn arbrofi ac yn arloesi, ac yn helpu i eni moderniaeth yng Nghymru, 'roedd beirdd yr awdl yn aros yn eu hunfan, ac yn prydyddu fel pe na bai'r Rhyfel Mawr wedi siglo'r byd i'w seiliau. Ond eto, 'doedd y testunau ddim yn caniatáu iddyn nhw arbrofi a mabwysiadu agwedd fodern. 'Roedd aelodau'r pwyllgorau llên yn byw yn y cyfnod cyn-Ryfel o hyd, ac er mai digon rhamantlyd oedd rhai o destunau cystadleuaeth y Goron, fel 'Mab y Bwthyn', 'Y Tannau Coll', 'Atgof', 'Bro fy Mebyd', ac yn y blaen, 'roedden nhw'n destunau digon amwys-eang a chyffredinol i alluogi'r beirdd i ganu eu cân eu hunain arnyn nhw, a dilyn eu trywydd eu hunain. 'Doedd testunau cystadleuaeth y Gadair ddim mor gyffredinol-eang, ac 'roedden nhw un ai yn naturyddol ('Min y Môr'; 'Y Gaeaf'), yn Feiblaidd-ddiwinyddol ('I'r Duw nid Adwaenir'; 'Y Sant'), neu yn ganol-oesol a chwedlonol fel testunau dechrau'r ganrif ('Cantre'r Gwaelod'; 'Y Derwydd'; 'Y Mynach'; 'Dafydd ap Gwilym'). Gwenallt, yn awdl 'Y Sant', oedd yr unig un i geisio dwyn elfen o foderniaeth i mewn i fyd yr awdl, ond ni chymeradwywyd ei fwriad gan y beirniaid.

Gyda threigl y blynyddoedd, aeth yr Eisteddfod Genedlaethol yn llai a llai perthnasol i'r oes, ac yn llawer llai pwysig fel sefydliad llenyddol. 'Dydi'r Eisteddfod, bellach, ddim ar yr un donfedd â barddoniaeth gyfoes, ac o ran natur ei thestunau mae hi wedi aros yn yr unfan ers bron i ganrif. Y perygl ydi iddi droi'n ffosil ac yn grair, yn amgueddfa yn hytrach nag yn feithrinfa. Os cymerwn ac os cymharwn ddwy Eisteddfod gyda mwy na phedwar ugain o flynyddoedd rhyngddyn nhw, fe welwn yr egwyddor yn glir:

1912: Wrecsam	1995: Bro Colwyn
1. Awdl: 'Y Mynydd';	1. Awdl: 'Y Môr';
2. Pryddest: 'Gerallt Gymro';	2. Casgliad o Gerddi: 'Melodïau';

3. Cywydd: 'Yr Allor';

3. Cywydd: 'Un Wennol …';

4. Cyfres o delynegion: 'Unrhyw Bum Afon yn Sir Ddinbych';

4. Telyneg: 'Dawns';

5. Englyn: 'Y Cyfnos';

5. Englyn: 'Englyn Cydymdeimlad';

6. Dau Hir-a-thoddaid: 'Llawdden' a 'Dewi Ogwen';

6. Hir-a-thoddaid: 'Hiraethog';

7. Baled: 'Pennaeth Gwylliaid Cochion Mawddwy'.

7. Baled: 'Cwango'.

Ym 1912 cafwyd hefyd fyfyrdraeth a chadwyn o englynion, dychangerdd a rhieingerdd, 'cân (i'w chanu Ddy'gwyl Dewi)' ac englyn Saesneg, 'The Gambler', cystadleuaeth a enillwyd gan Eifion Wyn, gyda llaw. Ym 1995 cafwyd englyn crafog, deg o gwpledi epigramatig cynganeddol, wyth o dribannau, cerdd rydd a salm. Amrywiad ar y patrwm ydi'r cyfan, a thrwy gydol y ganrif, yr un cystadlaethau a geir bron yn ddieithriad: soned, englyn, englyn ysgafn, hir-a-thoddaid, telyneg, penillion telyn, epigramau cynganeddol, ac yn y blaen. 'Does dim hyd yn oed cymaint â hynny o wahaniaeth yn y testunau: awdl i'r Mynydd ym 1912 ac i'r Môr ym 1995; a thelynegion i afonydd yn Sir Ddinbych a hir-a-thoddaid i 'Hiraethog'.

Os derbyniwn y dystiolaeth allanol a gynigir gan yr Eisteddfod, 'does fawr ddim cynnydd wedi bod mewn canrif gyfan o farddoni, dim symud ymlaen, dim llawer o wahaniaeth na newid. Yr awgrym ydi fod beirdd Cymru yn dal i delynega'n bêr ar ôl Belsen ac Auschwitz, Hiroshima a Bosnia, ac yn parhau i hir-a-thoddeidio'n frwd ddwy neu dair canrif ar ôl i'r gyfundrefn a luniai hir-a-thoddeidiau'n gyson ddod i ben, ac er nad oes fawr neb yn llunio hir-a-thoddeidiau heddiw y tu allan i gystadleuaeth. Ond os oes awgrym fod adran farddoniaeth yr Eisteddfod wedi hen oroesi ei diben, a'i bod yn cerdded gam neu ddau y tu ôl i gerddediad yr oes, rhaid gofyn: a fu'r Eisteddfod erioed yn cynrychioli prif dueddiadau, a phrif anghenion yr oes? Os edrychwn ar destunau dechrau'r ganrif fe gawn rai atebion. Yn Eisteddfod gyntaf y ganrif, er enghraifft, gofynnwyd am bedair telyneg ar y testun 'Y Modrwyau', a bu'r delyneg neu gyfres o delynegion, yn gystadleuaeth gyson yn yr Eisteddfod Genedlaethol drwy'r ganrif. Drwy arddel y delyneg o droad y ganrif, a chyn hynny, ymlaen, 'roedd yr Eisteddfod a'r cyfnod yn un. Ffurf gymharol newydd oedd y delyneg ym 1900, a'r delyneg oedd cyfrwng newydd cyffrous y dydd. Ar ddiwedd y Bedwaredd Ganrif ar Bymtheg a dechrau'r Ugeinfed Ganrif y

dechreuodd beirdd Cymru arddel y delyneg gyda difrifoldeb a phendant-
rwydd amcan, yn bennaf fel adwaith yn erbyn canu clogyrnaidd, traeth-
odol awdlwyr y ganrif ddiwethaf, a chanu gwlanog ac athronyddllyd y
Bardd Newydd. Rhoddodd y telynegwyr bwyslais ar deimlad ar draul
syniad, diriaeth yn lle haniaeth, melyster a chynildeb yn hytrach na geir-
iogrwydd hirwyntog. Ym 1900 ymddangosodd *Telynegion* W. J. Gruffydd
ac R. Silyn Roberts, *Telynegion Maes a Môr*, Eifion Wyn, ym 1906, a
Caniadau John Morris-Jones ym 1907. Dyma gyfnod tyfiant y delyneg
Gymraeg, gyda beirdd fel Elfed a Robert Bryan hefyd yn rhan o'r patrwm,
yn ychwanegol at y beirdd a enwyd. Cyrhaeddodd y mudiad telynegol ei
anterth yng nghanu beirdd fel Iorwerth Peate, Cynan, R. Williams Parry,
I. D. Hooson a Wil Ifan, yn y Tridegau, ond daeth oes aur y delyneg Gym-
raeg i ben yn y Pedwardegau. Cyfnod dirywiad y delyneg oedd y cyfnod
ôl-Ryfel, ac eto, bu cystadleuaeth y delyneg yn gystadleuaeth reolaidd yn
yr Eisteddfod Genedlaethol o flwyddyn i flwyddyn, hyd y dydd hwn.

Cymerwn fesur arall: y soned. Ym 1906 yr ymddangosodd cystadleuaeth
y soned am y tro cyntaf, ac ar y pryd, mesur cymharol newydd i feirdd
Cymru oedd o. Lluniodd W. J. Gruffydd ei sonedau cyntaf ar ddiwedd
1899 neu ar ddechrau'r ganrif newydd, a phan gyhoeddwyd *Telynegion*,
'roedd gan Silyn dair soned yn y casgliad. Ym 1899 y lluniodd Gwynn Jones
ei soned gyntaf, Parry-Williams ym 1909, Williams Parry ym 1911. Oes aur
y soned Gymraeg oedd y blynyddoedd 1920-1940, ac eto bu'r soned yn
gystadleuaeth reolaidd yn yr Eisteddfod Genedlaethol am hanner can
mlynedd wedi i gyfnod anterth y soned ddod i ben.

Trown yn awr at themâu chwarter cyntaf y ganrif. Yng nghystadleuaeth
yr awdl a'r bryddest ar ddechrau'r ganrif 'roedd dwy ysgol neu ddau
feddylfryd barddonol yn brwydro yn erbyn ei gilydd. 'Roedd yn frwydr
rhwng yr hen ganu traethodol a hanesyddol-fywgraffyddol, ar y naill
law, a'r canu serch chwedlonol-ramantaidd, ar y llaw arall; rhwng hanes a
chwedloniaeth, rhwng personau o gig a gwaed a chreadigaethau rhithiol. Y
cyfnod ar ddechrau'r Ugeinfed Ganrif oedd cyfnod y Dadeni Rhamantaidd
a chyfnod tranc y diwinydda a'r bywgraffydda cynganeddol a phryddestol.
Mae testunau eisteddfodau blynyddoedd cychwynnol y ganrif yn adlew-
yrchu'r tyndra rhwng yr hen a'r newydd. Ar y naill law cafwyd testunau fel
'Williams Pantycelyn', testun pryddest y Goron ym 1900, a 'myfyrdraeth'
ar 'Ioan Fedyddiwr yn (*sic*) Ngharchar' yn yr un flwyddyn, 'Tywysog Tang-
nefedd', testun y bryddest ym 1901, a'r awdl i John Bunyan ym 1907 (caf-
wyd 'Bunyan yn[g] Ngharchar' yn destun y myfyrdraeth ym 1901). Ar y
llaw arall cafwyd 'Ymadawiad Arthur', testun yr awdl ym 1902, 'Trystan

ac Esyllt', testun y bryddest yn yr un flwyddyn, 'Y Greal Santaidd', testun y bryddest ym 1907. Cystadleuaeth gyson yn eisteddfodau cynharaf y ganrif oedd cystadleuaeth y rhieingerdd, ac 'roedd y gystadleuaeth hon eto yn rhan o'r deffroad mawr chwedlonol-ramantaidd. Gyda mudiad Cymru Fydd yn gosod y seiliau ar gyfer Cymru annibynnol, a John Morris-Jones yn anad neb yn arwain ym maes ysgolheictod a beirniadaeth lenyddol, ac yn ceisio adfer glendid a chywirdeb y Gymraeg, 'roedd beirdd Dadeni troad y ganrif yn adlewyrchu'r diddordeb newydd yn y Gymraeg a'i gorffennol, yn ei chwedlau a'i thraddodiadau, yn ei hiaith a'i llenyddiaeth, a hyd yn oed yn ei hanes. Mae testunau hanesyddol y cyfnod, fel 'Owen Glyndwr' (y Goron: 1908), 'Ednyfed Fychan' (y Goron: 1910), 'Gerallt Gymro' (y Goron: 1912) hefyd yn awgrymu'r diddordeb newydd hwn yng ngorffennol Cymru wrth i hadau cenedlaetholdeb raddol ddisgyn i'r pridd islaw, ac wrth i ysgrifau O. M. Edwards ar hanes Cymru yn *Cymru*, a'i lyfrau ar hanes Cymru, *Ystraeon o Hanes Cymru* (1894), *Hanes Cymru* (1895, 1899), *Cartrefi Cymru* (1896) ac *A Short History of Wales* (1906), ac yn y blaen, gael dylanwad. Pwy bynnag oedd aelodau'r pwyllgorau llên yn ystod y cyfnod hwn, 'roedden nhw, at ei gilydd, yn ymwybodol iawn o dueddiadau a gogwyddiadau'r oes.

Os oedd testunau, ac ymdriniaethau, chwarter cyntaf y ganrif yn adlewyrchu'r tueddiadau ar y pryd, a ydi hynny yn wir am destunau diweddar? Ystyriwn y pum mlynedd diwethaf: 1991: 'Awdl Foliant i Berson' (y Gadair) a 'Pelydrau' neu 'Llygredd' (y Goron: dilyniant o gerddi neu bryddest); 1992: A 'Fo Ben …' (y Gadair) a 'Cyfannu' (y Goron: casgliad o gerddi); 1993: 'Gwawr' (y Gadair) a 'Llynnoedd' (y Goron: cerdd); 1994: 'Chwyldro' (y Gadair) a 'Dolenni' (y Goron: pryddest neu ddilyniant o gerddi); 1995: 'Y Môr' (y Gadair) a 'Melodïau' (y Goron: casgliad o gerddi). Ym myd yr awdl fawl draddodiadol y mae un testun, a phedwar o'r testunau ym myd natur o hyd: 'Pelydrau', 'Gwawr', 'Llynnoedd' a'r 'Môr', ac mae un testun yn ein bwrw'n ôl at destunau 'chwedlonol' dechrau'r ganrif. 'Dydi canrif gyfan ddim wedi gweld llawer o newid. 'Llygredd' ydi'r unig destun y gallwn ni ei hoelio'n grwn yn ein cyfnod ni. Y ddau destun gorau, mewn damcaniaeth o leiaf, ydi 'Cyfannu' a 'Dolenni', gan fod testunau cyffredinol ac amhendant o'r fath yn rhoi mwy o ryddid i'r beirdd ddilyn eu trywydd eu hunain.

Mae yna rai tueddiadau eraill y dylid eu hystyried, a phryderu yn eu cylch, mewn gwirionedd, sef nifer y cystadleuwyr o ddegawd i ddegawd. Os cymerwn bedair cystadleuaeth enghreifftiol, sef cystadleuaeth y Gadair, y Goron, yr englyn a'r delyneg, daw patrymau pendant i'r amlwg. Mae'r

tabl canlynol yn dangos nifer y cystadleuwyr ym mhob un o'r pedair cystad-
leuaeth hyn ar gyfartaledd yn ystod y pump a deugain mlynedd diwethaf:[21]

	y Gadair	y Goron	yr Englyn	y Delyneg
1950-1959:	16	17	248	75
1960-1969:	15	27	195	60
1970-1979:	15	31	115	55
1980-1989:	10	29	82	36
1990-1995:	10	30	63	25

Edrychwn ar gystadleuaeth y Gadair; i ddechrau. Dirywiad a gostyng-
iad sicr a ddangosir. Os amheuwyd perthnasedd y delyneg i'n cyfnod ni, fe
allwn ni hefyd ofyn yr un peth am yr awdl. Mae colbio'r awdl ac amau'i
pherthnasedd i'n hoes ni yn hen hobi cenedlaethol, wrth gwrs. Meddai
W. J. Gruffydd, bron i ddeng mlynedd a thrigain yn ôl, ar ôl i feirniaid
Eisteddfod Genedlaethol Treorci ym 1928 atal y Gadair:[22]

Onid wyf yn methu, dyma'r trydydd tro yn ddiweddar yr ataliwyd
y wobr, a dylai fod wedi ei hatal yn amlach, – er enghraifft, yng
Nghaerfyrddin. Os felly, onid teg yw gofyn a ddylid dal i roddi'r
gadair i awdlau mewn cynghanedd? Fy marn i ydyw bod oes yr
awdl wedi myned heibio; nid oes neb yn gofidio mwy na mi am
hynny, ond rhaid edrych ffeithiau yn eu hwynebau. Ac y mae un

---

21. Er mwyn cyflwyno'r darlun cywiraf bosib, ni chynhwyswyd awdlau ac englynion hollol
ddigynghanedd yn y ffigurau hyn. Hefyd, mae'n anodd iawn dod o hyd i'r union nifer o
gystadleuwyr mewn rhai enghreifftiau. Er enghraifft, wrth feirniadu cystadleuaeth yr
englyn ym 1960, dywedodd W. D. Williams mai 'Prin ddeucant yw nifer y cyfansodd-
iadau eleni, ac o'r rheiny y mae naw heb fod yn englynion o gwbl'. Felly, nodwyd 190 fel
rhif y cystadleuwyr yn y gystadleuaeth honno. Wrth feirniadu'r gystadleuaeth ym 1962,
'derbyniwyd cynifer â thua chant a hanner' o englynion yn ôl D. Lloyd Jenkins, felly
rhoddwyd 150 gogyfer â 1962. Yn ôl Alun Jones, y Cilie, beirniad cystadleuaeth yr
englyn ym 1963, derbyniwyd 'dros ddau gant a hanner' o englynion, felly, 250 a rodd-
wyd gogyfer â 1963. Yn ôl y beirniad, D. Gwyn Evans, derbyniwyd 'dros saith deg o
englynion' ym 1986, felly nodwyd 70 o englynion ar gyfer y gystadleuaeth. Nodwyd 80
fel y nifer a anfonwyd i gystadleuaeth yr englyn ym 1987, gan i'r beirniaid, T. Llew Jones,
ddweud iddo dderbyn 'rhyw wyth deg o englynion'. Ni chafwyd cystadleuaeth telyneg
ym 1984, a chystadleuaeth dilyniant o dair telyneg a gafwyd ym 1988, ac fe gynhwyswyd
honno wrth lunio'r ystadegau. 'Doedd dim cystadleuaeth telyneg ym 1990, dim ond
cystadleuaeth 'dilyniant o dair telyneg', felly, cynhwyswyd y gystadleuaeth honno yn lle'r
gystadleuaeth arferol hefyd, fel y gwnaethpwyd gyda'r enghraifft flaenorol. 'Doedd dim
cystadleuaeth telyneg ym 1992.

22. 'Nodiadau'r Golygydd', Y Llenor, cyf. VII, rhif 3, Hydref 1928, t. 130.

prawf digon teg ar y mater – a oes rhywun o'i fodd yn canu awdl yn awr? Onid peth hollol beiriannol ac artifisial ydyw yn cael ei gadw'n fyw gan wobrau'r eisteddfod? Nid oes amheuaeth am yr ateb ... Y mae oes yr awdl wedi pasio; y mae bywyd a defnydd llên wedi myned yn rhy gymhleth iddi.

Oes oedd bywyd ym 1928 yn rhy gymhleth i'r awdl allu ymdrin ag o, beth am sefyllfa'r awdl heddiw? Mae'n rhaid i gyn-awdlwr fel fi, ac eraill o gefnogwyr y ffurf, gydnabod fod gan y gwrth-awdlwyr bwynt. Ffurf artiffisial ydi hi i raddau erbyn hyn, a'r 'Steddfod, nid y beirdd, sy'n ei chadw'n fyw, ac eto, hanner y gwir yn unig ydi'r honiad fod yr awdl bellach yn ffosil ac yn ffurf artiffisial. Mae'r rhan fwyaf helaeth o'n hawdlau eisteddfodol diweddar ni yn cynnwys tri mesur yn unig: y cywydd, yr englyn a'r hir-a-thoddaid, ond y cywydd a'r englyn yn bennaf, a dyma ddau o dri phrif fesur beirdd Dadeni Cynganeddol yr ugain mlynedd diwethaf. Y trydydd mesur, neu ffurf, i fod yn fanwl gywir, ydi'r *vers libre* cynganeddol. Nid yr awdl ei hun sy'n artiffisial, ond y rheol a fynnai weithiau fod y beirdd yn llunio awdl ar y pedwar mesur ar hugain traddodiadol neu gyfuniad ohonyn nhw. Mae'r rhan fwyaf helaeth o'r mesurau hynny mor farw â hoel.

Mae gwerth i'r awdl pe na bai ond fel cyfrwng ymddisgyblu. Crefft ydi barddoni, a chyfuniad o grefft a thalent gynhenid/awen/ymroddiad sy'n creu celfyddyd. Gyda'r cyfnod Ôl-fodernaidd hwn yn ein harwain i gyfeiriad llenyddiaeth ddi-grefft, mae mwy o angen cofleidio'r egwyddor mai crefft fanwl a chymhleth ydi barddoniaeth nag erioed. Ond mae tuedd yr oes yn erbyn hynny. Dyna, i mi, sy'n esbonio'r ffaith fod cystadleuaeth y Goron yn cynyddu yn ei phoblogrwydd, nid yn dirywio fel pob cystadleuaeth arall. Yn wir, os ydi ffigurau ac ystadegau yn profi unrhyw beth, yna, ym myd y canu rhydd y bu dadeni, nid ym myd y canu caeth. Ond y gwir ydi fod y rhan fwyaf helaeth o'r cerddi a anfonir i gystadleuaeth y Goron yn greadigaethau hollol ddi-grefft a di-fflach. Mae'r hyn a ddywedodd Derec Llwyd Morgan am y delyneg ym 1989 yn gyffredinol wir am gystadleuaeth y Goron, ac eithrio 'byrdra'r gofyn':[23]

> Y mae'r ffaith fod 59 o delynegion wedi dod i law yn profi, yn anad unpeth, fod y delyneg yn bopeth i bawb. Mae byrdra'r gofyn yn ddeniadol, wrth gwrs. A chan nad oes i'r delyneg, fel i'r hir-a-

23. Telyneg: 'Cyffur': beirniadaeth Derec Llwyd Morgan, *Cyfansoddiadau a Beirniadaethau Eisteddfod Genedlaethol Frenhinol Cymru Dyffryn Conwy a'r Cyffiniau 1989*, Gol. J. Elwyn Hughes, t. 68.

thoddaid a'r cywydd deuair hirion, fesur a ffurf arbennig, y mae rhwydd hynt i'r annhechnennig fentro i'r un maes â'r meistr. Mae'n syndod fod cynifer o bobl yn tybied eu bod nhw'n gallu sgrifennu barddoniaeth, yn enwedig o ystyried nad oes ar weithiau nifer da ohonynt ddim o'r awydd lleiaf eu bod yn gallu darllen barddoniaeth. Pe baen nhw yn darllen, efallai y byddai'u cynhyrchion yn fwy caboledig.

Mae cystadleuaeth y Goron yn hudo mwy o ymgeiswyr na chystadleuaeth y Gadair, am fod yn rhaid wrth grefft a disgyblaeth o leiaf i fod yn gystadleuydd dilys. Gall unrhyw un gystadlu am y Goron, ac, yn wir, yn yr hinsawdd ansicr sy'n bodoli ar hyn o bryd, yn y cyfnod hwn o simsanrwydd safonau, fe allai unrhyw un ennill. Yn wir, yn ystod y pum mlynedd diwethaf, bu bron i rai beirdd ennill y Goron â'u hymdrech gyntaf erioed i lunio barddoniaeth. 'Rydyn ni'n gyfarwydd bellach â gweld ambell druth academaidd yn codi beirdd gweddol gloff i'r entrychion ac yn bwrw'r meistri i'r gwaelodion. Ni bu erioed gymaint o anghytuno yn hanes y ddwy brif gystadleuaeth farddoniaeth yn holl hanes yr Eisteddfod ag a gafwyd yng nghystadleuaeth y Goron yn ystod diwedd yr Wythdegau a dechrau'r Nawdegau. Cynhysgaeth Ôl-foderniaeth ydi hyn. Ystyriwch rai enghreifftiau diweddar: ym 1995, Derec Llwyd Morgan a Meirion Evans yn ffafrio coroni Aled Gwyn, a Menna Elfyn o blaid coroni Gwyneth Lewis; 1994: Dafydd Johnston o blaid coroni Gerwyn Williams, Dyfnallt Morgan yn rhoi R. Gwyn Davies ar y blaen, a Nesta Wyn Jones o blaid rhoi'r Goron i D. Islwyn Edwards; 1993: James Nicholas ac Eirian Davies yn dyfarnu'r Goron i Eirwyn George, a Nesta Wyn Jones yn ffafrio Robin Llwyd ab Owain; 1992: Marged Haycock yn frwd o blaid Gwyneth Lewis, eto, John Roderick Rees yn daer o blaid anrhydeddu Norman Closs Parry, a Gwynne Williams yn dewis Cyril Jones. A gall rhywun ragweld y bydd rhagor o anghytuno yn ystod y blynyddoedd i ddod.

Un o ochor-gynhyrchion Ôl-foderniaeth ydi'r anallu i wahaniaethu rhwng y gwych a'r gwachul; yn wir, nid yn unig yr anallu i wahaniaethu rhwng y rhagorol a'r cymedrol, ond y ffaith na wêl rhai yr *angen* i wahaniaethu rhyngddyn nhw. Arwydd o wendid, nid o gryfder, ydi'r cynnydd hwn yn nifer cystadleuwyr y Goron, ac arwydd o wendid hefyd ydi'r gostyngiad yn nifer y cystadlaethau y mae angen crefft, ac ymddisgyblu, ac ymgysegriad, ar eu cyfer sef cystadleuaeth y Gadair a'r englyn. Mae'r ddwy gystadleuaeth hyn yn gynrychioliadol o'r patrwm cyffredinol; y Goron sy'n gweithio'n groes i'r patrwm. Dirywiad a welwn yn nifer y cystadleuwyr yn yr adran farddoniaeth yn gyffredinol, a dirywiad yn y safon yn ogystal, ac eithrio cystadleuaeth y Gadair. Mae'r gostyngiad yng nghystadleuaeth yr englyn yn anhygoel, ac yn frawychus hefyd. Mae'n rhaid gofyn y cwestiwn: am ba hyd y pery'r awdl, a chystadleuaeth y Gadair yn ei ffurf bresennol? Ac am ba hyd y pery'r englyn? Ar ôl i genhedlaeth Twm Morys, Emyr Lewis, Dylan Jones, Ceri Wyn Jones ac Emyr Davies gefnu ar gystadlu eisteddfodol, pwy fydd yn llunio awdlau ar gyfer cystadleuaeth y Gadair? A phwy fydd yn llunio englynion, gyda'n diwylliant ni yn mynd yn fwy gweledol a thechnolegol, a'n Cymraeg llafar ac ysgrifenedig ni yn breuo ac yn teneuo?

A'r delyneg hithau, nad ydi hi bellach ond adlais pell o'r alaw wreiddiol, a'r adlais hwnnw heb fod yn y cywair priodol yn aml? Mae'r dirywiad yng nghystadleuaeth y delyneg yn syfrdanol. Meddai Euryn Ogwen with feirniadu cystadleuaeth y delyneg ym 1993:[24]

> Os mai'r Eisteddfod Genedlaethol sy'n rhoi bywyd i'r delyneg Gymraeg gyfoes, ofnaf, eleni, fod yn rhaid cyhoeddi ei marwolaeth. Ers rhai blynyddoedd bellach, daeth yn amlwg fod y ffurf hon, a anrhydeddwyd gan ein beirdd mwyaf dros ganrif a mwy, yn methu denu ein beirdd cyfoes gorau.

Ac nid Euryn Ogwen mo'r unig un i seinio cnul y delyneg. Y mae'r delyneg wedi hen farw, a dim ond ei hysbryd sy'n ein hawntio ni yn hen gastell y Brifwyl. 'Dydi hynny ddim yn golygu nad oes lle i gerddi byrion, cerddi ar fydr-ac-odl hyd yn oed, nac yn golygu fod y cywair telynegol mewn barddoniaeth yn amherthnasol, ond mae'r delyneg draddodiadol fel ffurf, gyda'i harddulliau a'i thechnegau ei hun, wedi hen oroesi ei diben. A ellwch chi o ddifri ddychmygu cystadleuaeth telyneg yn y flwyddyn 2050 neu hyd yn oed gystadleuaeth awdl neu englyn?

Yn fy marn i, mae'r Eisteddfod fel gŵyl neu sefydliad llenyddol yn wynebu argyfwng. Mae'r ystadegau'n amlwg i bawb. Ar i waered yr â'r cystadlu o flwyddyn i flwyddyn. Mae'r 'sgrifen ar y mur. Ond, wedyn, hyd yn oed pe baem ni'n dileu cystadleuaeth y delyneg a'r soned, y faled a'r hen benillion, beth a gynigiem yn eu lle? A chyda'r awdl yn prysur ddiflannu o dan ein trwynau, sut y gallwn ni ddiwygio cystadleuaeth y Gadair? Ac a fydd diben cynnal cystadleuaeth englyn a chywydd yn y dyfodol?

A beth am gystadleuaeth y Goron, sydd mewn cymaint o ddryswch a llanast heddiw? Y gwir ydi fod y 'Steddfod Genedlaethol yng nghyfnod Ôl-foderniaeth, a derbyn fod y fath gyfnod yn bod, wedi methu cyflawni'r hyn a gyflawnodd yng nghyfnod Moderniaeth. Bu'r bryddest a'r casgliadau

---

24. Telyneg: 'Egni': beirniadaeth Euryn Ogwen, *Cyfansoddiadau a Beirniadaethau Eisteddfod Genedlaethol Frenhinol Cymru De Powys: Llanelwedd 1993*, Gol. J. Elwyn Hughes, t. 62.

o gerddi yn gyfrwng i eni Moderniaeth yng Nghymru, ac i gyflwyno Moderniaeth i'r Cymry. Defnyddiwyd yr Eisteddfod i lusgo barddoniaeth o'r cyfnod Fictorianaidd i'r cyfnod modern. Daeth plentyn newydd o groth hen wraig. Ychwanegu at y dryswch y mae cystadleuaeth y Goron heddiw, nid ceisio creu cyfnod newydd na chynnig arweiniad. Ac er y byddwn i'n dadlau mai prif ddiben cystadleuaeth y Gadair ydi rhoi prawf ar brentisiaid a nofisiaid yn hytrach na chydnabod meistri, fe ddylai cystadleuaeth y Gadair hefyd fod yn rhan o'r oes. Ond a ydi hi?

'Does gen i ddim atebion rhwydd i'r cwestiynau hyn, ac nid fy lle i ydi ceisio'u hateb. Y cyfan y gallaf fi, neu unrhyw un, ei wneud ydi tynnu sylw at y sefyllfa. Efallai fod angen cwtogi ar nifer y cystadlaethau barddoniaeth, a chodi statws y lleill, drwy gynnig tlws arbennig, a gwobr ariannol werth ei chael. Mae angen ymgyrch i ddenu'r beirdd. Ac efallai mai am gyfrol o farddoniaeth gaeth y dylid rhoi'r Gadair yn y dyfodol, a'r Goron am gyfrol o farddoniaeth rydd. Ac eto, mae'r dirywiad a'r diffyg diddordeb cyffredinol yn arwydd o rywbeth llawer iawn dyfnach na ffurf unrhyw gystadleuaeth. Y gwir ydi fod angen trafod y sefyllfa, a chwyldroi adran farddoniaeth yr Eisteddfod; ac mae angen gwneud hynny cyn i gystadlaethau barddoniaeth y Brifwyl ddirywio ymhellach. Hynny ydi, os oes ots gan unrhyw un.

[1996]

YSGRIFAU
AR FEIRDD A
CHERDDI UNIGOL

HOPKINS A'R GYNGHANEDD

Dechreuwn gyda thri datganiad ysgubol:

(1) Sais pur, a luniai ei holl farddoniaeth yn Saesneg, oedd cynganeddwr gorau'r Bedwaredd Ganrif ar Bymtheg;

(2) Bu'r gynghanedd, a gyhuddir gan lawer o Gymry o fod yn henffasiwn ac yn gyfrwng amherthnasol i'r Ugeinfed Ganrif, yn un o'r ffactorau pwysicaf yng ngenedigaeth ac yn nhwf a datblygiad barddoniaeth fodern Saesneg;

(3) Y mae bodolaeth y gynghanedd yn wybodaeth gyffredinol ymhlith beirdd Saesneg. Gwyddai beirdd mor amrywiol â Hardy, Hopkins, Eliot, W. H. Auden, Wilfred Owen, Dylan Thomas, Robert Graves a llawer o rai eraill amdani.

Y mae'n wybodaeth gyffredinol bellach, ymhlith y Cymry o leiaf, i Hopkins ffoli ar Gymru, dysgu ei hiaith, ac yn sgîl hynny, feistroli rheolau a thechnegau'r gynghanedd, a chreu barddoniaeth newydd hollol, y farddoniaeth fodern gyntaf yn Saesneg yn ôl pob beirniad o bwys. Disgrifiwyd Hopkins fel tad y mudiad modern mewn barddoniaeth gan amryw. I F. R. Leavis, un o'r 'early moderns' ydoedd, ac meddai ymhellach amdano.[1]

The strength and subtlety of his imagery are proof of his genius. But Victorian critics were not familiar with such qualities in the verse of their time. The acceptance of Hopkins would alone have been enough to reconstitute their poetic criteria. But he was not published in 1889. He is now felt to be a contemporary, and his influence is likely to be great. It will not necessarily manifest itself in imitation of the more obvious of his technical peculiarities (these, plainly, may be dangerous toys); but no one can come from studying his work without an extended notion of the resources of English. And a technique so much concerned with inner division, friction,

---

1. *New Bearings in English Poetry*, 1932, arg. 1979, tt. 142-143.

and psychological complexities in general has a special bearing on the problems of contemporary poetry.

Meddai V. de S. Pinto wedyn:[2]

> The first poem in which Hopkins put his new theories fully into practice was the Deutschland Ode which is, perhaps, the first great religious poem in English since Milton. It is also, in a sense, the first modern English poem.

Cyhoeddwyd gwaith Hopkins am y tro cyntaf fel cyfangorff o fewn un gyfrol ym 1918, yn *The Poems of Gerard Manley Hopkins*, dan olygyddiaeth ei gyfaill Robert Bridges. Cyn hynny yr oedd ei gerddi ar wasgar, rhai wedi eu cyhoeddi mewn cylchgronau, rhai heb eu cyhoeddi o gwbl. Ar y pryd yr oedd moderniaeth yn dechrau cael ei thraed dani, a bu Hopkins yn ddylanwad ar y modernwyr cychwynnol, ond lleiafrif deallusol yn unig a ysbrydolwyd ganddo. Nid oedd y byd barddol ar y pryd, hyd yn oed ym 1918, yn barod amdano. Cyhoeddwyd ei gerddi drachefn ar ffurf cyfrol ym 1930, y tro hwn dan olygyddiaeth Charles Williams, ac ar adeg pan oedd moderniaeth yn barod i ffynnu a blodeuo, a'r ail dro hwn bu'n ddylanwad mawr ar feirdd ifainc a chanddynt dueddiadau modernaidd. Fel y dywed John Press:[3]

> Many young writers from Auden and Rex Warner down to Ted Hughes have imitated Hopkins's sprung verse, though never very happily, but his true importance as an example lies elsewhere. First, he showed that it was possible to break with the normal metrical and stanzaic patterns which had governed English poetry since the time of Elizabeth I, and yet still to employ powerful and elaborate formal devices that give language poetic intensity and memorability. Secondly, he demonstrated that one could make dogmatic statements about religion and politics without lapsing into Tennysonian moralizing. Paradoxical as it may seem, the young poets of the thirties who wanted to incorporate the doctrines of Marx and of Freud into their verse found a precedent and a justification for their poetic methods in the work of an ascetic Victorian Jesuit.

---

2. *Crisis in English Poetry 1880-1940*, 1951, arg. 1963, t. 77.
3. *A Map of Modern English Verse*, t. 200.

Pennod ragarweiniol Anthony Thwaite i'w gyfrol *Twentieth-Century English Poetry* yw ei ymdriniaeth â gwaith Hopkins, oherwydd i Thwaite, y mae barddoniaeth yr Ugeinfed Ganrif yn dechrau â barddoniaeth y bardd hwn a fu farw un mlynedd ar ddeg cyn troad y ganrif. Y mae yntau hefyd yn rhestru rhai beirdd modern y bu i Hopkins ddylanwadu arnynt:[4]

> As far as later poets are concerned, one can almost make it a rule that Hopkins cannot be learned from *directly*; he is in no ordinary sense a possible, or good, model; what shows through is the mannerism, not the mind, and Hopkins-influenced mannerisms can be found here and there in Auden, Day Lewis, Dylan Thomas and George Barker.

Gellid enwi llawer o feirdd eraill hefyd, rhai yn adnabyddus, rhai yn gymharol anenwog. Crybwyllais un o'r beirdd hyn yn y gyfrol *Trafod Cerdd Dafod y Dydd*, Rayner Heppenstall, bardd o Swydd Efrog. Synnais fod ganddo linell gyflawn o gynghanedd yn ei gerdd hir *Sebastian*, a gyhoeddwyd ym 1937, sef 'Peace to the hand, pace to the heel', ond nid oedd hyn yn syndod o gwbl wedi imi ddarganfod wedyn mai un o'r prif ddylanwadau arno oedd Manley Hopkins. Yn yr un gyfrol soniais am y modd y ceir cynghanedd ar raddfa bur eang yng ngwaith y bardd o Wyddel W. R. Rodgers, a dangosais y gynghanedd yn ei gerdd 'Stormy Day'. Darllenais gerdd arall o'i eiddo dro'n ôl, 'White Christmas', a cheir ynddi sawl cyffyrddiad cynganeddol, gan gynnwys y gynghanedd Sain gyflawn:

> In the dark, without a bark or a bite.

Yn sicr, nid damweiniol mo'r cynganeddion hyn yng ngwaith Rodgers, ac mi dybiwn i mai Hopkins, unwaith yn rhagor, yw'r prif ddylanwad.

Mae Thwaite yn rhestru rhai o brif nodweddion Hopkins fel bardd:[5]

> ... compound words, the invention of a man whose mind enjoyed all the cognate and sound-linked flavours and shades of language: 'spendsavour salt', 'beadbonny ash', 'selfyeast of spirit', 'wanwood leafmeal', and with these all the intricate interplay of alliteration, internal rhyme, assonance, dissonance. Like Shakespeare, he forced language into his own mould, making words do service as new parts

---

4. *Twentieth-Century English Poetry*, 1978, tt. 17-18.
5. Ibid., tt. 16-17.

of speech – nouns become verbs, adjectives become adverbs; definite and indefinite articles and relative pronouns are omitted if they hold up the free flow of mind and rhythm.

Sonia Leavis am 'technical peculiarities' Hopkins, a Thwaite am ei 'mannerism', hynny yw, ei arddull, gan gynnwys yr elfennau cynganeddol yn ei waith. Mae'r beirniaid Saesneg yn methu dod o hyd i un gair i gyfleu ac i grynhoi'r holl nodweddion arddull hyn, oherwydd eu bod yn anghyfarwydd â'r Gymraeg, ond y gair, wrth gwrs, yw 'cynghanedd', neu, a rhoi i'w holl arbrofion rychwant ehangach, efallai mai'r term gorau i'w ddefnyddio yw 'effeithiau cynganeddol'. Y 'technical peculiarities' hyn, y 'mannerism', sef yr effeithiau cynganeddol, a efelychwyd gan feirdd eraill. Dyna pam y cewch chi linellau cynganeddol a lled-gynganeddol yng ngwaith beirdd fel Dylan Thomas, Auden ac eraill. Gallaf feddwl yr eiliad hon am ddwy enghraifft mewn un gerdd gan Auden, sef 'Look, Stranger, on this Island Now':

When the chalk *wall falls* to the *foam* and its tall ledges

a

Diverge on *urgent* voluntary errands

Ceir cynghanedd Sain yn y llinell gyntaf, sy'n llinell Hopkinsaidd iawn, gyda'i thair odl, a chynghanedd Lusg yn yr ail enghraifft. Wrth gwrs, fe wyddom fel ffaith fod Auden yn gwybod yn iawn am fodolaeth y cynghanedd, ond yn achos llawer o feirdd eraill, dylanwad uniongyrchol Hopkins arnynt, ac nid unrhyw wybodaeth am y Gymraeg, sy'n gyfrifol am y llinellau a'r effeithiau cynganeddol yn eu gwaith.

Trafodais ran y gynghanedd ym marddoniaeth Hopkins mewn ysgrif yn *Poetry Wales* un tro, a rhoddais enghreifftiau o'r gwahanol gynganeddion yn ei waith. Yn ogystal, ceisiais ddangos sut y bu i Hopkins ddefnyddio'r cynganeddion i greu barddoniaeth rymus, nerfus, aflonydd ac egnïol. Sylweddolodd wir botensial y gynghanedd o'r dechrau, ac fe'i defnyddiodd i bwysleisio'r ystyr, i gryfhau'r ystyr, i greu tyndra, i gyferbynnu, ac i greu harddwch hefyd wrth iddo ddathlu gogoniant a phrydferthwch cread Duw mewn cerdd ar ôl cerdd. Ceisiais wneud hynny yn *Trafod Cerdd Dafod y Dydd* hefyd. Nid wyf am ailadrodd yma dim a ddywedais yn y cyhoeddiadau hyn, dim ond rhoi un enghraifft:[6]

---

6. *Trafod Cerdd Dafod y Dydd*, Gol. Alan Llwyd, 1984, t. 66.

The frown of his face
Before me, the hurtle of hell
Behind, where, where was a place?
I whirled out wings that spell
And fled with a fling of the heart to the heart of the Host.

Y llinell allweddol yma yw 'And fled with a fling of the heart to the heart of the Host'. Yn y pennill hwn, y mae Hopkins yn dyheu am dangnefedd meddwl ac am ddihangfa rhag y Duw dychrynllyd hwn o'i flaen a rhag Uffern o'i ôl. Y mae 'fled with a fling', cynghanedd Draws, yn cyfleu'r panic a'r brys a'r rhuthr i'r dim trwy acennu llafariaid byrion ('fle*d*', 'fli*ng*'); ond y mae'r symudiad yn arafu wedyn, ac fe wneir hyn trwy gyfrwng y gynghanedd Sain a'r acennu ar y llafariaid hirion ('h*ea*rt' ddwywaith a 'H*o*st'). Hefyd y mae yma 'glymu' neu 'ieuo' o safbwynt ystyr gan fod calon y bardd yn rhuthro i mewn i galon Crist am nawdd a thangnefedd.

Robert ap Gwilym Ddu, yn sicr, oedd bardd cynganeddol mwyaf y Bedwaredd Ganrif ar Bymtheg, ac un o'r ychydig feirdd yn y ganrif honno i droi barddoni drwy gyfrwng y gynghanedd yn gelfyddyd loyw. Am y gweddill, llofruddion y gynghanedd oeddynt, gyda'u cynganeddu rhyddieithol, carbwl, clogyrnaidd. Ond llwyddodd Hopkins i greu effeithiau newydd a ffurfiau newydd drwy gyfrwng y gynghanedd, weithiau, a chyda help y gynghanedd dro arall, ac y mae ei agwedd tuag at y gelfyddyd o farddoni yn ehangach ei ffiniau nag eiddo Robert ap Gwilym Ddu. Yr oedd Hopkins yn fardd mawr, yn ddigon mawr i ddylanwadu ar genedlaethau o feirdd ar ei ôl. Bardd cynganeddol mwyaf y ganrif ddiwethaf, heb unrhyw amheuaeth.

Y gwir yw fod angen astudiaeth fawr safonol ac ysgolheigaidd o Hopkins *o'r safbwynt Cymreig*. Oherwydd nid y gynghanedd yw'r unig ddyfais fydryddol Gymreig yn ei ganu: y mae tair elfen arall na welais eu crybwyll gan yr un beirniad. Yr englyn a'r cywydd oedd ffefrynnau Hopkins, a phrif feysydd ei astudiaeth, a dysgodd dri pheth arall gan farddoniaeth Gymraeg. Dylanwad barddoniaeth Gymraeg yn sicr yw'r geiriau cyfansawdd toreithiog a geir yng nghanu Hopkins, sef y 'compound words' y cyfeiria Thwaite atynt. Un o nodweddion barddoniaeth gynganeddol, er mwyn ehangu posibiliadau cyfatebiaeth gynganeddol, yw geiriau cyfansawdd, er y ceid defnyddio geiriau cyfansawdd yn ein rhyddiaith a'n chwedlau ymhell cyn datblygiad y cywydd, ond nodwedd a berthyn i farddoniaeth Gymraeg ydyw yn bennaf, yn enwedig o gyfnod y Gogynfeirdd ymlaen. Mae ei ddull o odli'n fewnol hefyd yn beth hollol Gymreig, ond nid dylan-

wad mesurau fel y triban a geir yma, ond, yn syml, dylanwad y gynghanedd
Sain. Un o brif nodweddion arddull y bardd yw'r odli mewnol hwn, er
enghraifft:

> And all is *seared* with trade; *bleared, smeared* with toil;
> And *wears* man's smudge and *shares* man's smell: the soil ...

Sylwer hefyd ar y gynghanedd 'wears man's smudge and shares man's smell'.
Y mae'n ymddangos i mi mai dyfais Gymreig yw odlau cudd athrylithgar
Hopkins hefyd. Mae'n wir y ceir odlau cudd yn Saesneg, ond prin iawn
iawn ydyn nhw, a heb fod yn rhan o draddodiad mydryddol yr iaith honno.
Ar y llaw arall, y mae'n un o brif ddyfeisiau'r canu caeth. Dyma enghreifft-
iau o waith Hopkins:

> ... boy bugler, born, he tells me, of *Irish*
>   Mother to an English *sire* (*he*
> *Sh*ares their best gifts ...

> Down all that glory in the heavens to glean our *Saviour*
> And, éyes, heárt, what looks, what lips yet *gave you a*
> *R*apturous love's greeting ...

Y drydedd ddyfais fydryddol Gymreig ym marddoniaeth Hopkins na
roddwyd iddi unrhyw sylw (yn naturiol, nid oes disgwyl i feirniaid y tu
allan i'r Gymru Gymraeg roi unrhyw sylw iddi) yw'r sangiad cywyddol.
Mae'n wir fod llefaru o'r neilltu megis, ymadroddi y tu allan i brif rediad y
frawddeg, yn gyffredin ym marddoniaeth yr iaith Saesneg, ond y mae
Hopkins yn gwneud defnydd mwy cyson a mwy cymhleth o'r sangiad nag
a wneir fel rheol. Dyma un enghraifft, o'r gerdd 'The Blessed Virgin Com-
pared to the Air We Breathe':

> She, *wild web, wondrous robe,*
> Mantles the guilty globe ...

Y brif frawddeg, wrth gwrs, yw 'She mantles the guilty globe', ond holltir
y brif frawddeg gan ddau sangiad, nid un.

Hopkins, yn sicr, oedd cynganeddwr mwyaf y Bedwaredd Ganrif ar
Bymtheg, a'r cyntaf, efallai, i sylweddoli fod y gynghanedd yn arbennig o
addas o safbwynt ymdrin â thensiynau'r bywyd modern.

[1989]

SAUNDERS LEWIS
A T.S. ELIOT

Athronydd a meddyliwr oedd Saunders Lewis yn ei holl waith, ac efallai mai ei gymwynas fwyaf â ni oedd diffinio ystyr cenedlaetholdeb a chened-ligrwydd o'r newydd, a dadansoddi arwyddocâd traddodiad. Aderyn brith yn ein plith ydoedd, alltud a dieithryn. Pregethai hanfod yr iaith fel offeryn gwleidyddol mewn Cymru ddi-hid a difater o'i hiaith; pregethai lwyr ym-gysegriad ac ymroddiad diarbed yr artist i gynulleidfa Philistaidd, ddilet-antaidd, ac i wŷr llên diog a diegni; pregethai Ewropeaeth i Gymry plwyfol, a phregethu hanfod a hollbwysigrwydd cof cenedl i bobl ddi-gof.

Tuag at Ewrop y bu'r dynfa yn ei hanes ef o'r cychwyn, am nifer o resymau. Sylweddolodd fod llên Cymru yn rhan o batrwm ac o gynhysgaeth ehang-ach, a sylweddoli y gellid olrhain ein hetifeddiaeth lenyddol yn ôl i'w thardd-leoedd yn y gwareiddiad Ewropeaidd canol-oesol, a chyn hynny, hyd yn oed, ymhell cyn hynny, oherwydd yr oedd y traddodiad Cymreig yn deillio o'r traddodiad Lladinaidd. Yr oedd y gyfundrefn nawdd uchelwrol yn y Gymru ganol-oesol yn seiliedig, yn y pen draw, ar y drefn gymdeithasol bendefigaidd a geid trwy Ewrop benbaladr, ac o Ewrop y daeth y 'Dadeni Dysg' i Gymru yn yr unfed ganrif ar bymtheg. 'Llysoedd tywysogion a llywodraethwyr Ewrop oedd cartrefi'r Dadeni hwnnw,' meddai yn ei ysgrif ar Gruffydd Robert, Milan, yn *Ysgrifau Dydd Mercher*.[1] Cyhoeddwyd y rhan gyntaf o *Gramadeg Cymraeg* Gruffydd Robert ym 1567, a lluniwyd y gwaith yn llys yr archesgob Carlo Borromeo ym Milan. Ac fel ei arwr a'i dadmaeth, Emrys ap Iwan, Ffrainc oedd ei gartref ysbrydol. Athronwyr, beirniaid llenyddol a llenorion Ffrainc a edmygid ganddo, yn union fel yr oedd Pascal a Paul-Louis Courier yn feistri ac yn batrymau gan Emrys ap Iwan.

Yn ôl Saunders Lewis, ieuid holl genhedloedd Ewrop, mawr a bach, ynghyd gan ddwy elfen, sef y grefydd Gristnogol a'r traddodiad llenyddol Ewropeaidd. Nid trwy gefnu ar y Gymraeg y gellid cyfrannu i lif mawr y

---

1. 'Gruffydd Robert', *Ysgrifau Dydd Mercher,* 1945, t. 50.

diwylliant Ewropeaidd, ond trwy gynhyrchu gweithiau o safon uchel yn y Gymraeg, a'i meistroli hyd at berffeithrwydd. Amrywiadau o fewn yr un patrwm mawr oedd holl wledydd Ewrop iddo, a rhaid oedd i Gymry ysgwyddo'i chyfrifoldeb a bod yn rhan o'r byd mawr y tu allan, byd dysg a chelfyddyd Ewrop, a chael gwared â'i phlwyfoldeb afiach. Ymosododd ar blwyfoldeb y Cymry fwy nag unwaith. Meddai yn y pamffledyn pwysig a gyhoeddodd ym 1926, *An Introduction to Contemporary Welsh Literature*, wrth ddinoethi israddoldeb beirniadaeth lenyddol Gymraeg:[2]

> ... the corrosion of provincialism shows itself generally in a certain freakishness, a lack of balance, a lack of that broad culture and matured humanism and European education which give to criticism its value.

Yn ei ysgrif 'Ffrainc cyn y Cwymp', yn *Ysgrifau Dydd Mercher*, dangosodd sut y bu Paris 'yn ganolfan i ddeall a meddwl Ewrop' drwy'r canrifoedd, ac yn 'gafell ac yn galon i ddiwylliant y gorllewin oll',[3] a phwysleisiodd sawl tro yr angen am ganolfannau cosmopolitan, dinesig, yng Nghymru ac yng ngwledydd Ewrop, i drafod diwylliant a llenyddiaeth gyfoes. Yn yr un ysgrif, mae'n ymosod ar W. J. Gruffydd oherwydd ei agwedd blwyfol-gul:[4]

> Dywed Mr. W. J. Gruffydd ar dudalen o'r "Tro Olaf" y "gall dyn fod mor blwyfol ym Mharis ag yn y Wyddgrug." Wel, yr ateb yn blwmp ac yn blaen yw, "na all"; od oes ganddo'r dogn arferol o ymennydd y mae'r cwbl sy o'i gwmpas ym Mharis, y cwbl o'r bywyd byd-eang ei ddiddordeb a'r cwbl o'r traddodiad sy'n ddidor o'r unfed ganrif ar ddeg, yn peri bod yn anos iddo fod yn bwyfol yn y dull y geill dyn a aned ac a gafodd ei addysg yn y Wyddgrug fod yn blwyfol.

Gwledig ac anninesig oedd holl gefndir a holl awyrgylch barddoniaeth Gymraeg, fel y cydnabu Saunders Lewis yn ei bamffled *An Introduction to Contemporary Welsh Literature*, a dieithr iawn oedd yr athrawiaeth a ledaenai ar y pryd, yn ystod blynyddoedd cynnar ei yrfa. Diystyrai hefyd y werin Gymreig, a dyna reswm arall pam y cythruddai lawer o'i gydgenedl. Dywedodd yn ei ysgrif 'Safonau Beirniadaeth Lenyddol': 'y mae'n amlwg na all y "dyn cyffredin" ddeall yr anghyffredin ond ymhen amser maith; a'r anghyff-

---

2. *An Introduction to Contemporary Welsh Literature*, 1926, t. 14.

3. *Ysgrifau Dydd Mercher*, t. 9.

4. Ibid., t. 10.

redin yw hanfod llenyddiaeth'.[5] Ac eto, yn ei ysgrif 'Barddoniaeth Mr. R. Williams-Parry' yn *Y Llenor*, pan ddywedodd 'Nid oes gan artist hawl i fod yn werinwr'.[6] Fodd bynnag, newidiodd ei safbwynt, ac ni fynnai gan neb ailgyhoeddi ei ysgrif gynnar ar farddoniaeth R. Williams Parry. Sylweddolodd fod i'r bardd gwlad yntau le anrhydeddus a rhan ganolog yn y traddodiad. Soniodd ym 1947 am y modd 'y traddodwyd gorchwyl y pencerdd i'r bardd gwlad, ei wir etifedd'.[7] 'Y bardd gwlad, cymwynasgar ei gerdd, yw gwir olynydd Taliesin a'r penceirddiaid,' meddai drachefn.[8]

Byddai astudiaeth gymharol rhwng Saunders Lewis a T. S. Eliot yn arbennig o werthfawr. Nid eu cymharu fel beirdd a olygaf, oherwydd fe wnaethpwyd hynny eisoes gan Gwenallt, er enghraifft, yn y gyfrol fechan wych a olygwyd gan Pennar Davies, *Saunders Lewis: ei Feddwl a'i Waith* (1950); ond eu cymharu'n hytrach fel beirniaid llenyddol ac fel athronwyr a meddylwyr. Arferai Saunders Lewis grybwyll Eliot, a chyfeirio at ei waith, ymhell cyn iddo'i sefydlu ei hun yn rym ym myd llên Lloegr. Cyfeiria ato, er enghraifft, yn 'Safonau Beirniadaeth Lenyddol' ym 1922, blwyddyn cyhoeddi *The Waste Land* Eliot. 'Y mae un peth yn gyffredin i T. S. Eliot a Saunders Lewis: daeth y ddau tan ddylanwad beirdd simbolig Ffrainc, fel Mallarmé ac eraill,' meddai Gwenallt,[9] er mai Laforgue, mewn gwirionedd, oedd y prif ddylanwad at Eliot. Ond yr oedd llawer mwy yn gyffredin rhyngddyn nhw: eu dysg a'u hysgolheictod Ewropeaidd glasurol, eu hoffter a'u hedmygedd o waith beirdd fel Fyrsil a Dante, eu damcaniaeth ynghylch un diwylliant cyfun Ewropeaidd, eu casineb at y plwyfol, eu parch tuag at draddodiad a'u syniadau ynghylch elitiaeth lenyddol. Mynd yn ôl at ei wreiddiau a wnaeth T. S. Eliot pan gafodd dröedigaeth a mabwysiadu'r grefydd Anglicanaidd, a mynd yn ôl at ei wreiddiau yn Ewrop a wnaeth Saunders Lewis pan droes at Babyddiaeth.

Yn 'What is a Classic', darlith a draddodwyd ym 1944, meddai Eliot:[10]

> ... my concern here is only with the corrective to provincialism in literature. We need to remind ourselves that, as Europe is a whole (and still, in its progressive mutilation and disfigurement, the organism

5. 'Safonau Beirniadaeth Lenyddol', *Y Llenor*, cyf. I, rhif 4, Gaeaf 1922, t. 245.
6. 'Barddoniaeth Mr. R. Williams-Parry', ibid., cyf. I, rhif 2, Haf 1922, t. 148.
7. Beirniadaeth y Gystadleuaeth 'Detholiad o Farddoniaeth Gaeth', *Cyfansoddiadau a Beirniadaethau Eisteddfod Genedlaethol 1947 (Bae Colwyn)*, Gol. William Morris, t. 185.
8. 'Dyfodol Llenyddiaeth', *Meistri a'u Crefft*, Gol. Gwynn ap Gwilym, 1981, t. 191
9. 'Barddoniaeth Saunders Lewis', *Saunders Lewis: ei Feddwl a'i Waith*, Gol. Pennar Davies, 1950, t. 77.
10. *Selected Prose of T. S. Eliot*, Gol. Frank Kermode, 1975, t. 130.

out of which any greater world harmony must develop), so European
literature is a whole, the several members of which cannot flourish,
if the same blood-stream does not circulate throughout the whole
body. The blood-stream of European literature is Latin and Greek
– not as two systems of circulation, but one, for it is through Rome
that our parentage in Greece must be traced.

Dyna Eliot yn ymosod ar y plwyfol a'r ynysig, fel Saunders Lewis, ac yn
arddel y Traddodiad Mawr Ewropeaidd. Ymhelaethodd lawer ar y syn-
iadau hyn yn *Notes Towards the Definition of Culture* (1948):[11]

> ... there can be no 'European' culture if the several countries are
> isolated from each other: I add now that there can be no European
> culture if these countries are reduced to identity. We need variety
> in unity: not the unity of organization, but the unity of nature ...
> So cultures of people speaking different languages can be more or
> less closely related: and sometimes so closely related that we can
> speak of their having a common culture. Now when we speak of
> 'European culture', we mean the identities which we can discover
> in the various national cultures; and of course even within Europe,
> some cultures are more closely related than others.

Nid trwy siarad un iaith a llenydda drwy gyfrwng iaith arall y gellid bod
yn rhan annatod o'r Traddodiad Ewropeaidd, yn ôl Eliot, ond trwy lenydda
yn ein mamiaith, bob un ohonom, a dyna oedd safbwynt Saunders Lewis
hefyd, a ddywedodd yn ei bamffledyn ym 1926:[12]

> There used to be superficial thinkers who judged that Wales could
> only be European by abandoning its own culture and language,
> and expressing its mind in English. Happily, that argument has
> been killed. The Welsh renaissance has proved that there is a pro-
> founder way of being European. It is to have the European mind
> in Wales, to preserve and to enrich the European tradition that has
> always existed here; to assimilate the whole of modern culture, its
> art and its science, and to mould a modern vocabulary into the
> framework of ancient speech:

---

11. Ibid., tt. 302-303.
12. *An Introduction to Contemporary Welsh Literature*, t. 16.

"Leaving great verse unto a little clan."

I Saunders Lewis, nid cyfrwng difyrrwch ac adloniant mo llenyddiaeth, ac nid chwaraebeth ychwaith, ond cynnyrch dyn ar ei fwyaf gwareiddiedig, a pheth ysbrydol yn ei hanfod. Ceisiodd gael gan lenorion, mawr a mân, i gymryd llenyddiaeth o ddifri calon; casâi amaturiaeth a diletantiaeth. Meddai yn ei ysgrif 'Ffrainc cyn y Cwymp':[13]

> Dywedodd un o'r pwysicaf ohonom yn ddiweddar nad yw "celf-yddyd yn werth colli cwsg na chyfeillgarwch o'i phlegid," datganiad sydd i mi yn wamalrwydd annheilwng o fardd mawr. Ond y mae'n nodweddiadol o'r "diletantiaeth" Gymreig, yn arwydd o'n cyflwr anghyfrifol ni. Un o'r pethau y mae'n rhaid inni ail-afael ynddynt yw pwysigrwydd ofnadwy gwerthoedd ysbrydol, a gwerthoedd ysbrydol yw celfyddyd a llenyddiaeth.

Pregethai ymroddiad, ymgysegriad llwyr i lenyddiaeth, brwdfrydedd a diwydrwydd, nid llenydda'n achlysurol ond llenydda'n gyson dda, nes creu corff mawr o waith llenyddol. Meddai yn yr un ysgrif:[14]

> Iechyd a gwers i ddyn yw clywed llenor o Ffrancwr yn sôn am "Le métier" am ddysgu sut i drin ei iaith, sut i ysgrifennu'n gyson ac yn gyson dda, yn fwy na dim sut i gynhyrchu gweithiau cyflawn, corff o waith, nid rhyw erthyglau neu ysgrifau achlysurol, mympwyol.

Delfryd Ewropeaidd oedd hwn eto yn ei hanfod, ac athrawiaeth ddieithr oedd hon hithau. Gwir fod yng Nghymru lai o lenorion llawn-amser nag yng ngwledydd eraill Ewrop, oherwydd y sefyllfa ynglŷn â'r iaith, ond gwawd a sgorn yw rhan yr artist ymroddedig yng Nghymru, yn union fel y gwawdiwyd Saunders Lewis ganddi. Mae gan y Cymry syniad yn eu pennau mai rhywbeth i'w wneud ar raddfa fechan iawn yw llenydda. Canmolir rhai beirdd ac awduron nid am eu bod wedi gadael corff mawr sylweddol o waith ar eu holau, ond am eu bod wedi canu'n achlysurol neu lenydda'n achlysurol. Dyna'r bardd a'r bardd a gyhoeddodd un gyfrol o farddoniaeth yn unig yn ei oes, a honno fel afrlladen o denau, ac fe'i canmolir i'r entrychion, oherwydd iddo ymatal rhag canu gormod a dewis canu yn unig ar yr adegau prin hynny y bu i'r Awen ymweld ag ef. Y beirdd

---

13. *Ysgrifau Dydd Mercher*, t. 13.
14. Ibid., t. 12.

mwyaf yw'r beirdd mwyaf cynhyrchiol hefyd, ac mae beirdd sydd o ddifri yn gallu *ewyllysio* awen yn eu gwaith, yn ogystal â chael eu cyffroi'n annisgwyl ac yn ddigymell gan eu hawen, gan eu bod yn ponsio ac yn ymboeni ddydd a nos ynghylch barddoniaeth. Meddai T. S. Eliot:[15]

> Tennyson is a great poet, for reasons that are perfectly clear. He has three qualities which are seldom found together except in the greatest poets: abundance, variety, and complete competence.

Toreth, amrywiaeth a medrusrwydd cyflawn: nid yw beirdd ymroddedig yn gostwng eu safonau er mwyn bod yn gynhyrchiol, ond yn hytrach maen nhw'n gweithio'n *galetach* na phawb arall. Dywedodd Helen Gardner, un o brif feirniaid llenyddol Lloegr yn y ganrif hon, yn ei Rhagymadrodd i *The New Oxford Book of English Verse*, mai'r pedwar bardd mwyaf yn Saesneg yn ystod y can mlynedd diwethaf oedd Gerard Manley Hopkins, T. S. Eliot, Thomas Hardy a W. B. Yeats. Mae *Collected Poems* Thomas Hardy bron yn fil o dudalennau mewn print mân, ac felly hefyd Yeats. Bu farw Hopkins yn weddol ifanc, yn ddeugain a phump, ond gadawodd gorff sylweddol o farddoniaeth a sylwadau ar farddoniaeth ar ei ôl. A gwyddom am weithgarwch eang Eliot, fel bardd, beirniad a dramodydd: a gwyddom hefyd am weithgarwch anhygoel Saunders Lewis. 'Bai ar fardd yw diffyg egni,' meddai unwaith.[16]

Ac wrth gwrs, fe bregethodd Saunders Lewis hanfod gorffennol cenedl: mynd yn ôl at y gwreiddiau. 'A people that has lost its past, and lost its contact with civilisation, has no spiritual life at all'. Dyma un o'r pethau pwysicaf iddo ei drosglwyddo inni. Ac i feddiannu'r gorffennol rhaid oedd meddiannu'r iaith, a'i meistroli hefyd yn ei holl foddau, a darllen ei chlasuron o'r gorffennol i feddiannu cyfoeth geirfa a chystrawen. Yr unig dro imi gyfarfod ag ef (a chael croeso hyfryd, yn hollol groes i'r hyn a ddywedid amdano), Cymraeg Byw a Chymraeg carbwl rhai llenorion oedd dani ganddo. Dywedodd lawer wrthym, ac o'i herwydd 'rydym yn gyfoethocach fel cenedl, a byddem yn fwy *cyfrifol* fel pobl pe baem wedi ceisio gweithredu'r hyn a bregethid ganddo. Ond ni wnaethom.

[1985]

---

15. 'In Memoriam', *Selected Prose of T. S. Eliot*, t. 239.
16. Awdl y Gadair: *Barddoniaeth a Beirniadaethau Eisteddfod Genedlaethol Caerdydd 1938*, Gol. W. J. Gruffydd a G. J. Williams, t. 12.

W. J. GRUFFYDD,
EDGAR LEE MASTERS
AC EDWIN
ARLINGTON ROBINSON

Cymwynas arall o law Bobi Jones, a chyfrol i'w chroesawu yn sicr, yw *Detholiad o Gerddi* W. J. Gruffydd, a gyhoeddwyd yn ail gyfres Clasuron yr Academi Gymreig, a'i golygu ganddo ef. Efallai nad oes neb, ac yn hollol gywir felly, yn ystyried Gruffydd fel un o feirdd mwyaf blaenllaw'r ganrif bellach, ond yn sicr ni ddylid ei anwybyddu'n llwyr, ac y mae peth boddhad i'w gael o ddarllen ei gerddi: y math o foddhad, hwyrach, y gellir ei gael o edrych ar ddarlun gan arlunydd hamdden yn hytrach nag ar gynfasau un o'r meistri.

Ychydig wythnosau'n ôl galwodd Bobi Jones yn fy nghartref â chopi imi o'r *Detholiad*. Digwyddais ddweud wrtho fy mod yn bwriadu llunio ysgrif olygyddol ar ddylanwad y bardd Americanaidd Edgar Lee Masters ar rai o gerddi W. J. Gruffydd, ac aethom i drafod Masters a beirdd eraill. Ni wyddwn, hyd nes imi ddarllen y Rhagymadrodd i'r *Detholiad*, ei fod ef hefyd wedi crybwyll y dylanwad hwn:[1]

> Mae'n amlwg mai cerdd yw hon yn y gyfres "feddargraffol" a ysgogwyd yn gyntaf gan Edgar Lee Masters. Yr oedd gan Gruffydd dipyn o ddiddordeb mewn llenyddiaeth Americanaidd. A chlywaf i yn ei waith ddylanwad bardd, mwy o lawer na Masters, sef Edwin Arlington Robinson (y cyfieithwyd un o'i gerddi gan T. Rowland Hughes). Nid oes gennyf dystiolaeth i WJG erioed ddarllen cerddi megis "Richard Cory", "Reuben Bright", "How Annandale Went Out", "Mr Flood's Party", "Miniver Cheevy", a "New England"; ond i mi y mae'r rhain yn nes at naws gwaith diweddar WJG nag oedd

---

1. *Detholiad o Gerddi W. J. Gruffydd*, Gol. Bobi Jones, 1991, t. xiii.

cerddi Masters. I mi mae yna debygrwydd trawiadol rhwng "Lost Anchors" Robinson a "Capten Huws yr Oriana".

Ni synnwn fod Bobi Jones yn llygad ei le ynghylch dylanwad cryfach, amlycach Edwin Arlington Robinson ar Gruffydd.

Dylanwadodd Masters ar gorff bychan penodol o gerddi gan W. J. Gruffydd, sef ar y cerddi bywgraffyddol hynny, neu 'beddargraffol' chwedl Bobi Jones, lle ceir y meirw yn llefaru o'u beddau ac yn cyflwyno inni droeon eu gyrfa. Ceir pedair o gerddi yn y dosbarth hwn, sef 'Gwladys Rhys', 'Capten Huws yr "Oriana"', 'Er Cof am y Parch. Thomas Rhys' a 'Thomas Morgan yr Ironmonger'. Dyfynnwn ddwy ohonynt yn unig.

CAPTEN HUWS YR "ORIANA"

Fel hwlc ar fin y distyll, a phob ton
Wrth guro arno'n datod yr hen ais,
Bûm ugain mlynedd ar eisteddfa'r cei
A'r dyddiau'n golchi trosof; fesul un
Ciliodd yr hen gymdeithion heb ddweud gair,
A minnau'n dal i eistedd wrth y cei,
I eistedd ac i bydru yn y gwynt,
A'm dyddiau'n dod i fyny gyda'r llanw
A llithro'n ôl drachefn ar lif y trai,
– Capten John Huws yr Oriana gynt
Sydd yma ar y distyll, a phob ton
Wrth olchi trosto'n datod yr hen ais.

Duw mawr! pa beth a wnawn ar risiau'r cei
Yn dadlau Pwnc y Bedydd ar b'nawn Sul,
A'r holl flynyddoedd eirias a fu gynt
Yn fflamio'n goelcerth ym mhedryfan byd,
Yn clecian fel drain crin a marw'n fwg,
Yn Frisco, Suez, Rio, Singapôr?
Pa beth a wnawn yn eistedd ar y cei
Yn pleidio hwn yn flaenor, hwn yn faer,
Fel twrnai môr mewn ffocsl, – a'r hen long
A'i chefn toredig ar y distyll draw
A'i hen asennau tlawd fel meinion fysedd
Yn amnaid ar ei chapten nos a dydd?

Mi godais innau wedi i bawb o'r watch
Fynd dan y dec i gadw, – Capten Huws
Yr Oriana 'n hwylio rownd yr Horn.
"Ho, Mistar Mêt, cadwasom yn rhy hir
Ar y tac hwn, ni wnaethom ddim ond lee.
'Bout ship a Mainsail Haul," – a throi i'r gwynt
A gadael hen rigolau lle bûm cyd
Yn drifftio i lawr i'r lŵard … Dyna pam
'R wyf wedi cyrraedd harbwr yn Llanbeblig,
A hogiau 'r dre wrth basio ar eu tro
Yn edrych ar y garreg ac yn dweud,
"'R hen Gapten Huws yr Oriana gynt
Sy'n hwlc ar fin y distyll …"

ER COF AM Y PARCH. THOMAS RHYS, GWEINIDOG HOREB, 1860-1924

> *"Wela'i neb o'm holl gyfeillion*
> *A ddaw'n dawel gyda mi.*
> *Ac a ddeil fy mhen i fyny*
> *Yn nyfnderoedd angau du."*

Un bore Llun, wrth rodio yn yr ardd
ar ddydd o Fai, Sabath pregethwr blin,
mi glywn ryw oerni ar fy ngwar. 'R oedd ias
o leithder rhosydd Moab yn cyniwair
drwy'r diffeithleoedd gwyw. Mi deimlais fin
gwynt yn meinhau wrth droi drwy enau'r glyn,
a minnau yn swmera yn yr ardd
        ar fore Llun.

A deugain mlynedd o foreau Llun
yn wrymiau llychlyd gras, hen dipiau glo
yn tonni draw yn tonni draw at ddwyrain
dyddiau fy hir fugeiliaeth; Thomas Rhys
o Horeb ar y Rhos. A pha rigolau
o wacter anial rhyngddynt, Duw a'i gŵyr, –
y Suliau chwyslyd hyd a lled y sir
a'r llaes wythnosau'n cerdded yn yr ardd,

pan gefais fod pob dydd yn fore Llun,
    yn fore Llun.

Ymdeithydd, wrth it grwydro rhwng y beddau
a chanfod enw Thomas Rhys, os daw
i'th feddwl holi pwy oedd hwn, a beth
a wnâi, yn chwysu ar y Sul a rhodio
foreau Llun ei oes mewn gwegi llwfr,
ni chei un ateb, – nid oes neb a'i gŵyr,
na gwraig na phlant na ffrind nac un o'r saint
fu'n gwylio Mistar Rhys ar Beniel faith
mewn ymdrech unig chwerw ddi-goffâd
    ar fore Llun.

Y mae'r cerddi hyn i gyd yn dilyn yr un fformiwla i bob pwrpas. Dyma brif nodweddion y cerddi: (1) Mae gwrthrychau'r portreadau yn llefaru o'u beddau ac yn edrych yn ôl ar eu bywydau. (2) Mae ieithwedd a delweddau'r cerddi yn deillio o fyd neu o alwedigaeth y llefarwyr. Gwelir uchod fod 'Capten Huws yr "Oriana"' yn llawn o dermau morwriaethol, a'i bod yn trafod gyrfa'r Capten drwy ddelweddau'n ymwneud â'r môr ac â llongau; yn yr un modd, mae'r gerdd er cof am Thomas Rhys yn llawn o ieithwedd a chyfeiriadau Beiblaidd, a'r ailadrodd ar yr ymadrodd 'ar/yn fore Llun' fel ailadrodd mewn emyn. (3) Ceir mynych ailadrodd yn y cerddi hyn, er mwyn cyfleu undonedd diwahaniaeth bywydau'r bobl hyn, er enghraifft, y mae'r ddwy gerdd a ddyfynnwyd yn eu crynswth uchod yn agor ac yn cloi â'r un ymadroddion i bob pwrpas, hyn hefyd yn cyfleu cyflawnder bywyd, dechrau a diwedd einioes y gwrthrychau, yn ogystal â mynegi diflastod beunyddiol eu bywydau, a cheir ailadrodd fel 'yn tonni draw yn tonni draw' yn y gerdd i Thomas Rhys a 'dim ond siop, siop, siop' yn 'Thomas Morgan yr Ironmonger'. Yn 'Gwladys Rhys' ceir sawl amrywiad ar y syniad o'r 'gwynt yn cwyno yn y pîn'. (4) Nodir oedran neu flynyddoedd gwaith neu ymddeoliad y gwrthrychau. 'Roedd Gwladys Rhys 'Yn ddeg ar hugain oed'; bu Thomas Morgan am 'ddeugain mlynedd/Yn gwerthu celfi tai a gêr y ffarm'; bu Capten Huws am 'ugain mlynedd ar eisteddfa'r cei', a Thomas Rhys wedi treulio 'deugain mlynedd o foreau Llun' yn ystod cyfnod ei fugeiliaeth. (5) Mae pob un o'r cymeriadau hyn yn dwyn i gof ryw wefr neu gyffro a ddaeth i'w ran unwaith, ennyd neu gyfnod o ias neu bleser yng nghanol undonedd eu dyddiau. Teimlodd Gwladys Rhys 'Rywbeth rhyfedd yn fy nghalon'; priodi, ambell drip 'I'r Isle of Man' a chwmni'r hogiau ym mharlwr y *Red Cow* oedd yr unig gyffroadau ym mywyd unlliw

Thomas Morgan; profodd Thomas Rhys 'ias o leithder Moab', cyffro tröedigaeth o ryw fath, a phrofodd Capten Huws 'flynyddoedd eirias a fu gynt/Yn fflamio'n goelcerth' mewn lleoedd pellennig. (6) Cerddi yn y cywair llafar ar y mesur penrhydd ydyn nhw. Dyna brif nodweddion y cerddi.

Y gerdd gynharaf o'u plith yw 'Gwladys Rhys', a berthyn i'r flwyddyn 1921, er mai yn y rhifyn cyntaf oll o'r *Llenor* (cyf. I, rhif 1, Gwanwyn 1922) y cyhoeddwyd y gerdd gyntaf. Uwch ei phen ceid y geiriau hyn:

NODIAD: Yr oedd ymhlith y pentrefwyr y sonia Mr. Edgar Lee Masters amdanynt yn ei *Spoon River Anthology* rai Cymry hefyd.

Dyna, mewn gwirionedd, ddull W. J. Gruffydd o gydnabod ei ddyled i Masters yn gyhoeddus.

Digon hawdd i ni sy'n ymhél â beirniadaeth lenyddol daflu enwau anghyfarwydd ger bron ein darllenwyr a honni bod rhyw fardd neu'i gilydd wedi dylanwadu ar rai o'n beirdd ni, heb ddweud dim am y beirdd diar-ffordd hyn na hyd yn oed ddangos y dylanwad. Priodol yma yw dweud un neu ddau o bethau am Edgar Lee Masters.

Cyfreithiwr oedd Edgar Lee Masters (1868-1950) wrth ei alwedigaeth. Ei lyfr cyntaf o farddoniaeth oedd *A Book of Verses* (1898), ond *Spoon River Anthology* (1915) oedd y gwaith cyntaf o'i eiddo i dynnu sylw. Cyhoeddwyd fersiwn arall o'r gyfrol gydag ychwanegiadau ym 1916. Cerddi yw *Spoon River Anthology* sy'n bortreadau, digon dychanol ar brydiau, o bentrefwyr yn ardal Springfield yng Nghanolbarth Gorllewinol Yr Unol Daleithiau. Ysgrifennai yn nhraddodiad dychanol llenorion fel E. W. Howe, Joseph Kirkland, Hamlin Garland ac eraill, gan ymosod ar fywyd pentrefol-gul a rhagrithiol America yn y ganrif ddiwethaf. Cyhoeddwyd ganddo nifer o gyfrolau o farddoniaeth, fel *Songs and Satires* (1916), *Starved Rock* (1919), *Doomsday Book* (1920), *Poems of the People* (1936) ac *Illinois Poems* (1941).

Yng ngherddi *Spoon River*, y mae'r llefarwyr yn ein hannerch o'r bedd, yn union yn null cerddi 'beddargraffol' Gruffydd, ac yn edrych yn ôl ar eu rhawd ddacarol, weithiau'n hiraethus, weithiau'n chwerw. Ymosodir yn aml ar wendidau dynol; rhagrith, snobeiddiwch, eiddigedd, ac yn y blaen. Portreadau o bobl gyffredin ydynt, y ffotograffydd, yr offeiriad, y wraig a'r fam ddioddefus-amyneddgar, y mân-wleidyddion a'r dyn papur newydd, ac yn y blaen. Y mae un neu ddau o'r cymeriadau yn weddol adnabyddus er hynny, fel Anne Rutledge, y dyweddïodd Abraham Lincoln â hi, ond a fu farw'n ifanc, a hefyd William H. Herndon, partner cyfreithiol Lincoln.

Dyma'r gerdd i Anne Rutledge, er enghraifft, a digon hawdd gweld o ble y cafodd Gruffydd y confensiwn hwn o lefaru o'r bedd:

ANNE RUTLEDGE

Out of me unworthy and unknown
The vibrations of deathless music;
"With malice toward none, with charity for all."
Out of me the forgiveness of millions toward millions,
And the beneficent face of a nation
Shining with justice and truth.

I am Anne Rutledge who sleeps beneath these weeds,
Beloved in life of Abraham Lincoln,
Wedded to him, not through union,
But through separation.
Bloom forever, O Republic,
From the dust of my bosom!

A dyma ddwy gerdd arall o'r gyfres, i ddangos dull Edgar Lee Masters o farddoni a hefyd ddyled W. J. Gruffydd iddo:

MOLLIE McGEE

Have you seen walking through the village
A man with downcast eyes and haggard face?
That is my husband who, by secret cruelty
Never to be told, robbed me of youth and beauty;
Till at last, wrinkled and with yellow teeth,
And with broken pride and shameful humility
I sank into the grave.
But what think you gnaws at my husband's heart?
The face of what I was, the face of what he made me!
These are driving him to the place where I lie.
In death, therefore, I am avenged.

LUCINDA MATLOCK

I went to the dances at Chandlerville,
And played snap-out at Winchester.

One time we changed partners,
Driving home in the moonlight of middle June,
And then I found Davis.
We were married and lived together for seventy years,
Enjoying, working, raising the twelve children,
Eight of whom we lost
Ere I had reached the age of sixty.
I spun, I wove, I kept the house, I nursed the sick,
I made the garden, and for holiday
Rambled over the fields where sang the larks,
And by Spoon River gathering many a shell,
And many a flower and medicinal weed –
Shouting to the wooded hills, singing to the green valleys.
At ninety-six I had lived enough, that is all,
And passed to a sweet repose.
What is this I hear of sorrow and weariness,
Anger, discontent and drooping hopes?
Degenerate sons and daughters,
Life is too strong for you –
It takes life to love Life.

Cyhoeddwyd *Spoon River Anthology* chwe blynedd cyn i W. J. Gruffydd lunio'i gerdd 'feddargraffol' gyntaf, 'Gwladys Rhys', ym 1921. Erbyn hynny 'roedd cerddi Masters yn bur enwog, er mai ychydig, o bosibl, a ŵyr amdanyn nhw heddiw. Benthyca'r syniad a'r patrwm a wnaeth W. J. Gruffydd, a hynny'n unig. Beirdd y natur ddynol oedd y ddau, a'r un yn ei hanfod oedd y natur honno yn Illinois yn ogystal ag yn Llanddeiniolen.

A beth am ddylanwad Edwin Arlington Robinson? Anfonwyd llythyr ataf gan fy nghyfaill, y bardd a'r beirniad Derwyn Jones, un tro, ac un o gerddi Robinson gyda'r llythyr. Mae'n rhaid i mi gydnabod fy nyled iddo. Yn ôl Derwyn Jones, 'roedd cerdd Edwin Arlington Robinson yn gerdd 'y ceir adlais o'i phatrwm mydryddol, yr ailadrodd ar ddiwedd y penillion, yng ngherdd Gruffydd i'r Parch Thomas Rhys, Gweinidog Horeb'.

Y gerdd o eiddo Robinson yr efelychwyd ei phatrwm mydryddol gan W. J. Gruffydd yn ôl Derwyn Jones (ac mae yn llygad ei le) yw 'Luke Havergal', a dyma hi:

Go to the western gate, Luke Havergal,
There where the vines cling crimson on the wall,
And in the twilight wait for what will come.

The leaves will whisper there of her, and some,
Like flying words, will strike you as they fall;
But go, and if you listen she will call.
Go to the western gate, Luke Havergal –
Luke Havergal.

No, there is not a dawn in eastern skies
To rift the fiery night that's in your eyes;
But there, where western glooms are gathering,
The dark will end the dark, if anything:
God slays Himself with every leaf that flies,
And hell is more than half of paradise.
No, there is not a dawn in eastern skies –
In eastern skies.

Out of a grave I come to tell you this,
Out of a grave I come to quench the kiss
That flames upon your forehead with a glow
That blinds you to the way that you must go.
Yes, there is yet one way to where she is,
Bitter, but one that faith may never miss.
Out of a grave I come to tell you this –
To tell you this.

There is the western gate, Luke Havergal,
There are the crimson leaves upon the wall.
Go, for the winds are tearing them away,
Nor think to riddle the dead words they say,
Nor any more to feel them as they fall;
But go, and if you trust her she will call.
There is the western gate, Luke Havergal –
Luke Havergal.

Yr un rhithm yn union sydd i'r ddau ddarn, ond yn yr ailadrodd ymadrodd ar ddiwedd pob pennill y mae'r tebygrwydd mawr rhwng y ddwy gerdd.

Bardd o New England oedd Edwin Arlington Robinson (1869-1935). Cyhoeddodd ei gyfrol gyntaf o farddoniaeth, *The Torrent and the River*, argraffiad o dri chan copi yn unig, ym 1896, a'i chyhoeddi y flwyddyn ddilynol, gyda rhai newidiadau, dan y teitl *The Children of the Night*.

Cafodd y casgliad cyntaf hwn (a gynhwysai 'Luke Havergal') dderbyniad twymgalon gan y beirniaid, a phenderfynodd Robinson, wedi'i sbarduno gan y croeso hwn a roddwyd i'w lyfr cyntaf, geisio dilyn gyrfa fel llenor. Bu'n byw am gyfnod yn Efrog Newydd, lle bu'n rhaid iddo ymhél â nifer o fân-swyddi anghydnaws i'w gynnal ei hun, ond cyfnod o dlodi ac o iselder ysbryd fu'r cyfnod hwn iddo. Fodd bynnag, cafodd gefnogwr a noddwr o bwys, sef Theodore Roosevelt, a sicrhaodd swydd iddo yn Nhŷ Tollau Dinas Efrog Newydd. Ceisiodd Roosevelt ei gynorthwyo yn ei dlodi gan gymaint ei edmygedd o'i waith. Cyhoeddodd Robinson nifer helaeth o gyfrolau o farddoniaeth. Ym 1921 ymddangosodd *Collected Poems*, ac enillodd y gyfrol honno Wobr Pulitzer. Enillodd y wobr honno ddwywaith yn ddiweddarach hefyd; ym 1925 am *The Man Who Died Twice* ac ym 1928 am *Tristram*, ei gerdd hir, a'r drydedd gyfrol yn ei drioleg Arthuraidd, yn dilyn *Merlin* (1917) a *Lancelot* (1920). 'Roedd Robinson yn fardd hynod o boblogaidd yn Lloegr ac yn America yn ystod traean cyntaf y ganrif hon.

Mae ei ddylanwad hefyd ar un arall o'n beirdd ni, T. Rowland Hughes, er mai fel nofelydd y'i hystyrir yn bennaf. Yn ei Ragymadrodd i *Detholiad o Gerddi* W. J. Gruffydd, cyfeiria Bobi Jones at Robinson fel bardd 'y cyfieithwyd un o'i gerddi gan T. Rowland Hughes'. Cyfeirio y mae Bobi Jones at y gerdd 'Y Tyddyn' yn *Cân neu Ddwy* (1948), lle y dywedir mai 'Efelychiad o ddarn gan yr Americanwr E. Arlington Robinson' yw'r gerdd. Dyma'r efelychiad, a'r gwreiddiol yn ei ddilyn, er mwyn gallu cymharu'r ddwy, fel petai.

Y TYDDYN

Maen' hw' wedi mynd i gyd
O'r tyddyn ar fin y llyn.
'Does 'na ddim o'u hôl, dim byd.

Oedd, yr *oedd* o'n lle bach clyd
A'i waliau mor lân, mor wyn.
Maen' hw' wedi mynd i gyd.

Er iddyn' hw' 'i ddal o c'yd
A'r caeau wrth droed y bryn,
'Does 'na ddim o'u hôl, dim byd.

Mae'r tyddyn yn noeth a mud
A'i dipyn o ardd yn chwyn.
Maen' hw' wedi mynd i gyd.

Mae'n wag ers 'wn i ddim pryd
A thyllau 'mhob ffenestr syn.
'Does 'na ddim o'u hôl, dim byd.

Mae'n drist 'i weld o o hyd
Yn unig a llwm fel hyn.
Maen' hw' wedi mynd i gyd:
'Does 'na ddim o'u hôl, dim byd.

THE HOUSE ON THE HILL

They are all gone away,
    The House is shut and still,
There is nothing more to say.

Through broken walls and gray
    The winds blow bleak and shrill.
They are all gone away.

Nor is there one to-day
    To speak them good or ill:
There is nothing more to say.

Why is it then we stray
    Around the sunken sill?
They are all gone away,

And our poor fancy-play
    For them is wasted skill:
There is nothing more to say.

There is ruin and decay
    In the House on the Hill:
They are all gone away,
There is nothing more to say.

Ond at hyn 'rwy'n dod. Ceir yn *Cân neu Ddwy* gerdd adnabyddus iawn, 'Ras'. Yn wir, anodd peidio â bod yn orgyfarwydd â hi, gan ei bod wedi ei hadrodd oddi ar lwyfannau eisteddfodau Cymru filoedd o weithiau.

Dyma'r gerdd am 'Sammy *Rose Bank* a Ned Tŷ Glas', sef yr unig ddau a oedd yn y ras, ond eto, 'Pedwerydd oedd Sam'. Ymgom rhwng dau yw'r gerdd, y naill yn adrodd hanes y ras a'r llall yn amau rhesymeg a mathemateg y storïwr:

> "Y? Be'?
> Ped-? Pe-?
> Yr hen lolyn, gwranda,
> Dos yn d'ôl i'r dechra'.
> Pwy ddwedaist ti gynna' oedd yn y ras?"

Dim ond Sammy *Rose Bank* a Ned Tŷ Glas.

> "Dau. Dim ond dau i gyd.
> Felly, sut yn y byd ..."

Yn y byd, be'?

> "Y mae 'na le
> I stwnsian am drydydd,
> Heb sôn am bedwerydd.
> 'Doedd ond dau yn rhedag ..."

... Pedwerydd oedd Sam.

> "Ond gwranda, y dyn,
> 'Wna dau a dim un
> Ddim pedwar
> Un amsar ..."

Dyma'r ateb i'r broblem:

> Pedwerydd oedd Sam.
> 'Roedd 'i dad a'i fam
> Yn rhedeg bob cam
> Wrth ochor 'u Sam.
> 'Roedd 'i Dadi a'i Fami
> Fel arfer efo Sami,
>
> A phedwerydd oedd Sam.

Nid yw'r gerdd 'Ras' yn wreiddiol i T. Rowland Hughes o gwbl. Er nad yw'n cydnabod hynny, fel ag y gwna gyda'r gerdd arall, 'Y Tyddyn', efel-ychiad llwyr a ffyddlon iawn o un arall o gerddi Robinson yw 'Ras'. Pam y bu i T. Rowland Hughes gydnabod ei ddyled i'r Americanwr yn y naill gerdd, a chyflwyno'r llall fel cerdd wreiddiol?

Dyma'r gerdd a efelychwyd gan T. Rowland Hughes, sef 'A Mighty Runner', yr ail gerdd o'i 'Variations of Greek Themes':

> The day when Charmus ran with five
> In Arcady, as I'm alive,
> He came in seventh. – "Five and one
> Make seven, you say? It can't be done." –
> Well, if you think it needs a note,
> A friend in a fur overcoat
> Ran with him, crying all the while,
> "You'll beat 'em, Charmus, by a mile!"
> And so he came in seventh.
> Therefore, good Zoilus, you see
> The thing is plain as plain can be;
> And with four more for company,
> He would have been eleventh.

Ymddangosodd y gerdd mewn blodeugerdd o farddoniaeth Americanaidd, *American Poets* 1630-1930, a gyhoeddwyd dan olygyddiaeth Mark van Doren ym 1932, ac ar y dudalen gyferbyn â hi ceid 'The House on the Hill'. Ai yn y flodeugerdd hon y cafodd T. Rowland Hughes afael ar y ddwy gerdd? Ie, mae'n debyg. Dylid dweud hefyd mai efelychiad yw cerdd Robinson yn ogystal, o waith Nicarchus, yr epigramydd o Wlad Groeg na wyddys fawr ddim amdano. Ond mae'n bur amlwg mai Robinson, a edmygid gan T. Rowland Hughes, a roes y cynsail iddo i'w efelychu.

Yn sicr, mae dylanwad y ddau fardd Americanaidd hyn yn amlwg ar ddau o'n beirdd ni, ond Gruffydd oedd yr unig un o'r ddau i droi'r dylan-wad yn gyflawniad.

[1992]

I. D. HOOSON

Tuedd y beirniaid, wrth geisio mesur a phwyso cyfraniad I. D. Hooson i'n barddoniaeth, yw ei osod rywle yn y canol rhwng Ceiriog ac Eifion Wyn, ar y naill law, a beirdd o fawredd a safon R. Williams Parry, ar y llaw arall. Tuedd arall gan rai yw dibrisio'i farddoniaeth, a rhoi'r argraff mai bardd telynegol siwgraidd ac arwynebol ydyw, bardd cyffro'r foment, heb ddyfnder i'w ganu nac unoliaeth i'w waith. Ond mae symlrwydd arwynebol ei gerddi yn bradychu'r cymhlethdod personoliaeth a guddir ganddyn nhw ac ni synnwn yn fawr petai llawer wedi gwneud cam ag ef. Mae llyfnder ei ymadrodd a cheinder telynegol ei fynegiant wedi twyllo llawer rhag canfod a chydnabod ei athroniaeth, neu ei weledigaeth o fywyd, os mynner. Nid bardd dagreuol-feddal ac anghyflawn ei grefft fel Ceiriog mohono, er bod ei ganu serch, ei ganu mwyaf tila yn fy marn i, yn ymylu ar hynny; nid bardd rhamantaidd-lac ac arwynebol yn ei neis-neisrwydd fel Eifion Wyn ychwaith, ac er na fynnwn ei osod yn gyfysgwydd ag R. Williams Parry, mae'n nes ato ef, ac yn debycach iddo, nag unrhyw fardd arall o Gymro Cymraeg. Ond nid ceisio penderfynu ar ei safle yn hierarchiaeth y beirdd, ar achlysur dathlu canmlwyddiant ei eni, yw diben yr ysgrif hon, ond llunio gwerthfawrogiad o'i gyfraniad i'n llên, olrhain y prif ddylanwadau arno, a dadansoddi'r cymhlethdodau cuddiedig a esgorodd ar rai o'i gerddi, ac ar ei themâu a'i athroniaeth fel bardd.

Brawd ysbrydol I. D. Hooson yw R. Williams Parry. Ef oedd ei feistr, ei eilun llenyddol. Un o wendidau I. D. Hooson yw'r ffaith ei fod ormod dan ddylanwad Williams Parry, ac ni allai guddio'r dylanwad. Mae'n efelychu Williams Parry'n aml, yn ei ddyfynnu yn ei gerddi weithiau, ac yn benthyca rhai o'i syniadau a'i linellau oddi arno droeon eraill. Mabwysiadodd rai o themâu pwysicaf Williams Parry, a chanodd i'r un gwrthrychau'n union â'i feistr. A dyna un ffordd o ddilyn teithi meddwl I. D. Hooson, a dod i ddeall ei agwedd at fywyd, sef trwy dynnu sylw at y tebygrwydd rhwng ei gerddi ef a cherddi ei feistr llenyddol.

Canodd I. D. Hooson gerddi i anifeiliaid, i adar ac i flodau, fel Williams Parry yntau; ond bu bron i'w eilun-addoliaeth o'i feistr â difetha ambell un o'i gerddi. Canodd Williams Parry gerdd a soned i'r llwynog, a chanodd

I. D. Hooson yntau gerdd iddo. Ymddangosodd y gerdd yn *Y Llenor* (cyf. VIII, rhif 4, Gaeaf 1929), gyda'r pennill canlynol yn rhagflaenu'r pum pennill arall:

> Fe ganodd Bardd yr Haf i ti
>   Ddihafal gerdd a soned dlos;
> Fe welodd dy "ryfeddod prin"
>   Yn mynd a dod fel breuddwyd nos,
> "Sefydlog fflam" dy lygaid gwiw,
> A'th "oediog droed" a'th "gringoch liw."

Erbyn cyhoeddi *Cerddi a Baledi* ym 1936, 'roedd y bardd wedi hepgor y pennill uchod, a da hynny. Ffordd dyn diog o agor cerdd ydyw: pennill o ddyfyniadau a geir yma, catalog o ymadroddion ar ffurf mydryddiaeth, a dim arall. Ond er iddo ddileu'r pennill agoriadol, cadwodd yr ail 'ryfeddod prin' yn y pedwerydd pennill.

Dro arall, mae'n benthyca ambell linell, yn ei chrynswth bron, oddi ar ei feistr, ond fe wnâi hynny'n ddiarwybod iddo ef ei hun ar y pryd, gellid tybio. Dyma enghraifft: yn y gerdd 'Aderyn' yn *Cerddi a Baledi*, ceir y llinell hon:

> Pam garwhei dy liwiog blu?

Mae'n berffaith sicr mai 'Drudwy Branwen' R. Williams Parry a roes y llinell iddo. Meddai Williams Parry am y drudwy:

> Ac ar ei ysgwydd ef
>   Y disgyn oddi fry
> Fel anfonedig nef,
>   *A garwhau ei blu.*

Ac fe wyddom mai Williams Parry oedd y cyntaf i'r adwy. Ym 1929 y lluniodd ef 'Drudwy Branwen'. Ymddangosodd yn *Y Llenor*, yn rhifyn mis Hydref o'r flwyddyn honno (cyf. VIII, rhif 3), ac fe wyddom hefyd mai wedi 1929 y lluniodd I. D. Hooson ei gerdd 'Aderyn'.

Yn wir, mae I. D. Hooson yn tynnu ein sylw at 'Drudwy Branwen' rai blynyddoedd yn ddiweddarach wrth feirniadu cystadleuaeth y Faled yn Eisteddfod Bae Colwyn ym 1947:[1]

---

1. *Beirniadaeth y Faled: Cyfansoddiadau a Beirniadaethau Eisteddfod Genedlaethol 1947 (Bae Colwyn)*, Gol. William Morris, t. 105.

Cafodd y gerdd sy'n adrodd stori fwy o sylw gan ein prifeirdd yn ein hoes ni, ac ymhlith y cerddi gorau o'r math hwn enwn eto "Ynys yr Hud" (W. J. Gruffydd) a "Drudwy Branwen" (R. Williams Parry) heb anghofio "Madog" a "Cynddilig" (T. Gwynn Jones) ...

Dyna ddangos ei fod yn gyfarwydd â'r gerdd, er nad oes angen profi hyn mewn gwirionedd, gan fod y benthyciad yn amlwg. Dyma enghraifft arall o'r eilun-addoliaeth hon, a'r enghraifft honno yn ymylu ar fod yn ddoniol. Yn rhifyn yr Hydref, 1939, o'r *Llenor* (cyf. XVIII, rhif 3), dyma gerdd R. Williams Parry, 'Y Band Un Dyn', yn ymddangos. Yn y rhifyn dilynol o'r *Llenor*, rhifyn y Gaeaf, 1939, dyma gerdd I. D. Hooson yntau i'r un gwrthrych yn ymddangos, er i I. D. Hooson ddweud amdani mai 'Mewn gwesty yn ystod yr Eisteddfod Genedlaethol, a minnau'n ymgomio a dau o'n prifeirdd, y disgynnodd seiniau'r 'Band Undyn' eilwaith ar fy nghlyw ...' yn ei Ragair i'r *Gwin a Cherddi Eraill*. Ys gwn i pwy oedd y ddau brifardd? Mae'n ymddangos i mi mai ceisio cuddio'r gwirionedd rhagom a wna'r bardd. Oherwydd mae'n gyd-ddigwyddiad rhyfedd iawn i'r ddau fardd daro ar yr un gwrthrych fel deunydd cerdd, ac ar yr union un adeg bron. Ac mae'r ddwy gerdd yn ymdebygu i'w gilydd mewn mannau, er enghraifft:

> Ac fel y chwyddai'i ddwyfoch iach
> I gadw'r cacwn yn y cwd
> Yn brysur gyda'u murmur brwd!
> Ynghylch ei helm 'roedd clychau'n llawn
> O beraidd barabl fore a nawn.
>
> (R. Williams Parry)
>
> Sŵn gwenyn dirifedi
>   Yn suo yn y cwd,
> A'r clychau oll yn gollwng
>   Bob un ei gloyw ffrwd ...
>
> (I. D. Hooson)

Dyna i ba raddau yr oedd I. D. Hooson yn dilyn R. Williams Parry.

Gwelir ôl Williams Parry ar ambell gymhariaeth neu drosiad hefyd. Er enghraifft, ystyriwn y pennill olaf hwn o'r gerdd 'Y Gannwyll' yn *Cerddi a Baledi*:

> Teithiais ymlaen, a gwelais
>   Olau o'r bwthyn tlawd;

A diddim lloer a heuliau
    Wrth olau cannwyll brawd.

Ond meddai R. Williams Parry, gryn hanner dwsin neu fwy o flynydd-
oedd o'i flaen, ym 1925:

Ac enw a chyfeiriad
Mewn anllythrennog eiriad
Gennyf fi
Oedd fiwsig cerdd fwy iasol
Na champau'r gwŷr urddasol
Mawr eu bri.

Fel pan ar hwyr o Fedi
Y gwelir dan rifedi
Disglair sêr,
Trwy ryw bell ffenestr wledig
Oleuni diflanedig
Cannwyll wêr.

Yn wir, yr oedd Williams Parry'n bur hoff o'r gymhariaeth. Fe'i ceir gan-
ddo eto yn 'Yr Hen Gantor':

Goleuo'r *"Llenor"* fel rhyw sêr
    Mae'r dynion mawr eu dysg,
Ac unwaith fel rhyw gannwyll wêr
    Bûm innau yn eu mysg.

Mae'n sicr mai'r cyferbyniad odledig rhwng *'sêr'* a 'channwyll *wêr'* a roddai
foddhad i Williams Parry. Yn y cyswllt hwn, nid yw I. D. Hooson, wrth
iddo efelychu'i feistr yn slafaidd braidd, yn hanner cystal crefftwr.

Un o themâu amlycaf I. D. Hooson, fel R. Williams Parry yntau, yw ei
gydymdeimlad â'r gorthrymedig, ei dosturi tuag at y diniwed diamddiffyn
a erlidir gan ei ormeswr cryfach. Yn ei gerddi i greaduriaid y gwelir y
thema hon amlycaf, wrth reswm. Fe'i ceir, er enghraifft, yn y gerdd 'Aderyn'.
Meddai yn y fan honno am yr aderyn a fentrodd i swyddfa'r bardd:

'Does yma neb ond cyfaill cu:
Ond gwn mai anodd yw i un
A glywodd am greulonder dyn

At deulu'r maes a'r coed a'r lli,
Ddisgwyl tynerwch gennyf i.

Cymharer ag agwedd R. Williams Parry:

Y mwyalch, pam yr ofni?
Taeog yw'r bywyd hwn;
Ac aros dyn a deryn
Mae garddwr ac mae gwn.

('Angau')

Dyma I. D. Hooson eto, yn yr un gerdd:

Ai dianc wnaethost rhag y saeth
Neu ddychryniadau a fo gwaeth –
Rhyw gudd adarwr brwnt ei lun
A ofni'n fwy na'r gelyn ddyn?

Ceir yr un agwedd gan I. D. Hooson mewn cerddi megis 'Y Fronfraith', 'Hawliau', 'Y Cudyll Coch', 'Yr Ysgyfarnog', 'Y Llwynog', ac eraill i raddau llai. Yn 'Y Fronfraith', y bardd ei hun yw'r llofrudd a'r gormeswr: cofia amdano'i hun yn lladd 'cantor mwyn y berth', a chofia hefyd yr euogrwydd a deimlodd wedi iddo gyflawni'r anfadwaith:

Euogrwydd dan fy mron
A'm dagrau ar fy ngrudd;
Ond ni ddaeth gweddi'r bachgen ffôl
Â'r cantor mwyn i'r berth yn ôl.

Yn 'Hawliau' wedyn, sy'n un o'i gerddi gorau, mynegir ganddo dosturi ingol tuag at y gwningen neu ysgyfarnog a ddelir yn y 'fagl ddur':

Mi welais yn y fagl ddur
Greadur bach a'i wddf yn dynn,
A'i ffroenau'n wlyb gan ddafnau gwaed,
Ac yn ei lygaid olwg syn;
Dadleuai yntau yno'n lleddf
Ei hawl i fyw yn ôl ei reddf.

Yn 'Y Llwynog', dim ond gwybod bod y llwynog yn ddiogel yn ei ffau a rydd dawelwch meddwl a gollyngdod i'r bardd:

Mi fûm mewn pryder oriau hir,
    Ond daeth llawenydd gyda'r nos
O wybod mai oferedd fu
    Dy hela di hyd waun a rhos,
A'th fod yn hedd y rhedyn crin,
Â'th ben ar bwys dy balfau blin.

Ond nid y 'gelyn ddyn' yn unig sy'n gormesu. Bardd Natur yw I. D.
Hooson yn anad unpeth arall, bardd sy'n ymhyfrydu'n garuaidd ym myd
natur, ac yn rhyfeddu at ei chreaduriaid. Ond nid yw byd natur yn gwbl
ddiniwed; nid hyfrydwch mo'r cyfan. A dyma un peth sy'n peri dryswch a
phenbleth i I. D. Hooson, sef y creulondeb a'r bryntni a'r ffieidd-dra sy'n
rhan mor anochel ac annatod o fyd natur. Mae creadur yn erlid creadur,
aderyn yn gorthrymu aderyn, anifail yn darnio anifail; 'trechaf treisied' yw
hi ym myd natur hefyd, ac fe geir y thema hon dro ar ôl tro yn ei waith.
Meddai am y llwynog:

Ond gwn na chei, ffoadur chwim,
Gan ddyn na chŵn drugaredd ddim.

Y mae 'Fflach, y milgi main' yn erlid y geinach yn 'Yr Ysgyfarnog', ac yn
'Y Cudyll Coch', mae aderyn yn difa aderyn:

Ac yna un, a'i wich yn groch,
Yng nghrafanc ddur y cudyll coch.

Yn 'Aderyn', mae'r bardd yn gofyn:

Ai'r hebog cas, aderyn ffôl,
A fu yn ymlid ar dy ôl?

Ond yn y gerdd 'Y Rhwyd' y rhoddir y mynegiant mwyaf iasol a dirdynnol
i'r benbleth hon. Rhyfedda'r bardd wrth weld cywreinder cyfrodedd gwe'r
pryf copyn:

'Celfydd yw'r llaw a'i nyddodd,
    Hawddgar a theg yw'r un,'
Meddwn, 'a weithiodd allan
    Gampwaith mor hardd ei lun.'

Mae trefn y cread yn ddirgelwch iddo. Mae dirgel ffyrdd y Duwdod yn boendod iddo. Hen gwestiwn oesol yw hwn, wrth gwrs, ac mae beirdd eraill wedi cyffwrdd ag ef. R. S. Thomas, er enghraifft. Mae'n ceisio dirnad a datrys yr un peth yn union yn ei gerdd 'Pisces':

> Who said to the trout
> You shall die on Good Friday
> To be food for a man
> And his pretty lady?
>
> It was I, said God,
> Who formed the roses
> In the delicate flesh
> And the tooth that bruises.

Ond nid yw R. S. Thomas wedi datrys dim ar y dirgelwch. Yn hytrach, cydnabod mai dyna'r drefn a wna, a phlygu iddi. Prin fod *Cerddi a Baledi* yn gynnyrch bardd sy'n Gristion uniongred. Ceir peth amheuaeth ynddi, a pheth gwewyr meddwl. Ond fe geir tawelwch meddwl ynghyd â sicrach ffydd yn *Y Gwin a Cherddi Eraill*. Yn ei ail gyfrol, ymddengys fod y bardd yn ymboeni llai ynghylch paradocsau'r Drefn, a'i fod, fel R. S. Thomas, yn derbyn mai fel yna y mae hi, er nad yw'r bardd yn dweud wrthym sut y cyrhaeddodd y safbwynt hwn. Ond fe ddywed hyn yn 'Yr Ystlum':

> Creawdwr yr eryr a'r alarch,
>   A Lluniwr y llewpart a'i ryw,
> A roddodd i tithau dy ddelw
>   A'th drwydded fel hwythau i fyw.
> Pan fritho Ei sêr y ffurfafen,
>   Pan ddringo Ei leuad i'r nen,
> 'Rwyt tithau ymhlith y rhifedi
>   Sy'n dwyn Ei fwriadau i ben.

Yn wahanol i R. Williams Parry, y tro hwn, gallodd I. D. Hooson dderbyn y Drefn, a gallodd hefyd gyfrannu o'r tawelwch meddwl hwnnw y gŵyr pob Cristion diysgog ei ffydd amdano pan fo diwedd ei einioes yn agos. Meddai yn 'Y Gwesty Gwyn':

> Ond teithio yn hyderus
> A wna y dyrfa lon

Sy'n gwybod am gysuron
　　Ei wialen Ef a'i ffon,
Gerllaw y dyfroedd tawel
　　Trwy ddychrynfeydd y glyn,
I'r arlwy sy'n eu haros
　　Ar ford y Gwesty Gwyn.

Nid oedd Williams Parry yn un o'r gwŷr doeth hynny a allai wynebu'n hyderus a di-ofn 'y byd a ddaw/Ar ochor draw marwolaeth'. Gwingo yn erbyn y drefn a wnaeth ef, a melltithio stad ein marwoldeb.

Mae llawer o gerddi I. D. Hooson yn ymwneud â'i swydd ym myd y gyfraith, ac er gwaethaf y ffaith iddo fod yn gyfreithiwr llwyddiannus, ar un olwg, mae'n amlwg nad oedd wrth ei fodd yn gweinyddu llythyren y ddeddf. Dengys ddirmyg tuag at ei swydd rai prydiau; dengys ddifaterwch ohoni droeon eraill. Byd di-liw, diflas, undonog, oedd byd y gyfraith iddo, ac, ar un wedd, dihangfa rhag hualau'i swydd gaethiwus oedd prydyddu iddo. Meddai yn ei Ragair i'r *Gwin a Cherddi Eraill*, er enghraifft:

Yn Llys y Methdalwyr, yn un o drefydd Gogledd Cymru, y daeth 'Y Fantell Fraith' o hyd imi, a mynnu ohoni gael ei chwblhau heb aros dim.

Swnia'r gosodiad hwn braidd yn rhyfedd, o gofio mai cyfaddasiad yw'r gerdd. Fe'i seiliwyd, wrth gwrs, ar gerdd enwog Robert Browning, 'The Pied Piper of Hamelin', ond rhaid cyfaddef fod cyfaddasiad afieithus I. D. Hooson ohoni, er nad yw'n cydnabod ei ddyled i Browning yn *Cerddi a Baledi*, yn greadigaeth drwyadl wahanol. Ac nid drwg o beth, yn y cyswllt hwn, fyddai dyfynnu rhannau agoriadol y ddwy gerdd, i ddangos y tebygrwydd rhyngddynt, a'r gwahaniaeth. Cerdd Browning i ddechrau:

Hamelin Town's in Brunswick,
　　By famous Hanover city;
The river Weser, deep and wide,
Washes its walls on the southern side;
A pleasanter spot you never spied;
　　But, when begins my ditty,
Almost five hundred years ago,
To see the townsfolk suffer so
　　From vermin, was a pity.

Rats!
They fought the dogs and killed the cats,
    And bit the babies in the cradles;
And ate the cheeses out of the vats,
    And licked the soup from the cooks' own ladles,
Split open the kegs of salted sprats,
Made nests inside men's Sunday hats,
And even spoiled the women's chats
    By drowning their speaking
    With shrieking and squeaking
In fifty different sharps and flats.

Mae dyled I. D. Hooson i Browning yn amlwg:

Eistedded pawb i lawr
    I wrando arna' i'n awr
Yn dweud yr hanes rhyfedd
    Am bla y llygod mawr:
Am helynt flin Llanfair-y-Llin,
    Ar lannau afon Gennin,
Cyn geni'r un ohonoch chwi
    Na thaid i daid y brenin.

Llygod!
O! dyna i chwi lygod, yn haid ar ôl haid,
Yn ymladd â'r cathod a'r cŵn yn ddi-baid;
Yn brathu y gwartheg a phoeni y meirch,
A rhwygo y sachau lle cedwid y ceirch;
Yn chwarae eu campau gan wichian yn groch,
A neidio o'r cafnau ar gefnau y moch; ...
Yn torri i'r siopau, yn tyrru i'r tai,
Yn rhampio trwy'r llofftydd, yn cnoi trwy'r parwydydd,
Ac eistedd yn hy ar y cerrig aelwydydd,
    Gan wichian a thisian,
    A herian a hisian,
Ar ganol ymddiddan y forwyn a'r gwas ...

Ac yn y blaen. Mae'r bardd, yn hytrach na chanolbwyntio ar ei waith, yn
dianc yn ei ddychymyg i fyd y plentyn. Yn y gerdd 'Aderyn', dywed hyn
wedyn:

> Paham, paham, aderyn hardd,
> Y daethost ti i swyddfa'r bardd –
> *I le mor llwm*, mor groes i'th reddf,
> O'r llwyni ir at lyfrau'r ddeddf;
> O'r awyr rydd *i gyfyng rwyd*
> *Ystafell fwll cyfreithiwr llwyd* ...

Dengys y rhannau a italeiddiwyd wir agwedd I. D. Hooson at ei swydd. Ac mae'n syndod pa mor aml mae'r ddelwedd o gaethiwed yn digwydd yn ei gerddi. Fe'i gwelir yn y darn uchod: 'i gyfyng rwyd/Ystafell fwll cyfreithiwr llwyd'; ac fe'i ceir trwy'i holl farddoniaeth. Yn y gerdd 'Y Rhwyd', y cyfeiriwyd ati eisoes, mae'r pryfyn a'r prydydd yn ymwingo'n gaeth yn y rhwyd gywrain ei gwead. Ceir yr un ddelwedd yn 'Y Carcharor' (Tân):

> Tu ôl i'r barrau dur
> Fe rua'r bwystfil coch ...
> Ymwinga, ymwthia'n wyllt
> Yn erbyn barrau'i gell;

'Barrau'i gell', delwedd yn deillio o fyd y gyfraith. Bardd yn pledio rhyddid yr unigolyn yw I. D. Hooson, ac mae hynny'n eironig iawn o gofio'r ffaith ei fod, yn rhinwedd ei swydd fel cyfreithiwr, yn perthyn i alwedigaeth a garcharai ac a gaethiwai ddrwgweithredwyr. Mae'n amlwg mai bardd yn dioddef o gymhlethdod euogrwydd oedd I. D. Hooson, ac mae'r cymhlethdod hwn yn britho'i waith. Ceir yn ei farddoniaeth y gwrthdrawiad hwn rhwng yr hyn a gredai a'r hyn a weithredai, fel cyfreithiwr. Cerdd greulon yw 'Wil', er enghraifft. Clowyd 'Wil yng ngharchar Rhuthyn' am droseddu'n erbyn cyfraith gwlad, y maglwr ei hun wedi'i ddal yn y fagl, a'i 'rwyd a'i wn yn gorwedd/Yn segur yn y gist'. Mae'n amlwg ei fod yn cydymdeimlo â'r carcharor; dengys yr ail bennill hynny, yn ddigon eglur. Ond mae Hooson yn ochri â'r gorthrymedig hefyd, ac ar un ystyr, mae'n falch fod Wil yn gaeth yn ei gell, neu o leiaf mae'n chwilio am gyfiawnhad i'r ffaith ei fod yn y carchar, oherwydd

> Y ffesant mwy gaiff lonydd
> Ym mherthi gwyrdd y plas,
> A'r lwyd gwningen redeg
> Yn rhydd drwy'r borfa fras.

Golyga caethiwed Wil ryddid i eraill. Gorfodir I. D. Hooson i ddewis yn y gerdd hon, ac mae'n dewis cydymdeimlo'n bennaf â'r diniweitiaid:

> A thybiais glywed lleisiau
> Fel mwyn aberoedd pell
> Yn diolch i'w Creawdwr
> Fod Wil yn rhwym mewn cell.

I. D. Hooson yn chwilio am gyfiawnhad i'w swydd a geir yn y gerdd hon, ac, ar yr un pryd, yn ceisio lleddfu'i euogrwydd. Ac, yn sicr, mae'r ffaith fod Duw o'i blaid yn cynnig nodyn cysurlon iddo ar y diwedd. Cerdd debyg i 'Wil' yw 'Hawliau'. Ceir yr un elfennau yma eto: hawl yr unigolyn i'w ryddid, caethiwed, a gorthrymu'r gwan. Ceir yr un gwrthdrawiad yma hefyd. Yn y pennill cyntaf, cydymdeimla'r bardd â safbwynt y potsiar sy'n mynnu amddiffyn 'ei hawl a'i reddf/Yn erbyn arglwydd, gwlad a deddf', ond eto, ar yr un pryd, mae yma awgrym o ddirmyg tuag ato am ei fod 'Yn gosod creulon fagl ddur/I ddal diniwed deulu'r coed'. Yn yr ail bennill mae'i gydymdeimlad yn llwyr â'r 'truenus ŵr' sy'n wynebu 'dirwy, cosb a chell'; felly, cydymdeimla â'r gŵr a'r anifail yn unig:

> Mi welais yn y fagl ddur
> Greadur bach a'i wddf yn dynn,
> A'i ffroenau'n wlyb gan ddafnau gwaed,
> Ac yn ei lygaid olwg syn;

Yr eironi mawr yng ngwaith I. D. Hooson yw'r ffaith ei fod yn ei ystyried ei hun yn garcharor: carcharor rhwng muriau'i swyddfa ydyw, a dyna pam mae'n gallu cydymdeimlo â'r carcharor a ddedfrydir i garchar gan Lys Barn, a'r eironi yw ei fod ef ei hun, fel cyfreithiwr, yn gorfod anfon pobl i garchar. Wil, ar un ystyr, yw I. D. Hooson. Ac fe geir yn ei waith y tyndra hwn rhwng diflastod ac undonedd ei swydd gaethiwus, ar y naill law, a'i ddyhead am ryddid y meysydd ar y llaw arall, dyhead digon rhamantaidd. Diriaethwyd y dyhead hwn yn rhith yr aderyn a ddaeth i'w swyddfa 'gan ddeffro'r llwch/Sy'n gorwedd ar fy llyfrau'n drwch', awgrym cynnil o'i ddiffyg diddordeb yn ei fywoliaeth. Mae'r bardd yn cenfigennu wrth yr aderyn, oherwydd:

> Cei fynd yn ôl drwy'r gwynt a'r glaw
> I'r meysydd glas a'r goedlan werdd,

Ond nid felly'r bardd ei hun. Ceir yr un tyndra a'r un thema yn y gerdd 'Mynwent Bethel'. Mae Huws y Grosar 'wyneb trist' a Wil y glöwr 'rhadlon' yn gorwedd ochr yn ochr ym mynwent Bethel. Personoliad o ddyhead y bardd am ryddid y meysydd yw Wil:

> Fe garai Wil y meysydd
>   A'r llwyni drwy ei oes,
> Cwningen a 'sgyfarnog
>   A milgi hir ei goes;

Ond gŵr wedi ei lyffetheirio gan ei swydd syrffedus – fel I. D. Hooson – yw Huws:

> Rhwng meinciau Capel Bethel
>   A chowntar Siop,y Groes
> Y cafodd ei ddiddanwch
>   A'i nefoedd drwy ei oes.

Coeglyd ac eironig yw'r dôn yn y ddwy linell olaf o'r dyfyniad uchod, wrth reswm. Ac mae ei obsesiwn â'i swydd yn dod i'r amlwg fwyfwy yn y gerdd hon pan ddywedir am Wil a Huws eu bod

> Yn aros awr y ddedfryd
>   Rhwng muriau'r carchar llaith,
> Y tystion wedi'u galw,
>   A'r rheithwyr wrth eu gwaith.

Amrywiad ar yr un thema, sef caethiwed, a geir yn 'Daffodil' hefyd, lle y ceir dau ddarlun cyferbyniol o'r blodyn; yn y pennill cyntaf, dawnsia'r blodyn 'I bibau pêr rhyw gerddor cudd' ar y lawnt, ond yn yr ail bennill fe'i caethiwyd 'mewn llestr pridd'. Yr un yw ei dynged â ffawd pob carcharor, boed yn Wil yng ngharchar Rhuthun neu'n I. D. Hooson yng ngharchar ei swyddfa, sef gwywo a nychu, colli hoen a hapusrwydd, a churio gan hiraeth:

> Ni ddawnsit mwy; ac ar dy rudd
>   'Roedd hiraeth am y gwynt a'r glaw,
> A phibau pêr y cerddor cudd.

Ni synnwn ronyn, o ystyried ei gasineb amlwg tuag at y gyfraith, fod yr alwedigaeth gyfreithiol wedi ei ddadrithio a'i siomi y tu hwnt i unrhyw gyfaddawd posibl. Mor frau ydyw deddfau dyn; mor annynol hefyd, ac mor ddiddim a diwerth. Mân-dduwiau rhwysgfawr yn cynllunio deddfau ac yn llunio rheolau, ac yn gwthio'u hawdurdod ar drueiniaid cymdeithas. Yn wir, mae Hooson yn bychanu ac yn dychanu cyfraith a deddfau dyn. Dywed hyn yn 'Y Llwynog', er enghraifft:

> Ni wn a dorraist ddeddfau'r Un
> A blannodd reddf dy natur di;

Ac meddai am yr ystlum:

> Creawdwr yr eryr a'r alarch,
> A Lluniwr y llewpart a'i ryw,
> A roddodd i tithau dy ddelw
> A'th *drwydded* fel hwythau i fyw.

Ie, *trwydded*: term cyfreithiol. Duw yw'r unig farnwr cyfiawn. Erlidiwr yw dyn.

Gan mai bardd natur yw Hooson yn bennaf oll, bydd raid inni drafod rhai agweddau ar ei ganu natur. Unwaith eto, mae tebygrwydd mawr rhwng ei themâu a'i ymdriniaeth yn ei ganu natur a rhai o nodweddion amlycaf canu Williams Parry. Rhyfeddai at odidowgrwydd a harddwch y byd o'i gwmpas. 'Rhyfeddais at dy degwch di', meddai am 'Y Llwyn', ac fe'i cofia'i hun, pan oedd yn 'fachgen bochgoch', yn 'syllu a rhyfeddu' at wyrth a thegwch Glas y Dorlan. Ond gŵyr hefyd am freuder ac am fyrhoedledd y bywyd hwn. A'r byrhoedledd hwn yw thema ganolog llawer o'i gerddi natur, e.e., 'Yr Ydfaes', 'Y Pren Afalau' ('Ond cri a ddaeth o'r dwyrain,/ A rhyw ysgytio mawr,/A'r gwenyn gwyn a giliodd/O'r cangau cyn y wawr'), 'Y Llwyn' (*Haf a Gaeaf*), lle mae'n datgan ei thema'n ddigon diamwys:

> Mae serch yn fyr, byr ei barhad,
> A dail a chnwd yn frau, yn frau;

gyda'r pwyslais ailadrodd ar y byrder a'r breuder. Dyna hefyd thema 'Blodau'r Gwynt', 'Dylife', 'Y Pabi Coch', a llawer o rai eraill. Ond gwyddai hefyd, fel Williams Parry, fod i fyd natur barhad yn ogystal â byrhoedledd, ac y deuai eildwf wedi cwymp a dadeni wedi dihoeni. Dyna yw thema 'Ffydd' yn *Cerddi a Baledi*, cerdd sy'n uniongyrchol ddyledus i Williams Parry am ei bodolaeth. Meddai Hooson, gan gyfarch y brain:

'Weithwyr, nid oes un ddeilen
    Eto ar goed y fro,
A bregus ydyw muriau
    Eich cartref gwag, di-do;'
'Na hidia, fe ddaw'r irddail
    A'r cywion yn eu tro.'

Cymharer y dull a'r cynnwys â'r hyn a geir gan Williams Parry, rai blyn-
yddoedd cyn Hooson (1929) yn 'Yr Haf':

Deilio fu raid i'r ynn
    Na ddeilient, meddent, mwy ...

Fel sydyn hwrdd o fwg
    O gynnar gyrn y fro
Ei gôr i'r ddôl a ddwg
    Y drudwy yn ei dro;
Ugeiniau brwd o gywion braf –
"Fe roed y gair, fe ddaeth yr haf."

Ond yn *Y Gwin* y ceir y thema hon fynychaf. Yn wir, datblygodd y thema
gam ymhellach. Bychander a diddymdra dyn ochr yn ochr â grym a
thragwyddoldeb natur a geir yma. Dyna yw thema 'Y Blodau Melyn', er
enghraifft; bron nad yw'n gystadleuaeth rhwng y blodau a'r plentyn, gyda'r
plentyn yn goddiweddyd y blodau cyn i'r blodau oddiweddyd y gŵr yn y
diwedd, cystadleuaeth rhwng blynyddoedd dyn a thragwyddoldeb natur,
ac wrth gwrs, natur a orfu yn y pen draw:

Na hidier: pan ddêl troeon
    Y byd i gyd i ben,
Pryd hynny bydd y blodau
    Yn chwifio uwch fy mhen.

Ceir yn y ferf 'chwifio' awgrym o fuddugoliaeth afieithus, y buddugwr yn
chwifio baner concwest uwch y gorchfygedig. Yr un yw thema 'Dylife'.
Daeth y gweithwyr yno 'I chwarae ar dy lwyfan/Eu truan ddrama fer', ond
darfu'r prysurdeb, daeth diwedydd diwydiant, a chiliodd y gweithwyr
ymaith 'Gan ildio'r llwyfan uchel/Yn ôl i'r glaw a'r gwynt'. Ymyrraeth dros
dro'n unig ydoedd ymyrraeth dyn â'r fangre hon. Cerdd arall am fychan-
der a dinodedd dyn, wrth gwrs, yw'r gerdd rymus honno, 'Yr Oed'.

Rhaid tynnu tua'r terfyn trwy gyfeirio at y ddwy brif ddelwedd yng nghanu I. D. Hooson, sef delwedd y gwin a delwedd y fflam (neu dân). Nid yn ddiofal ddigynllun y gosododd 'Y Fflam' yn gerdd agoriadol *Cerddi a Baledi*, a'r delyneg enwog 'Y Gwin' yn gerdd gychwynnol ei ail gyfrol. Gellir dweud am y gwin mai gwin gorfoledd ieuenctid ydyw, bwrlwm hoen a nwyfusrwydd ieuengoed, y gellir ei ailgostrelu a'i ailflasu trwy atgofion, a gellir dweud am y fflam mai fflam angerdd a chyffro bywyd ydyw, fflam angerdd barddoniaeth, fflam gwefr yr eiliadau prin. Diwerth yw bywyd heb y fflam a'r gwin. Y corff yw llusern gynhaliol y fflam a'r llestr y gwin; ond diwerth yw bywyd heb eiriaster y fflam a melyster y gwin:

> Ni'm dawr am y llusern pan ddiffydd y fflam,
> Na'r llestr pan dderfydd y gwin.
>
> ('Y Cariad a Gollwyd')

Cyfrol anniddig yw *Cerddi a Baledi*; ni cheir ynddi'r tawelwch meddwl a geir yn *Y Gwin a Cerddi Eraill*. Yn *Cerddi a Baledi*, cyfrol y fflam, mae'r bardd canol oed yn edrych ar ei fywyd yn malurio'n deilchion o'i amgylch. Ond mae'r gwin yma hefyd, ac nid telyneg dlos wedi ei phlethu o gwmpas rhyw ffansi drawiadol mo'r delyneg 'Y Wawr'. Cerdd am ieuenctid yn darfod ydyw. 'Bu rhyw rialtwch neithiwr', meddai, bu rhyw gyffro ddoe pan oeddwn yn ifanc, ac ni ŵyr y byd am y gorfoledd hwn, oherwydd fe'i cadwyd, yn gyfrinachol, 'Tu ôl i'r dorau mawr/A gaeir rhwng y machlud/A thoriad cynta'r wawr'.

Mae'n sicr mai sôn am brofiadau serch a wna, a cheir awgrymiadau cyffelyb yn ei gerddi eraill ganddo, yn nhrydydd pennill 'Y Gwin', er enghraifft. Ond bellach, gyda dyfodiad henaint:

> Mae llestri y gyfeddach
> Yn deilchion ar y llawr.

Bellach, yn yr ail bennill, mae'r cwpanau wedi eu dryllio, a'r gwinoedd yn colli; nid oes dim ar ôl ond y 'staen' ar y byrddau a'r llieiniau, 'Dim ond rhyw frithgo' am ryw gyffro gynt', chwedl Parry-Williams. Yn y gyfrol besimistaidd hon, *Cerddi a Baledi*, mae arno ofn colli'r gwin am byth. Dywed yr un peth yn 'Y Gwin' ei hun; yno hefyd, mae'n arswydo rhag colli'r gwin, ond sylweddola ar yr un pryd mai

> … ofer ydyw disgwyl
> Y dyddiau pell yn ôl,

> A thorri mae'r ffiolau
> Yn nwylo'r prydydd ffôl ...

Y ddelwedd o lestri'n torri'n deilchion unwaith eto. Ond er hynny, fel yn y soned 'Cysur Henaint' gan Williams Parry, nid yw'r gwin yn madru'n llwyr nac yn suro am byth, oherwydd fe ddaw dedwyddwch a thawelwch meddwl i ran y bardd, ac, o'r herwydd, 'erys yn ei gostrel beth o'r gwin/I hybu'r galon rhwng yr esgyrn crin'. Ac yn *Y Gwin a Cherddi Eraill*, y gyfrol optimistaidd, y daw'r tangnefedd hwyrol hwn iddo.

Bardd ydyw I. D. Hooson a ddarganfu, drwy gyfrwng barddoniaeth, fodd i osgoi syrffed bywyd, a lliniaru undonedd a diflastod ei swydd ddi-liw. Yn wir, mae ganddo obsesiwn ynglŷn â syrffed a diflastod undonog bywyd. Mae'n eu hofni:

> Mi flinais ar y pentref
> A'i deios tlawd, di-liw,
> Ei gapel moel, a'i eglwys
> Ddiaddurn ar y rhiw:
>
> Ei siopau bach, crintachlyd,
> A'i strydoedd gwyrgam, cul,
> A dim yn digwydd yno
> Ond Sul yn dilyn Sul.
>
> ('Yr Eurych')

Amgylchfyd nid annhebyg i lannau'r Fenai dlawd yn ôl W. J. Gruffydd (''Doedd dim yn digwydd yno/Ond haul a glaw a gwynt.'). Mae'n dyheu am ddianc hefyd 'o gadair gyfyng fy swydd', chwedl ef ei hun yn ei Ragair i gyfrol *Y Gwin*. Fflam angerdd bywyd, tân eirias a chyffrous profiadau ysgytwol ac ysbeidiol-brin bywyd, y fflam danbaid hon, y profiadau ysol a gwefreiddiol hyn, y rhain yn unig a all liniaru undonedd llwydliw bywyd. Ond ni phery'r cyffro'n hir, ac ni ddaw'r wefr yn aml. Dyna yw byrdwn y gerdd 'Y Fflam' ei hun. Rhin a chyffro'r foment wefreiddiol a geir yma, ond buan y derfydd:

> Angerdd pob fflam, a thân pob nwyd,
> A dry'n ei dro yn lludw llwyd.

Sonnir am rin yr eiliadau a'r oriau prin hyn o gyffro a gorfoledd yn 'Yr Oed'. Meddai'r bardd wrth 'fab y dyddiau pell':

Cei ofid fel ein gofid ni –
Hiraeth a siom, amheuon blin ...

Ond, meddai ar yr un anadl

> ... ti gei hefyd beth o'r rhin
> A rydd y ddaear fyth i'w phlant
> Yn si y dail a murmur nant,
> Yng ngwên blodeuyn ar y ffridd,
> Yng ngwyrth yr haul, y glaw a'r pridd;
> Ym mwyn ymlyniad mab a bun,
> Yng nghyfeillgarwch dyn a dyn.
> A daw, ysgatfydd, ambell awr
> Yn llawn o ryw orfoledd mawr,
> A'th ysbryd dithau yn rhoi llam
> Drwy wellt ei babell, megis *fflam.*

Yma, cais I. D. Hooson ddiffinio'n union beth yw'r fflam, y fflam hon
sy'n llosgi drwy wellt y cnawd ac yn gwefreiddio'r ysbryd: profiadau
mwyaf gorfoleddus bywyd yw'r fflam, y 'gorfoledd mawr' chwedl y bardd.
    Mae'r bardd yn dyheu ac yn crefu am rin a chyffro'r fflam drwy'i gerddi.
Nid rhyfedd iddo felly ddeisyfu am gyffyrddiad a thanchwa'r fflam ar
derfyn ei einioes, ar ennyd ei ymadawiad â'r byd. Meddai yn ei gerdd fawr
'Y Dychwel':

> Ni chaiff y pryf fy nghnawd
> Er mai fy mrawd yw ef;
> Gwell gennyf enau glân
> Y tân a'i wenfflam gref.

Cafwyd datganiad cyffelyb gan ei eilun, R. Williams Parry, ynglŷn â'i
ddymuniad olaf. Meddai yn '"Dwy Galon yn Ysgaru"':

> Gwrando, f'anwylyd, pan fo hyn o gnawd
> Wedi ei gynaeafu a'i yrru drwy
> Ffwrneisiau'r felin honno, rho fy mlawd
> I wynt y nefoedd, nid i gladdfa'r plwy.

Ond newidiodd Williams Parry ei feddwl. Nid felly I. D. Hooson; yn wir, yn ôl y dyfyniad a geir yn *Bywyd a Gwaith I. D. Hooson* gan W. R. Jones,[2] mynnodd gael gan ei ymddiriedolwyr ufuddhau i'w orchymyn olaf:

> Fy nymuniad yw fod fy ngweddillion i'w llosgi, a gwn y rhydd fy ymddiriedolwyr sylw dyladwy i'm dymuniadau yn hyn o beth fel y mynegir hwy yn un o'm caneuon "Y Dychwel". Parthed gwasgaru fy llwch, gwneler hyn ym mhresenoldeb y rhai hynny o'm cyfeillion a ddymuno fod yn bresennol ar y bryniau uwchlaw dyffryn prydferth Llangollen a gerais mor fawr.

Bardd yn byw barddoniaeth ac yn barddoni am ei fywyd ef ei hun oedd I. D. Hooson. Priodol a gweddus, felly, oedd iddo ddeisyfu am gael cymundeb â'r fflam am y tro olaf, ac ar derfyn ei einioes, profi, cyn cilio o'r byd, rym a nerth a gwefr a chyffro'r fflam am y tro olaf. Ac felly y bu. Llosgwyd ei weddillion yng 'ngenau glân' tân y gorfflosgfa, a gwasgarwyd ei lwch a'i ludw:

> Angerdd pob fflam, a thân pob nwyd
> A dry'n ei dro yn lludw llwyd.

[1980]

---

2. *Bywyd a Gwaith I. D. Hooson*, 1954, t. 17.

BARDDONIAETH
ALUN LLYWELYN-WILLIAMS

I

Bardd y Tridegau cythryblus, y 'grim 'Thirties' chwedl David Gascoyne, a bardd yr Ail Ryfel Byd yw Alun Llywelyn-Williams yn anad un dim arall, ac mae a wnelo teitl y gyfrol sy'n cynnwys ei holl gerddi, *Y Golau yn y Gwyll*, â hyn: golau celfyddyd, goleuni gwareiddiad yw'r 'golau', a gwyll barbareiddiwch Ewrop yn yr Ugeinfed Ganrif yw'r 'gwyll', y satanaidd wyll' chwedl y bardd yn un o'i gerddi.

Yn rhan gyntaf y gyfrol hon, adran y *Cerddi* a luniwyd rhwng 1934 a 1942, bardd y Tridegau yw Alun Llywelyn-Williams i bob pwrpas. Cyfnod chwerw fu'r Tridegau yn Ewrop, cyfnod o dlodi a gorthrwm, cyfnod o ansefydlogrwydd economaidd a chyni cymdeithasol, yn dilyn cwymp Wall Street ym 1929, a chyn cyhoeddi'r Rhyfel ym 1939, yn dilyn goresgyniad gwlad Pŵyl gan yr Almaenwyr. Cyfnod o ddadrith ac o ddiweithdra mawr hefyd, cyfnod o heddwch anniddig a bygythiad rhyfel o gwmpas ym mhobman. Mae barddoniaeth Saesneg y cyfnod yn llawn o'r pethau hyn: y tyndra gwleidyddol, y cyni a'r ofn, yr ymdeimlad ingol fod rhyw rymusterau satanaidd, dieflig ar gerdded drwy Ewrop, a bod hadau rhyfel eisoes wedi eu hau yn y tir. 'A generation whose Muses were Cassandra (proffwyd dinistr) and the goddess of the Machine' meddai L. A. G. Strong am y genhedlaeth o feirdd rhwng 1930 a 1940.[1]

Ac yn wir, yr oedd y beirdd yn darogan dinistr ac yn rhagweld rhyfel a chyfnod o erchyllterau'n dod. Meddai W. H. Auden, y bardd mwyaf blaen-llaw yn y Tridegau, mewn cerdd a luniodd ym 1936, a dyfynnaf y fersiwn gwreiddiol o'r gerdd cyn iddo newid rhyw ychydig ar y darn dan sylw ar gyfer ei gyfrol *Look Stranger!*:

Some dream, say yes, long coiled in the ammonite's slumber

---

1. *A New Anthology of Modern Verse*, Goln C. Day Lewis ac L. A. G. Strong, 1941, t. xiii.

Is uncurling, prepared to lay on our talk and kindness
Its military silence, its surgeon's idea of pain.

'Roedd y beirdd yn gwbl ymwybodol eu bod yn byw mewn cyfnod tywyll
ac ansicr, cyfnod a oedd yn graddol arwain at ryfel a dinistr, a gwyll bar-
bareiddiwch yn bygwth gwareiddiad: 'It's farewell to the drawing-room's
civilised cry' meddai Auden yn 'Song for the New Year' a luniwyd oddeutu
1937, gan ychwanegu:

> The works for two pianos, the brilliant stories
> Of reasonable giants and remarkable fairies,
> The pictures, the ointments, the fragible wares,
> And the branches of the olive are stored upstairs.

> For the Devil has broken parole and arisen,
> He has dynamited his way out of prison ...

Mewn geiriau eraill, mae'r pethau bychain hynny a gysylltir â gwareiddiad
ar fin diflannu yng 'ngwyll satanaidd' y cyfnod. Daliodd bardd arall,
David Gascoyne, naws y cyfnod ansicr hwn yn wych ryfeddol yn ei gerdd
'Farewell Chorus', a luniwyd ar drothwy Calan 1940; wrth ganu'n iach i'r
degawd, mae'n rhestru rhai o'i brif nodweddion:

> ... the delusive peace of those disintegrating years
> Through which burst uncontrollably into our view
> Successive and increasingly premonitory flares,
> Explosions of the dangerous truth beneath, which no
> Steel-plated self-deception could for long withstand ...
> Years through the rising storm of which somehow we grew,
> Struggling to keep an anchored heart and open mind ...

Mae'n sicr mai beirdd a barddoniaeth Lloegr oedd patrymau Alun Llyw-
elyn-Williams, a dyma un rheswm paham y mae mor wahanol i'w gyfoes-
wyr yng Nghymru: mae ei farddoniaeth yn adran gyntaf *Y Golau yn y
Gwyll* yn nodweddiadol o'r farddoniaeth Saesneg wleidyddol a chymdeith-
asol a genid yn ystod y Tridegau. Ac yn wir, mae'n syndod cyn lleied o
feirdd Cymraeg a roddodd fynegiant i broblemau a phryderon y Tridegau
yn eu barddoniaeth. Fe gawsom hynny yn sicr gan Aneirin ap Talfan a
W. H. Reese yn y gyfrol *Y Ddau Lais*, a W. H. Reese, gyda llaw, oedd un
o'r ychydig feirdd Cymraeg i roddi sylw i'r rhyfel yn Sbaen, ac mae Alun
Llywelyn-Williams yn un arall. Cydiodd y rhyfel yn Sbaen yn nychymyg

beirdd Saesneg y Tridegau, ac fe esgorodd yr anghydfod hwn ar lawer o gerddi; nid yn unig hynny, yr oedd Sbaen ym 1936 yn gyrchfan beirdd, a chymerodd nifer ohonyn nhw ran weithredol yn y rhyfel cartref. Ymwelodd Auden a Spender â Sbaen, er na chymerasant ran uniongyrchol yn y frwydr; ar y llaw arall, lladdwyd nifer o feirdd a beirniaid mwyaf addawol y dydd yn y rhyfel, beirdd megis John Cornford, Christopher Caudwell, Julian Bell ac Esmond Romilly. Ac â'r gweriniaethwyr yr ochrai'r beirdd, bron yn ddieithriad. Ym 1937, cyhoeddwyd arolwg yn dwyn y teitl *Authors Take Sides on the Spanish Civil War*, ac yn ôl yr astudiaeth hon, pump yn unig a gefnogai Franco, tra oedd cant o awduron o blaid yr achos gweriniaethol, ac un ar bymtheg yn unig yn gwrthod cefnogi'r naill na'r llall. Stori glasurol yw honno am olygydd y cylchgrawn *Contemporary Poetry and Prose* yn cyhoeddi'n groyw yn Hydref 1937: 'This is the last number of *Contemporary Poetry and Prose* as the Editor is going abroad for some time.' Yn ôl y cefndir hwn, gwelwn arwyddocâd y gerdd 'Pryder am Sbaen a Chymru' yn *Y Golau yn y Gwyll*:

> Draw dros y môr, mae'r amgueddfa wych
> dan raib, a'r sêr gan sŵn yr awyrennau'n flin;
> clywch gri ein brwydr ni, a gwerin Sbaen
> yn wylo dysgub eu hanwyliaid crin.

O'r ychydig Gymry a ganodd i gynnwrf ac anniddigrwydd y Tridegau, gellir enwi efallai, yn ogystal ag awduron *Y Ddau Lais*, Saunders Lewis a Gwyndaf, ac i raddau llai a gwahanol iawn, Williams Parry. Ond trwy farddoniaeth Alun Llywelyn-Williams yn anad neb y down i adnabod y cyfnod, ac ymdeimlo â thyndra gwleidyddol a chyni cymdeithasol y dydd.

'A low dishonest decade' oedd y Tridegau yn ôl cerdd Auden, '1st September 1939', ac mae malltod y cyfnod yn un o themâu pwysig canu cynnar Alun Llywelyn-Williams. Meddai, gan roi bonclust haeddiannol i ramantiaeth ffuantus rhai o feirdd Cymru ar y pryd, a chan bwysleisio hefyd ddirywiad y gwerthoedd ysbrydol yn y cyfnod:

> Diffodded serch! Lle bo'r hen Famon,
> rhagrith, puteindra, creulonder, chwant,
> y noeth simneiau, a'r satanaidd wyll,
> ni ellir hafod deg na swyn i sant.

Yn wir, mae rhamantiaeth feddal a chelwyddog beirdd Cymru yn amhosibl mwyach. Yn 'Pe bai'r Glaw yn Peidio, Gyfaill', wedyn, trwy gymorth y

ddelwedd ddeublyg o 'flaidd', hyn yn awgrymu newyn a gorthrwm y cyfnod,
ymdeimlwn unwaith yn rhagor â chyni'r Tridegau:

> Gyfaill, ni allwn aros
> a gweld y blaidd yn crwydro stryd Caerdydd:
> gwyfyn a rhwd – mae gofyn brysio,
> ni wêl y meirw ryddid eu dihenydd trist.

Mae'r darn uchod yn llawn o banic y cyfnod, y *sense of urgency* a deimlid
ar y pryd. Dadrith y cyfnod, a thranc y gwerthoedd gwâr, yw byrdwn y
gerdd 'Chwilio'r Tir' hefyd:

> Y gerdd a fu, nis cenir mwy, byth mwy,
> uwch crud y baban ac ym miri'r llanc;
> fe'i boddwyd gan ffinale'r gytgan ddur,
> cyrch gethin yr awyren, rhuthr y tanc.

Ceir yr un dadrith a'r un ofn yn 'Rhyngom a Ffrainc', ofn bod y gwerth-
oedd gwâr yn diflannu, a bod celfyddyd yn marw, oherwydd, meddai'r
bardd, 'mae'r llyfrau'n fud esgeulus ar y silff' ym Mhen-y-dre. Cyfnod 'y
genhedlaeth ynfyd hon' nad oes iddi mwyach gariad ydyw, cyfnod y 'rising
storm', ac fe bwysleisir dro ar ôl tro yr ofn a gyniweiriai drwy'r blynydd-
oedd tywyll hyn. Yn 'Pe bai'r Glaw ...', mae'r bardd yn dyheu am ym-
ryddhau 'o'r ofn, o'r dychryn,/o hunllef ein byd ni', ac yn 'Gorweddian ar
y Bryn' mae'n mwynhau orig o dawelwch meddwl yng nghanol y pryder:

> heddiw ni ddaw yr awr ryfygus, frwd,
> i gynnau'r hiraeth, aflonyddu'r ofn.

Ond mae'r ofn yn dychwel dro ar ôl tro. Yn 'Y Prysur Bwyso' mae'n sôn
am:

> Y ffrwydro gwenwynig, ac angau cudd y cwmwl,
> pob hir ffarwel ddiamcan, a'r ofn yn y llygaid,

ac yna 'Yma'n y Meysydd Tawel':

> dan awyr denau'r gaeaf glas,
> ar dreigl yr awel iach trwy'r brigau duon
> mae'r ofn yn symud ...

Awgrymir gwallgofrwydd y cyfnod ganddo fwy nag unwaith hefyd, ac yn hyn o beth mae'i farddoniaeth yn debyg iawn i farddoniaeth Saesneg ei gyfoedion. Sonnir yn 'Pe bai'r Glaw ...' am y 'chwerthin lloerig', a hefyd am y:

> dwyswylio beunydd beunos am yr awr
> y gwelwn lu gorffwylledd yn ymrithio draw
> o'r awyr ddu ddirybudd ...

ac yn y gerdd 'Ar Drothwy Rhyfel', ceir peth tebyg:

> Cewch hanes gŵr a ladrataodd gŷn,
> sydd wedi dianc o'i wallgofdy clyd
> i naddu englyn ar ei fedd ei hun.

a'r awgrym yma, wrth gwrs, yw fod y gymdeithas ar fedr cyflawni hunan-laddiad. Ac oherwydd yr awydd hunan-ddinistriol hwn, mae rhyfel yn anochel a dihangfa yn amhosibl, er y mynych ddyheu am ddianc a geir yn ei gerddi, megis yn 'Pe bai'r Glaw ...' ac yn 'At Löwr Di-waith', sydd yn sôn am ddihangfa ennyd dau gyfaill ar wyliau yn Eryri, y bardd a'i gyfaill o löwr. Ond egwyl fer rhag realaeth y sefyllfa fu'r gwyliau hyn:

> Ni waeth mo'i gelu, frawd, rhyw dro
> breuddwydiol yn ein cwsg a gawsom ni
>   rhag ofnau'r dre';
> fe'th yrrir di yn ôl i wylio pen
> y siafftiau segur, a'r tai di-fwg;
> a gwelsom ninnau dan wên lwyd y wawr
>   fod rhaid ffoi'n ôl i'r De.

Mae teitl y gerdd uchod hyd yn oed yn bradychu'n gignoeth y sefyllfa yn y cyfnod – y cyfnod pan oedd diweithdra ar gynnydd. Cerdd 'ddi-hangfa' arall yw 'Gorweddian ar y Bryn':

> Gwyliwn, tra gallom, yn y seddau hael,
> y ffilm yn llithro dros oleuni'r sgrîn,
> a synnu fwyfwy at yr actio gwael.

Mae'r darn uchod yn ein hatgoffa am gerddi fel 'Newsreel' gan C. Day Lewis, lle y dywedir:

Grow nearer home – and out of the dream-house stumbling
One night into a strangling air and the flung
Rags of children and thunder of stone niagaras tumbling,
You'll know you slept too long.

Wrth feddwl am farddoniaeth Alun Llywelyn-Williams yn y Tridegau, fe ddylid dyfynnu'r hyn a ddywedodd Robin Skelton am gerddi'r cyfnod:[2]

> There is, in point of fact, something curiously adolescent in the use of phrases like 'The Enemy', 'The Struggle', and 'The Country', and in the deployment of such words as 'Leader', 'Conspiracy', 'Frontier', 'Maps', 'Guns', and 'Armies' in much of the writing of the period. The poets were, much to their embarrassment, and almost to a man, members of the *bourgeoisie*, and mostly products of public schools, and this may be one reason why almost all their images of communal experience can be so easily translated into terms of the undergraduate reading or climbing party. War was a talking-point for everyone of whatever class during the early thirties, however.

Ceir yr union eiriau ag a grybwyllir uchod ym marddoniaeth gynnar y bardd, er enghraifft, i nodi rhai enghreifftiau'n unig:

> Ond mae pawb bron yn elyn, ninnau'n wan.
>
> ('Pe bai'r Glaw …')

> dywedir bod y rhyfel wedi torri,
> ond ni ddatguddiwyd pwy yw ein gelynion.
>
> ('Ar Drothwy Rhyfel')

> Pan ddaw'n ddirybudd arnom, y gelyn,
> liw nos, o'r awyr, neu o'r ddinas hon,
> pa nod fydd arno, pa enw i'w adnabod …
>
> ('Y Prysur Bwyso')

> dirgel y gelyn, a distaw'n wir
> anorfod oruchafiaeth y blynyddoedd coll.
>
> ('Rhyngom a Ffrainc')

---

2. *Poetry of the Thirties*, 1964, arg. 1967, t. 18.

O'r newydd, rhaid archwilio'r tir, yn ddirgel,
rhag ofn y cynllwyn yn y mynydd draw . . .
('Wedi Gwrando Cyngor y Meddyg')

II

Erbyn ail gyfnod Alun Llywelyn-Williams, cerddi *Pont y Caniedydd* (1942-1956), mae awen a chrefft y bardd wedi cydasio a chydaeddfedu'n hyfryd. Rhennir yr adran hon yn ddwy: cerddi Rhyfel a cherddi Heddwch. Ceir yn *Pont y Caniedydd* rai o gerddi pwysicaf y bardd, cerddi megis 'Baled y Drychiolaethau', 'Lehrter Bahnhof', 'Zehlendorf', 'Pan Oeddwn Fachgen', 'Yr Aethnen', 'Dwy Genhedlaeth', 'Cofio'r Tridegau', 'Pont y Caniedydd' ac eraill, ond un o'r cerddi mwyaf grymus yw 'Ar Ymweliad', campwaith o gerdd. Yn y gerdd hon, y mae'r holl elfennau hynny a welid yng ngwaith y bardd cyn 1942 wedi dod ynghyd, fel petai, elfennau a themâu megis rhyfel, colled, y bygythiad i gelfyddyd ac i wareiddiad. Mae'r gair 'cartref' a'r syniad o 'gartref' yn bwysig iawn yng nghanu Alun Llywelyn-Williams. Bron iawn na ellid dweud fod 'cartref' yn symbol yn ei waith, yn symbol o wareiddiad. Noddfa cariad yw'r cartref, ac mae'n gwarchod gwareiddiad ac yn llochesu celfyddyd. Mae'n cyfeirio'n fynych at ei gartref ef ei hun yn y cerddi hyn, a cheir ambell gyfeiriad mwy cyffredinol hefyd. Yn y gerdd 'Rhyngom a Ffrainc', er enghraifft, dywed beth fel hyn: 'try'r cartre'n fedd galarwyr syn'. Canolbwynt gwareiddiad a chadarnle cariad yw'r cartref, ond mae cyfnod tywyll y Tridegau a'r Ail Ryfel Byd yn chwalu cartrefi, ac yn bygwth gwareiddiad. Yn 'Ar Ymweliad', cawn hanes y bardd yn chwilio am loches rhag storm o eira yn y 'tŷ clwyfus', cartref gŵr a gwraig a gollodd eu mab yn y Rhyfel, a hwnnw'n gerddor, ond yn raddol y daw'r bardd i sylweddoli hyn. Cyfeirir at y storm eira y tu allan dro ar ôl tro yn y gerdd, hyn yn awgrymu'r storm arall honno, y storm a oedd yn ysgubo drwy Ewrop ar y pryd; cais y bardd-filwr loches rhag y ddwy storm, y storm eira a storm y rhyfel, ond trwy gyfeirio'n fynych at y storm eira yn y gerdd hon, mae'r bardd yn awgrymu hollbresenoldeb y storm arall hefyd – y rhyfel. Mewn gair, y mae yma greu awyrgylch a gosod awgrym wrth awgrym yn rhyfeddol o feistraidd. Cyfeirir at y storm eira am y trydydd tro yn y chweched pennill:

Trwy'r ffenestri eang di-wydr, brathai'r dwyreinwynt
a chwydu plu'r eira ar garped a drych a chist:
ar gwrlid drudfawr y gwely, taenwyd
amdo anhygar y gogledd gwyn a pharlys y rhewynt.

Mor isel y deuai griddfan y gŵr i'm clyw: '*C'est triste!*'
Trist! o stafell i stafell chwyrlïai'r malltod llwyd.

Storm angau yw'r storm hon: 'amdo anhygar y gogledd gwyn a pharlys y
rhewynt'. Mae'r ailadrodd ar y gair 'trist' yn y ddwy iaith wedyn yn hynod
o gelfydd, hyn yn awgrymu fod galar yn clymu'r cenhedloedd ynghyd ac
nad oes y fath beth â ffin ieithyddol yn bodoli mwyach, a bod ing y cyfnod
yn gyffredin i bob cenedl. Mae'r gerdd drwyddi draw yn graddol ymsymud
yn ddwys fyfyrdodus tuag at uchafbwynt: fe deimlwn hynny cyn inni
gyrraedd y pennill olaf, yn enwedig pan ddown at y disgrifiad o ddelw
Crist yn yr ystafell fyw:

'R wy'n cofio bod delw'r Crist
ar y mur yn crogi trwy'r tawelwch:
yng ngolau'r fflam lamsachus, tywynnai, gwelwai'r pren
fel pe bai'r gwaed yn hercian o'r galon ysbeidiol, drist.

Mae yma awgrymu aberth, ing a dioddefaint ymhell cyn inni ei gyrraedd.
Mae'r bardd wedyn yn gweld 'y piano pert, a'r llyfrau'n drwch/blith
draphlith ar ei do'. Cartref gwâr, diwylliedig yw'r cartref hwn, cartref celf-
yddyd, ond wrth i'r bardd edrych ar y llyfrau cerdd, dadlennir yn raddol y
drasiedi a'r gofid a berthyn i'r tŷ: galarwyr yw'r gŵr a'r wraig, ac maen
nhw'n galaru oherwydd na ddaw'r cerddor, eu mab, adref byth mwy. Y
mae'r pwerau dieflig a'r 'satanaidd wyll' yn bygwth celfyddyd a gwareidd-
iad unwaith yn rhagor, ac ni ellir dianc rhag effeithiau'r rhyfel yn unman.
Ond mae'r gerdd yn diweddu ar nodyn o obaith: mae'r gŵr yn cyrchu'r
piano ac yn ei chanu

nes suo'r sain yn gymundeb lle rhodiai angylion
gan freinio'n briw a gosod ein horiau caeth yn rhydd.

Dyma un o gerddi mwyaf ysblennydd drist y Gymraeg, cerdd fawr yn sicr.
Yn hytrach na chroniclo argraffiadau o gyfnod, yr hyn a wneir yw canol-
bwyntio ar alar dau berson, a throi'r galar hwnnw yn symbol o'r Ewrop
ddioddefus, ei droi'n dristwch cyfanfydol.

Yn nwy adran olaf *Y Golau yn y Gwyll*, *Golygfeydd Tramor* (1956-1978)
ac *Yr Olwg o Lan Menai* (1956-1978 eto), mae'r bardd yn myfyrio, yn
bennaf, ynghylch ysbryd a rhin gwahanol leoedd, gwledydd tramor yn y
naill adran, a lleoedd yng Nghymru y mae gan y bardd gysylltiad â nhw yn

yr adran arall, lleoedd megis Abergwesyn, Parc Cathays, a cherddi am ei gartref. Ac unwaith eto, mae'n dychwelyd at y cartref. Y tro hwn, mae'r cartref clwyfus yn gartref llawenydd drachefn. Yn 'Acer o Dir', er enghraifft, mae'n myfyrio ar y coed a dyf o gwmpas ei gartref, ac yn gweld trwyddynt fod y ddaear yn iach drachefn, er i'r Rhyfel unwaith losgi wyneb y ddaear a dinistrio coed; nid dinistrio coed fel milwr, 'Wedi clirio'r goedwig hon' fel y dywed yn 'Y Gwrth-gyrch', a wna mwyach, ond 'Myfi barodd eu plannu, nid yr adar a'r gwynt;/bûm bensaer y lle …', ac y mae'n byw bywyd gwâr unwaith yn rhagor. Ac mae coed, fel yn y gerdd 'Yr Aethnen' a 'Gwyn Fyd y Griafolen', a rhai cerddi yn yr adran olaf hon, yn wastad yn gyfystyr â dadeni neu adnewyddiad neu iachâd yng nghanu Alun Llywelyn-Williams, ac fe awgrymir yr elfennau hyn ynddyn nhw trwy eu cysylltu â'r Croeshoeliad ac â Christ ar brydiau. Ac wrth fyfyrio ar gartref a theulu a llinach mewn cerddi fel 'Y Teulu' a 'Tynyfedw', gwêl fod y cylch yn gyflawn, wedi iddo ymgartrefu yn y wlad drachefn. 'Gwladwyr oedden nhw', meddai am ei dras yn 'Y Teulu', a bu raid iddyn nhw ymadael â'r wlad am bedwar ban byd, ond bellach, fel y dywed yn 'Tynyfedw':

> pwy fuasai'n meddwl ymhen hanner can cynhaeaf
> mai'r tŷ dieithr hwn ar y llethr dan y coed
> fyddai'n gartref cynefin heddiw
> i ddwy genhedlaeth newydd o'm gwaed a'm teulu crwydr?
> Nyni, fu'n alltudion cyhyd o'r wlad hir ei hamynedd,
> 'gawn ni yn awr adfeddiannu'r dyfodol yn hwyr y dydd
> yn y fro Gymreiciaf hon,
> a swcro'i hiaith
> ym mharabl nwyfus
> plant dychweledigion y dre?

Ond er gwaethaf y tawelwch meddwl a ddaeth i'w ran yn ystod y cyfnod olaf hwn, mae'n llawn sylweddoli fod rhyfel ar gerdded o hyd drwy rai o wledydd y cread – 'Trwy'r byd mae'r ofnau'n cerdded eto', meddai yn 'Yr Hen Ormes', ac oherwydd hynny, 'Celwydd yw gobaith y gwâr'. Er hynny, ceir ambell awgrym yn y cerddi diweddar hyn gyda'u mynych gyfeiriadau at geir modur a pheiriannau, fod dyn wedi dygymod â'r peiriant ac wedi dod i delerau â thechnoleg; ym marddoniaeth y Tridegau, cafwyd toreth o gerddi 'peiriannaidd', 'A generation whose Muses were Cassandra and the goddess of the Machine', a'r peiriant bob tro yn gyfrwng dinistr. Ond bellach; yn ôl 'Gwanwyn fel y Daw':

Byddaf yn cerdded y llwybr bob bore o'r tŷ
i'r garej i nôl y car yn ei bryd,
gan ddiolch i'r drefn a greodd beiriant
i sgafnu blinderau'r cnawd a'r byd.

Ceir yn y cerddi olaf hyn yn ogystal fyfyrio ar fyd amser, ar drefn a threigl bywyd, ac ar 'droeon yr yrfa'.

[1980]

WALDO
A'R TRI BARDD O SAIS

Un o'r cerddi pwysicaf o safbwynt unrhyw astudiaeth o waith Waldo Williams yw'r gerdd 'Tri Bardd o Sais a Lloegr'. Mae'n hanfodol ein bod ni'n gweld y gerdd o'n blaenau cyn ei thrafod.

TRI BARDD O SAIS A LLOEGR

I

Pen pencerdd serch trwy'r rhwyg sy'n rhoi
Calon a chalon am y glyn,
A'i Dduw'n gysgadur di-ddeffroi,
Yn Dduw na wêl na'i ddu na'i wyn.

Haf ar y rhos wrth gefn ei dŷ
A dim ni syfl, yr hir brynhawn.
A disgwyl beth, O, lonydd lu,
Banadl a bedw a chyrs a chawn?

A dyr y Tosturiaethau, yn un
Â chôr yr Oesoedd ar Ei glyw
A throi'n orfoledd? … Beth yw dyn?
A ddeffry ef ym meddwl Duw?

II

Medi ar feysydd hen Caer Wynt
A'r hwyr yn gwynnu sofl yr haidd.
O, Loegr, pan êl dy her i'w hynt,
Hyn wyt i'th Greawdr yn dy graidd.

201

Yma un Medi daeth dy gawr
Pum troedfedd, sicr ynghanol sen.
A gwanwyn oedd y dyddiau mawr
A bery byth yn nail ei bren.

Dyheai'r haul cyn mynd i'r cudd
A hidlai'r hwyr yr adliw rhos;
A dôl i harddwch oedd y dydd,
A glyn gwneud enaid oedd y Nos.

III

Ynghwsg y mae'r gweirgloddiau mawr
Lle llusg hen afon Ouse trwy'r llaid,
Ac felly'r oeddynt yn yr awr
Y ciliodd ef fel hydd o'r haid.

Ond yn ei encil clywodd lef
Ei frodyr dan yr isel frad –
Y caethwas du ymhell o'i dref
A'r caethwas gwyn ym mryntni'r gad.

Ac o'r tawelwch, wrtho ei hun,
Heriodd â'i gerdd anwaraidd gôr,
A'i freuder dros frawdoliaeth dyn
Trwy ddirgel ffyrdd yr Arglwydd Iôr.

IV

Nid am dy fawrion, Loegr, ychwaith;
Rhoddaf fy niolch iti'n awr,
Am it dorri'r hyfryd iaith
Â mi, yn fy mlynyddoedd mawr,

A'th adar cerdd a dail y coed
Yn canu o gylch fy Linda lon,
Cydganu â mi amdani hi
Yn dwyn y fraint o dan y fron

Megis pan gyfyd haul ar fryn

Ac estyn obry rodd ei wres
A rhoi ei baladr gloyw trwy'r glyn
A phuro'r tarth a pheri'r tes.[1]

Ychydig o drafod a fu ar y gerdd hon yn ei chrynswth. Y pedwerydd
caniad, sy'n sôn yn uniongyrchol am Linda Llywelyn, gwraig Waldo, yn
unig a gafodd unrhyw sylw beirniadol. Os bu cyfeirio at y gerdd o gwbl,
yng nghyd-destun priodas Waldo, a'i berthynas â'i wraig, y bu hynny. Un
o'r ychydig i'w thrafod yn weddol lawn yw Dafydd Owen yn ei gyfrol *Dal
Pridd y Dail Pren*, ac fe'i trafodwyd yn ei chrynswth ganddo am fod hynny
yn cydweddu â'i gynllun, sef trafod cerddi Waldo fesul un. Yn ôl Dafydd
Owen, wrth drafod dwy linell gyntaf y caniad i Thomas Hardy, 'Yma fe'i
gelwir yn gampwr cyfleu'r serch hwnnw sydd, yn ei waith ef, fel rhyw
lygedyn bach o oleuni yn torri drwy'r rhwyg yn y cwmwl, ac yn uno calonnau
ar waelod glyn bywyd,' ond ni chredaf mai dyna'r ystyr.[2]

Mae'r gerdd yn bwysig nid yn unig am ei rhagoriaeth fel cerdd ond o
safbwynt dirnad rhai agweddau ar farddoniaeth Waldo. Mae'n talu teyrn-
ged i dri o feirdd Lloegr, tri sydd wedi dylanwadu arno mewn rhyw fodd
neu'i gilydd. Mae pob un o'r tri yn cynrychioli tair agwedd unigol ar fardd-
oniaeth ac ar bersonoliaeth Waldo.

Er bod y pedwar caniad sydd i'r gerdd yn sefyll ar eu pennau eu hunain,
fel cerddi annibynol, mae Waldo hefyd yn eu hasio yn un gerdd ac yn un
cyfanwaith. Mae pob caniad yn symud o anobaith i obaith, o ing i lawen-
ydd, ac o alar i fuddugoliaeth, yn symud, mewn gwirionedd, o dywyllwch
i oleuni. Mae rhyw drasiedi neu boen ym mywyd pob un o wrthrychau'r
gerdd, gan gynnwys Waldo ei hun yn y pedwerydd caniad: y 'rhwyg' ym
mywyd Hardy, y 'sen' yn achos Keats, y pruddglwyf a'r 'breuder' ym mywyd

---

1. Gan ymddiheuro am ymyrryd â ffurf wreiddiol y gerdd yn *Dail Pren*, fy ngolygiad i a geir
yma. Mae atalnodi'r gerdd fel y cyhoeddwyd hi yn *Dail Pren* yn achosi problemau.
Gadewais y llinellau 'A dyr y Tosturiaethau, yn un/Â chôr yr Oesoedd ...' heb eu newid
(ac eithrio rhoi'r acen grom ar 'Â' yn yr ail linell), ond, mewn gwirionedd, mae'r coma ar
ôl 'Tosturiaethau' yn ddianghenraid, gan mai'r ystyr yw: 'A dyr y Tosturiaethau'n un/Â
chôr yr Oesoedd ...', hynny yw, a fydd Tosturi yn un â hanes, â rhawd dynion ar y
ddaear, yn y pen draw? Rhoddodd pennill cyntaf y bedwaredd ran drafferth i rai
beirniaid, hyn eto oherwydd yr atalnodi a'r hepgor ar yr acen grom. 'Mae mymryn o
amwysedd cystrawennol yn y pennill cyntaf; byddai'n gliriach pe bai 'ond' o flaen y
drydedd linell,' meddai J. Gwyn Griffiths ('Waldo Williams: Bardd yr Heddychiaeth
Heriol', *Cyfres y Meistri 2: Waldo Williams*, Gol. Robert Rhys, 1981, t. 192), ac 'roedd yn
gywir i synhwyro amwysedd yma. 'Does dim angen 'Ond' o flaen y drydedd linell pe
rhoddid hanner colon ar ddiwedd y llinell gyntaf, a rhoi'r acen grom ar 'Â' ar ddechrau'r
bedwaredd linell, gan mai'r idiom Gymreig 'torri gair â', sef yngan neu lefaru, a geir yma.

2. *Dal Pridd y Dail Pren*, 1972, tt. 74-75.

William Cowper, a'r galar a'r hiraeth am Linda yn achos Waldo. Mae pob un o'r caniadau yn symud oddi wrth y boen at iachâd a gobaith. Dyna'r thema sy'n asio'r gwahanol rannau unigol ynghyd i greu un cyfanwaith.

Crëir undod hefyd drwy ddefnyddio'r ddelwedd o'r 'glyn', neu ddyffryn, ymhob caniad. Mae'r glyn hwn yn noddfa ac yn encilfa rhag y byd, yn ddyffryn y mae dyn yn gorfod dianc iddo i geisio dygymod â'i boen a'i wewyr. Mae pob un o'r glynnoedd hyn, ar y dechrau, yn lynnoedd tywyllwch heb unrhyw oleuni ar eu cyfyl. Yn y glynnoedd hyn y mae'r eneidiau unigol yn ymguddio o olwg y byd i geisio trechu'r boen oddi mewn, ac i ymlafnio i ddygymod â'r golled neu'r galar sy'n wewyr enaid iddyn nhw. Mae'r pedwar caniad yn symud fesul tymor hefyd, elfen arall sy'n rhoi unoliaeth i'r gerdd. Cysylltir y caniad cyntaf â'r haf – 'Haf ar y rhos'; lleolir yr ail ganiad i Keats ym mis Medi, tymor yr hydref, gan gyfeirio at gerdd enwog Keats, 'To Autumn'; gaeaf yw hi yn y caniad i Cowper, gyda'r 'gweirgloddiau mawr' yn cysgu cyn deffro a dadebru i'r gwanwyn, ac mae'r pennill cyntaf hefyd yn cyfeirio at linellau yn Llyfr 1, *The Task*, a luniwyd yn ystod y gaeaf – 'And witness, dear companion of my walks [Mary Unwin],/Whose arm this twentieth winter I perceive/Fast lock'd in mine'; ac yn y caniad olaf, i Linda, mae'n wanwyn drachefn – 'A'th adar cerdd a dail y coed/ Yn canu o gylch fy Linda lon'.

Gwrthrych y caniad cyntaf yw Thomas Hardy. 'Roedd Hardy yn ddylanwad mawr ar Waldo, mae'n amlwg, oherwydd nid dyma'r unig gerdd sydd gan y bardd iddo, na'r unig gyfeiriad ato yn ei waith. Un o gerddi cynharaf Waldo yw ei soned i Hardy:[3]

> Fe ddywed gwŷr amdanat, hen nofelydd:
> 'Ynfyd yw ef, yn troi o'r heulwen gu
> A'r ddaear lon, ac aros yn breswylydd
> Yn nos ddiloer yr anffodusion lu'.
>
> Fe ddywed gwŷr amdanat hen nofelydd:
> 'Nid yw athroniaeth dyn fel hwn yn iach',
> Ond creaist Tess a'i hurddas dihefelydd
> Yn herio'r grym â'i chalon unig, fach.
>
> A gŵyr fy mron mai gwir dy air, nofelydd
> Pan ddywedi di yn syml ac yn goeth:

---

3. 'Soned (Wrth edrych ar lun Thomas Hardy)', *Chwilio am Nodau'r Gân: Astudiaeth o Yrfa Lenyddol Waldo Williams hyd at 1939*, Robert Rhys, 1992, t. 197.

'Cyd a bo hon mewn ing ac mewn cywilydd
Nid ydyw Duw yn rhydd – neu nid yw'n ddoeth'.

Hwythau yn beio, beio ar eu rhyw
A thithau yn rhyddhau, neu'n dysgu Duw.

Mae Waldo hefyd yn nodi, yn ei 'Sylwadau' ar ddiwedd *Dail Pren*, mai
'Mesur gan Thomas Hardy, gyda datblygiad' yw mesur y gerdd 'Almaenes'.

Byddai rhai yn synnu fod llenor y rhoir iddo'r enw o fod yn amheuwr
mawr wedi ennyn edmygedd bardd mor Gristnogol â Waldo, ond ymosod
ar ragrith a chreulondeb crefydd uniongred – 'A local cult called Christ-
ianity', fel y dywed yn *The Dynasts* – yr oedd Thomas Hardy. Tosturi
Hardy a apeliai at Waldo, ei gydymdeimlad ag anffodusion cymdeithas, a
hefyd ag anifeiliaid. Dyma un o themâu pwysicaf Waldo, yr angen am
dosturi i asio dynoliaeth ynghyd mewn un cwlwm o frawdgarwch.

Mae *The Dynasts*, drama-gerdd Hardy, yn synio am Dduw fel yr ewyllys
anymwybodol, hollbresennol yn y bydysawd, yr ewyllys sy'n gyrru hanes a
gweithredoedd dynion ymlaen yn ddiarwybod iddi ei hun, yr 'It' sy'n
cysgu, ond sy'n rym gweithredol anymwybodol yn y bydysawd drwy
oesoedd dyn. Mae'r hil ddynol yn ysglyfaeth i'r grym hwn, a dynion yn
bwpedau yng ngafael yr ewyllys. Yn ei epig mae gan Hardy nifer o ysbryd-
ion neu rithiau, a chorawdau o ysbrydion, sy'n preswylio yn yr 'Uwchfyd',
yr 'Overworld'. Sylwebyddion a gwyliedyddion goruwchnaturiol yw'r rhain,
rhithiau ym meddwl yr 'It' sy'n cysgu, y cysgadur o Dduw sy'n rym yn y
bydysawd. 'Supernatural spectators of the terrestrial action, certain im-
personated abstractions, or Intelligences, called Spirits' yw'r rhain yn ôl
Hardy yn ei ragair i *The Dynasts*.[4] 'These phantasmal Intelligences,' meddai
eto, 'are divided into groups, of which one only, that of the Pities, approx-
imates to "the Universal Sympathy of human nature – the spectator idealized"
of the Greek Chorus'.[5] Dyma 'y Tosturiaethau' yng ngherdd Waldo, Corawd
y Tosturiaethau yn nrama-gerdd Hardy. Un arall o'r sylwebyddion hyn ar
hynt a hanes dynion yn y byd yw Ysbryd yr Oesoedd, 'Spirit of the Years'.
Mae 'côr yr Oesoedd' yn cyfeirio at 'Semichorus 1/2 of the Years' yn rhan
olaf *The Dynasts*. Mae Ysbryd yr Oesoedd yn rhoi i ni sylwebaeth ar hanes,
tra bo Ysbryd Tosturi yn dyheu am i'r Ewyllys hollbresennol ddeffro a
thosturio wrth y ddynoliaeth.

Duw yw'r 'cysgadur di-ddeffroi', yr ewyllys anymwybodol yn epig
Hardy. Dyma 'the All-mover', yr un sy'n symud popeth ymlaen, 'the All-

---

4. *The Dynasts: an Epic Drama*, 1910, arg. 1923, t. viii.
5. Ibid., t. ix.

prover/Ever urges on and measures out the chordless chime of Things'. Yn ôl y 'Spirit Ironic' yn y ddrama, y symudwr diymyrryd hwn yw'r 'dreaming, dark dumb Thing/That turns the handle of this idle Show' – 'echelydd chwil y sioe' yn 'Ymson ynghylch Amser' R. Williams Parry, bardd arall y mae dylanwad Hardy yn amlwg arno. 'Loveless, Hateless' yw'r cysgadur hwn, a 'This viewless, voiceless Turner of the Wheel' – 'Yn dduw na wêl na'i ddu na'i wyn', y Duw sy'n rym dall, y Duw na all gyd-ymdeimlo na chasáu, y cysgadur na all ac na fyn ymyrryd yn uniongyrchol â bywyd yr unigolyn o feidrolyn.

Dyma'r Duw nad yw'n hidio dim am drueni a dioddefaint preswylwyr y ddaear. Yn wir, mae Duw wedi anghofio am fodolaeth y blaned hon yng nghanol ei greadigaethau fyrdd:

> As one sad story runs, It lends Its heed
> To other worlds, being wearied out with this;
> Wherefore Its mindlessness of earthly woes.

Nid yn *The Dynasts* yn unig y mae'n ymdrin â'r thema hon. Dyna fyrdwn y gerdd 'God-Forgotten', er enghraifft:

> – "The Earth, sayest thou? The Human race?
> By Me created? Sad its lot?
> Nay: I have no remembrance of such a place:
> Such world I fashioned not."

> "It lost my interest from the first,
> My aims therefor succeeding ill
> Haply it died of doing as it durst?" –
> "Lord, it existeth still." –

> "Dark, then, its life! For not a cry
> Of aught it bears do I now hear;
> Of its own act the threads were snapt whereby
> Its plaints had reached mine ear.

> "It used to ask for gifts of good,
> Till came its severance, self-entailed,
> When sudden silence on that side ensued,
> And has till now prevailed."

Ar un ystyr, y 'severance' yma, y rhwyg rhwng Duw a dyn, rhwng y Creawdwr a'i greadigaeth, y ddaear, yw'r 'rhwyg' yn llinell gyntaf Waldo, ond mae ystyr arall hefyd i'r 'rhwyg' hwn, sef rhwyg rhwng cariadon, a'r rhwyg ym mywyd Hardy ei hun.

Yn rhan gyntaf *The Dynasts*, mae Ysbryd y Tosturiaethau yn condemnio unbenaethiaid fel Napoleon, ac mae Cysgod y Ddaear yn gofyn iddo pwy a fyddai'n ei ddewis yn ei le. Dyma ateb Côr y Tosturiaethau:

> *We would establish those of kindlier build,*
> * In fair Compassions skilled,*
> *Men of deep art in life-development;*
> *Watchers and warders of thy varied lands,*
> *Men surfeited of laying heavy hands*
> * Upon the innocent,*
> *The mild, the fragile, the obscure content*
> *Among the myriads of thy family.*
> *Those, too, who love the true, the excellent*
> *And make their daily moves a melody.*

A dyma ni yn nhiriogaeth awen Waldo, y bardd a oedd yn dyheu am dosturi a brawdoliaeth rhwng dynion, ac yn collfarnu rhyfelgarwch a gelyniaeth o bob math.

Mae'r ddwy linell gyntaf yn cyfeirio at Hardy fel bardd serch toreithiog yn hytrach nag fel awdur *The Dynasts*. Mae'r 'rhwyg' yn y llinell gyntaf yn cyfeirio at y rhwyg rhyngddo a'i wraig gyntaf, yn bennaf, yn ogystal â'r ymwahanu a fu rhwng Hardy a'i gariadon o'i ieuenctid, drwy angau ac amser. Bu farw gwraig gyntaf Hardy, Emma, ym mis Tachwedd 1912. Dechreuodd lunio cerddi i'w choffáu yn ddi-oed, gan ddechrau ym mis Rhagfyr. Edifeirwch yw cywair amlycaf y cerddi hyn. Beiodd Hardy ei hun am ei esgeulustod a'i ddihidrwydd ohoni pan oedd Emma yn fyw. Anwybyddodd waeledd olaf ei wraig, a chogio mai marw'n sydyn a wnaeth, er iddi gael misoedd o gystudd. 'Roedd Hardy erbyn hyn yn rhoi mwy o sylw i Florence Dugdale, a ddaeth yn ail wraig iddo, nag i'w wraig ei hun. Cafodd byliau o euogrwydd mawr ar ôl marwolaeth Emma, ac ar ôl yr ysgariad hwn, y 'rhwyg', aeth ar bererindod o ryw fath i ymweld â'r mannau hynny lle bu'n canlyn Emma, a lle bu'r ddau ar wyliau neu ymweliadau ar ôl priodi.

Yn ei dristwch o fod ar wahân, yn ei golled a'i unigrwydd, mae Hardy yn ymgilio i'r glyn, ac yn ymguddio ynddo. Glyn hiraeth a galar yw'r glyn, ond i leddfu ei alar ac i liniaru'i hiraeth, mae ailalw i gof y cariad a fu yn cynnig cysur iddo yn ei unigrwydd, a rhyw rithyn o oleuni yn y glyn tywyll hwn. Ymdeimlo y mae Waldo â phresenoldeb cariad Hardy ac Emma o'i gwmpas ym mhobman, ac o gwmpas ardal enedigol a magwraethol Hardy. Trwy daenu cariad-mewn-atgof, uniad calonnau, o amgylch y glyn, gallai Hardy ddygymod yn haws â'r golled ddirdynnol, y 'rhwyg', o fod heb Emma. Er gwaethaf yr ysgariad rhwng y ddau, mae uniad calonnau'r ddau, y ddwy galon, wedi amgylchynu ardal enedigol a gwlad Thomas Hardy. Yn ei gerddi serch marwnadol i Emma, gallai Hardy ymdeimlo â'i phresenoldeb ym mhobman, canfod ei rhith a chlywed ei llais yn ei ddilyn, fel ysbryd, i ble bynnag yr âi.

Mae'r ddelwedd hon o'r 'glyn' yn arbennig o addas wrth i Waldo deyrngedu Thomas Hardy. 'Roedd glynnoedd yn bwysig iddo, o safbwynt gwreiddiau personol ac fel artist. Yn ei gofiant, a gyhoeddwyd yn enw ei ail wraig ond a luniwyd ganddo ef ei hun, mae'n sôn am hynafiaid ei dad fel hyn: 'They had dwelt for many generations in or near the valley of the River Froom or Frome, which extends inland from Wareham, occupying various properties whose sites lay scattered about the Woolcombe, Toller-Welme, and Up-Sydling (near the higher course of the river), down the stream to Dorchester, Weymouth, and onward to Wareham, where the Froom flows into Poole Harbour'.[6] Lleolir rhai rhannau o *Tess of the d'Urbervilles* yn Blackmore Vale, a rhannau eraill yn Froom Vale. Yn wir, yn *Tess of the d'Urbervilles*, mae'r glyn a'r galon yn un, a grym bywydol y glyn yn esgor ar gariad:

> Amid the oozing fatness and warm ferments of the Froom Vale, at a season when the rush of juices could almost be heard below the hiss of fertilization, it was impossible that the most fanciful love should not grow passionate. The ready bosoms existing there were impregnated by their surroundings.

Nid at y 'rhwyg' rhwng Hardy a'i wraig yn unig, er yn bennaf, y cyfeiria Waldo, ond at y thema fawr o rwyg rhwng cariadon yn gyffredinol ym marddoniaeth a rhyddiaith Hardy, y rhwyg rhwng Hardy a'i gyn-gariadon, oherwydd i amser ddileu'r teimladau a fu rhyngddynt unwaith, a'r rhwyg rhwng sawl dau yn ei nofelau: y rhwyg rhwng Bathsheba Everdeen a Sergeant Troy ei gŵr yn *Far from the Madding Crowd*, Arabella yn gadael Jude yn *Jude the Obscure*, Tess ac Angel Clare yn ymwahanu, y rhwyg rhwng Clym Yeobright ac Eustacia Vye yn *The Return of the Native*, ac yn

---

6. *The Life of Thomas Hardy 1840-1928*, Florence Emily Hardy, 1928-1930, arg. 1962, t. 5.

y blaen. Pe bai Duw yn ymyrryd ym mywydau meidrolion, gellid osgoi trasiedïau o'r fath, ond Duw diymyrryd, di-hid ydyw sy'n gadael i'r ddynoliaeth faglu ei ffordd yn ddall drwy'r byd, a gadael pob aelod o'r ddynol-ryw ar drugaredd ffawd a hap – cysgadur o Dduw na wêl na rhinwedd na ffaeledd, ac mae'r byd, o'r herwydd, yn fyd lle mae'r anghyfiawn yn llwyddo a'r diniwed a'r dieuog yn gorfod dioddef.

Mae'r ail bennill yn cyfeirio at un o gerddi byrrach Hardy, yn hytrach nag at *The Dynasts*. Y 'rhos' wrth gefn y tŷ lle ganed Hardy, yn Higher Bockhampton, yw Egdon Heath enwog y nofelau a'r cerddi. 'It was in a lonely and silent spot between woodland and heathland that Thomas Hardy was born' yw geiriau agoriadol ei hunangofiant.[7] Y gerdd y cyfeirir ati yn y pennill hwn yw 'Fragment':

> At last I entered a long dark gallery,
>> Catacomb-lined; and ranged at the side
>> Where the bodies of men from far and wide
> Who, motion past, were nevertheless not dead.
>
> "The sense of waiting here strikes strong;
> Everyone's waiting, waiting it seems to me;
>> What are you waiting for so long?
>> What is to happen?" I said.
>
> "O we are waiting for one called God," said they,
>> "(Though by some the Will, or Force, or Laws;
>> And, vaguely, by some, the Ultimate Cause;)
> Waiting for him to see us before we are clay.
> Yes; waiting, waiting, for God to know it" …
>
> "To know what?" questioned I.
> "To know how things have been going on earth and below it:
>> It is clear he must know some day."

Yr un thema ag a geir yn *The Dynasts* sydd yma, sef fod Duw wedi amddifadu'r ddynoliaeth, a gadael iddi ofalu am ei materion ei hun, heb ymyrryd dim â hi. Dyma'r grym neu'r Ewyllys, y 'Force', sy'n gyrru natur a bywyd ymlaen, ond heb ymyrryd o gwbwl â'r llif didor hwn o fywyd. Mae 'dim ni syfl' Waldo ('motions past' Hardy) a'r llinell 'A disgwyl beth, O,

---

7. Ibid., t. 3.

lonydd lu' ('What are you waiting for so long') yn cyfeirio'n uniongyrchol at gerdd Hardy. Awgrym Waldo, wrth ofyn y cwestiwn, yw awgrymu fod mwy i fywyd na 'Banadl a bedw a chyrs a chawn', sef trefn naturiol bywyd, a thyfiant a dilyniant y tymhorau. Nid grym diymyrryd sy'n cynnal bywyd y greadigaeth yn ddi-hid, ddiymwybod mo Duw, ond grym sy'n gweithredu yn uniongyrchol ym mywydau pobl. Nid dyna safbwynt Hardy. Yn 'Fragment' mae Duw wedi gadael y ddynoliaeth ar ei phen ei hun, i brofi poen a dioddefaint – 'humble pioneers/Of himself in consciousness of Life's tears'.

Yn rhan olaf *The Dynasts*, mae Corawd y Tosturiaethau yn canu emyn o fawl i'r cysgadur hwn o Dduw, ac yn datgan mai unig obaith dyn am achubiaeth yw'r gobaith y bydd y Duw cwsg yn deffro yn y pen draw, ac yn tosturio wrth y ddynoliaeth. O leiaf y mae'r ewyllys ddall hon yn y pen draw, gan fod brenhinoedd ac unbenaethiaid yn ddarostyngedig i'w mympwy a'i grym, yn ysgubo breniniaethau a theyrnasoedd gorthrymus oddi ar wyneb y ddaear, yn hyrddio brenhinoedd ac arweinwyr anghyfiawn i ebargofiant, ac yn dyrchafu'r isel rai:

> To Thee whose eye all Nature owns,
> Who hurlest Dynasts from their thrones,
> And liftest those of low estate
> We sing ...

Dyma'r athroniaeth Waldoaidd yn ei grym, athroniaeth 'Brenhiniaeth a Brawdoliaeth', y gobaith mai'r 'rhai bychain' a ddyrchefir yn y pen draw, tra hyrddir y mawrion, 'mawrion daear' chwedl Waldo yn 'Dan y Dyfroedd Claear', oddi ar eu gorseddau. Dyma'r athroniaeth a fynegir yn y datganiad enwog 'Daw dydd y bydd mawr y rhai bychain ('And liftest those of low estate' Hardy),/Daw dydd ni bydd mwy y rhai mawr' yn 'Plentyn y Ddaear'. Efallai fod Waldo yn adleisio Eseia 60:22 wrth sôn am ddyrchafiad y rhai bychain, 'y bychan a fydd yn fil a'r gwael yn genedl gref', ond yr un ymdeimlad yn union ag a fynegir yn rhan olaf *The Dynasts*, sydd hefyd yn adleisio'r Magnificat, a geir yma. Yr un agwedd yn union ag a fynegir yn 'Y Tŵr a'r Graig' hefyd:

> Gostwng a fydd ar gastell,
> A daw cwymp ciwdodau caeth,
> A hydref ymerodraeth
> O, mae gwanwyn amgenach
> Ar hyd y byd, i rai bach.

'Yea, Great and Good, Thee, Thee we hail,/Who shak'st the strong, Who shield'st the frail', meddai'r Tosturiaethau drachefn.

Fel Waldo, ochrai Hardy â'r bobl gyffredin, y rhai bychain, dinod, nid â mawrion daear. Y mawrion, brenhinoedd a rhyfelgarwyr, a ddinistriai fywyd a chymdeithas; y werin-bobl a gynhaliai fywyd a chymdeithas. O safbwynt y person cyffredin y lluniwyd nofelau Hardy. Mae bywyd yn mynd rhagddo er gwaethaf ymyrraeth rhyfeloedd a therfysgoedd o wneuthuriad dyn. Yn *The Trumpet-Major* dywed hyn am Anne Garland: 'Anne now felt herself close to and looking into the stream of recorded history, within whose banks the littliest things are great, and outside which she and the general bulk of the human race were content to live on as an unreckoned, unheeded superfluity'. Dyna thema'r gerdd adnabyddus 'In Time of "The Breaking of Nations"' hefyd, a luniwyd yn ystod cyfnod y Rhyfel Mawr:

> Only thin smoke without flame
>   From the heaps of couch-grass;
> Yet this will go onward the same
>   Though Dynasties pass.

Credai Waldo hefyd fod bywyd cyffredin, a dyheadau syml pobl gyffredin, yn drech nag ewyllys brenhinoedd a gwladweinwyr.

Er mai Ewyllys ddall yw'r ewyllys hon yn nrama epig Hardy, ac er ei bod yn gweithredu heb feddwl na bwriad, hi, yn y pen draw, sy'n gyfrifol am gwymp breniniaethau. Y cysgadur sydd hefyd yn gyfrifol am drefn y bydysawd a chylchiadau'r planedau:

> *The systemed suns the skies enscroll*
> *Obey Thee in their rhythmic roll …*

Dyma'r Un sy'n gyfrifol am y modd yr 'ymroliai'r môr goleuni' yn 'Mewn Dau Gae', a 'rholiwr y môr' yn y gerdd honno. Mae cysgod *The Dynasts* ar y gerdd honno hefyd. Dywedodd Waldo, mewn llythyr at Bedwyr Lewis Jones, mai edrych ar y sêr 'fel celloedd yr ymennydd' yr oedd yn y llinell 'A'r nos trwy'r celloedd i'w mawrfrig ymennydd'; dywedodd hefyd mai syniad tebyg i'r hyn a geid yn y llinellau 'Descend prophetic spirit that inspirest/The human soul of universal earth/Dreaming of things to come' gan Wordsworth yn *The Excursion* a oedd ganddo ac iddo hefyd gofio i Swinburne 'debygu'r sêr i feddwl neu ymennydd y byd' yn un o'i 'Songs before Sunrise',[8] ond mae'r ddelwedd yn aml ac yn amlwg yn *The Dynasts*.

---

8. 'Mewn Dau Gae', Bedwyr Lewis Jones, *Cyfres y Meistri 2: Waldo Williams*, tt. 157-158.

Mae Hardy hefyd yn synio am y bydysawd fel un ymennydd mawr – 'Whose Brain perchance is Space'. Ymennydd Duw yw'r bydysawd yn *The Dynasts*:

> *These are the Prime Volitions, – fibrils, veins.*
> *Will-tissues, nerves, and pulses of the Cause,*
> *That heave throughout the Earth's compositure.*
> *Their sum is like the lobule of a Brain*
> *Evolving always that it wots not of;*
> *A Brain whose whole connotes the Everywhere,*
> *And whose procedure may but be discerned*
> *By phantom eyes like ours …*

Tybed nad teg maentumio, o gofio i Hardy fod yn gymaint o ddylanwad ar Waldo, a *The Dynasts* yn enwedig, iddo gofio am y ddelwedd yng ngwaith Hardy yn ogystal ag ym marddoniaeth Swinburne?

Yn rhan olaf *The Dynasts*, mae'r Tosturiaethau yn datgan y gobaith y bydd i'r cysgadur o Dduw ddeffro, a chychwyn ar y gwaith o wella cyflwr y ddynoliaeth heb oedi:

> *Nay; – shall not Its blindness break?*
> *Yea, must not Its heart awake,*
>   *Promptly tending*
>   *To Its mending*
> *In a genial germing purpose, and for loving-kindness' sake?*

Yn y pennill olaf oll, mae'r cysgadur yn deffro ac yn dod yn ymwybodol ohono'i hun, ac mae'r gwaith o ailorseddu tosturi a rhoi'r tosturi hwn yn ôl i'n byd ni o amser, ar ôl i'r cyn-oesoedd ei golli, eisoes ar y gweill:

> *But – a stirring thrills the air*
> *Like to sounds of joyance there*
>   *That the rages*
>   *Of the ages*
> *Shall be cancelled, and deliverance offered from the darts that were,*
> *Consciousness the Will informing, till It fashion all things fair.*

Nid rhyfedd i Hardy apelio at Waldo. Beirdd tosturi oedd y ddau. Mae tosturi Hardy yn amlwg yn ei gerddi, a'i nofelau, y tosturi mawr sydd ganddo at Tess, er enghraifft, yn ei chwymp, ac at blentyn Tess, ac at Fanny

Robbins yn *Far from the Madding Crowd*, ac at ei baban marw hithau. Mae'n ddiddorol sylwi hefyd fod Hardy yn credu fod y ddynoliaeth yn un we enfawr, a holl aelodau'r ddynoliaeth wedi eu hasio ynghyd o fewn y we honno. Ym 1886, pan oedd yn gweithio ar *The Woodlanders*, trawodd Hardy ar gynllun athronyddol y gobeithiai allu ei ddefnyddio yn ganolog yn ei waith. Yn ei eiriau ef ei hun: 'The human race to be shown as one great network or tissue which quivers in every part when one point is shaken, like a spider's web if touched'.[9] Yn *The Woodlanders* ei hun mae'n trafod yr un syniad:

> Hardly anything could be more isolated or more self-contained than the lives of these two walking here in the lonely hour before day, when grey shades, material and mental, are so very grey. And yet their lonely courses formed no detached design at all, but were part of the pattern in the great web of human doings then weaving in both hemispheres from the White Sea to Cape Horn.

Credai Waldo hefyd fod y ddynoliaeth yn un rhwydwaith agos, ond Duw, yn ogystal â thosturi pobl tuag at ei gilydd, a oedd yn asio'r ddynol-ryw o fewn y we anferthol hon.

> Mae rhwydwaith dirgel Duw
> Yn cydio pob dyn byw,
> Cymod a chyflawn we,
> Myfi, Tydi, Efe.

Bu Hardy yn ddylanwad enfawr ar feirdd yr Ugeinfed Ganrif, o Siegfried Sassoon ac Edmund Blunden hyd at W. H. Auden a Philip Larkin yn Saesneg, ac ymhlith y beirdd Cymraeg a ddylanwadwyd ganddo y mae W. J. Gruffydd ac R. Williams Parry, a Waldo, wrth gwrs. Efelychiad o un o gerddi Hardy yw 'Lleisiau'r Fynwent' Gruffydd yn *Ynys yr Hud a Cherddi Eraill*, a cheir teyrnged i Hardy ganddo yn *Y Tro Olaf ac Ysgrifau Eraill* (1939). Ceir ambell adlais o waith Hardy yng ngherddi Williams Parry, er enghraifft, mae dwy linell gyntaf 'J.S.L.':

> Disgynnaist i'r grawn ar y buarth clyd o'th nen
> Gan ddallu â'th liw y cywion oll a'r cywennod ...

---

9. *The Life of Thomas Hardy 1840-1928*, t. 177.

yn adlais amlwg iawn o

> So, like a strange bright bird we sometimes find
> To mingle with the barn-door brood awhile ...

gan Hardy yn 'To Shakespeare'. Ac o blith y beirdd Cymraeg y dylan-wadodd Hardy arnyn nhw, Waldo, efallai, yw'r un pennaf i gael ei hudo gan y bardd mawr hwn o Sais.

John Keats yw gwrthrych yr ail ganiad, ac mae'r tri phennill yn cyfeirio at y bardd yn dychwelyd i Gaer-wynt (Winchester) ar Fedi 15, 1819, ar ôl ymweliad byr â Llundain. Ar ôl dychwelyd o Lundain, profodd gyffro creadigol mawr yng Nghaer-wynt, sef y cyfnod creadigol mawr olaf yn ei fywyd byr.

Mae'r ddwy linell gyntaf yn cyfeirio at yr hyn a ddywedodd Keats ei hun am y meysydd sofl mewn llythyr at J. H. Reynolds ar Fedi 21, 1819:[10]

> How beautiful the season is now – How fine the air. A temperate sharpness about it ... I never lik'd stubble fields so much as now – Aye better than the chilly green of spring. Somehow a stubble plain looks warm – in the same way that some pictures look warm – this struck me so much in my sunday's walk that I composed upon it.

Y gerdd a luniwyd ganddo ar ôl gweld y meysydd sofl hyn oedd 'To Autumn'. Mae Waldo yn cyfeirio at y gerdd yn y deyrnged hon i Keats. Cyfeirio y mae'r llinell 'A hidlai'r hwyr yr adliw rhos' at y llinell olaf yn y dyfyniad canlynol:

> Where are the songs of Spring? Ay, where are they?
> Think not of them, thou hast thy music too, –
> While barred clouds bloom the soft-dying day,
> And touch the stubble-plains with rosy hue.

Pan ddychwelodd Keats o Lundain i Gaer-wynt ym mis Medi 1819, 'roedd yn pryderu'n fawr amdano'i hun. 'Roedd tlodi yn ei blagio, a'r sarhad a roed arno gan adolygwyr a beirniaid yn boen ac yn ofid iddo.

---

10. *The Letters of John Keats 1814-1821*, cyf. II, 1819-1821, Gol. Hyder Edward Rollins, 1958, t. 167; at J. H. Reynolds, Medi 21,1819.

'We are certainly in a very low estate,' meddai wrth ei frawd a'i chwaer-yng-nghyfraith; 'I say we, for I am in such a situation that were it not for the assistance of Brown & Taylor, I must be as badly off as a Man can be'.[11] Er i'r beirniaid dolcio'i hyder a'i glwyfo'n ddwfn, 'roedd yn llawn gobeithion y gallai gynhyrchu barddoniaeth o werth o hyd. 'I really have hopes of success,' meddai yn yr un llythyr.[12] Dyma'r 'sicr ynghanol sen' yng ngherdd Waldo. Cyfeiriodd Keats yn yr un llythyr at 'the mire of a bad reputation which is continually rising against me,' ond credai y gallai creu barddoniaeth gyffrous adfer ei enw da drachefn: 'My name with the literary fashionables is vulgar – I am a weaver boy to them – a Tragedy would lift me out of this mess'.[13]

Yn ystod y cyfnod byr hwn o encilio, clodd Keats ei hun o olwg y byd, ac ymroi i greu. 'In the midst of the world I live like a hermit,' meddai wrth George a Georgiana; ond bu'r feudwyaeth hon yn achubiaeth ac yn iachâd iddo. 'With my inconstant disposition it is no wonder that this morning, amid all our bad times and misfortunes, I should feel so alert and well spirited,' meddai, gan roi'r ateb: 'It is because my hopes are very paramount to my despair'.[14] 'Roedd ei ysbryd a'i obeithion wedi codi oherwydd iddo lunio cerdd newydd, 'Lamia'. 'I am certain there is that sort of fire in it which must take hold of people in some way – give them either pleasant or unpleasant sensation,' meddai am y gerdd.[15] Coleddai'r un gobaith mewn llythyr arall at ei frawd a'i chwaer-yng-nghyfraith: 'Some think I have lost that poetic ardour and fire 't is said I once had – the fact is perhaps I have: but instead of that I hope I shall substitute a more thoughtful and quiet power'.[16]

Y 'dyddiau mawr' oedd cyfnod creadigol olaf Keats, un ffrwydrad gwanwynol o greu. Cysylltir y gwanwyn creadigol hwn â'r hyn a ddywedodd Keats am farddoni yn ei ddatganiad enwog: 'That if Poetry comes not as naturally as the Leaves to a tree it had better not come at all'.[17] Y geiriau hyn a roddodd i unig gyfrol Waldo ei theitl. Y cerddi oedd dail ei bren yntau hefyd.

Yn union o flaen y gymhariaeth hon rhwng rhwyddineb barddoniaeth a naturioldeb dail, ceir cymhariaeth arall:

11. Ibid., t. 185; at George a Georgiana Keats, Medi 27, 1819.
12. Ibid.
13. Ibid., t. 186.
14. Ibid.
15. Ibid., t. 189; at George a Georgiana Keats, Medi 18, 1819.
16. Ibid., t. 209; at George a Georgiana Keats, Medi 21, 1819.
17. *The Letters of John Keats 1814-1821*, cyf. I, Gol. Hyder E. Rollins, 1958, t. 238; at John Taylor, Chwefror 27, 1818.

> ... the rise, the progress, the setting of imagery should like the Sun come natural natural too him – shine over him and set soberly although in magnificence leaving him in the Luxury of twilight ...

Y ddwy gymhariaeth hyn, sy'n digwydd yn ymyl ei gilydd yn yr un llythyr a'r ddwy yn ymwneud â barddoniaeth, sy'n esbonio'r cyfeiriad at ddail pren Keats, ac yn egluro'r llinell 'Dyheai'r haul cyn mynd i'r cudd'. Mae'r llinell yn cyfleu dyhead angerddol Keats i greu barddoniaeth danllyd, rymus, a'i ddeisyfiad i sicrhau anfarwoldeb iddo'i hun ar yr un pryd.

Yn y llinell olaf ceir cyfeiriad arall at un o lythyrau Keats. Mae'r 'glyn gwneud enaid' yn cyfeirio at yr hyn a ddywedodd mewn llythyr arall:[18]

> Call the world if you Please "The vale of Soul-making". Then you will find out the use of the world (I am speaking now in the highest terms for human nature admitting it to be immortal which I will here take for granted for the purpose of showing a thought which has struck me concerning it) I say 'Soul Making' Soul as distinguished from an Intelligence – There may be intelligences or sparks of the divinity in millions – but they are not Souls till they acquire identities, till each one is personally itself, I[n]telligences are atoms of perception – they know and they see and they are pure, in short they are God – how then are Souls to be made? How then are these sparks which are God to have identity given them – so as ever to possess a bliss peculiar to each ones individual existence? How, but by the medium of a world like this?

Yn ôl Keats, cyfuno deallusrwydd a theimladrwydd, y meddwl a'r galon, o fewn byd sy'n addas i'r elfennau hyn weithio ynddo, sy'n creu'r enaid, sef y peth byw y mae ganddo'i hunaniaeth ei hun. Mae'r ddelwedd hon o'r glyn yn arbennig o addas yn achos Keats, gan ei bod yn ddelwedd aml ganddo. Fel y dywedodd Douglas Bush, wrth gyfeirio at y llinell 'Deep in the shady sadness of a vale' ar ddechrau *Hyperion*: 'Keats expressed, apropos of Milton, a special relish for the word "vale" (a word very frequent in Wordsworth), and here he may be recalling especially the "shady vale" of *Paradise Regained* ... and two passages he commented on in *Paradise Lost* ...'[19]

---

18. *The Letters of John Keats 1814-1821*, cyf. II, t. 102; at George a Georgiana Keats, Ebrill 21,1819.
19. *John Keats: His Life and Writings*, Douglas Bush, 1966, t. 106.

Creadigolrwydd fel iachâd oedd yr hyn a apeliai at Waldo yn achos Keats, y syniad fod barddoniaeth yn meddu ar rym adnewyddol, grym a allai ddadeni dyn o'i iselder, ei ofidiau a'i gaethiwed. Gallai barddoniaeth hefyd, drwy i'r bardd gymuno â'r byd, greu enaid.

Y trydydd bardd y telir teyrnged iddo gan Waldo yw William Cowper (1731-1800). Ar ôl iddo gael ei addysgu a'i brentisio ar gyfer galwedigaeth fel bar-gyfreithiwr, cefnodd Cowper ar Lundain am byth ym 1763, wedi i'w iechyd dorri, yn feddyliol ac yn gorfforol. Yn ystod y cyfnod hwn o afiechyd meddyliol, ceisiodd ei ladd ei hun sawl tro. Bu'n dioddef oddi wrth iselder ysbryd am weddill ei oes. Yn haf 1764 cafodd dröedigaeth, ac ymneilltuodd o olwg y byd am yr ugain mlynedd dilynol, gan fyw mewn tlodi.

Ymgartrefodd yn Huntingdon ym mis Mehefin 1765. Ar ôl pum mis o fyw ar ei ben ei hun, aeth i fyw gyda theulu'r Parchedig Morley Unwin, ysgolfeistr a oedd wedi ymddeol. Bu'r berthynas rhyngddo a phriod Morley Unwin, Mary, yn agos o'r dechrau, a phan fu farw Morley Unwin ym 1767, aeth y berthynas honno'n agosach fyth. Arferai'r ddau weddïo a myfyrio ar y cyd, ac astudio diwinyddiaeth gyda'i gilydd. Ar ôl marwolaeth Morley Unwin, symudodd y ddau i fyw i blwyf y Parchedig John Newton (1725-1807), sef Olney yn Swydd Buckingham.

Bu John Newton yn gyfaill mawr i'r ddau, ac i Cowper yn enwedig. Bu'n feistr llongau a gludai gaethweision i'r trefedigaethau Americanaidd hyd at 1754, a chefnodd ar y fasnach gaethweision am byth wedi hynny. Traethodd am ei brofiadau fel masnachwr caethweision yn ei hunangof-iant, *An Authentic Narrative* (1764), a soniodd yn yr hunangofiant hwnnw am greulondeb eithafol caethwesiaeth. Fel Cowper, cafodd yntau hefyd dröedigaeth, ac aeth i'r weinidogaeth. John Newton a gymhellodd Cowper i lunio'r corff helaeth hwnnw o emynau, 'Emynau Olney'. Rhwng blwyddyn ei dröedigaeth a 1773, pan gafodd bwl arall o wallgofrwydd, ni luniodd Cowper ddim byd ond emynau.

Am bron i bedair blynedd ar bymtheg, trigai Cowper a Mary Unwin mewn tŷ o'r enw Orchard Side, a wynebai sgwâr y farchnad yn nhref Olney, ar Afon Ouse. Yma y lluniodd *The Task*, gwaith a ddechreuwyd ganddo ym 1783.

Mae dwy linell gyntaf y caniad i Cowper yn cyfeirio at y llinellau hyn yn *The Task*, Llyfr 1: *The Sofa*:

> Here Ouse, slow winding through a level plain
> Of spacious meads with cattle sprinkled o'er,
> Conducts the eye along his sinuous course

Delighted. There, fast rooted in his bank
Stand, never overlook'd, our fav'rite elms
That screen the herdsman's solitary hut;
While far beyond and overthwart the stream
That as with molten glass inlays the vale,
The sloping land recedes into the clouds ...

Cyfeiriad uniongyrchol at 'spacious meads' Cowper yw 'gweirgloddiau mawr' Waldo, wrth gwrs. Dyma lyn neu ddyffryn Cowper, dyffryn Olney, ei noddfa a'i encilfa rhag y byd. Cyfeiria Cowper at y dyffryn eto yn y Llyfr Cyntaf:

O'er these, but far beyond, (a spacious map
Of hill and valley interpos'd between)
The Ouse, dividing the well water'd land,
Now glitters in the sun, and now retires,
As bashful, yet impatient to be seen.

'It was a life before all things sequestered – a refuge, a sanctuary, an escape,' meddai'r Arglwydd David Cecil, un o gofianwyr Cowper, am gyfnod creadigol y bardd yn Olney.[20] Yn ôl yr un cofiannydd, arferai Cowper grwydro'r wlad o amgylch Afon Ouse yn ei unigrwydd a'i arwahanrwydd, ac oedai uwch y dyffryn yn aml:[21]

... his walks were almost entirely limited to the Wilderness of Weston Park – a country house about a mile from Olney ... He enjoyed the walk back from the Wilderness as much as the Wilderness itself; through the gate and past the fountain, and down the narrow path, ankle deep in thyme, to the rustic bridge. Then came the shrubbery, with its moss-house and alders, and then up to the Cliff, where he would stop to get his breath. It was not really a cliff, but a ridge overlooking the valley of the Ouse.

Yma yr ymneilltuodd Cowper o olwg y byd, cilio 'fel hydd o'r haid', chwedl Waldo, gan gyfeirio at linell enwog Cowper, 'I was a stricken deer that left the herd'. Yn Llyfr 3: *The Garden*, y ceir y llinell honno, ac mae'r darn yn ei grynswth yn cyfleu dyhead Cowper i fyw bywyd tawel, neilltuedig ar wahân i'r haid, a chwilio am iachâd yng nghorff drylliedig Crist:

---

20. *The Stricken Deer or The Life of Cowper*, Lord David Cecil, 1929, arg. 1933, t. 173.
21. Ibid., t. 170.

I was a stricken deer that left the herd
Long since; with many an arrow deep infixt
My panting side was charged when I withdrew
To seek a tranquil death in distant shades.
There was I found by one who had himself
Been hurt by th' archers. In his side he bore
And in his hands and feet the cruel scars.
With gentle force soliciting the darts
He drew them forth, and heal'd and bade me live.
Since then, with few associates, in remote
And silent woods I wander, far from those
My former partners of the peopled scene,
With few associates, and not wishing more.

Yr hyn a boenai Cowper yn ystod y cyfnod hwn yn ei fywyd oedd y Rhyfel o Blaid Annibyniaeth America, nid y Rhyfel Saith Mlynedd, fel y dywedodd Waldo yn ei nodyn yn *Dail Pren*, ac eraill yn ei ddilyn. 'Roedd y Rhyfel Saith Mlynedd (1756-1763) yn gysylltiedig ag America, oherwydd un agwedd ar y Rhyfel oedd yr ymgiprys trefedigaethol rhwng Ffrainc a Phrydain (a Sbaen yn ochri â Ffrainc o 1762 ymlaen) am diriogaethau yng Ngogledd America, Canada ac India. At ryfel saith mlynedd arall y cyfeiriai Cowper yn *The Task*, sef Rhyfel Annibyniaeth America (1775/76-1783). Dechreuodd weithio ar *The Task* ym 1783, y flwyddyn y daeth y rhyfel i ben.

Gwewyr enaid i Cowper oedd y rhyfel hwn, gan mai rhyfel ydoedd, yn y pen draw, rhwng aelodau o'r un wlad. Saeson o ran llinach a chefndir oedd cyfran uchel o boblogaeth y trefedigaethau yn America, ac felly, 'roedd pobl o'r un genedl yn ymladd â'i gilydd – brawd yn erbyn brawd. Rhyw fath o ryfel cartref oddi cartref oedd y Rhyfel. Meddai Cowper mewn llythyr at John Newton ar Ragfyr 31, 1781:[22]

> I consider England and America as once one country. They were so in respect of interest, intercourse, and affinity. A great earthquake has made a partition, and now the Atlantic Ocean flows between them ... nothing less than Omnipotence can heal the breach between us.

---

22. *The Letters and Prose Writings of William Cowper*, cyf. I, *Adelphi* and Letters 1750-1781, Goln James King a Charles Ryskamp, 1979, tt. 569-570.

'I am not very fond of thinking about it; when I do, I think of it unpleasantly enough,' meddai Cowper am y Rhyfel mewn llythyr arall.[23] Ffieiddiai ryfel, ac fel Hardy a Waldo ar ei ôl, condemniai'r arweinwyr, y gwladweinwyr a'r militarwyr, y 'mawrion', gan ochri â'r isel rai. 'It is ever the way of those who rule the Earth, to leave out of their reckoning Him who rules the Universe,' meddai, gan ychwanegu: 'They forget that the poor have a friend more powerfull to avenge than they can be to oppress'.[24] Byddai Waldo, yn ogystal â Hardy, yn cytuno â'i gollfarniad ar ymddygiad cenhedloedd: 'Nations may be guilty of a conduct that would render an Individual infamous for ever, and yet carry their heads high, talk of their glory, and despise their neighbors'.[25]

Dyheu am encillo o gyrraedd y sôn a'r siarad di-baid am y Rhyfel hwn yr oedd Cowper. Meddai yn Llyfr II: *The Timepiece* o *The Task*, wrth fynegi ei ddyhead i ddianc o glyw'r sôn am ryfela a lladd:

> Oh for a lodge in some vast wilderness,
> Some boundless contiguity of shade,
> Where rumour of oppression and deceit,
> Of unsuccessful or successful war
> Might never reach me more. My ear is pain'd,
> My soul is sick with ev'ry day's report
> Of wrong and outrage with which earth is fill'd.

Gofidiai fod brawdgarwch rhwng dynion wedi troi'n elyniaeth ac yn gasineb:

> There is no flesh in man's obdurate heart,
> It does not feel for man. The nat'ral bond
> Of brotherhood is sever'd as the flax
> That falls asunder at the touch of fire.

Yn ogystal â'u deisyfiad i ymryddhau oddi wrth Loegr, 'roedd y ffaith fod yr Americaniaid yn credu mor ddigymrodedd o gryf yn y gyfundrefn gaethweisiaeth yn corddi atgasedd Cowper fwyfwy tuag atyn nhw. 'Roedd hunangofiant ei gyfaill, John Newton, wedi dadlennu holl ffieidd-dra ac

23. Ibid., t. 554; at Joseph Hill, Rhagfyr 9, 1781.
24. *The Letters and Prose Writings of William Cowper*, cyf. II, Letters 1782-1786, Goln James King a Charles Ryskamp, 1981, t. 170; at John Newton, Hydref 13,1783.
25. Ibid., t. 101; at John Newton, Ionawr 26, 1783.

erchyllter y drefn honno, ac ni allai Cowper ond cytuno â'i gyfaill. Mell-
tith oedd yr holl gyfundrefn:

> He finds his fellow guilty of a skin
> Not colour'd like his own, and having pow'r
> T'inforce the wrong, for such a worthy cause
> Dooms and devotes him as his lawful prey.

Delfryd Cowper, fel Waldo, oedd gweld y cenhedloedd yn un, ac yn
byw'n heddychlon â'i gilydd, ond 'roedd y rhyfeloedd rhwng pwerau
Ewropeaidd yn y Rhyfel Saith Mlynedd, yn ogystal â Rhyfel Annibyniaeth
America, wedi troi cenhedloedd yn erbyn ei gilydd:

> Lands intersected by a narrow frith
> Abhor each other. Mountains interposed,
> Make enemies of nations who had else
> Like kindred drops been mingled into one.

Un peth oedd rhyfel rhwng cenhedloedd; peth arall, canmil gwaeth, oedd
i ddyn drin ei gyd-ddyn fel anifail:

> Thus man devotes his brother, and destroys;
> And worse than all, and most to be deplored
> As human nature's broadest, foulest blot,
> Chains him, and tasks him, and exacts his sweat
> With stripes, that mercy with a bleeding heart
> Weeps when she sees inflicted on a beast.

Dyma'r maddeuant neu'r drugaredd yn athroniaeth Waldo y mae'n rhaid
wrthyn nhw i sicrhau brawdgarwch rhwng dynion.

Ni fynnai Cowper gefnogi'r drefn ddieflig hon mewn unrhyw ffordd.
Pa beth yw dyn? fel y gofynnodd Waldo:

> Then what is man? And what man seeing this,
> And having human feelings, does not blush
> And hang his head, to think himself a man?
> I would not have a slave to till my ground,
> To carry me, to fan me while I sleep,
> And tremble when I wake, for all the wealth
> That sinews bought and sold have ever earn'd.

> I had much rather be myself the slave
> And wear the bonds, than fasten them on him.

Cariad a brawdoliaeth, heddychiaeth a thosturi – yr elfennau hyn yn unig a allai greu cytgord rhwng y cenhedloedd, a pheri i ddyn gyd-fyw yn gytûn â'i gyd-ddyn. Dyma'r athroniaeth Waldoaidd ar ei phuraf:

> Sure there is need of social intercourse,
> Benevolence and peace and mutual aid
> Between the nations, in a world that seems
> To toll the death-bell of its own decease ...

Y cyfeiriadau hyn sy'n esbonio ail bennill y caniad i William Cowper, yn enwedig y cyfeiriadau at 'Ei frodyr dan yr isel frad' a'r 'caethwas du ymhell o'i dref'.

Er mor fregus oedd iechyd Cowper, ac er mor eiddil oedd ei gorff, credai yn gryf mewn brawdgarwch a chariad at gyd-ddyn – 'A'i freuder dros frawdoliaeth dyn'. Ynddo, cafodd Waldo enaid o gyffelyb fryd. Coleddai'r ddau yr un agweddau cadarnhaol a gwâr: trugaredd, tosturi, cariad a charedigrwydd, ond cred Cowper mewn brawdgarwch a hudodd Waldo ato. Dylid crybwyll hefyd nad adlais ysgrythurol a geir yn y llinell olaf, 'Trwy ddirgel ffyrdd yr Arglwydd Iôr', ond cyfeiriad at un o emynau mwyaf adnabyddus Cowper, ac un o 'Emynau Olney':

> God moves in a mysterious way,
>   His wonders to perform,
> He plants his footsteps in the Sea,
>   And rides upon the storm.

Mae ôl barddoniaeth Cowper ar un o brif themâu Waldo, sef anghyfiawnderau brenhiniaeth, a'r modd y mae brenhiniaeth yn dinistrio brawdoliaeth. Dyma un o'r themâu amlycaf a mwyaf cyson yng ngwaith Cowper. Yn *The Task*, Llyfr V: *The Winter Morning Walk*, mae Cowper yn ymosod ar dywysogion a brenhinoedd am greu rhyfeloedd a chodi adeiladau a beddrodau ysblennydd i'w hanfarwoli eu hunain, ac ennill yr anfarwoldeb hwn ar draul dioddefaint y ddynoliaeth yn gyffredinol:

> Great princes have great play-things. Some have played
> At hewing mountains into men, and some
> At building human wonders mountain-high.

> Some have amused the dull sad years of life,
> Life spent in indolence, and therefore sad,
> With schemes of monumental fame, and sought
> By pyramids and mausolæan pomp,
> Short-lived themselves, t'immortalize their bones.

Yn ôl Cowper, 'rhoi'r cyllyll yn llaw'r baban' oedd ymddiried i'r brenhin-oedd hunan-hyrwyddgar hyn y cyfrifoldeb o drefnu teyrnas a rheoli gwlad:

> But war's a game, which were their subjects wise,
> Kings should not play at. Nations would do well
> T'extort their truncheons from the puny hands
> Of heroes, whose infirm and baby minds
> Are gratified with mischief, and who spoil
> Because men suffer it, their toy the world.

Mae Waldo yn adleisio'r llinellau hyn yn 'Pa Beth Yw Dyn?':

> Beth yw trefnu teyrnas? Crefft
> Sydd eto'n cropian.
> A'i harfogi? Rhoi'r cyllyll
> Yn llaw'r baban.

Yn ôl Cowper, rhannodd Duw y ddaear yn deg rhwng y gwahanol genhedloedd, ond wedyn dechreuodd y cenhedloedd chwennych tiriog-aethau ei gilydd, a dyna sut y cychwynnwyd rhyfeloedd:

> Thus wars began on earth. These fought for spoil,
> And those in self-defence.

Y rhai dewraf, y mwyaf rhyfelgar a'r mwyaf buddugoliaethus, a ddewiswyd yn frenhinoedd ac yn arweinwyr:

> One eminent above the rest, for strength,
> For stratagem or courage, or for all,
> Was chosen leader. Him they served in war,
> And him in peace for sake of warlike deeds
> Rev'renced no less …
> Thus war affording field for the display
> Of virtue, made one chief, whom times of peace,

Which have their exigencies too, and call
For skill in government, at length made king.

Natur y ddynoliaeth yw edmygu a dyrchafu rhai sy'n meddu ar rym, ac yn raddol, mae dynion yn troi'n gaethweision i'r un sy'n teyrnasu:

They roll themselves before him in the dust ...
Thus by degrees self-cheated of their sound
And sober judgment that he is but man,
They demi-deify and fume him so
That in due season he forgets it too.

Mae'r brenin wedyn yn manteisio ar yr eilun-addoliaeth ddall hon:

Inflated and astrut with self-conceit
He gulps the windy diet, and 'ere long
Adopting their mistake, profoundly thinks
The world was made in vain if not for him.
Thenceforth they are his cattle. Drudges born
To bear his burthens, drawing in his gears
And sweating in his service. His caprice
Becomes the soul that animates them all.
He deems a thousand or ten thousand lives
Spent in the purchase of renown for him
An easy reck'ning, and they think the same.

Mae'r thema hon o dra-arglwyddiaeth brenhinoedd ar fywydau pobl gyffredin yn codi ei phen mewn cerddi eraill o waith Cowper. Yn *Table Talk*, er enghraifft, mae'n mynegi'r un thema ag a geir ym mhumed llyfr *The Task*, sef y modd y mae'r bobl gyffredin yn gaeth i ewyllys a gorch-ymyn brenhinoedd. Gellir dinoethi beiau'r werin-bobl ond mae'r brenin ei hun uwchlaw unrhyw feirniadaeth:

A subject's faults, a subject may proclaim,
A monarch's errors are forbidden game.

Ac eto, mae Cowper yn pitïo brenhinoedd, oherwydd eu bod yn byw ar weniaith, ufudd-dod ac eilun-addoliaeth ddall y bobl:

I pity kings whom worship waits upon

Obsequious, from the cradle to the throne,
Before whose infant eyes the flatt'rer bows,
And binds a wreath about their baby brows ...
Oh! if servility with supple knees,
Whose trade it is to smile, to crouch, to please;
If smooth dissimulation, skill'd to grace
A devil's purpose with an angel's face ...
If monarchy consist in such base things,
Sighing, I say again, I pity kings.

Un o themâu mawr Waldo yw'r modd y mae'r ewyllys unigol yn trechu'r ewyllys frenhinol, ymerodrol. Ewyllys y brenin sy'n difa brawdgarwch rhwng dynion, ond mae grym brawdgarol drwy gyfrwng yr unigolyn, neu drwy gyfrwng lleiafrif, yn dadwneud y broses. Mae'r wladwriaeth, meddai Waldo yn 'Brenhiniaeth a Brawdoliaeth', yn un â'r gymdeithas ym meddyliau dynion. Brenhiniaeth, yn ôl Waldo, yw'r 'elfen orfodol, yr uchafiaeth ymarferol ar ei deiliaid sydd yn gyffredin i bob gwladwriaeth ac yn hanfodol i'n syniad amdani', ac oherwydd yr elfen orfodol hon, y mae'r wladwriaeth 'yn dywedyd Gwna, Dos, Tyred, Tâl ac weithiau Taw'.[26] Dyna athroniaeth Cowper hefyd. Gwrthsefyll yr ewyllys ddall a didostur hon yn unig a bair frawdoliaeth. 'Oni thraidd brawdoliaeth trwy'r muriau a gododd brenhiniaeth am ei chyfryngau, dinistr sydd o'n blaen,' meddai Waldo drachefn.[27] Byddai Cowper yn cytuno. Duw a greodd frawdoliaeth, yn ôl Cowper, ond dyn sy'n dinistrio'r frawdoliaeth honno: 'God working ever on a social plan,/By various ties attaches man to man' (*Charity*). Hyd yn oed os derbynnir y ddadl fod rhyfeloedd yn anochel, oherwydd natur ormesol a barus dyn, mae lle i dosturi yn y byd:

But grant the plea, and let it stand for just,
That man make man his prey, because he *must*,
Still there is room for pity to abate
And sooth the sorrows of so sad a state.

Y tosturi hwn sy'n esgor ar frawdgarwch, yn ôl cred Waldo.
'Pe ceid lleiafrifoedd mewn llawer gwladwriaeth i gydgydio ... mewn egwyddor weledig uwchlaw'r gwladwriaethau fe siglid cadernid brenhiniaeth,' meddai Waldo.[28] Bardd y lleiafrifoedd, bardd y werin-bobl oedd

---

26. 'Brenhiniaeth a Brawdoliaeth', *Waldo*, Gol. James Nicholas, 1977, t. 267.
27. Ibid., t. 274.
28. Ibid.

Waldo Williams. Drwy'i farddoniaeth ceir y cyferbynnu rhwng y rhai isel a chyffredin a'r mawrion, a thrwy rym cariad, tosturi, a chymdeithas frawdol, gallai'r 'rhai bychain' drechu'r 'mawrion'. 'Ac yn ein plith ni, arglwyddi geiriau, yr oedd rhai mwy/Na brenhinoedd hanes a breninesau' meddai am y werin storigar yn 'Cwmwl Haf'. 'Roedd cymdeithas agos bro ei febyd yn gryfach na grym gwladwriaeth. Mae'r thema hon yn codi ei phen dro ar ôl tro yn ei waith. Yn 'Eu Cyfrinach', mae cariad mamol yn drech na nerth ac awdurdod breniniaethau ac ymerodraethau:

> Ac ofer, Pharao, yw grym fel y gwres
> A gair a all gynnull lluoedd fel tonnau.
> Gorchfygwyd, yn awr, dy gerbydau pres
> Gan ddyhead breichiau a bronnau.

Syniad digon tebyg a geir yn 'Cyfeillach'. Mae un weithred syml, gariadus yn diddymu holl weithredoedd arswydus a dinistriol arweinwyr a gwladweinwyr:

> Mae'r ysbryd yn gwau yn ddi-stŵr
> A'r nerthoedd, er cryfed eu hach,
> Yn crynu pan welont ŵr
> Yn rhoi rhuban i eneth fach ...

Nid rhyfedd, felly, i fardd fel Cowper, gyda'i gred ddiysgog yn Nuw ac ym mrawdgarwch dynion, a'i gasineb tuag at ormes ac anghyfiawnder brenhinoedd, apelio at Waldo.

Teyrnged i Linda, ei briod, yw'r caniad olaf. Er mor ddyledus ydyw i Loegr am godi'r beirdd hyn, a chyfoethogi bywyd Waldo o'r herwydd, mae'n fwy diolchgar iddi am roi iddo ef a Linda flynyddoedd dedwydd yn sŵn ei hiaith. 'Dyddiau mawr' Keats oedd cyfnod mawr ei greadigolrwydd, ond blynyddoedd mawr Waldo oedd y cyfnod byr hwnnw y bu'n briod â Linda, a chyfnod eu carwriaeth cyn hynny. 'Yr oedd adeg rhyfel yn cyd-fynd â chyfnod pwysig yn fy hanes personol i – cyfnod o lawenydd mawr ar y dechre – cyfnod o dristwch wedyn ar ôl i'm gwraig farw,' meddai Waldo am y 'blynyddoedd mawr' hyn.[29] Lluniodd Waldo'i gerdd i'r tri bardd o Sais rywbryd ar ôl y cyfnod hwnnw y bu'n gweithio fel athro yn Lloegr, yn Kimbolton, Swydd Huntingdon, ac yn Lyneham, Wiltshire, ar

---

29. *Cyfres y Meistri 2: Waldo Williams*, t. 117.

ôl marwolaeth Linda ym 1943, ac mae'r tri chaniad cyntaf yn cofnodi ymweliadau â mannau a oedd yn gysylltiedig â'r tri bardd. Mae'r ymweliadau hyn yn ei atgoffa am ymweliadau eraill â Lloegr yng nghwmni Linda pan oedd hi'n fyw. Mae'n cyfeirio yn 'Sgwrs a Chyfaill' yn *Cyfres y Meistri 2* at yr adeg 'yr aethom ni ryw wylie Pasg i lawr i Netherstowie ac Alfoxton – man hynny lle bu Wordsworth a Coleridge. Fi a Linda lawr fan'ny – a fan'ny y dechreues i deimlo'n well' ar ôl poeni am ddyn a'i ryfelgarwch.[30] Mae'r llinell 'Yn dwyn y fraint o dan y fron' yn cyfeirio at gyfnod beichiogrwydd Linda, ond bu farw'r baban ar ei enedigaeth.

Mae'r haul yn cyrraedd gwaelod y glyn yn niwedd y gerdd, wrth i Waldo ailgymuno â'i wraig mewn atgof. Mae'r cof amdani, a'r hyn a rannwyd ac a gafwyd unwaith, yn drech na marwolaeth. Mae'r gerdd yn diweddu'n orfoleddus ac yn fuddugoliaethus, wrth i haul bywyd a chariad erlid y cysgodion ymaith, a goleuo'r glyn drachefn. Ceir darn tebyg yn Llyfr VI: *The Winter Walk at Noon* o *The Task*:

> The night was winter in his roughest mood,
> The morning sharp and clear. But now at noon
> Upon the southern side of the slant hills
> And where the woods fence off the northern blast,
> The season smiles resigning all its rage
> And has the warmth of May. The vault is blue
> Without a cloud, and white without a speck
> The dazzling splendour of the scene below.
> Again the harmony comes o'er the vale …

Mae 'Tri Bardd o Sais a Lloegr' yn gerdd ragorol ynddi ei hun, ond mae hi'n hynod o bwysig hefyd oherwydd ei bod yn taflu cryn dipyn o oleuni ar feddwl un o feirdd mwyaf Cymru, ac yn hanfodol o safbwynt olrhain rhai o'r dylanwadau a fu arno.

[1997]

---

30. Ibid., t. 118.

PEDWARAWD
RHYDWEN WILLIAMS

Cyhoeddwyd *Pedwarawd* ym 1986 gan Gyhoeddiadau Barddas. Yn ei Ragair byr i'r pedair cerdd, meddai Rhydwen:[1]

> Fel un a dreuliodd y rhan fwyaf o'i ddyddiau yn ardaloedd y glo, mae'n naturiol i'r fath gefndir gynnig delweddau. 'Mae diwylliant yn creu myth o'i orffennol. Bydd cymdeithas yn ei mawrygu ei hun pan yw'n chwalu,' meddai'r Dr Glyn Tegai Hughes. Mae'r gosodiad hwn yn egluro llawer am y gyfrol hon.

Mae yna ymgais yn *Pedwarawd* i greu myth. Ceir elfennau mythaidd yn y canu. Pedair cerdd i bedwar lle a fu'n hynod o bwysig iddo fel person, bardd a llenor yw *Pedwarawd*. Mae'r pedwar lle yn cynrychioli pedair agwedd bendant ar ei olygwedd fel bardd, pedwar lle a ddylanwadodd arno mewn modd arhosol. Amlwg, wrth gwrs, yw'r cynsail, sef *Four Quartets* T. S. Eliot, a gyhoeddwyd gyda'i gilydd am y tro cyntaf ym 1944. Hollol fwriadol ar ran Rhydwen oedd defnyddio patrwm pedwarawd enwog Eliot fel cynsail, ac yma a thraw, yn fwriadol eto, mae'n adleisio Eliot ac yn cyfeirio at rannau o'r *Four Quartets*. Canodd Eliot i Burnt Norton, East Coker, The Dry Salvages a Little Gidding. Canodd Rhydwen am Senghennydd, Tynybedw, Mynydd Lliw a Phwll y Tŵr. Mae'r pedair cerdd yn fyfyrdod ar farwolaeth a bodolaeth, ar farwoldeb a thragwyddoldeb, ar ddioddefaint a gwaredigaeth, ac ar arwyddocâd amser.

'Senghennydd' yw'r gerdd gyntaf, cerdd am y trychineb a ddigwyddodd ar Hydref 14, 1913, pan laddwyd 439 o lowyr gan danchwa yn y pwll. Dyma ni yn nhiriogaeth Rhydwen Williams yn syth, tiriogaeth y nofel *Amser i Wylo*, a thiriogaeth prif thema Rhydwen Williams: caledi a chyni, a dewrder ac arwriaeth, cymunedau glofaol cymoedd y De. Mae'r gerdd gyntaf hon yn fyfyrdod ar ddioddefaint mewn byd didostur a di-Dduw.

---

1. *Pedwarawd: Pryddest mewn Pedair Rhan*, 1986, t. 9.

Ni all weld fod unrhyw ystyr nac arwyddocâd i aberth a marwolaeth y glowyr hyn:

> Ystyr ni bydd i'w stori
> a'u hangheuau hefyd a anghofir ...

Dyna agoriad y gerdd. Mae'r gerdd yn symud mewn byd tywyll, diystyr. Ailadroddir y llinell 'I ba le yr awn yn y tywyllwch?' bedair gwaith yn y darn sy'n disgrifio'r glowyr wedi cael eu cau a'u caethiwo yng nghrombil y ddaear ar ôl y danchwa. Dyma gri'r glowyr yng ngwyll y ddaear cyn trengi, ond dyma gri enaid pob un sy'n chwilio am Dduw mewn byd diystyr hefyd. Dyma 'dir tywyll' Waldo a thir diffaith Eliot. Ni all y glowyr ffoi:

> Gall milwyr droi'n ôl
> neu dorri ffordd allan,
> neu ffoi i'r bryniau –
> bydd hyd yn oed eu llwfrdra yn ddealladwy!
> Gwell nag ildio.
> Pob dyn a aned o wraig
> sydd yn llawn helynt ar y gorau ...

A dyna thema'r gerdd gyntaf hon: oferedd, distadledd, a dibwrpasrwydd bywyd, bywyd sy'n boen ac yn alar o'r groth ac o'r crud:

> O na roddaswn i fyny'r ysbryd
> cyn dod allan o'r groth!

Gofynnir pwy a fu'n gyfrifol am y ddamwain. Os Duw ydyw'r Crëwr, yna Duw yw'r difäwr hefyd; ac os nad oes Duw, yna y mae dyn yn gorfod ymlafnio byw mewn byd heb na phatrwm na threfn na thrugaredd:

> Pwy a ysgydwodd y ddaear oddi ar ei hechel?
> Pwy a symudodd y mynyddoedd
> a'u dymchwel yn ei ddigofaint?
>
> Pwy a orchmynnodd i'r haul
> beidio â chodi?

'I ba le yr awn yn y tywyllwch?' gofynnir eto ar ddiwedd y rhan hon, gan awgrymu tywyllwch dirdynnol yr agnostig a'r anffyddiwr. Duw yn unig a all symud mynyddoedd a gorchymyn i'r haul beidio â chodi, ac os felly, mae'n Dduw creulon a di-hid, gan iddo ddifa bywydau cannoedd o lowyr diniwed, gonest a chrefyddol, lawer ohonyn nhw.

Mae'r llinell 'I ba le yr awn yn y tywyllwch?' yn cyfeirio'n fwriadol at y llinellau canlynol yn nhrydydd caniad 'East Coker' Eliot:

> O dark dark dark. They all go into the dark,
> The vacant interstellar spaces, the vacant into the vacant,
> The captains, merchant bankers, eminent men of letters,
> The generous patrons of art, the statesmen and the rulers,
> Distinguished civil servants, chairmen of many committees,
> Industrial lords and petty contractors, all go into the dark,
> And dark the Sun and Moon, and the Almanach de Gotha,
> And the Stock Exchange Gazette, the Directory of Directors,
> And cold the sense and lost the motive of action.
> And we all go with them, into the silent funeral,
> Nobody's funeral, for there is no one to bury.
> I said to my soul, be still, and let the dark come upon you
> Which shall be the darkness of God.

Cyhoeddwyd 'East Coker' yng ngwanwyn 1940, pan oedd y byd yn llythrennol yn symud i gyfeiriad tywyllwch ac anwareidd-dra, ond mae Eliot hefyd yn sôn am argyfwng ysbrydol dyn yn gyffredinol yn ei ymchwil am Dduw. Mae'r cyfeiriadau llenyddol yn amlwg. Adleisir *Samson Agonistes* Milton yn yr ailadrodd deirgwaith ar 'dark':

> O dark, dark, dark, amid the blaze of noon,
> Irrecoverably dark, total Eclipse
> Without all hope of day!

Mae dynion yn llythrennol ddall, fel Samson Milton, ac maen nhw hefyd, yn eu dallineb gwirioneddol, yn symud i gyfeiriad tywyllwch ysbrydol. Yn wahanol i Henry Vaughan ('They are all gone into the world of light'), 'They all go into the dark' meddai Eliot. Dyma dywyllwch marwolaeth ffydd, sy'n cyfnewid y goleuni am y gwyll. Er na welais neb arall yn crybwyll hyn erioed, credaf mai cyfeiriad at un o gerddi Baudelaire a geir yn y llinell 'I said to my soul, be still, and let the dark come upon you ...' Adleisir dwy linell gyntaf y soned 'Recueillement' (Myfyrdod): 'Sois sage, ô ma Douleur, et tiens-toi tranquille./Tu réclamais le Soir; il descend ...' (Bydd yn ddoeth, fy ngwewyr, a bydd yn dawelach. Crefaist am yr hwyr;

mae'n disgyn …) O ran diddordeb, cyfieithwyd y soned i'r Gymraeg gan
E. T. Griffiths (*Cerddi Estron*, 1966): 'Bydd ddiddig, O fy Ing, a haws dy
drin,/Chwenychit weld yr Hwyr, ac wele ef', ac un o'r rhai i lunio cyfieith-
iad Saesneg ohoni oedd Roy Campbell: 'Be good, my Sorrow: hush now:
settle down./You sighed for dusk, and now it comes …'

Ar ddechrau 'Senghennydd', mae'r glowyr yn fyw o hyd ac wedi cael eu
cau yn y tywyllwch. Enwir rhai o'r condemniedig, fel Joe Dilon, Twm
Miles a Ianto bach. Er bod y rhain yn ddynion duwiol diwyd, 'Gweithwyr
caled/gweddiwyr mawr', maen nhw wedi cael eu gadael ar drugaredd ffawd
a hap mewn byd di-Dduw a didduwiau:

> Amser maith yn ôl
> buasai gan ddynion dduw neu ddau
> i erfyn arnyn nhw
> am ymwared,
> arwr neu ddau
> i ymladd â dreigiau drostyn nhw …

Ond mae'r dynion hyn wedi cael eu gadael yn y tywyllwch i ymladd eu
brwydr eu hunain.

Ar ôl i'r glowyr drengi yn y tywyllwch, mae'r gwragedd yn tyrru i ben y
pwll:

> Daethant i ben y pwll
> fel y gwragedd hynny gynt
> a ddaeth yn fore
> at droed y Groes.
>
> Nid meddalwch
> na phiti
> na ffawd
> a'u gyrrodd yno.
>
> Gorfodaeth
> y tu hwnt i gost,
> y tu hwnt i wobr
> y boddhad pan yw'r hunan wedi'i lwyr anwybyddu.
>
> Gweithred o ras.

Dyletswydd a gorfodaeth sy'n gyrru'r gwragedd i ben y pwll, nid tosturi na galar. Mae'r gwragedd hyn yn gyfarwydd â galar a dioddefaint. 'Dydyn nhw'n disgwyl dim mwy oddi wrth fywyd na phoen a chyni. Dioddefaint yw bywyd i'r rhain. Mae'r chwilfrydig wedyn yn heidio i weld lleoliad y ddamwain. Cânt foddhad afiach o wneud hynny:

> Deuant dros y bryniau
> i weld lle y bu'r Angau barus yn ysgyrnygu;
> lle y bu'r dannedd dig
> yn malu a llyncu'r llesg,
> chwilfrydig i weld lle y bu'r chwalu afradus,
> i brofi'r braw heb y perygl a'r brys.

Canolbwyntir ar alar y gwragedd a'r mamau. Ni all yr un gweinidog gynnig cysur i'r rhain, na rhoi unrhyw sicrwydd ffydd iddyn nhw. Mae'r ddamwain yn codi cwestiynau na all neb eu hateb:

> Edrychodd yr offeiriad ar y ffurfafen ddifalio.
> "Yn gymaint ag y rhyngodd bodd ..."
> Di, was y Gwirionedd,
> a lefara dy Dduw yn y tân hwn?
> A oes ffordd i'r Nef drwy'r siafft danllyd?
> A oresgyn serch y dwst eiriasgoch?
> A ddown i dangnefedd wedi'r tân,
> a dry'r trychineb
> yn fuddugoliaeth?

Mae'r gwragedd a'r mamau wedyn yn llefaru yn eu hiraeth a'u trallod, a rhwng y lleferydd hyn ceir darnau sy'n disgrifio marwolaeth y glowyr yng nghrombil y ddaear. I'r mamau, 'Dim ond atgo/fel cragen wag/yn llawn o sŵn ei absenoldeb' sydd ar ôl. Mae marwnad un fam yn dwyn i gof, yn fwriadol ar ran Rhydwen, farwnad Siôn y Glyn gan Lewis Glyn Cothi. Fe'n harweinir at y cyfeiriadaeth gan y llinellau

> Saith o wŷr
> y dywedir
> i Beuno gynt eu hatgyfodi –
> gresyn nad un o'u nifer mohonot!

sy'n adleisio

Beuno a droes iddo saith
Nefolion yn fyw eilwaith;
Gwae eilwaith, fy ngwir galon,
Nad oes wyth rhwng enaid Siôn.

Mae marwnad y fam i'w mab:

Fy mab mwyn,
cysur f'enaid;
fy mardd bach,
fy asgwrn-cefn,
fy nhûr,
fy arwr tal,
fy nhelyneg,
cerdd fy nghalon,
fy athro,
doethineb fy mhen,
fy nghusan dân,
fy nghannwyll olau ...

yn adleisio epithedau Lewis Glyn Cothi:

Fy mryd cyn fy marw ydoedd,
Fy mardd doeth, fy mreuddwyd oedd;
Fy nhegan oedd, fy nghannwyll,
Fy enaid teg, fy un twyll,
Fy nghyw yn dysgu fy nghân,
Fy nghae Esyllt, fy nghusan ...

Mae llinellau olaf marwnad y fam:

Ffarwel, lawenydd fy nyddiau!

Ffarwel, firi fy oes!

Fffarwel, ffarwel, ffarwel!

yn adleisio rhan olaf cywydd Lewis Glyn Cothi:

Yn iach wên ar fy ngenau!

Yn iach chwerthin o'r min mau!
Yn iach mwy ddiddanwch mwyn!
Ac yn iach i gnau echwyn! ...

Ceir rhagor o gyfeiriadaethau llenyddol tua therfyn y gerdd. Amlwg yw'r
gyfeiriadaeth at *Y Gododdin*:

> Gwŷr a aeth Senghennydd, llathr a llawen,
> pob un â'i dun bwyd, canu a chwiban,
> naw cant ar doriad gwawr ar eu ffordd i'r ffas,
> ffyrnig eu llafur cyn dyfod y tân,
> tân ar ruthr drwy'r lle cyn ei droi'n
> oriel o ysbrydion ... fel'na'n union y bu.

Mae hyd yn oed y darn am y ceffyl, 'Jiwel', yn adleisio'r confensiwn dyfalu
yn y cywyddau gofyn march:

> Di, Jiwel, hen geffyl hoffus y ffas,
> balch o galon, gwydn a dewr;
> oeddit fel llew, llydan dy frest,
> llygaid doeth a phedair o goesau da;
> oeddit fel bustach, asennau llydan,
> gewynnau gwych, lled i'r genau,
> ffroenau mawr a'th gefn fel dyffryn
> yn sefyll ar dy bedwar yn gawraidd a hardd;
> oeddit fel ysgyfarnog, clustiau clasur,
> llygaid sydyn, pen mawreddog,
> a'r fellten yn dy draed ...

Mae'r deyrnged i Jiwel yn dwyn i gof ddiwedd rhan 2 yn *Amser i Wylo*, lle
caiff ei enwi eto:[2]

> Beth a ddaeth o Enfys, ceffyl y ceffylau, trwyno am afal, oer a
> dihidio ymhell cyn diwedd y dydd?
> Beth a ddaeth o Jiwel, dim mwstwr mwy, ei bedolau'n dawel, a'i
> lygaid call wedi rhedeg fel dŵr o'u socedau?

Clymir trasiedi Senghennydd â thrasiedïau'r oesoedd, â thrasiedïau gorff-

---

2. *Amser i Wylo: Senghenydd 1913*, 1986, t. 174.

ennol Cymru, drwy'r adleisio a'r cyfeirio llenyddol. Mae'r cyfan yn pwysleisio cyflwr dioddefus y ddynoliaeth o'r cychwyn. Mae 'Senghennydd' yn arwrgerdd ac yn alargerdd ar yr un pryd. Tra bo'r cyfeiriad at gwymp trichant Catráeth yn pwysleisio'r drasiedi dorfol, gyfun, mae'r cyfeiriadau at farwnad Siôn y Glyn yn pwysleisio'r galar personol, unigolyddol.

'Does dim goleuni na gwaredigaeth yn 'Senghennydd'. Dyn ar goll yn y tywyllwch a geir yma, dyn heb ffydd yn Nuw na chred mewn unrhyw fath o ragluniaeth. Ganed dyn i ddioddef. Daw'r gerdd i'r casgliad anochel mai

Dioddefaint yw rhan yr einioes …

Y mae dyfnach ing nag ing corfforol hyd yn oed, sef yr ing o wybod mai'r dioddefaint hwn yw ein rhan ni oll, a bod dyn ar drugaredd ffawd a hap yn hyn o fyd, heb neb na dim i'w amddiffyn na'i achub rhag y pwerau dinistriol sy'n bodoli o'n cwmpas. Mewn gair, nid yw Duw yn bod, dim ond tynged, hap a damwain, a gwae a dioddefaint:

> … y mae dyfnder i ing
> sy'n ddyfnach na'r boen sy'n treiddio
> i'r cnawd; gwewyr a bair brotest
> yn erbyn dyn a Duw, gan erfyn am
> ymwared, solas, a chymwynas, mwy;
> awr pan adewir dyn i'w dynged;
> y tywyllwch a all lenwi'r enaid
> i brofi'r Hollbresennol yn absennol …
> chwerwder a etyl ynom ras a chariad!

Mae'r ffaith fod yr Hollbresennol, yn baradocsaidd, yn absennol, y ffaith nad oes y fath beth â Duw yn bod, ac mai stad ddioddefus yw cyflwr y ddynoliaeth, wedi caledu'r teimladau a mygu cariad. Dyna, yn ôl Rhydwen, y wir Uffern, sef byd heb gariad na thosturi, oherwydd bod galar a dioddefaint wedi ein merfeiddio a'n dad-ddynoli. A 'does dim gobaith i neb godi uwchlaw'r stad druenus hon nes y bydd Crist ei hun yn dechrau gweld bywyd drwy ein llygaid ni, a sylweddoli pa mor wirioneddol ingol yw ein bywydau. Sut y gall dyn fyfyrio ar ddaioni Duw, ar dragwyddoldeb, a chanfod goleuni Duw, a galar a dioddefaint, cyni a phoen, brwydr ddiderfyn bywyd, yn gymaint o faen tramgwydd iddo? Sut y gallwn weld harddwch y cread a mawredd Duw a ninnau'n cael ein dallu'n feunyddiol gan ddagrau galar a phoen?

A hyn yw Uffern, ein rhwygo nerf a gewyn
oddi wrth gariad, hen orchest gwaywffon a hoelion;
ac nid oes obaith i bererin gwan
nes yr edrych y Crist ar fywyd yn hyn o fyd
trwy'n llygaid dolurus ni.

Myfyriodd Eliot ar gyflwr dioddefus y ddynoliaeth yn 'East Coker':

The whole earth is our hospital
Endowed by the ruined millionaire,
Wherein, if we do well, we shall
Die of the absolute paternal care
That will not leave us, but prevents us everywhere.

Gall fod y llinell gyntaf yn adleisio'r hyn a ddywedodd Syr Thomas Browne
yn *Religio Medici* II: 'For the world, I count it not an Inn, but an Hos-
pital, and a place, not to live, but die in,' neu yn cyfeirio at linell enwog
Baudelaire. 'Cette vie est un hôpital' ('Y bywyd hwn, un Ysbyty yw'), ac
mae'r llinell olaf yn adleisio rhan o'r Llyfr Gweddi Gyffredin. Pwysleisio
stad ddioddefus dynoliaeth y mae Eliot, fel Rhydwen. Dod i'r byd i farw a
wnawn, ac nid yw'r ffaith fod Duw yn gofalu am rai ohonom yn ein
dyddiau olaf, fel rhiant, yn cynnig llawer o gysur. A oes modd i ni esgyn
uwchlaw'r cyflwr truenus, dioddefus hwn? A oes yna bwrpas i fywyd o
gwbwl? A oes unrhyw waredigaeth neu achubiaeth rhag y cyflwr tywyll
hwn? Dyma rai o'r cwestiynau y cais Rhydwen eu hateb wrth symud ym-
laen oddi wrth y gerdd dywyll gyntaf hon.

'Tynybedw' yw'r ail gerdd. Ceir sawl cyfeiriad at Dynybedw, Cwm Rhon-
dda, yng ngwaith Rhydwen. Mae'n crybwyll y lle yn 'Y Ffynhonnau', er
enghraifft:

Pen-yr-englyn, Glyncoli, Parc, Tynybedw, Ton –
Bronllwyn, Bodringallt, Ffrwdamos, Dinas, Porth!
… Yma, lle'r oedd y ffynhonnau mor bur â'r bobl,
A'r ffrydiau mor siriol â'r plant
Yn canu eu diniweidrwydd drwy'r Cwm.

Thema 'Senghennydd' oedd cyflwr dioddefus, diwaredigaeth dyn, a Senghen-
nydd ei hun yn symbol o'r byd peryglus, tywyll y down iddo. Un o themâu
'Tynybedw' yw'r angen i ddygymod â'r byd hwn, a gwneud y gorau o'r hyn

a roddwyd inni. Angen dyn i ddod o hyd i wreiddiau, cartref a sefydlog-rwydd, mewn gwirionedd. Mae Rhydwen yn ailgyflwyno thema 'Senghen-nydd' yn weddol gynnar yn y gerdd:

> Dyrys yw'r bydysawd;
> tŷ lledrith, twyllodrus,
> muriau a wna o ddynion fymrynnau;
> difater yw hefyd, daw i feidrol
> ergydion ei gynddeiriogrwydd, argaeau'n
> hollti, daeargryn, a'r fellten
> yn taro'r gwan a'r baban bach.

Ac eto:

> ... dyma'r lle y down iddo
> i genhedlu ac ymgartrefu yn ein tro,
> adar diniwed yn ymarfer eu hadenydd
> ac yn ymhyfrydu yn eu gogoniannau pluog;
> magu cenhedlaeth newydd ar y llethrau llawen
> wedi dysgu ohonom hen gyfrwysterau'r cnawd
> ar ein siwrne rywiol
> drwy'r blynyddoedd dyrys ...

Mae 'Tynybedw' yn sefydlu'r ffaith ein bod yn cael ein geni i le ac i amser. Mae hi'n gerdd hefyd am berthynas dyn â'i amgylchfyd, ond, yn bwysicach ac yn amlycach na hynny, am berthynas dyn â'r cenedlaethau a fu o'i flaen ac a ddaw ar ei ôl. Mae'r mynydd, i ddechrau, yn gysylltiedig â'r gorff-ennol, a dechreuad y daith, ond mae'n peidio â bod yn fynydd ac yn troi'n symbol o berthynas dyn â lle, ac yn symbol, yn y pen draw, o fywyd dyn mewn lle arbennig o fewn byd o amser. I ddechrau, mae'r mynydd yn sym-bol o sefydlogrwydd a gwreiddiau, a hynny cyn datblygu i fod yn symbol o fynd a dod y cenedlaethau:

> Mynydd yw ein gorffennol
> er nad mynydd yw'r mynydd mwy;
> golygfa yw a gedwir gan y cof
> fel gem drudfawr dan gaead;
> rhyw ddeffro o'r newydd
> mewn hen, hen fyd ...

Twnela'r pryfyn, bererin bach,
tua'i nef;
anela'r bioden am ei nyth i fwydo
o big i big
y rhai bach;
a'r gwningen, hithau, yr hen chwaer,
yn ei thwll yn gwarchod ei theulu
mor frwd â'r epa piwus
a ddifyrrai'i epil plaen
â'i bontio a'i banto
o goeden i goeden,
o frigyn i frigyn.

Ac yr oedd i ninnau
ar fynydd dedwydd doe
aelwyd;

Mae angen lle ar ddyn ac ar anifail i fyw ynddo, a geni a magu, a chynnal bywyd yn gyffredinol, ynddo. Lle o'r fath oedd Tynybedw. Ond, yn wahanol i greadur ac anifail, mae dyn yn gwrthod aros yn ei unfan, ac yn gwrthod bodloni ar yr hyn a roddwyd iddo. Mae darn yn *Gorwelion*, cyfrol hunangofiannol Rhydwen, sy'n egluro llawer ar agwedd y bardd wrth sôn am wreiddiau a chefndir:[3]

> Dyn yw'r unig greadur dan y sêr nad yw ei stad naturiol yn rhoi boddhad llwyr iddo – dyna un o'r gwersi mawr cyntaf imi ei synhwyro! 'Roedd y golomen yn fodlon ar ei thŷ a'r wennol ar ei nyth a'r mochyn hoffus ddioglyd hwnnw ar lan yr afon ar ei gwt. Nid felly dyn. Rhywle draw yn ei benglog, rhwng ei glustiau a'i drwyn a'i lygaid, 'roedd 'na orwel. 'Doedd neb yn ei synnwyr yng nghwm adfydus fy mhlentyndod nad oedd yn ymwybodol ohoni, heb syniad rhy glir ohoni chwaith falle, ond yn gwybod yn iawn ei bod hi yno.

Adleisir y syniad hwn am y gorwel sy'n annog yn 'Tynybedw':

> Awr pan oedd y gorwel yn gwahodd
> a llais yn galw dros y lli ...

---

3. *Gorwelion*, 1984, t. 31.

Diwreiddiwyd Rhydwen yn ifanc, ac effeithiodd y diwreiddio hwnnw arno drwy gydol ei oes. Yn y Rhagair i'w gasgliad cyflawn o gerddi, mae'n ail-fyw'r profiad dirdynnol hwnnw:[4]

> ... pan gludwyd ein dodrefn a ninnau dros Fannau Brycheiniog y bore hwnnw o Awst, fy mhymthegfed pen-blwydd, gwelsom ein tŷ ni a'n cymdogion ac amlinell drist-felys y cwm yn mynd o'r golwg; a daeth i ben yr ymdeimlad o fod yn gwbl gartrefol yn hyn o fyd, a disodlwyd yr ymdeimlad clyd o berthyn gan yr ansicrwydd braw-ychus hwnnw sy'n bygwth einioes pob ffoadur ...

Cerdd am y diwreiddio hwn yw 'Tynybedw' i raddau, cerdd am anniddig-rwydd ac ansefydlogrwydd dyn. Mae dau fath o symud yn y gerdd, symud daearyddol a symud drwy amser. Gorfod byw mewn byd sy'n llawn dio-ddefaint oedd y broblem yn 'Senghennydd'; gorfod byw mewn byd sy'n peri i ni symud o hyd, heb roi cyfle i ni ymgartrefu ynddo, yw'r broblem yn 'Tynybedw'.

Ar ôl sefydlu'r ffaith fod iddo gartref 'ar fynydd dedwydd doe' unwaith, mae'n hel atgofion am ei blentyndod. Cofio gweld llun o'i rieni ar ddydd eu priodas:

> Mae'r wisg wen a'i phriodas
> ar y mur mewn ffrâm,
> gwenau doe fel heuliau wedi rhewi,
> yr wynebau nad ŷnt wynebau yn awr,
> dim ond enwau, rhithiau heb un rhan
> yn ein heddiw oedrannus, diddig.

Mae'r rhieni eisoes wedi symud drwy fyd amser i fyd y diamser. Mae plentyndod Rhydwen hefyd wedi hen ddarfod, y dyddiau pan oedd y 'Crwt ysgol ar lan y môr,/ei drwyn a'i lawes yn blastr o hufen iâ'. Mae'r ddoe a fu yn rhan o'n heddiw a'n hyfory ni, ac er bod y cenedlaethau a fu wedi ymadael â'r ddaear, maen nhw'n dychwelyd i'n hawntio ni:

> Hen oriau ar y llethrau! A throi
> tua'r hen dai, tua'r hen dŷ,
> cysgodion,
> pererinion bore oes,

---

4. *Braddoniaeth Rhydwen Williams: y Casgliad Cyflawn, 1941-1991*, 1991, Rhagair, t. 19.

eu hacenion, eu lleisiau, eu chwerthin a'u canu iach …
a'r cableddau ar dro a gorddai'r awyr!

Mae dyn yn gallu cofio, ac am ei fod yn meddu ar y ddawn arbennig hon,
mae'r amseroedd a fu a'r lleoedd a fu yn rhan o'i heddiw a'i yfory:

> Ni ddaw ein horiau i ben
> fel y daw'r dail i ben
> ar ddiwedd tymor
> yn garped ar lwybrau doe;
> dychwelant yn gyfeiliant i fywyd
> yfory, hen wefr i derfysgu'n hyforyau
> a'n goglais â chip o ogoniant hen ardd,
> hen ffurfafen yn drymlwythog o wenoliaid,
> awyr yn orlawn o rialtwch.

Parhad cof, parhad hanes a pharhad y cenedlaethau, amser fel un rhediad
di-dor yn hytrach nag fel rhaniadau digyswllt. Dyma'n union yr hyn a
feddyliai Eliot yn 'Burnt Norton':

> Time present and time past
> Are both perhaps present in time future,
> And time future contained in time past.

Mae llinellau Rhydwen yn adleisio llinellau Eliot yng nghaniad cyntaf
'Burnt Norton', a'r 'cip o ogoniant hen ardd' yn cyfeirio'n uniongyrchol at
'the rose-garden' Eliot. 'Roedd dau fath o orffennol yn ôl Eliot, sef yr hyn
a allasai fod a'r hyn a fu, y posibl a'r gwirioneddol, ond 'roedd y ddau
orffennol yn cyrraedd yr un presennol. Mae gorffennol dyn, felly, yn llawn
o ystyriaethau ynghylch y posibl, yr hyn a allasai ddigwydd, yn ogystal â
gwir atgofion. Mae'r presennol hefyd yn llawn o adleisiau o'r gorffennol –
'eu hacenion, eu lleisiau, eu chwerthin a'u canu iach' chwedl Rhydwen:

> Footfalls echo in the memory
> Down the passage which we did not take
> Towards the door we never opened
> Into the rose-garden. My words echo
> Thus, in your mind …
>   Other echoes
> Inhabit the garden. Shall we follow?

Quick, said the bird, find them, find them,
Round the corner. Through the first gate,
Into our first world, shall we follow
The deception of the thrush? Into our first world.
There they were, dignified, invisible,
Moving without pressure, over the dead leaves,
In the autumn heat, through the vibrant air …

Mae'r myfyrdod hwn ynghylch y gorffennol, ynghylch y meirwon sy'n llefaru wrthym o hyd yn ein cof, yn arwain Rhydwen at y syniad o amser fel olyniaeth y cenedlaethau:

Gymrodyr brwd, beth a ddisgwyliwch gan fy nghenhedlaeth i?
Fel cenedlaethau'r dail, felly'r ddynoliaeth hefyd;
y gwynt a wasgara'r dail, ond y brenhinbren byw
a dyf ei ddail drachefn pan ddelo'r gwanwyn heibio.
Un genhedlaeth a flagura, cenhedlaeth arall a dry i'w gwâl.
A dylifa'r dyrfa heibio
tua glan yr afon,
mamau a thadau a hen gewri
ynghyd â bechgyn a merched bach
a'r gwŷr ieuainc hynny a drengodd
fel y dail a lithra'n dawel ymaith
ac a gwymp ar lawr y goedwig
ym mrathiad cynta'r hydref …

Dyma agwedd arall ar amser fel llif didor, sef mynd a dod y cenedlaethau. Aralleiriad o ddarn o *Iliad* Homer a geir yma, i ddarlunio llif y cenedlaethau, ac mae'n ddarn sydd wedi cael ei gyfieithu a'i aralleirio droeon, gan Pope, er enghraifft:

Like Leaves on Trees the Race of Man is found
Now green in Youth, now with'ring on the Ground,
Another Race the following Spring supplies,
They fall successive, and successive rise;
So Generations in their Course decay,
So flourish these, when those are past away.

Daw Rhydwen yn ôl i'r presennol, a gwylia gynrychiolwyr y gwahanol genedlaethau o'i amgylch:

Lolian ymysg pili-pala
yn gylch o gwmpas
y lawntiau ...
tegwch Mai
a'r ferch feichiog
a'r hen wreigan heb ddannedd
a'r coesau bach ar y siglen
a'r cariadon ger y llyn ...
a'r petalau
yn y rhos-erddi,
pensaernïaeth gwanwyn arall
yn dadfeilio o flaen ein llygaid ...

Mae gweld bywyd y presennol, pobl a blodau, o'i amgylch yn cyffroi'r cof
unwaith yn rhagor, ac mae'r presennol yn llithro'n ôl i'r gorffennol:

Golau ar olau.
Wynebau coll yn cymell.

Golau ar olau,
petunia, asalia, anemone
fel cyffyrddiad cariad coll.

Mae'r presennol yn ein bwrw yn ôl i'r gorffennol. Yn yr ystyr hon, mae
ddoe a heddiw yn un, heb wahanfur rhyngddyn nhw.

Mae gweddill 'Tynybedw' yn troi o gwmpas nifer o hen ddynion sy'n
byw ar eu hatgofion:

Dod at gwt, musgrell, simsan,
lle y mae'r hen ddynion yn rhes,
gwylio, gwrando, ysbiwyr Methusala,
am glonc y byw a'r marw.

Mae'r rhain yn eistedd drwy'r dydd yn 'gwrando, meddwl, cofio'. Fe'n cyf-
lwynir ni iddyn nhw fesul un: Aldo, y gŵr o dras Eidalaidd, Joe, Siencyn,
Oswal ac Eben. Cawn gipolwg ar fywydau'r rhain drwy eu hatgofion
personol. Dyma fywydau sy'n llawn o wacter a cholledion a thristwch,
bywydau sydd hefyd yn llawn o gyfleon coll, fel bywyd Aldo; bywydau
distadl, fel pob un ohonom, nad oes iddyn nhw lawer o bwrpas na nod:

cyfri'r oriau a'r adar ...

Nes llusgo sha-thre,
i fyny'r steirie, diffodd y gannwyll, nos da;
a beth yw'r ots, beth yffarn yw'r ots,
os na ddeffrown byth mwy?

Mae'r rhain wedi symud drwy amser ac wedi cyrraedd diwedd y daith i
bob pwrpas.

Mae'r syniad hwn o symud yn allweddol i'r gerdd, symud drwy fywyd,
drwy fyd amser, a symud yn y pen draw i gyfeiriad marwolaeth. Mae
gweld yr hen ddynion hyn sy'n byw ar eu hatgofion yn peri i'r bardd
fyfyrio ar farwoldeb dynion yn gyffredinol:

– Cofio Twm?
– Twm?
– Twm a fu farw, bachan.
– O, ie.
– Aeth i'r gwely, tynnodd y dillad dros i ben, a bu farw heb weud
nos da.
– Do, wir?
– Diawl, pan fo dyn yn marw heb weud ...

Disgyn ei lygaid ar y blodau sy'n pydru ar y domen gerllaw.

Meddyliaf: Pwy a ddysgodd y meudwy hwn fel y mae'r rhosyn yn
gwywo a chysgod dyn yn gwanhau cyn diflannu?

Sut y synhwyrodd hwn mai'r unig beth y gallwn ei wneud yw codi'n
pennau ennyd, cyn bowio am y tro olaf i'r tywyllwch? Pwy a'i hys-
bysodd y gall y cwbl ddod i ben heb gymaint â chodi llaw?

Ac mae dyn yn symud drwy'i fywyd hyd at derfyn ei einioes. Mae
persona'r gerdd yn cyfarfod â rhywun arall:

– Wedi clwed shwd ma Walter? ...
– Am?
– Walter.
– Be' ddigwyddodd?
– Wedi symud.

– Symud?

– Wedi claddu'r wejan, symud i fyw da'r ferch, neb yn gwbod ble.

– O …

– Sbel yn ôl nawr … bownd o fod yn tynnu mlaen.

– Siwr o fod.

– Hen ddyn bellach.

Mae 'Tynybedw' yn cloi gyda'r syniad hwn o symud, ac mae'r ymgomiwr dienw olaf hwn yn adleisio ac yn eilio penbleth y bardd:

– Pam oedd yn rhaid i mi ddod 'ma?

Tywylla'r llygaid.

– Wn i ddim.

– 'Roeddwn i'n iawn yn y lle yr oeddwn.

Dyna'r cwestiwn mawr a ofynnir yn 'Tynybedw'. Pam y mae'n rhaid i ddyn symud o le i le, yn hytrach na bodloni ar ei unfan. Mae 'Tynybedw' ei hun yn troi'n symbol o'r sefydlogrwydd a gollir wrth symud drwy fyd amser, wrth heneiddio. Rhoir mynegiant i ing y diwreiddio cynnar yn y llinell "Roeddwn i'n iawn yn y lle yr oeddwn', ond, ar yr un pryd, ceir y sylweddoliad mai amser sy'n rheoli popeth, a chan fod amser ei hun yn symud, mae pobl yn symud gydag ef. Mae'n debyg mai gan Eliot y cafodd Rhydwen y syniad hwn o symud o fewn byd amser, a'r gwahanol fathau o symud sy'n digwydd o fewn byd amser. Meddai Eliot yn 'Burnt Norton':

Words move, music moves

Only in time; but that which is only living

Can only die.

Mae dyn, wrth fyw mewn byd o amser, yn gorfod symud i gyfeiriad marwolaeth yn y pen draw. Ond er bod amser yn difa amser, mae amser hefyd yn creu amser. Dim ond trwy fyd yr eiliad y gallwn gael cip ar y tragwyddol; dim ond trwy ddirnad y syniad o amser darfodedig y gallwn gael rhywfaint o grebwyll ynghylch y tragwyddol. Meddai Eliot eto:

Time past and time future

Allow but a little consciousness.

To be conscious is not to be in time

But only in time can the moment in the rose-garden,

The moment in the arbour where the rain beat,

The moment in the draughty church at smokefall
Be remembered; involved with past and future.
Only through time time is conquered.

Ac ar y trywydd hwn yr awn yn y gerdd nesaf.

Bu Rhydwen yn weinidog ym Mhont Lliw, yn ymyl Abertawe, am gyf-
nod, ac mae llinellau agoriadol y drydedd gerdd yn *Pedwarawd*, 'Mynydd
Lliw', yn dwyn i gof y cyfnod hwnnw pan oedd yn pregethu'r Efengyl i'w
braidd:

> Llafar yw'r gwir,
>   llefaru geiriau
> yw arllwys y trysor o'r llestri
> pridd a phorthi'r preiddiau –
> fel'na y daw
> ernes o'i fawredd Ef a'i Deyrnas i fod.

'Mynydd Lliw' yw'r fyrraf o'r pedair cerdd, ac, ar lawer ystyr, yr orau
ohonyn nhw, a'r fwyaf Eliotaidd hefyd. Yn 'Tynybedw' archwiliwyd y
syniad o hwn o symud drwy amser i gyfeiriad marwolaeth, amser gwirion-
eddol, fel petai, yr amser sy'n peri fod cenhedlaeth yn dilyn cenhedlaeth,
fod dyn yn symud o le i le gydag amser. Mae 'Mynydd Lliw' yn trafod
agwedd arall ar amser, sef y tragwyddol yn y presennol.

Mae'n agor ag amser gwirioneddol, amser y cloc a'r calendr:

> Sŵn tipiadau'r cloc,
> ddydd ar ôl dydd,
> hen diwn eu hundonedd …

Ond trwy amser y presennol, trwy amser gwirioneddol, yn unig y gallwn
ni ddirnad y tragwyddol, a'i ddirnad drwy ffydd:

> ond daw i rai trwy ffydd syniad o'r tragwyddol,
> diddanwch breuddwyd am y byd a ddaw
> wrth weld aderyn yn y nen
> yn cerfio'r awelon â'i adenydd
> neu'r ddeilen ddiango yn prifio ar y pren;

Mae'r aderyn yn y nen a'r ddeilen ar y pren yn un ffordd o agor ein golygon i'r tragwyddol. Mae natur ei hun, haf yn dilyn gaeaf, deilio a chrino, yn dragwyddol. Mae'r tragwyddol, felly, yn bodoli ym myd amser, yn y cyffredin a'r gweladwy:

> lle bynnag y bo llam bywyd yn ei amlygu'i hun,
> yno, y mae ymyriad y Mawredd,
> y gweledig a'r anweledig yn cofleidio,
> y tragwyddol mewn amser yn trigo.

Y cam nesaf yw ceisio cyrraedd y syniad o Dduw tragwyddol, a Duw hollbresennol. Awn yn ôl i 'rose-garden' Eliot:

> Cerddwch y llwybr gwlithog
> dan fwâu rhosynnog yr ardd,
> heibio'r goeden feichiog yn y berllan fach,
> yno, yn anadl y blodau, y mâe'r Presenoldeb
> yn ymgomio â ni ...

Mae Duw ÿn bresennol ym mhob man ac ym mhob peth, a 'does dim modd dianc rhagddo:

> Pwy a ddianc oddi wrtho felly,
> y gwehydd yn y gwawn,
> y ffoadur yn y ffrwd,
> a'r brenin ar y bryniau?
> Pan dybiwn ei fod E'n absennol
> neu'n ymguddio y tu ôl i'r twyn a'r clogwyni,
> chwibana arnom yn y chwaon
> a bydd ôl ei droed
> lle y sanga'r berdysyn a'r eryr.

Mae'n dod i'r casgliad mai Duw yw crëwr pob peth, a'i fod yn galw arnom ym mhob man:

> Y mae ffyrdd a phriffyrdd y Perffaith
> yn galw arnom yn y gwylaidd,
> tramwyfa'r ysbryd, y bererindod
> tua breuddwydion Duw ...

Dechreuir symud yn awr oddi wrth dywyllwch, dioddefaint a dibwrpas-

rwydd 'Senghenydd', ac ansicrwydd ac ansefydlogrwydd diystyr 'Tynybedw',
at bwrpas a nod, at lawenydd a gobaith. Os ydyw'r byd yn 'dŷ lledrith
twyllodrus' ar un ystyr, mae hefyd yn fyd sy'n llawn o fendithion Duw, ac
mae harddwch a chelfyddyd yn gallu lliniaru dioddefaint:

> lleisiau Côr y Bont a Chôr Pendyrus,
> Menuhin yn nyddu patrymau'r *Rhamant* yn G
> yn llawen ar y llinynnau,
> celfyddyd sy'n fara'r angylion
> i felysu dagrau;
> ie, dagrau Aberfan, Mecsico, Ethiopia,
> a thynnu'r chwerwder allan
> o boen y byd.

Dychwelir wedyn at y syniad hwn o hollbresenoldeb Duw, a bod y Presen-
oldeb mawr, a thragwyddoldeb, yn ymhlyg yn y gweladwy a'r clywadwy,
ond mae'r bardd, mewn gwirionedd, yn ceisio rhoi mynegiant i'r hyn sy'n
anfynegadwy:

> Nes yw'r Presenoldeb
> na gwythïen fawr y gwddw;
> cerdd o'n hamgylch
> yn nes nag anadl einioes,
> fel – (dyma ni eto, *fel fel fel,*
> hyd at syrffed);
> ond analogaidd yw pob gwybodaeth
> amdano.

A dyma ni'n ôl gydag Eliot eto. Mae Eliot hefyd, yn 'East Coker', yn syl-
weddoli fod iaith, a meistrolaeth bardd ar iaith, yn annigonol wrth geisio
dirnad a mynegi tragwyddoldeb ac amgyffred natur Duw:

> That was a way of putting it – not very satisfactory:
> A periphrastic study in a worn-out poetical fashion,
> Leaving one still with the intolerable wrestle
> With words and meanings …

> So here I am, in the middle way, having had twenty years –
> Twenty years largely wasted, the years of *l'entre deux guerres* –
> Trying to learn to use words, and every attempt

Is a wholly new start, and a different kind of failure
Because one has only learnt to get the better of words
For the thing one no longer has to say ...

Dylem oll geisio nesáu at y Presenoldeb hwn, ceisio ymgyrraedd at Dduw,
ond mae cant a mil o bethau yn tynnu ein sylw yn ystod cwrs bywyd:

Ond fe gasglwn gregyn,
ambell gyffyrddiad o'r gynghanedd
sydd mewn darlun neu delyneg
neu hen gyfeillgarwch,
broc môr ar draeth hen brofiadau,
rhyw eiryn o wirionedd ...
adlewyrchiadau,
teilchion,
temigion,
awgrymiadau ...

Dyfynnir Eliot yn uniongyrchol ar ddiwedd y gerdd:

'Ni wyddom fawr ddim am dduwiau,'
meddai un o'r pöetau gynt,
dim ond bod mynydd i'w ddringo,
nid y mynydd rhwng y gorffennol a'r presennol,
ond gorsedd hollalluogrwydd,
priod le'r Presenoldeb hollbresennol ...
ac ar y llethr olaf un i'w gopa,
oedwn,
tariwn,
disgwyliwn ...
am fod y seraffiaid yno'n sefyll,
chwe adain i bob un,
â dwy yn cuddio'r wyneb,
ac â dwy yn cuddio'r traed,
ac â dwy yn ehedeg;
ac yn llefain y naill wrth y llall,
Sanct, Sanct, Sanct
yw Arglwydd y lluoedd,
yr holl ddaear sydd lawn o'i ogoniant.

Eliot a ddywedodd, ar ddechrau 'The Dry Salvages', 'I do not know much about Gods'. Ciplun yn unig, trem wibiog, a gawn ar Dduw mewn byd o amser, ac mae'n rhaid i ni ymlafnio i ddod o hyd iddo. Mewn gwirionedd, mae'n rhaid i ni beidio â gadael i fanion bywyd ein llygad-dynnu, a rhaid canolbwyntio ar y dasg amhosibl o ddringo'r mynydd sy'n arwain at Dduw, ac at ei ogoniant. Cyfeirir at y chweched bennod yn Llyfr Eseia ar ddiwedd y gerdd, er mwyn pwysleisio'r ffaith fod y ddaear yn llawn o ogoniant a sancteiddrwydd Duw, ond mae'n rhaid brwydro i gael golwg lawnach ar y gogoniant hwnnw. Mae Mynydd Lliw yn y gerdd yn troi'n symbol o angen dyn i ymgyrraedd yn llawnach at y gogoniant a'r tragwyddoldeb y ceir cip brysiog ac anghyflawn arnyn nhw yn hyn o fyd.

Mae'r bedwaredd gerdd, 'Pwll y Tŵr', cerdd gymharol fer eto, yn dod â ni at gyfnod olaf bywyd Rhydwen, cyfnod Aberdâr a'r ymgartrefu terfynol. Mae Pwll y Tŵr, Hirwaun, yn troi'n symbol o'r oruwch-ystafell lle cynhaliwyd y swper olaf 'un nos fradwrus'. Mae'n symud hefyd oddi wrth y syniad o bresenoldeb annelwig Duw yn y drydedd gerdd at bresenoldeb gwirioneddol Crist ar y ddaear :

> y Presenoldeb,
> y dewr hwnnw,
> rhwng pedair wal ...
> a'r Presenoldeb yn peri syndod
> ar doriad y bara.

Mae Rhydwen hefyd yn symud oddi wrth ein hymbalfalu ni i ddod o hyd i'r presenoldeb hwn at y rhai a *welodd* y Presenoldeb hwnnw, y rhai a fu'n llygad-dystion i bresenoldeb Crist ei hun ar y ddaear:

> Mae sôn am yr Ioan hwnnw,
> gwyryf ac efengylydd,
> a arhosodd yn Jerwsalem,
> mam yr eglwysi,
> yn ei dŷ ei hun
> i warchod yr apostolion trallodus
> oherwydd yr absenoldeb brawychus;
> ac yno,
> i'r ystafell honno,
> daeth y Person
> â gwawl ei bresenoldeb braf

i'w cynnal
a'u cysuro.

Y presenoldeb hwn sy'n rhoi ystyr i fywyd. Heb y presenoldeb ceir yr
absenoldeb sy'n magu ofn, gwacter ac amheuaeth:

Onid oes synhwyriad
o bresenoldeb, bydd absenoldeb yn baith
oddi mewn
a anheddir gan amheuon,
daliadau, syniadau sobr,
a'r nerfau'n araf, araf
ymgnotio, am y gwneir
o'r ofnau ograu'r goruwch.

Y rhain, apostolion, disgyblion a dilynwyr Crist ar y ddaear, sydd wedi
dysgu i ni mai trwy Grist y cyrhaeddwn Dduw:

y gwŷr a welodd yr anweledig
ac a draethodd yr anhraethadwy,
doethion a ddysgodd y canrifoedd
i ymglywed
ac ymarfer
y Presenoldeb,
i fentro at drothwy'r tragwyddol
ac anwylo'r Pum Clwyf.

Gallwn ddringo'r mynydd yn haws trwy ddilyn ôl traed y rhain:

Mentrwn y mynydd
yn ddistaw yn y bore bach
pan fo'r gwlith
yn cusanu'r copâu;
ni a welwn yn gloywi'r glaswellt
ôl eu traed
y rhai addfwyn ...

Bellach mae'r cylch yn grwn, a'r daith ar ben. Pererindod personol
Rhydwen Williams drwy fywyd a geir yn *Pedwarawd*. Mae'r gerdd fel
cyfanwaith yn symud o anobaith a thywyllwch 'Senghenydd' at obaith a

goleuni 'Pwll y Tŵr'. Symuda hefyd oddi wrth fyd dibwrpas-ddioddefus Senghenydd at y sylweddoliad fod i ddioddefaint ran a phwrpas mewn bywyd. Mae'n rhaid dioddef dros gredoau, a dioddef i gyrraedd tangnefedd:

> ... cariad sy'n derbyn croes,
> dioddefaint sy'n fraint hyfryd,
> a'r duw yntau sy'n derbyn ei ddistrywio
> am y gŵyr mai ei gariad
> yw maen a chonglfaen hyn o fyd.

Symuda hefyd oddi wrth y syniad o amser y difäwr at amser y goleuwr, ac oddi wrth ansefydlogrwydd ac ansicrwydd symudiadol y byd hwn o amser at sefydlogrwydd a sicrwydd ffydd. Croniclodd ei bererindod personol yn y gerdd, a hon, yn sicr, yw ei gerdd hir orau, a'i waith mwyaf sylweddol fel bardd.

[1997]

SYLVIA PLATH:
BARDDONIAETH GYFFESOL
A THYSTIOLAETH
GOFIANNOL

O fewn llai na dwy flynedd, cyhoeddwyd tair cyfrol ar y bardd Sylvia Plath. Tua diwedd 1989 cyhoeddwyd *Bitter Fame*, cofiant Anne Stevenson (un o gyfeillion y bardd Dewi Stephen Jones) iddi. Ym 1991 cyhoeddwyd dwy gyfrol arall arni hi a'i gweithiau, sef cofiant Ronald Hayman, ac iddo'r teitl pryfoclyd *The Death and Life of Sylvia Plath*, a chyfrol o feirniadaeth, *The Haunting of Sylvia Plath*, gan Jacqueline Rose. Mae'r tri theitl, er mor wahanol ydyn nhw, yn awgrymu'r un peth yn y pen draw. Ar ôl ei marwolaeth drychinebus yn 30 oed yr enillodd Sylvia Plath yr enwogrwydd a'r chwedloniaeth yr oedd yn dyheu amdano pan oedd yn fyw. Cymharol anadnabyddus ydoedd cyn ei marwolaeth, ond trwy'r farwolaeth hon y daeth pawb i wybod amdani, ac oddi ar ei marwolaeth, mae ei hysbryd wedi aflonyddu llawer ar y byd llên.

Mae'r tri llyfr yn ysgogi ymateb, yn esgor ar gymhlethdod o emosiynau, ac yn codi rhai cwestiynau anodd ac annifyr, yn ogystal â chwestiynau llenyddol pwysig. Cwestiynau fel: i ba raddau y gellir ochri â'r Ffeministiaid yn eu condemniad diarbed ar Ted Hughes, gŵr Sylvia Plath, am iddo fod yn rhannol gyfrifol am ddinistrio un o'r doniau benywaidd disgleiriaf ym myd llên y ganrif hon? A oes hawl gan y cofianwyr a'r beirniaid hyn i ymyrryd â bywyd Ted Hughes ac aflonyddu ar ei breifatrwydd? Ac i ba raddau y mae darllen cofiannau yn goleuo ac yn esbonio gwaith y llenorion yr ysgrifennir amdanyn nhw?

Fel y dywedwyd, mae'r tri llyfr yn trafod materion llenyddol a bywgraffyddol pwysig, ac mae'r stori y tu ôl i farwolaeth a chwedloniaeth Sylvia Plath yn un gymhleth. Amgylchiadau'i marwolaeth, i ddechrau: disgrifir yr amgylchiadau hyn yn bur fanwl gan Ronald Hayman ac Anne Stevenson. Y broblem yw fod Anne Stevenson wedi'i chyhuddo o lunio a chyhoeddi'r fersiwn o'i marwolaeth yr oedd Ted Hughes a'i chwaer Olwyn yn dymuno iddi'i gyhoeddi, ac mae Anne Stevenson ei hun wedi lledgyfaddef mai gwir hynny. Pan laddodd Sylvia Plath ei hun, bu farw heb lunio ewyllys. Golygai hynny fod ei gŵr yn berchen ar ei holl weithiau llenyddol, a throsglwyddodd Ted Hughes y cyfrifoldeb o ofalu am ystâd Sylvia Plath i'w chwaer Olwyn Hughes. Yn naturiol, bu Olwyn Hughes, drwy gydol y blynyddoedd a ddilynodd farwolaeth Sylvia Plath, yn ceisio amddiffyn ei brawd a gwarchod enw'r teulu, ac ni châi neb ddyfynnu dim o weithiau Sylvia Plath heb i'r Ystâd gael golwg ar bopeth a oedd un ai'n trafod bywyd Sylvia Plath neu'n ymdrin â'i barddoniaeth. Ni roid caniatâd i ddyfynnu o'i gweithiau hyd nes y rhoddwyd sêl bendith yr Ystâd ar y gweithiau anghyhoeddedig hyn. Cyhuddwyd yr Ystâd, felly, o ymarfer sensoriaeth, a hyd yma, fersiwn Ted Hughes a'i chwaer o'r berthynas ac o amgylchiadau marwolaeth Sylvia Plath a gafwyd. Ni ellir eu beio am hynny; greddf naturiol hollol yw'r reddf amddiffynnol hon.

Dywedir gan rai fod Olwyn Hughes yn gyd-awdures cyfrol Anne Stevenson, ac iddi lunio rhannau helaeth o'r gyfrol ei hun. Mae Anne Stevenson, i bob pwrpas, wedi cydnabod a chyfaddef hynny, yn awgrymog yn y gyfrol ei hun, ac yn ddiflewyn-ar-dafod mewn cyfweliadau ar ôl ei chyhoeddi. Problem Anne Stevenson oedd y ffaith mai cofiant beirniadol, cyfuniad o feirniadaeth lenyddol a ffeithiau bywgraffyddol, oedd ei chofiant. Yr oedd hi'n gorfod cael caniatâd yr Ystâd i ddyfynnu o weithiau Sylvia Plath, a dyfynnu ohonyn nhw yn helaeth hefyd. Felly, fersiwn yr Ystâd o berthynas Ted Hughes a Sylvia Plath a geir, ac o'i marwolaeth. Mae'r fersiwn hwnnw, yn ôl y disgwyl, yn beio Sylvia Plath ei hun am ei marwolaeth, ac yn ceisio rhyddhau Ted Hughes o unrhyw ran yn y mater. Portrëedir Sylvia Plath yng nghofiant Anne Stevenson fel gwraig a oedd yn orfeddiannol, yn afresymol ei hymddygiad tuag at eraill, yn chwyrn o genfigennus, yn hunanol ac yn amhosibl byw gyda hi. Mewn ambell bwl dialgar, er enghraifft, byddai'n llosgi papurau a berthynai i'w gŵr, ac yn rhwygo'i deipysgrifau. Ar ben hynny, yr oedd ganddi dueddiadau hunanladdiadol oddi ar ei hieuenctid, a dioddefodd gyfnodau o ansadrwydd meddyliol. Mae'r nodweddion hyn oll yn wir amdani, a cheir tystiolaeth o hynny yn y ddau gofiant hyn. Fodd bynnag, ni cheir mwg heb dân, a bu llawer o feirniaid a sylwebyddion arni hi a'i gwaith yn anfodlon iawn ar y portreadu unochrog hwn.

Os oedd yr Ystâd yn cyflwyno un darlun yn unig, âi'r chwaeroliaeth Ffeministaidd i'r eithaf arall, gan feio Ted Hughes, y Dyn yn y berthynas, yn gyfan gwbl am ei marwolaeth. Claddwyd Sylvia Plath ym mynwent Heptonstall yn Swydd Efrog, sef y fynwent yn y pentref lle magwyd Ted Hughes. Ar ei charreg fedd ysgithrwyd y beddargraff canlynol:

SYLVIA PLATH HUGHES
1932-1963
Even among fierce flames
The golden lotus can be planted

Fandaleiddiwyd y garreg fedd bedair gwaith. Ceisiwyd dileu'r cyfenw Hughes oddi arni bob tro, cyhuddiad gan Ffeministiaid yn erbyn Ted Hughes. Yr oedd rhai yn benderfynol o orfodi ar Ted Hughes y cyfrifoldeb am ei marwolaeth annhymig; ceisiwyd gosod arno faich o euogrwydd y byddai'n rhaid iddo'i gludo gydag ef i'r bedd. Mewn gwirionedd, daeth perthynas bersonol drasig rhwng dau fardd yn eiddo i bawb, i'w thrafod a'i dehongli fel y mynnid, a daeth hefyd yn faes brwydr rhwng gwahanol garfanau. Gall y mwyaf croendew ohonom amgyffred cri Ted Hughes am heddwch a phreifatrwydd. Felly, yr oedd dwy garfan gyferbyniol yn brwydro yn erbyn ei gilydd, sef yr Ystâd a'r Plath-addolwyr. A oedd man canol, canolbwynt o gyfaddawd? Fel y dywedodd Ian Hamilton wrth adolygu cofiant Anne Stevenson yn *The Observer*, gan gyfeirio at y ddwy garfan, 'Now, it must be wondered, will we ever see a biography of Plath that is not dictated either by feminist dogmatism or by private rage?'

Dyna'n union pam y penderfynodd Ronald Hayman lunio'i gofiant ef. Er mwyn cael y rhyddid angenrheidiol i ymgyrraedd at y gwir, penderfynodd beidio â dyfynnu o weithiau Sylvia Plath. Aralleirio'r cerddi, neu gyfeirio atyn nhw, yn unig a wna. Nid oedd yn rhaid iddo, felly, anfon y deipysgrif o'i lyfr, cyn iddo gael ei gyhoeddi, at yr Ystâd i dderbyn sêl ei bendith. Teimlai Ronald Hayman ei fod yn rhydd i adrodd ei fersiwn ef ei hun o'r stori. Yr unig berygl iddo fyddai'r perygl o fygwth cyfraith arno, ond gallai osgoi bygythiad o'r fath trwy ymchwilio'n drwyadl i'w fater. Credai fod llawer o guddio pethau wedi digwydd, a bod llawer o ddirgelwch ynghylch marwolaeth Sylvia Plath – dirgelwch a oedd heb ei ddatrys.

Lladdodd Sylvia Plath ei hun ar Chwefror 11, 1963. Ar y pryd yr oedd hi a'i gŵr wedi ymwahanu. 'Roedd Ted Hughes yr adeg honno yn cynnal carwriaeth allbriodasol â gwraig o'r enw Assia Wevill, a oedd yn 34 oed ac wedi priodi deirgwaith eisoes. Gadawyd Sylvia Plath ar ei phen ei hun yn ystod gaeaf hynod o oer i ofalu am ei dau blentyn bach, y ferch bron yn dair a'r bachgen yn flwydd oed. Aeth amgylchiadau'n drech na hi: unigrwydd, siom, ing ymwahaniad, tostrwydd y plant mewn fflat oer, anghysurus, a oedd wedi'i dodrefnu'n annigonol, cyfrannodd yr holl elfennau hyn tuag at ei phenderfyniad i'w lladd ei hun. Hefyd, yr oedd yn cymryd llawer o dabledi a chyffuriau, i leddfu ei hiselder ysbryd, a chred rhai arbenigwyr meddygol fod y cyffuriau hyn, efallai, wedi gweithio'n groes i'w gilydd a dwysáu ei hiselder ysbryd. Yn ogystal, yr oedd iddi, fel y dywedwyd, dueddiadau hunanladdiadol. Ceisiodd wneud amdani hi ei hun ym 1953. Disgrifiwyd yr ymgais honno i'w lladd ei hun ganddi yn ei nofel *The Bell Jar*, a cheir sawl cyfeiriad at hunanladdiad, ac at ei hymgais hi ei hun i gyflawni hunanladdiad, yn ei cherddi, yn enwedig 'Lady Lazarus'. Dywedir gan deulu Ted Hughes mai ar ei chais hi y symudodd Ted Hughes o'u cartref yn ystod y cyfnod hwn, ac felly, rhwng popeth, ni ellid beio ei gŵr yn ormodol am ei hunanladdiad, yn ôl y rhai mwyaf pleidiol iddo. Hyd yn oed os bu Ted Hughes yn anffyddlon iddi, ei hymddygiad afresymol a digofus hi a achosodd hynny, a rhwng natur anghydweddus y briodas, ar y naill law, a'r ffaith fod Sylvia Plath yn feddyliol glwyfus ac yn meddu ar dueddiadau hunanladdiadol, ar y llaw arall, nid oedd modd beio Ted Hughes yn ormodol ynghylch yr hyn a ddigwyddasai.

Nodir y pwyntiau uchod oll gan Ronald Hayman, a chan Anne Stevenson o ran hynny. Ond ceir dadleniadau yng nghyfrol Hayman nas ceir yn llyfr Anne Stevenson. Dadlennwyd, er enghraifft, i Assia Wevill hefyd ei lladd ei hun, ym 1969, yn dilyn chwalfa'i charwriaeth hi â Ted Hughes. Yn ogystal â'i lladd ei hun, lladdodd hefyd ei merch fach, Shura, yn ddamweiniol-esgeulus wrth iddi ei nwyo'i hun i farwolaeth. Mewn gwirionedd, Ted Hughes oedd tad y ferch ddwyflwydd hon. Cyflwynodd ei gyfrol *Crow* (1970) i goffadwriaeth y ddwy. Felly yr oedd Ted Hughes yn gysylltiedig-agos â dau achos o hunanladdiad, ac un farwolaeth a oedd yn ganlyniad damweiniol i un o'r hunanladdiadau hyn. Yn wahanol i Assia Wevill, cymerodd Sylvia Plath bob gofal posibl i sicrhau y byddai ei phlant yn ddiogel yn ystod munudau ei hymgais i'w lladd ei hun. Agorodd ffenestri eu hystafell, a gwthio llieiniau a dillad i mewn i'r bylchau rhwng gwaelod y drysau a'r llawr.

Mae stori Ted Hughes, felly, yn stori drist, drasig. Mae'n amlwg ei fod wedi dioddef llawer, ond ychydig o gydymdeimlad ag ef a fedd rhai, am iddo fod yn rhannol gyfrifol am yr hunanladdiadau hyn. Ac y mae'r erlid a'r cyhuddo yn parhau, hyd yn oed bron i 30 o flynyddoedd ar ôl marwolaeth Sylvia Plath. Fel y dywed Jacqueline Rose yn ei llyfr hi: 'The Plath Story at once involves you and asks for judgement. It asks you to apportion blame, to parcel out innocence and guilt'.

Mewn un mater, mae Jacqueline Rose a Ronald Hayman yn llwyr anghytuno â'i gilydd. Yn ôl Hayman, y mae'n rhaid inni astudio bywyd Sylvia Plath os ydym i ddeall ei barddoniaeth. Lluniai fath ar farddoniaeth a elwir yn 'farddoniaeth gyffesol', hynny yw, barddoniaeth hynod o bersonol sy'n cyfeirio'n uniongyrchol at bersonau a digwyddiadau gwironeddol. Prif hyrwyddwr y math hwn ar farddoniaeth oedd y bardd Americanaidd,

Robert Lowell, yn enwedig yn ei *Private Lives* (1959). Dylanwadwyd yn drwm ar Sylvia Plath ganddo. Bu adweithio mawr yn erbyn 'barddoniaeth gyffesol' yn ddiweddar, er enghraifft, gwrthododd D. J. Enright gynnwys barddoniaeth o'r fath yn *The Oxford Book of Contemporary Verse 1945-1980* (1980), a olygwyd ganddo. Mae 'barddoniaeth gyffesol' yn gwbl seiliedig ar faterion yn ymwneud yn ddilys ac yn uniongyrchol â bywyd y bardd, ac y mae'n anochel felly y ceir mewn barddoniaeth o'r math hwn gyfeiriadau cudd nad oes modd i'r darllenydd eu gwybod na'u deall. Gan fod Sylvia Plath yn llunio cerddi cyffesol, ei bai hi, yn ôl Hayman, yw'r ffaith fod beirniaid yn chwilota yn ei bywyd personol. Meddai:[1]

> Many of her poems contain lines which are partially or wholly incomprehensible without biographical explanation, but Ted Hughes's notes tell us nothing about the rival woman who features in several splenetic poems written when the marriage was breaking up. It's natural that he should be reticent about all this, but what are we to make of the cryptic complaint in 'The Fearful' about a woman on the telephone who says she's a man not a woman? If she's referring to a specific incident, is it right to keep the reader in ignorance of what the incident was?

Dyma un enghraifft o'r math ar wybodaeth y mae ei hangen arnom i ddeall a gwerthfawrogi ei barddoniaeth yn well:[2]

> Her 1961 poem 'Parliament Hill Fields', for example, is addressed to someone whose absence is inconspicuous. The poem gives us a few clues about the identity of the missing person, but we're halfway through it before the words 'your doll grip lets go' suggest that she's talking to a small child. This idea is soon confirmed. On the nursery wall is a birthday picture of his or her sister, but the poem explains neither the speaker's relationship to the child nor whether the absent child is dead. Without help, no reader could have guessed the child had never been alive, but in 1981, when Sylvia Plath's *Collected Poems* was published, the notes explained that she wrote the poem after a miscarriage. Some readers would have preferred to be left in ignorance of this fact; for others it makes the poem more moving.

---

1. *The Death and Life of Sylvia Plath*, t. xviii.
2. Ibid.

Felly, i Ronald Hayman, y mae barddoniaeth Sylvia Plath yn gofnod dilys
o'i bywyd. Ceisiwyd archwilio'r farddoniaeth am dystiolaethau o bob
math, ynghylch cyflwr ei meddwl, ynghylch ei phroblemau priodasol ac
ynghylch ei pherthynas ag eraill. Dechreuwyd defnyddio'r dystiolaeth a
geir o fewn y farddoniaeth yn y frwydr rhwng y ddau. Mae Jacqueline
Rose yn mabwysiadu agwedd wahanol. Ni byddai tystiolaeth y farddon-
iaeth, meddai, byth yn dal dŵr mewn llys barn, oherwydd natur amwys
iaith, oherwydd mai ymdrin â symboliaeth a delweddau a wna. Hyd yn
oed os yw'r farddoniaeth yn seiliedig ar wironeddau, y mae natur iaith
wedi gweddnewid y profiadau gwreiddiol. Dywed nad ffeithiau pur mo'r
farddoniaeth, ond yn hytrach ffuglen a seiliwyd ar ffeithiau. Nid Sylvia
Plath mo'r 'She' yn ei barddoniaeth, ond yn hytrach creadigaeth lenyddol
sydd yn seiliedig arni hi ei hun ac ar amryw o fenywod eraill yn ogystal.
Gwelai Sylvia Plath ddeunydd barddoniaeth yn ei bywyd ei hun, ond
gwyrdrowyd y profiadau gwreiddiol gan y broses greadigol. Seiliwyd cyfrol
Jacqueline Rose ar yr elfennau seicic, ffantasïol a rhywiol-wleidyddol ym
marddoniaeth Sylvia Plath. Fe wêl gyfeiriadau a chynodiadau rhywiol ym
mhob cerdd, a gwendid yw hynny yn ei dehongli.

Erys y cwestiwn: a oes angen i ni wybod llawer am ei bywyd i lwyr
ddeall ei barddoniaeth? Yr ateb, yn ei hachos hi, yw 'Oes, yn bendant'.
Ni chredaf y gellir diystyru tystiolaeth y cerddi. Yr hyn a wnâi yn
aml oedd troi ei llid, ei phoen a'i rhwystredigaeth yn gerddi. Y mae llawer
o'i cherddi'n cofnodi profiadau ac emosiynau personol iawn, hyd yn oed
os yw'r farddoniaeth weithiau'n rhoi gwisg guddiedig i'r elfennau hyn.
Cymerwn enghreifftiau. Mae cerddi fel 'The Other', 'Poppies in July', a
'Words heard, by accident, over the phone' i gyd yn ymosodiadau ar Assia
Wevill. Lluniwyd y gerdd am y ffôn, er enghraifft, ar ôl Assia Wevill gysylltu
â Ted Hughes ar y ffôn trwy un o'i chydweithwyr yn y swyddfa lle gweith-
iai. Rhwygodd Sylvia Plath y ffôn oddi wrth y wal mewn cynddaredd.
Mae'n ymosod ar y teclyn yn y gerdd:

> What are these words, these words?
> They are plopping like mud.
> O god, how shall I ever clean the phone table?
> They are pressing out of the many-holed earpiece,
>   they are looking for a listener.
> Is he here?

> Now the room is a hiss. The instrument
> Withdraws its tentacle.

But the spawn percolate in my heart. They are fertile.
Muck funnel, muck funnel –
You are too big. They must take you back!

Mae'r ffôn yn bresenoldeb bygythiol, gormesol, yn anifail gwenwynig,
peryglus; mae'r geiriau'n faw ac yn fwd. Ceir cyfeiriad at rwygo'r ffôn oddi
wrth y wal yn ei cherdd rymus ac enwog 'Daddy':

The black telephone's off at the root,
The voices just can't worm through.

Cymerwn enghraifft arall. Llosgodd Sylvia Plath lythyrau a phapurau Ted
Hughes mewn pwl o genfigen ac ansicrwydd. Cofnodwyd y ddefod hon
yn y gerdd 'Burning the letters':

I fan them out
Between the yellow lettuces and the German cabbage
Involved in its weird blue dreams,
Involved as a foetus.
And a name with black edges

Wilts at my foot,
Sinuous orchis
In a nest of root-hairs and boredom –
Pale eyes, patent-leather gutturals!

Dyma sylwadau Ronald Hayman ar y llinellau hyn:[3]

The poem 'Burning the Letters' (13 August) tells the story of this
forlorn ritual: as she pokes at the carbon birds, they console her,
rising and flying blindly, like coal angels, but they have nothing to
say. With the butt of a rake, she flakes up papers and fans them
out. A name with black edges wilts at her foot. The phrase 'Pale
eyes, patent-leather gutturals!' is incomprehensible unless you know
that Assia was of partly German extraction, and that, although she
normally wore brogues, Sylvia had got it into her head that in
Devon Assia had been wearing inappropriately high-heeled shoes.

Cymharer â fersiwn Anne Stevenson o'r amgylchiadau a esgorodd ar y gerdd:[4]

> Days later, while Ted was in London, she invaded his attic study, hauled down what papers she could find – mostly letters – and made a bonfire in the vegetable garden. The mother watched, appalled, as her daughter performed whatever rite of witchcraft she thought appropriate. As the fire consumed the letters, Sylvia fanned out the ashes "Between the yellow lettuces and the German cabbage." A "name with black edges" unfurled at her feet: *Assia*. Sylvia now had confirmation of the name of her rival, and when Ted returned, she confronted him.

A ydyw'r amser wedi dod i roi ysbryd Sylvia Plath i orffwys? A ddylid caniatáu i'w gŵr, Ted Hughes, y llonyddwch y mae'n dyheu amdano? A oes raid i gofianwyr a beirniaid ymbleidio'n barhaus fel hyn, ac ochri gyda'r naill neu'r llall? Anghywir, fel y myn rhai, yw beio Ted Hughes yn gyfan gwbl am ei marwolaeth. Fel y dywedwyd, ceisiodd Sylvia Plath ei lladd ei hun ym 1953, cyn iddi gyfarfod â'i darpar-ŵr hyd yn oed. Mae ei barddoniaeth yn ddogfen sy'n graddol arwain at hunan-ddilead. Ceir cyfeiriadau mynych at hunanladdiad a marwolaeth yn ei cherddi, ac yn ôl rhai, byddai wedi ei lladd ei hun yn hwyr neu'n hwyrach. Yn ôl eraill, fel Jacqueline Rose, creadigaeth lenyddol sy'n seiliedig arni hi ei hun yw'r person sy'n llefaru yn ei cherddi, ac nid y Sylvia Plath wirioneddol. Mae ei barddoniaeth yn llawn o bruddglwyf, ing ac iselder ysbryd, ac y mae'n sicr mai hi ei hun a oedd yn llefaru'n uniongyrchol am ei theimladau a'i hemosiynau hi ei hun yn y cerddi. Mae'n gwbl amlwg mai meddwl cythryblus, terfysglyd a fu'n gyfrifol am y cerddi hyn, myfyrdodau gwraig a oedd yn agos iawn iawn at anghydbwysedd meddyliol. Dywedir bod ei thad wedi plannu'r syniad o hunan-ddilead yn ddwfn yn ei meddwl oddi ar pan oedd yn ferch fach wyth oed. 'Roedd Otto Plath yn ddyn rhyfedd, anghonfensiynol, ystyfnig. Gwrthododd ymgynghori â meddyg pan oedd ei iechyd yn dirywio, a thrwy hynny, i bob pwrpas, ei wthio'i hun yn annhymig i'r bedd.

Rhaid cydymdeimlo â'r ddau. Priodas anghydweddus rhwng dau fardd oedd priodas Ted Hughes a Sylvia Plath. Ni allai Ted Hughes ragweld y byddai chwalfa'r briodas yn esgor ar y fath ganlyniadau pell-gyrhaeddol. 'Roedd Ted Hughes ar y pryd yn llawer mwy adnabyddus a llwyddiannus

---

4. *Bitter Fame: a Life of Sylvia Plath*, tt. 250-251.

na'i wraig: nid oedd hi eto wedi llunio'r cerddi a'i gosododd yn rheng flaenaf beirdd cyfoes. Nid oes unrhyw werth na chyfiawnder yn yr ymdrech i'w bardduo ef a'i chlaerwynnu hi. Dylid trin perthynas y ddau yn llawer mwy cynnil a chwaethus nag a wneir gan rai; ond y gwir terfynol yw, gan mai barddoniaeth gyffesol, hynod o bersonol, a luniwyd ganddi, bydd beirniaid a chofianwyr yn turio'n barhaus i mewn i berthynas y ddau, er mwyn deall y farddoniaeth yn llwyr.

[1991]

'AR GYFEILIORN'
GWENALLT

Mae 'Ar Gyfeiliorn' yn gerdd nodweddiadol o'i chyfnod, ac yn gynnyrch 'ffasiwn' ei chyfnod, ond, ar yr un pryd, y mae'n gerdd 'oesol' hefyd, a deil i lefaru'n rymus wrth ein cyfnod cythryblus ni. Dyna'i champ.

Cymdeithas ar gyfeiliorn, dynoliaeth golledig, a ddarlunnir ynddi, diffeith-dir ysbrydol a materol y Tridegau (ymddangosodd y gerdd gyntaf yn y cylchgrawn *Heddiw* yn Awst 1936). Tir wast y gwacter ystyr a dramwyir yn y gerdd.

Egyr trwy adleisio T. S. Eliot, ac ni cheisiodd y bardd guddio'r adlais (am nad oedd, yn ôl yr hanesyn a adroddodd Miss Norah Isaac wrthyf un tro, yn ymwybodol o'i ddyled i Eliot). 'Knowledge of words, and ignorance of the Word' meddai Eliot yng nghorws cyntaf 'The Rock' (1934), gan ychwanegu:

> All our Knowledge brings us nearer to our ignorance,
> All our ignorance brings us nearer to death,
> But nearness to death no nearer to GOD.

Colledigaeth ysbrydol a gyflwynir yn y pennill cyntaf; cymdeithas heb werthoedd a bortrëedir, dynoliaeth heb na thrywydd na threfn. Mae'r ddau ferfenw, 'gwybod' ac 'adnabod', yn cyferbynnu'n odledig gelfydd â'i gilydd. Mae dysgedigion y cyfnod modern wedi cefnu ar Dduw, wedi ei golli, tra bo'r rhelyw o'r gymdeithas wedi meddwi ar wegi'r oes, wedi gwirioni ar ddifyrrwch bas ac arwynebol y ffair wagedd gyfoes, ac wedi hepgor 'pethe'r enaid'; gwirioni ar gerddoriaeth ysgafn, ysgafala'r oes:

> Dilyn ar ôl pob tabwrdd a dawnsio ar ôl pob ffliwt

Ceir gosodiad cyffelyb gan Louis MacNeice yn ei gerdd 'An Eclogue for Christmas', a luniwyd yn Rhagfyr 1933, lle y dywed y bardd hyn am gyf-lwr cymdeithas y Tridegau:

> Jazz-weary of years of drums and Hawaiian guitar

Ac yn y gerdd 'An Eclogue for Christmas', portrëedir cymdeithas debyg i'r un sydd ar gyfeiliorn yng ngherdd Gwenallt, cymdeithas faterol, luddedig, farw:

> The jaded calendar revolves,
> Its nuts need oil, carbon chokes the valves,
> The excess sugar of a diabetic culture
> Rotting the nerve of life and literature;
> Therefore when we bring out the old tinsel and frills
> To announce that Christ is born among the barbarous hills
> I turn to you.

Ac eto:

> Men who put beer into a belly that is dead

Nid fy mod yn honni am eiliad i gerdd MacNeice ddylanwadu'n uniongyrchol ar 'Ar Gyfeiliorn', ond yn sicr mae dylanwad meddylfryd llenyddol y cyfnod ar y gerdd. Y mae 'Tir Diffaith' Eliot yma yn rhywle yn y cefndir, yn ogystal â cherddi Auden, MacNeice, Spender ac eraill. Dychenir y dysgedigion eto yn llinell olaf y pennill agoriadol. Yn hytrach na derbyn gwirionedd yr Efengyl a dilyn Crist, mae'r athronwyr a'r diwinyddion yn ponsio â syniadau a damcaniaethau newydd yr oes, fel Absoliwtiaeth, cyfundrefn athronyddol a grewyd gan G. W. F. Hegel, a dull o feddwl a ddylanwadodd yn fawr ar athroniaeth diwinyddiaeth wedi'r Rhyfel Byd Cyntaf.

Newyn ysbrydol a geir yn y pennill cyntaf, llwgfa gorfforol yn yr ail. Darlunnir effaith y Dirwasgiad ar gymoedd y De ac ar drigolion y cymoedd hynny yn gignoeth chwerw. Cymdeithas statig, farw a geir yma, bro wedi'i gorchuddio gan wastraff hagr diwydiant a'r 'canél' yn ddisymud, a'r llygod yn pesgi'n ysglyfaethus ar gyrff marw.

Hapchwarae a siawns yw'r duwiau bellach, difyrrwch bas yr oes, adloniant 'Epil drel milieist â'r *pool* pêl-droed' chwedl Saunders Lewis yn 'Y Dilyw 1939'. Cyfeirir at Uffern Dante yn y drydedd linell (ceir soned iddo yn *Ysgubau'r Awen*). Lleolodd Dante ei Uffern yng nghrombil y ddaear. Tynnodd Geraint Bowen ein sylw, wrth adolygu *Ugain o Gerddi* T. H. Parry-Williams yn *Y Faner* at y tebygrwydd rhwng y llinell hon a llinell a geir gan Edith Sitwell yn un o'i darnau rhyddiaith:[1]

---

1. *Y Faner*, Chwefror 15, 1950, t. 7.

This modern world is but a thin match-board flooring spread over a shallow hell. For Dante's hell has faded, is dead.

Bu farw uffern Dante, a'r syniad o uffern; ar y ddaear ei hun y mae uffern mwyach. Bu farw'r hen gredoau; bu farw'r Gristnogaeth a'r hen grefydd draddodiadol. Bu farw Duw, a darfu'r angylion amdanynt. 'If there is one clear portal to the twentieth century,' meddai J. Hillis Miller, 'it is a passage through the death of God, the collapse of any meaning or reality lying beyond the newly discovered radical immanence of modern man, an immanence dissolving even the memory or shadow of transcendence'.[2] Cyfeiriwyd at Louis MacNeice eisoes. Rhoes yntau hefyd fynegiant i'r argyfwng hwn:

> The Bank (if you call it a holiday) Holiday crowds
> Stroll from street to street, cocking an eye
> For where the angel used to be in the sky.

meddai yn 'Whit Monday', ac mae Gwenallt yn dweud yr un peth i bob pwrpas – 'a thagwyd yr angylion i gyd', ond yn rymusach efallai. Y tro hwn, fodd bynnag, nid oes y posibiliad lleiaf fod MacNeice wedi dylanwadu ar Gwenallt, gan mai ym 1942 y lluniodd MacNeice y llinellau uchod. Dyma MacNeice eto, yn 'The Return':

> Bethlehem is desolate and the stables
> Cobwebbed, mute ...

Grymus iawn yw'r delweddu yn y pedwerydd pennill, a rhaid dilyn yr awgrymusedd yma. Y mae'r 'lludw yng ngenau'r genhedlaeth' yn awgrymu trais a gorthrwm cyfalafol y gwaith dur yn y De (cf. y 'lludw o lais' yn 'Y Meirwon' yn *Eples*), ac yn awgrymu newyn, gwastraff a phydredd hefyd, ac yn yr un llinell awgrymir nychdod ac afiechyd trwy gonsurio delwedd a chanddi gysylltiad â chlefyd y llwch. Awgrymir cyntefigrwydd a bwystfileiddiwch lloerig, greddfol yn yr ail linell (cf. 'Fel bleiddiaid codwn ni ein ffroenau fry/Gan udo am y Gwaed a'n prynodd ni' yn y soned enwog 'Pechod'). Grymus hefyd yw'r ddelwedd o long ar gyfeiliorn yma, a cheir delwedd debyg gan Gwenallt yn awdl 'Breuddwyd y Bardd':

> Cofia heldrin y werin, ein Hiôr,
> Ei hing, ei hangen a'i hanghyngor,

---

2. *The Disappearance of God*, 1963, tt. 10-11.

Lleng ddyhir, fud fel llong weddw ar fôr,
Ar ddyfroedd eang heb angor – i'w dal.
Wele bobl anial heb eu blaenor.

Cydir wrth y ddelwedd hon yn y pennill olaf. Erfyniad angerddol a dwys a
geir yma, ac mae'r ansoddeiriau'n gryf iawn: 'rhaffau dryslyd', 'llong wrth-
nysig'. Y mae llinell gyntaf y pennill olaf hwn yn cyfeirio'n ôl at ʾDiffodd-
wyd canhwyllau'r nefoedd': gofynnir i Fair adfer goleuni'r nefoedd trwy
osod ei Seren, seren gobaith a gwarineb a ffydd, 'yng nghanol tywyllwch
nef', a rhoi trywydd sicr inni rhag parhau ar gyfeiliorn.

Nid yw 'Ar Gyfeiliorn' wedi dyddio dim: mae ei thema yr un mor
berthnasol ac arwyddocaol heddiw, yn oes y fwled ddirgel a'r diffyg trywydd,
ag ydoedd ym 1936.

[1981]

'Y RHESWM'
T. H. PARRY-WILLIAMS

'Hanner yn hanner, heb ddim yn iawn' yw byrdwn y soned hon. Y mae'n haf, yn ddyddiau'r cŵn (*dog-days, canicular days*), y dyddiau hynny rhwng dechrau Gorffennaf a chanol Awst pan fo'r haf ar ei anterth. Y mae'r bardd yntau yn haf ei fywyd, ei 'Orffennaf', ond y mae cyfnod canol oed, ei hydref, yn ymyl. Ond ni all fwynhau dyddiau olaf ei haf; nid yw'r amgylch-fyd na byd natur am ganiatáu hynny. Gwêl y bardd ddrwg-argoelion o'i gwmpas ym mhobman.

Un o'r argoelion hynny yw'r 'brigyn briw ar goeden ir', a'r brigyn hwnnw'n gwasgaru dail crin ar hyd y tir. Mae ystum y pren hefyd yn awgrymu henaint cefndrwm, 'yn gwyro tua'r llawr'. Yr ail argoel yw'r niwl sy'n ymrithio'n eira, hwnnw hefyd yn darogan yr hyn sydd i ddod. Ceir ail awgrym yn y ddelwedd hon hefyd, gan fod 'eira cyn ei bryd' yn awgrymu gwallt gwyn, gwallt wedi ei fritho gan eira henaint (cf. John Donne, 'Till age snow white hairs on thee'). Dyna'r ddwy ddelwedd ganolog felly, y 'brigyn briw' yn hydref yn yr haf, a'r eira'n aeaf yn yr haf.

Gellid tybio mai mynegi ffansi yn unig a wneir yn y ddau bedwarawd cyntaf. Ond daw trobwynt yn y trydydd pedwarawd; cyflwynir byrdwn y gerdd inni. Nid yw o bwys pwy a gyferchir ganddo yn y pedwarawd hwn, gan mai creadigaeth farddonol, gudd ydyw, er y gall gynrychioli'r ddynol-iaeth gyfan. Nid y drwg-argoelion allanol hyn a bair fod 'Rhyw chwithdod oer annhymig' yn llais y bardd, neu, o leiaf, nid y rheini'n bennaf, ond yn hytrach yr ymdeimlad neu'r ymwybyddiaeth fewnol hon fod gwanwyn einioes wedi cilio. Y mae popeth yn erbyn y bardd. Mae'r argoelion allanol fel pe baent yn cydweithio â'r ymdeimladau mewnol, er mwyn gwthio'r bardd fwyfwy i bwll ei iselder ysbryd. Ac mae yma bwerau dieflig, maleisus a gwatwarus ar waith ('Ysmaldod cainc a niwl'), ac eironig hollol yw'r honiad mai ofer yw cais y rhain i ddychryn yr haf ymaith, gan fod coeden a niwl yn gorfod ildio i drefn a phwysau treigl amser, y goeden noethfrig yn deilio yn y gwanwyn, tawch yr haf yn troi'n niwl llaith Tachwedd, ac yn y blaen. Y mae treigl y tymhorau, yn ei hanfod, yn gyfystyr â threigl einioes dyn.

Dyma soned gymhleth a phraff o ran gwead, soned awyrgylch lwydd-iannus. Mae'n ddiddorol hefyd o safbwynt ei harddull. Mae'r seithfed linell, 'A'i arian luwch ar hyd y geufron lefn', yn gynghanedd Draws gyflawn, ceir lled-gynghanedd, yn y llinell olaf ('Yn ciprys gydag Ebrill'), a sawl enghraifft o gyflythrennu. Diddorol hefyd yw'r ieithwedd; mae'r bardd fel petai'n cloffi'n aml rhwng dwy arddull, neu ddwy ieithwedd, yma. Ceir blas llafar ar ymadroddion megis 'llipryn claf' ac 'A'i dipyn dail', ond, ar y llaw arall, ceir arlliw'r ieithwedd farddonol gonfensiynol (a ffug braidd) yma a thraw, er enghraifft, 'arian luwch' (yn hytrach na 'lluwch arian') ac 'Nid am *in* weld fel hyn'. Nid yw Parry-Williams wedi llwyr ddatblygu'i ieithwedd gwbl foel ac anfarddonol yma.

Dichon fod dylanwad dwy gerdd Saesneg ar y soned hon. Gall olrhain dylanwadau a cheisio darganfod cynseiliau fod yn weithgarwch llenyddol digon di-fudd a diffrwyth, ond, ar y llaw arall, gall oleuo'r broses greadigol, ac mae gennyf fi, yn bersonol, ddiddordeb mawr yn y modd y mae beirdd yn llunio'u cerddi. Nid amherthnasol na di-fudd yma fyddai imi gyfeirio'n frysiog at gampwaith ysgolheigaidd y beirniad gwych hwnnw, John Livings-ton Lowes, *The Road to Xanadu*, a gyhoeddwyd ym 1927. Trwy ddarllen y llyfrau a'r erthyglau a ddarllenasai Samuel Taylor Coleridge, darluniodd Livingston Lowes y modd yr esgorodd y bardd ar ei ddwy gerdd enwog, 'The Rime of the Ancient Mariner' a 'Kubla Khan'. Nid o'i ben a'i bastwn ef ei hun, yn hollol, y lluniodd y cerddi hyn, ond trwy asio â'i gilydd wahanol elfennau digyswllt, a'r rheini'n tarddu o amryfal ffynonellau, yn un greadigaeth gyflawn. Gwnâi hyn, yn ôl Lowes, yn fwriadol ar brydiau, droeon eraill yn anfwriadol, heb wybod ei fod yn adleisio neu'n ailadrodd yr hyn a ddarllenasai.

Gellid cymhwyso'r egwyddor at farddoniaeth Gymraeg. Gwyddom fod R. Williams Parry wedi darllen barddoniaeth Islwyn, gan ei fod yn cyfeirio at fardd 'Y Storm' yn awr ac yn y man yn ei feirniadaethau a'i ryddiaith, ac yn wir fe geir yn ei gerddi linellau cynganeddol a godwyd yn eu crynswth o awdlau Islwyn. Er enghraifft, sylwer ar linell agoriadal y darn hwn o awdl 'Y Nos' gan Islwyn:

> Banllefau meibion llafur
> Yn y loew bell Jubil bur
> Glyw efe, – buddugol fawl
> Ar Fannau anherfynawl;

'Banllefau Meibion llafur', wrth gwrs, yw'r llinell gyntaf yn englyn Williams Parry i David Lloyd George (*Cerddi'r Gaeaf*). Sylwer ar linell gyntaf y cwpled hwn o eiddo Islwyn, o'i awdl 'Sant Paul':

> Tyred! mae'r wawr yn torri!
> Rhodio'n ôl sy raid i ni.

A dyma baladr yr englyn cyntaf i Richard Gwilym gan R. Williams Parry
(*Cerddi'r Gaeaf*):

> Tyred! Mae'r wawr yn torri! – tro o'r Glais
> Trwy'r gwlith i Dreorci ...

Nid cyd-drawiad cynganeddol a geir yma, ond ailadrodd llinell yn ei
chrynswth; 'tyred' a 'torri' yn unig sy'n llunio cyfatebiaeth gynganeddol.
Dyma enghraifft arall, o awdl Islwyn 'Y Fynwent':

> Ar heuldir Anfarwoldeb – pe'i gwelwn,
> O! mi adwaenwn, gwn, ei theg wyneb;

Ceir yr un llinell yn union yn 'Chwilota' Williams Parry (*Cerddi'r Gaeaf*):

> Pa les yw i feidroldeb
> Geisio goleuo'i lamp
> Ar heuldir anfarwoldeb
> A hynny â matsen damp? –

Byddaf yn meddwl yn aml hefyd mai cerdd Islwyn, 'Yr Hen Weinidog', a
ysbrydolodd gerdd Williams Parry, 'Gaeaf (yr Hen Weinidog)'. Y mae
Williams Parry yn cydymdeimlo â'r hen weinidog ac yntau bellach yng
ngaeaf ei einioes. Felly hefyd Islwyn:

> O Gymru! tyred gyda mi i dŷ'r gweinidog claf,
> Fe roddodd oreu'i oes i ti, ei wanwyn oll, a'i haf;

> Y mae y gauaf wedi dod, ac eira amser sydd
> Yn gwynnu ei santeiddiaf ben, a darfod mae y dydd.

> O! cofia'th hen weinidog pan yn methu yn ei dŷ,
> O! cofia, Gymru, os yw'n wan, fe roes ei nerth i ti.

> Fe roes i ti ei wanwyn teg a'i euraidd lon gynhaeaf,
> Gofala am y tymor oer, O! cymer di ei anaf!

Gwel a yw'r to sydd uwch ei ben yn ddigon rhag yr hin,
Gwel a oes ar ei aelwyd dân, ac yn ei gostrel win.

Y mae'n sicr i Williams Parry fenthyca oddi ar Islwyn, ond benthyca'n
ddiarwybod iddo'i hun a wnaeth.

Thomas Hardy yw awdur un o'r cerddi y mae soned Parry-Williams yn
f 'atgoffa amdani, sef y gerdd 'I look into my glass'. Treigl amser yw thema
cerdd Hardy hefyd, a dyma'r pennill clo:

> But Time, to make me grieve,
> Part steals, lets part abide;
> And shakes this fragile frame at eve
> With throbbings at noontide.

Y mae Gorffennaf ffôl Hardy hefyd yn ymgiprys â'i Ebrill. Soned o eiddo
Hartley Coleridge yw'r llall. Dyma'i diweddglo hithau:

> I find my head is grey,
> For I have lost the race I never ran:
> A rathe December blights my lagging May;
> And still I am a child, tho' I be old,
> Time is my debtor for my years untold.

Y llinell i sylwi arni, wrth gwrs, yw 'A rathe December blights my lagging
May'. Diddorol hefyd yw'r llinell 'and still I am a child, tho' I be old', gan
ei bod yn nodweddiadol o baradocsau Parry-Williams. Nid beirniadaeth
lenyddol mo'r tynnu sylw hwn at ddylanwadau posibl ac at debygiaethau,
wrth reswm, ond fe all fod yn ddiddorol i rywrai.

[1983]

'WATS BOCED'
DEWI STEPHEN JONES

Ymddangosodd y gerdd ganlynol yn *Hen Ddawns* (1993), unig gasgliad
Dewi Stephen Jones o'i gerddi hyd yma.

WATS BOCED

A chollais am hir y cylch llesmeiriol:

O einioes slywen werdd
(hon a seria gŵys hyd wacterau'r Sargasso)

neu ôl
un o breswylwyr
swil y nos
ar ei gylchdaith nosweithiol –
y syniad
o drywydd creadur,
ei rediad, ei aredig
o'i ffau arw ger yr hen fforest
ac yn ôl ... fel y gwenoliaid ...

yn ola', a'i drych yn fythol driw,
(eu chwaer ar gyrch oriau)
heb ei tsiaen, wyneb y wats honno,
un gibddall nes i'r haul ballu'n
sydyn (heb i'r nos ei waedu)
heibio i gaead desg
neu'n ôl yng nghysgod fy nwylo,
gloywach na'r *bagatelle*
a'i metelau heb bwysau na bys;
angora funudau byr

269

rhwng eu rhifnod o baent;
y ddolen o weryd
yn ddeial annaearol,
noeth a haniaethol,
a'i hamser fel seraff
eicon.
Glisna'r wats boced ...

Ond â grym cleddyf yr angel is ysgarlad y gromen,
y bys! Y bysedd!
Cei eco olwynion cocas
a chwinciad eu ras i'r dryswch.

Nodaf dreiglad y planedau ...
Dilynaf helynt y ffurfafen ...

Ac erioed yr ymdaith
o'r gwared i'r amdo –
un ir, un hesb wyt
yn yr union ysbyty.

Cyn rafio o'r canrifoedd,
o lwch y môr daw glesni'r cylch i mi.

Math arbennig o fardd yw Dewi Stephen Jones: y math o fardd sy'n
dibynnu'n drwm ar awgrym yn hytrach nag ar uniongyrchedd, ar lefaru'n
ddelweddol yn hytrach nag ar draethu'n eiriol. Yn aml iawn yn ei gerddi,
perthynas y delweddau â'i gilydd sy'n creu'r 'ystyr', nid perthynas y geiriau
â'i gilydd. I raddau helaeth mae'n fardd symbolaidd, hynny yw, y mae ei
eiriau a'i ddelweddau yn cynrychioli rhywbeth arall, y tu allan i'w bodol-
aeth hwy eu hunain. Nid traethu llythrennol na rhesymegol gystrawennol
a geir yn ei gerddi, ond llefaru delweddol, llefaru drwy'r dychymyg, fel
petai. Ni chais ddisgrifio unrhyw wrthrych yn uniongyrchol; yn hytrach,
cais ddisgrifio effaith y gwrthrych ar ei synhwyrau, ei ddeallusrwydd neu
ei ddychymyg. Byddai Dewi Stephen Jones yn cytuno â datganiad Steffan
arall, Stéphane Mallarmé, y bardd Symbolaidd mawr o Ffrainc: 'Peintia
nid y peth ond yr effaith a gynhyrcha' ('*Peindre, non la chose, mais l'effet
qu'elle produit*'). Gyda hyn o ragymadrodd byr, efallai y gallwn yn awr
ddechrau trafod y gerdd.
Cerdd am wats boced a oedd ganddo'n blentyn yw'r gerdd hon, y math

hwnnw o oriawr sy'n llewyrchu yn y tywyllwch, oriawr *luminous*, hynny yw. Yn y llinell agoriadol ceir y gair 'cylch', a hefyd yn y llinell olaf. Felly, rhaid bod y gair neu'r syniad o 'gylch' yn allweddol bwysig. Ceir hefyd, yn rhan gyntaf y gerdd, 'gylchdaith nosweithiol' un o greaduriaid y nos. Am ba gylchoedd yn union y mae'n sôn?

Mae'r llinell agoriadol yn awgrymu fod rhywbeth a gollwyd unwaith wedi dychwelyd, a dychwelyd ar ôl cryn absenoldeb. Yr hyn a gollwyd oedd rhyfeddod y wats hon i blentyn, cylch cyfareddol a lledrithiol y wats gron, a fyddai'n goleuo yn y tywyllwch, fel hud. Yn sydyn, y mae atgof am y wats ledrithiol hon yn fflachio ar draws dychymyg yr oedolyn. Ond nid y wats hon yn unig a gollwyd ac a gafwyd drachefn, fel ag y cawn weld, ond popeth y mae'n ei gynrychioli.

'Roedd y llythyren 'O' yn y llinell 'O einioes slywen werdd' wedi ei hitaleiddio pan gyhoeddwyd y gerdd am y tro cyntaf yn *Barddas*, ac felly yma. Mae hynny'n golygu fod y bardd am dynnu sylw ati. Nid arddodiad mo'r 'O' yma, ond ebychnod ac arwyddnod: mae'n cyflawni'r ddwy swydd-ogaeth. Mae'n cyfleu syndod, syndod y plentyn wrth iddo edrych ar y wats, a gweld y dilyniant o nodau glas neu wyrdd goleuedig yn disgleirio yn y nos fel llysywen ifanc werdd (lliw melynwyrdd sydd i lysywen ifanc) yn fflachio ac yn sgleinio yn y tywyllwch. Hefyd mae siâp yr 'O' gron yn cyfleu ac yn cynrychioli cylch bywyd y llysywen, wrth iddi ddychwelyd, yn ôl y gred gyffredinol, ddiwedd ei bywyd i Fôr y Sargasso, sef y man y cychwynnodd ohono yn wreiddiol. Mae'r llysywen yn agor cŵys, fel petai, wrth nofio yn y môr, hynny yw, mae hi'n hollti'r môr wrth nofio, yn gadael ei hôl fel rhych yn y môr. Cyfeiria 'hyd wacterau'r Sargasso' at ansawdd a chyflwr y môr hwnnw (... 'there are desert areas such as the Sargasso Sea, the deep blue of whose waters indicates the absence of appreciable quantities of suspended life' – *The Sea Shore: Collins New Naturalist Series*). Ar ddiwedd y gerdd, mae arwyddocâd symbolaidd i'r môr llythrennol hwn a'i wacterau. Felly, yn y ddwy linell hyn mae'r wats lythrennol yn troi'n llysywen ddelweddol a hithau'n troi'n gylch symbol-aidd. Hynny yw, mae'r ddelwedd yn cynrychioli un cylch sy'n ymwneud ag Amser, sef cylch einioes, cylch crwn bywyd.

Yn awr cyflwynir math arall o gylch. Dechreuwn gyda'r ddelwedd eto. Mae'r rhifnodau fel ôl traed un o anifeiliaid y nos (am mai yn y tywyllwch y gwêl y bardd y wats), a'r ôl traed hyn yn dechrau mewn un lle, yn dilyn tro crwn, ac yn dychwelyd i'r man cychwyn. Yn union fel y mae'r llysywen yn torri cŵys mae creadur y nos yn agor rhych ('ei aredig') wrth enau'r ffau wrth gerdded yr un llwybr dro ar ôl tro. Mae'r delweddau hyn o gŵys ac aredig yn clymu dwy ran a dwy ddelwedd, a hefyd yn awgrymu cylch arall, eto yn ymwneud ag Amser (mae'n hollol amlwg erbyn hyn mai cerdd am Amser yw hon), sef cylch y tymhorau, syniad a gadarnheir gan y ddelwedd o wenoliaid ar ddiwedd y darn a dechrau'r darn dilynol. Hefyd, mae'r delweddau hyn o greaduriaid y nos a gwenoliaid yn awgrymu cylch arall, sef cylch nos a dydd.

Yn awr, down at gylch arall, sef cylch eiliadau, munudau ac oriau, sef yr hyn y mae'r wats yn ei gynrychioli yn llythrennol. Mae'r wats ei hun, wrth i'r plentyn ei dal yn ei ddwylo, a chau'i ddwylo amdani i'w gweld yn y tywyllwch, fel trychfilyn neu greadur bychan wedi'i ddal yn nwylo'r plentyn. Mae'r wats, felly, yn 'chwaer' i'r creaduriaid eraill hyn, y llysywen, anifail y nos a'r wennol, ond ar 'gyrch oriau' y mae hi. Mae'r gystrawen yn anodd (byddai Symbolwyr Ffrainc yn chwilfriwio cystrawennau, gan fod cystrawen drefnus yn perthyn i fyd rhyddiaith ac i fyd rhesymeg, a chystrawen anarferol yn perthyn i fyd cerdd ac i fyd y dychymyg) ar ddechrau'r darn sy'n sôn am y wats ei hun, ac yn llawn sangiadau a thoriadau. Yr hyn a ddywedir yw fod wyneb y wats yn gibddall (hynny yw, yr oedd yn dywyll, fel llygaid dall, yn y dydd) nes i'r plentyn greu ei nos ei hun, nos annaturiol, trwy roi'r wats dan gaead ei ddesg yn yr ysgol i gael cip arni, neu gau ej ddwylo amdani i greu tywyllwch. 'Roedd yr haul yn pallu'n sydyn wrth i'r plentyn greu'r nos afreal hon, ond machlud annaturiol ydoedd, heb gochni yn yr awyr ('heb i'r nos ei waedu'). Cysylltir y wats â thegan arall a berthynai i blentyndod y bardd, sef y gêm *bagatelle*, lle ceisir cael pelen fechan arian i mewn i dyllau. 'Roedd rhifnodau llewyrchus y wats yn ddisgleiriach na'r belen fach ddisglair hon. Hefyd, nid oedd y plentyn wedi cysylltu'r wats ag Amser fel rhywbeth sy'n dadwneud ac yn dinistrio ('a'i metelau heb bwysau na bys'). Tegan hardd, diniwed oedd y wats hon, ac ni wyddai ei bod yn cynrychioli rhywbeth erchyll a dinistriol, sef Amser y difäwr, a marwoldeb.

Mewn gwirionedd, yng ngwynfyd di-dor plentyndod, nid yw Amser yn bod. Mae'r plentyn yn blentyn am byth. Mae'r wats, felly, yn cynrychioli'r tragwyddol, y digyfnewid, yr eiliad oesol, arhosol ('angora funudau byr/ rhwng eu rhifnod o baent'). Ceir paradocs yn y llinell 'Y ddolen o weryd/ yn ddeial annaearol'. Mae'r hyn sy'n fydol-ddaearol ('o weryd') yn annaearol, yn perthyn i fyd y diamser, yn eironig ddigon, ac i fyd y tragwyddol. Mae'r wats 'fel seraff/eicon', hynny yw, mae hi fel eicon o angel yn disgleirio yn nhywyllwch yr eglwys (rhifnodau goleuedig y wats yn y tywyllwch). Hefyd, mae eicon yn arwyddocáu'r tragwyddol, yr arallfydol, y diamser, ac mae elfen warchodol, amddiffynnol yn perthyn i eicon. Mae'r wats hon yn rhan o fyd y plentyn; mae hi'n cynrychioli trefn a diogelwch, yn cynrychioli Eden plentyndod. Mae'n cynrychioli cylch crwn, trefnus

bywyd, dydd yn dilyn nos, awr yn dilyn munud. Yn eironig, ac yn ddiar-
wybod i'r plentyn, mae'r hyn sy'n cynrychioli cyfaredd a diogelwch iddo
yn ddinistriol yn ei hanfod.

Sylweddoli gwir arwyddocâd yr oriawr a wneir yn rhan olaf y gerdd.
Mae'r ddelwedd o 'seraff eicon' yn arwain yn naturiol at y ddelwedd o'r
angel yn chwifio cleddyf, ond tra gwahanol i'w gilydd yw'r ddau. Cyfeirir
at Genesis 3:24: 'Felly efe a yrrodd allan y dyn, ac a osododd, o'r tu
dwyrain i ardd Eden, y cerubiaid, a chleddyf tanllyd ysgwydedig, i gadw
ffordd pren y bywyd'. Mae yma ddelwedd i ddechrau. Mae un o fysedd y
wats yn debyg i gleddyf yn nychymyg y bardd, ac ymyl crwn y wats fel
cromen. Ceir darlun ffresco o angel yn chwifio cleddyf tanllyd ('cleddyf
fflamllyd' yn y cyfieithiad modern – felly dyna pam y dywedir 'is *ysgarlad*')
dan gromen gan yr arlunydd Eidalaidd Masaccio (Tomaso di Giovani di
Simone Guidi, 1401-1428) yn Eglwys Santa Maria del Carmine yn Fflorens,
ac efallai mai paentiadau ffresco o'r fath a ysbrydolodd y llinell. O'r eiliad
hon, eiliad alltudio Adda ac Efa o ardd Eden, y daw'r hil ddynol yn
ymwybodol o amser ac o farwoldeb, y ddau beth yn annatod glwm. Mac
bys y wats yn meddu ar yr un grym neu awdurdod ag a feddai cleddyf yr
angel a alltudiodd Adda ac Efa o'u paradwys. Mae'r bys a'r cleddyf yn
cyflawni'r un swyddogaeth, sef rhoi terfyn ar baradwys ddaearol.

Yn awr mae'r delweddau yn ymwneud â dryswch, dinistr ac anhrefn.
Mae llais arall yn torri ar draws llais y bardd, neu bersona'r gerdd. Mae
hwn yn llais bygythiol, rhybuddiol. Hwn yw'r llais sy'n deffro'r plentyn o'i
rith-wynfyd. Mae bygythiad bysedd y cloc yma yn dwyn i gof agoriad
cerdd Baudelaire, 'L'Horloge' (Y Cloc):

> Horloge! dieu sinistre, effrayant, impassible,
> Dont le doigt nous menace et nous dit:
> > *Souviens-toi!*

> (Y cloc! duw sinistr, arswydus, diegwyddor,
> Y mae'i fys yn ein bygwth, gan ddweud: Cofia!)

Mae'r bardd yn awr yn ymwybodol o amser sy'n ffoi, amser fel rhywbeth
bythol-gyfnewidiol a diaros. Mae peirianwaith mewnol y wats neu ffurf
olwyn y wats (neu'r ddau) yn cynrychioli gwib a rhuthr amser, fel olwyn-
ion yn rasio ar chwinciad i dywyllwch y nos, i ddryswch y bywyd modern.
Mae'r olwyn eto yn cynrychioli cylch, ond nid cylch diogelwch mohono
bellach, ond cylch uffern. Mae'r ddelwedd o gogiau olwynion yn troi'n
ddidrugaredd yn cyfleu'r dryswch a'r bygythiad a deimlir bellach.

Â'r bardd yn ôl i'w lais ei hun wedyn. Sylweddola ei fychander mewn bydysawd anfesuradwy o ran ei faint. Mae rhifnodau llewyrchus y wats bellach fel sêr yn disgleirio yn nhywyllwch y nos. Mae'r bychanfyd bellach yn cynrychioli'r cyfanfyd, wrth i'r bardd holi beth yw ystyr, pwrpas a rhan dyn yn y bydysawd.

Daw'r llais bygythiol yn ôl, llais gwrach neu fwci-bo, llais maleisus rhyw ysbryd drwg. Gwna i'r bardd sylweddoli mai marwol ydyw, ac mai un daith sydd i ddyn, sef o'r groth (un o ystyron 'gwared' yw *after-birth*, ac mae'n cynrychioli genedigaeth yma) i'r bedd. Mae dyn wedi'i gondemnio i farw o'r eiliad y genir ef. Mae'n ifanc ac yn hen, yn fyw ac yn farw, yn greadigol ac yn ddiffrwyth ('un ir, un hesb wyt') yn y byd ('ysbyty'). Mae geni a marw yn digwydd yn yr un lle yn union, yn yr un ysbyty yn union. Mae'r ddau'n anwahanadwy. Daw'r plentyn i sylweddoli nad paradwys ddigyfnewid yw bywyd, ond ysbyty, lle mae geni a marw yn digwydd, a'r ddau, i bob pwrpas, yn gyfystyr. Afraid dweud mai cyfeirio at linell enwog Baudelaire o'i gerdd 'Anywhere Out of the World' (teitl Saesneg sydd i'r gerdd wreiddiol, a chan Edgar Allan Poe y cafodd Baudelaire y teitl) a wneir yma, sef 'Cette vie est un hôpital' ('Ysbyty yw'r bywyd hwn').

Down at ddwy linell glo'r gerdd yn awr. Ystyr 'rafio' yma yw dadwneud, o'r Saesneg *unravel*, hyd y gwelaf fi. Gair tafodieithol ydyw, o ardal Rhosllannerchrugog. Ni wn a ydyw'n gyffredin mewn mannau eraill. Cyfystyr â dinistr a darfod yw 'llwch' yma, ac mae'n cysylltu'n naturiol â 'hyd *wacterau'r* Sargasso' ar ddechrau'r gerdd. Mae'r ddelwedd o fôr yma yn cynrychioli Amser di-dor. Cyn dadwneud o'r canrifoedd, cyn i amser ddifa a dadwneud popeth, caiff y bardd gip eto ar yr hyn a gollwyd. Caiff gip ar ei blentyndod yng nghanol dinistr Amser. Paradwys a gollwyd oedd paradwys plentyndod, Eden goll ac anadferadwy, ond daw'r cof am y wats â'r Eden honno yn ôl o afael Amser. Mae rhai pethau sy'n aros, er gwaethaf ein marwoldeb a'n caethiwed i Amser. Yr eironi mawr a chreulon yn y gerdd yw fod tegan y plentyn yn declyn angau; mae gwynfyd y plentyn dan gysgod marwoldeb yr oedolyn, ac mae'r wats boced yn symboleiddio'r ddeubeth.

[1992]

'CLED'
GERALLT LLOYD OWEN

Mae'r cywydd yn agor gyda dathliad a galarnad, miri a marw, y ddau ar yr un pryd, fel cynnal parti pen-blwydd mewn mynwent. (Dylid nodi, wrth fynd heibio, fod agoriad ei gywydd nerthol er cof am ei dad yn dilyn yr un patrwm – 'Awst ennill bri, colli câr,/Awst gŵyl ac Awst y galar'.) Mae hi'n wythnos Eisteddfod yr Urdd, yn wanwyn, gwanwyn iaith a chenedl yn ogystal â gwanwyn natur, a 'lliwiau haf yng Nglynllifon':

> Y Gymraeg ym miri'r ŵyl
> a sŵn ei lleisiau annwyl
> yn dathlu'i bod, dathlu y bydd
> yfory i'w lleferydd …

Yng nghanol y dathlu byrlymus hwn mae'r ffôn yn canu, gyda newyddion drwg ar y pen arall, ac o'r herwydd, 'Diffoddwyd synnwyr' nes bod 'lliwiau haf yn wyll llwyr'. Fel llawer o gerddi Gerallt Lloyd Owen, cerdd am ddiffodd y synhwyrau yw hon, cerdd am ddiddymu einioes dyn, am droi person byw effro ei synhwyrau yn dalp oer disymud. Dyna'r drasiedi. Yn y pennill agoriadol hwn mae'r bardd yn cyflwyno ac yn cyferbynnu dau fath o sŵn, 'sŵn y lleisiau annwyl' yn dathlu, ac wedyn y ffôn yn seinio, y naill sŵn yn gysylltiedig â dathlu bywyd, â gorfoledd byw ac egni ieuenctid, a'r sŵn arall yn cyfleu marwolaeth ddisyfyd, diddymdra a galar. Mae'r syniad hwn o sŵn yn llywodraethol ganolog yn y cywydd, sŵn a diffyg sŵn. Mae diffyg sŵn ynddo'i hun yn farwolaeth, yn fudandod, yn eiriau wedi eu tewi am byth; mae sŵn hefyd yn farwolaeth, yn cyfleu terfynoldeb dychrynllyd angau. 'Sŵn y rhaw sy'n yr awyr,/sŵn Dim sy'n atsain ei dur', meddai yn nes ymlaen yn y cywydd. Dyma sŵn sy'n perthyn i farwolaeth, sŵn agor bedd. Ar y llaw arall, sŵn sy'n perthyn i fywyd yw sŵn geiriau, ond mae'r gŵr ifanc hwn wedi'i amddifadu o eiriau, wedi'i droi'n dalp o fudandod trwm. Mewn gwirionedd, mae marwolaeth yn glywadwy ('clywadwy yw bedd Cledwyn') a bywyd yn anghlywadwy ('Geiriau yn mynd o'i gyrraedd'), y bedd yn llefaru a bywyd yn troi'n fud, yn y gerdd.

Yn eironig, mae'r bardd yn dweud i ganiad y ffôn ddiffodd ei synhwyrau. Fel arall y mae hi. Gwrthrych y cywydd sydd wedi'i amddifadu o'i holl synhwyrau, a'u hamddifadu ohonyn nhw am byth. Ond yr hyn a wna drwy gydol y cywydd yw ei uniaethu'i hun â marwolaeth ei gyfaill, a byw ei ddiwedd, fel petai. Mae diffoddiad synhwyrau Cledwyn yn gyfystyr â'i farwolaeth ef ei hun iddo. Yn ddyfnach ac yn ehangach na hynny, gan fod Cledwyn yn cynrychioli Cymru i gyd, yr unigol yn gyfystyr â'r llwyth cyfan, mae marwolaeth Cledwyn yn golygu tranc y Gymraeg. Cyn uniaethu marwolaeth Cledwyn â marwolaeth Cymru, rhaid cyplysu'r ddau mewn bywyd:

> Fe welaf â'm cof eilwaith
> ei nerth a'i wên wrth ei waith
> yn cau'r ffin, ailddiffinio
> â'i fôn braich derfynau bro;
> â'r cryman claer creu man clyd,
> a thwf treftadaeth hefyd;
> plethu cân fel plethu cyll,
> eilio caead fel cewyll.

Mae'r weithred a gyflawnai Cledwyn o fewn ei fro â'i grefft yn weithred ehangach na'i harwyddocâd cysefin. Ar raddfa fechan, o fewn y bychanfyd os mynner, mae'n cynrychioli'r ehangfyd. Ceir isleisiau yma y mae pob Cymro yn ymwybodol o'u hystyr a'u harwyddocâd: 'cau'r ffin', ailddiffinio terfynau bro, a hynny 'a'i fôn braich', a chreu twf treftadaeth. Mewn gwirionedd, mae ei waith fel plygwr gwrychoedd yn cynrychioli dyhead y Cymry i amddiffyn eu treftadaeth yn nannedd pob bygythiad, a'i hamddiffyn â grym ('bôn braich') ac ag arfau (cryman) pe bai raid. Mae'r delweddu yn deillio o'r oesoedd arwrol, a phwysleisir yma y rhaid i amddiffyn Cymru drwy rym ac arfau pe bai angen. Dymuna'r bardd, mae'n amlwg, i'r uniaethu hwn rhwng gŵr a chenedl, rhwng unigolyn a gwehelyth, fod yn gwbwl ddiamwys:

> Gair a pherth, un oedd gwerthoedd
> y Cymro hwn; Cymru oedd:
> Cymru'r gwerinwyr uniaith ...

Mae cyplysu o'r fath yn digwydd mewn cerddi eraill o'i eiddo, er enghraifft, ei ddau englyn i 'John Jones, Llandwrog', a oedd yn saer maen:

Rhagor neb, i'w bentre bu'n warchodwr,
A chadwodd ei derfyn;
Byw i'w blwy a'i bobl ei hun,
Byw i'w wlad drwy'i blwy wedyn.

Mae ei wyneb ym meini y fro hon,
Nerth ei fraich amdani;
Fe roddodd furiau iddi
A chreu cof â'i cherrig hi.

Dyna'r agwedd gorfforol, fel petai, ar sicrhau parhad treftadaeth: y
parodrwydd i ymladd, i ddefnyddio nerth corfforol i warchod daear Cymru
a chadw'r ffin, yr anghenraid, o dro i dro, i godi arfau. Mae agwedd arall
hefyd, sef yr agwedd ysbrydol, yr elfen ddiwylliannol neu ymenyddiol, sef
gwarchod a hyrwyddo diwylliant Cymru, ei hiaith a'i llenyddiaeth:

Goleuni hwyr ysgol nos
ar gefnen draw, gaeafnos
ddudew, a sŵn cerddediad
ar gul lôn yn nyfnder gwlad;
camre gwâr ein Cymru gynt
drwy'r caddug ar drec oeddynt;
mynnu dallt, a minio dur
yr ymennydd, crymanu'r
drysi yn adwy rheswm,
mynnu lled troed mewn lle trwm.
Hyn oedd Cled; o'i galedwaith
ysu wnâi am noson waith
i droi i fyd yr awen,
i fyd llyfr a thrafod llên.

Magwyd Gerallt Lloyd Owen mewn cymdeithas o 'werinwyr uniaith',
gwŷr cyffredin a oedd yn gynheiliaid y Gymraeg a'i diwylliant mewn
ardaloedd gwledig. Bu'n ymdroi ymhlith eisteddfodwyr, ymrysonwyr,
athrawon a disgyblion dosbarthiadau nos ar y gynghanedd a llenyddiaeth
Gymraeg. Sylweddolodd fod parhad cenedl yn dibynnu ar bobl o'r fath, ac
mai trwy ddyfalbarhad, llafur cariad, diddordeb a phrysurdeb pobl o'r fath
y byddai i'r iaith oroesi a ffynnu yn yr ardaloedd gwledig. Ceir y ddelwedd
hon, o werinwyr yn cyrchu canolfan ddiwylliant, yn ei gywydd i Ifan Gist
Faen:

Sŵn traed yn atsain trwy wyll, (cf. 'sŵn cerddediad')
Sŵn du ar noson dywyll;
Rhywun yn herio rhewynt
Mynyllod ddigysgod gynt;
Un hwyl yn croesi eilwaith
Iwerydd y mynydd maith.

Os rhoir nod ar siwrnai hir
I'n harwain, fe'i hanerir;
Ac i ddyn ei hun roedd nod
Yn nhywyllwch Mynyllod;
Roedd aelwyd ar ddeheulaw
Ac roedd drws trugaredd draw;
Drws hwyrol ar draws hirwaun,
Gwesty i feirdd – Y Gist Faen.

'Camre gwâr ein Cymru gynt' yw ymdeithio o'r fath, a bu Cled yn rhan o'r
ymgyrchu hwn tuag at ganolfannau diwylliant. Erbyn hyn mae'r cryman
yn y darn am y plygwr gwrychoedd wedi magu arwyddocâd amgenach.
Bellach mae'n

> ... minio dur
> yr ymennydd, crymanu'r
> drysi yn adwy rheswm,
> mynnu lled troed mewn lle trwm.

Cryman sy'n rhoi min ar yr ymennydd ydyw bellach, cryman miniogi
deallusrwydd: mae'r arf wedi troi'n offeryn deallusrwydd a diwylliant. I
warchod treftadaeth mae angen nerth bôn braich ac ymennydd miniog,
arfau a geirfa, ymddullio ac ymddiwyllio.

Ar ôl uniaethu Cledwyn a Chymru, mae'n dilyn fod marwolaeth y naill
yn gyfystyr â thranc y llall. Gwelodd Cledwyn 'yr oesau/yn diffodd i'r
gwyll diffaith,/i'r gwyll llwyr o golli iaith', sef rhagweld marwolaeth ei genedl.
Mae ef ei hun, am mai ef yw Cymru, yn rhan o'r farwolaeth honno, sef
marwolaeth ei iaith, ac mae marwolaeth ei genedl ynghlwm wrth ei farwol-
aeth ef:

> Yr un gwae yn yr un gwyll
> oedd taw y misoedd tywyll
> ynddo ef; byw ynddo'i hun
> fudandod heb fod undyn
> a'i deallai. Dywylled
> oedd y clyw yn niwedd Cled.

> Geiriau yn mynd o'i gyrraedd,
> mynd i gyd, a dim ond gwaedd
> ei gof ef mewn ogof hir,
> mewn ogof nas mynegir
> trwy'r un iaith natur ei nos,
> ogof y diwedd agos …

Gan fod mudandod Cled yn gyfystyr â mudandod cenedl, mae'r bardd yn ymglywed â'r mudandod llethol hwnnw o'i gwmpas:

> Trwm yw'r taw sy'n tramwy'r tir,
> mudandod llym hyd weundir …
> Y mae'r clyw ym marw Cled
> yn glyw na fedr glywed
> dim ond ust munudau hir
> o d'wyllwch nas deëllir;

Ar ddechrau'r cywydd 'Diffoddwyd synhwyrau' Gerallt Lloyd Owen gan neges y ffôn. Diffodd synhwyrau am ennyd oedd hynny. Mae synhwyrau ei gyfaill wedi'u diffodd am byth, ac yn sgîl ei farwolaeth ef, mae synhwyrau'r iaith wedi eu diffodd hefyd. Nid oes un dim ond tywyllwch a mudandod – ogof – o'n blaenau, gan fod Cled wedi marw. 'Roedd Cled, ar fin marw, yn trigo mewn ogof, sef 'ogof y diwedd agos', ac nid ei ddiwedd agos ef ei hun yn unig a olygir.

Cyplysir Eisteddfod yr Urdd â marwolaeth Cled unwaith yn rhagor tua therfyn y cywydd:

> Heddiw yr oedd dydd Iau'r ŵyl
> i eraill yn ddydd arwyl;
> camau araf cymheiriaid
> yn nefod hen yr hen raid;
> y naill un yn llun y llall,
> hiraeth a hiraeth arall
> ysgwydd wrth ysgwydd, gosgordd
> dawel ei ffarwel, a'r ffordd
> yn gul gan led y galar,
> gan led y golled am gâr.

Y ddelwedd sy'n cyplysu'r ddau beth, buddugoliaeth a marwolaeth, dathliad a galarnad, unwaith yn rhagor, yw'r ddelwedd o orymdaith neu gyd-gyrchu. Tra bo prifardd ifanc arall yn cael ei gyrchu i lwyfan y brifwyl gan osgordd i eistedd yn ei gadair, mae gosgordd arall yn cyrchu corff Cled i gyfeiriad y

bedd. Mae parhad a diwedd, camp a chwymp, yn un. Mae hyn yn ein
paratoi ni ar gyfer y diwedd. Yn ystod y cywydd, symudwyd oddi wrth yr
unigolyn at y genedl, ac eir yn ôl yn awr at yr unigolyn. Hyd yn oed os yw
cenedl yn dathlu'i pharhad, ac yn gorymdeithio'n hyderus i gyfeiriad ei
hyfory, mae'r golled unigol yn aros. Mae un bywyd wedi darfod, ac wedi
darfod am byth. Er hynny, bydd yn rhan o yfory cenedl, yn rhan o'r
delfryd ac o'r ysbrydiaeth. Bydd yn rhan o'i fro am byth, nid yn unig trwy
fod yn un â phridd ei daear, ond trwy ei grefftwaith yn ogystal, trwy ei
lafur a'i gerdd, trwy ei ddelfrydiaeth a'i ysbrydiaeth:

> Fe'i rhoddwyd i'w fro heddiw
> yn llonydd dragywydd driw;
> fe'i rhoddwyd ym mreuddwydion
> ac ym mhridd y Gymru hon;
> fe'i rhoddwyd i'w harswyd hi
> yn y taw nad yw'n tewi.

Oes, mae yma amwysedd a dryswch teimlad, ond mae hynny'n deillio o'r
ffaith fod y bardd yn dathlu ac yn marwnadu ar yr un pryd, yn diolch am
fywyd Cledwyn, ac yn melltithio Duw am ei gipio ymaith ymhell cyn
pryd, yn dathlu ei gyfraniad ac yn galaru ei golli.

Er y bydd y cof am Cledwyn yn fyw, er ei fod wedi'i gladdu ym mhridd
ac ym mreuddwydion y Gymru hon, nid yw hyn yn diddymu'r golled nac
yn lliniaru'r galar. Y gwir yw fod ei ddiwedd 'mor fythol derfynol fud'.
Llinell arswydus yw llinell glo'r cywydd, 'llond arch o gyfaill nad yw'. Sut
y medrwch chi gael llond dim byd o rywbeth nad yw'n bod? Dyma un o
linellau godidocaf y bardd, a gwyddai yn union ym mha le i'w gosod.

Mae'r cywydd i 'Cled' yn un o gerddi mawr Gerallt Lloyd Owen, ac yn
un o farwnadau mawr y Gymraeg, heb amheuaeth. Teyrnged ydyw i gyfaill,
i Gymro, i unigolyn, ac i deip arbennig o Gymro sy'n prysur leihau yn ein
cymdeithas fodern ni. Yn ei englyn i Lwyd o'r Bryn mae Gerallt Lloyd
Owen yn disgrifio'i athro barddol fel hyn:

> Teledu'n teulu ydoedd,
> Llond tŷ o ddiwylliant oedd.

Mae Cled, fel brogarwr, ymrysonwr, mynychwr dosbarthiadau nos, yn
nhras y 'gwerinwyr uniaith' hyn sy'n frith drwy farddoniaeth Gerallt, ond
mae i Cledwyn Roberts hefyd yr arbenigrwydd o fod wedi tynnu o grom-
bil y bardd un o'i gerddi coffa grymusaf oll.

                                                              [1994]

'PAGAN' R. WILLIAMS PARRY

Un o gerddi llai adnabyddus R. Williams Parry yw'r gerdd 'Pagan', a geir
yn *Cerddi'r Gaeaf.*

Darfydded pob rhyw sôn
Am anwadalwch dyn!
Hyd byth fe ddewis dduwiau
O'i waith a'i wedd ei hun,
Ei ddinod wedd ei hun.

Nid duwiau o faen a phren
Na duwiau metel mwy,
Daeth Duw, a daeth y diwedd
Ar eu haddoliad hwy,
Ar eu teyrnasiad hwy.

Ond duwiau cig a gwaed:
Ni dderbyn hyn o ddydd
Dduwiau sydd ansylweddol
Ond i ddau lygad ffydd,
Ac i gyffyrddiad ffydd.

Tragywydd ydyw dyn,
Sefydlog yn ei fryd.
Mae heddiw a doe i'r duwiau
Ond erys dyn o hyd;
A dyn sy'r un o hyd.

Darllen sylwadau John Rowlands ar y gerdd yn ei ysgrif ar R. Williams
Parry yn *Y Patrwm Amryliw* a ysgogodd y sylwadau canlynol ar y gerdd.
Yn ôl John Rowlands, 'ei gerdd arall i A. E. Housman' yw'r gerdd, ac
ynddi 'mae'n defnyddio hoff fesur Housman ac yn adleisio mwy nag un

emyn'.[1] Lluniodd Williams Parry gerdd goffa i Housman, dan y teitl 'A. E. Housman', ddwy flynedd cyn llunio 'Pagan', ac nid cerdd i Housman o gwbwl mo'r ail gerdd, ac ni luniwyd mohoni ar 'hoff fesur Housman' ychwaith. Mae'n wir fod gan Housman ryw lond dwrn o gerddi ar y mesur hwn yn ei holl waith casgledig, ond ei hoff fesur oedd penillion pedair llinell, ac odlau ar ddiwedd yr ail a'r bedwaredd linell yn unig, neu amrywiadau ar benillion pedair llinell o'r fath. 'Roedd Williams Parry wedi dweud popeth a fynnai ei ddweud am Housman ar achlysur ei farwolaeth ym 1936, ac nid atodiad i'r deyrnged honno yw 'Pagan'. Mae holl gynnwys 'Pagan', mewn gwirionedd, yn gwrth-ddweud popeth a gredai Housman am ddyn. Wrth gwrs, dilyn John Gwilym Jones a wna John Rowlands. 'A. E. Housman, wrth gwrs, yw'r 'Pagan' y cenir iddo,' meddai.[2]

Dyma ddadansoddiad John Rowlands o'r gerdd:[3]

Ar yr olwg gyntaf, dyma emyn o fawl i ddyneiddiaeth. *Dyn* yw'r 'graig ni syfl ym merw'r lli' bellach. Ond wrth gwrs twyllodrus yw tôn hyderus y gerdd. Eironig yw'r gwrthbwynt a greir rhyngddi hi ac emyn Dafydd Jones, Treborth. Oherwydd 'tragywydd' ym mha ffordd *yw* dyn? Ym mha beth y *mae'n* sefydlog? Wel 'sefydlog yn ei fryd'. Hynny yw, yn ei wanc am ystyr, yn ei ymchwil am arwydd-ocâd. Nid awgrymir am funud fod dyneiddiaeth yn ateb terfynol iddo. Ateb byrhoedlog arall yw hwnnw fel y duwiau o faen a phren. Yr awgrym yw nad *oes* ateb, ac mai yn ansefydlogrwydd yr ymchwil y gwelir sefydlogrwydd dyn. Cerdd sy'n cyfleu trasiedi'r cyflwr dynol yw hon, felly.

Trwy fynnu mai emyn o fawl i ddyneiddiaeth yw'r gerdd, mae John Rowlands eto yn dilyn eraill. 'Y mae ganddo athrawiaeth bendant am ddyn, dyneiddiaeth y ganrif ddiwethaf a'r ganrif hon,' meddai Gwenallt, gan ddyfynnu pennill olaf 'Pagan'.[4] 'Bardd y Person, bardd dyn ydoedd yn anad un dim, a bardd Natur i'r graddau yr oedd Natur hefyd yn cynnwys dynion,' meddai Tecwyn Lloyd, yntau hefyd yn dyfynnu pennill olaf y gerdd yn graidd i'w ddadl.[5] Mae'r diweddar Pennar Davies, ar y llaw arall,

1. 'R. Williams Parry', *Y Patrwm Amryliw*, cyf. 1, Gol. Robert Rhys, 1997, t. 80.
2. 'Nodyn ar Gyfeiriadaeth gyda Sylw Arbennig i Ddefnydd R. Williams Parry Ohono', *Cyfres y Meistri 1: R. Williams Parry*, Gol. Alan Llwyd, 1979, t. 284.
3. *Y Patrwm Amryliw*, t. 82.
4. 'Barddoniaeth R. Williams Parry', *Cyfres y Meistri 1: R. Williams Parry*, t. 193.
5. 'Barddoniaeth R. Williams Parry', ibid., t. 259.

yn anghytuno â'r ddamcaniaeth mai cerdd o fawl i ddyn ac i ddyneiddiaeth yw'r gerdd. 'Camgymeriad fyddai dehongli'r gerdd 'Pagan' fel mynegiant o ddyneiddiaeth secwlar,' meddai, am mai 'Sôn am fethiant ac nid am fawredd dyn y mae'r bardd yn y gerdd honno'.[6] Ac mi ddywedwn i fod Pennar Davies yn llygad ei le, er i minnau hefyd gredu ar un adeg mai moli dyn a wnâi Williams Parry yn 'Pagan'.

Mae'n hollol wybyddus ac amlwg fod Williams Parry yn cyfeirio at emyn adnabyddus David Jones, Treborth, yn 'Pagan':

> Yr Arglwydd sydd yr un,
>   Er maint derfysga'r byd;
> Er anwadalwch dyn,
>   Yr un yw Ef o hyd;
> Y graig ni syfl ym merw'r lli:
> "Nesáu at Dduw sy dda mi."

Tynnwyd ein sylw at y gyfeiriadaeth hon gan amryw. Ceisiais innau ddangos yn *Cyfres y Meistri 1* fod Williams Parry yn cyfeirio at emynau eraill yn ogystal. Er enghraifft, mae 'Darfydded pob rhyw sôn/Am anwadalwch dyn!' yn adleisio'r pennill hwn o waith Pantycelyn:

> Darfydded canmol neb rhyw un,
> Darfydded sôn am haeddiant dyn;
> Darfydded ymffrost o bob rhyw –
> 'Does ymffrost ond yng ngwaed fy Nuw.

A gellir dweud fod Williams Parry yn adleisio'r pennill hwn gan Panty-celyn yn ogystal â phennill David Jones:

> Mae'n para'n ffyddlon byth heb drai,
> Ffordd bynnag try y byd,
> A phe cymysgai tir a môr
> Yr un yw 'Nuw o hyd.

Mewn gwirionedd, yr hyn y mae'n ei wneud yw adleisio rhai agweddau amlwg iawn ar y confensiwn emynyddol, gan atgyfodi ieithweddau ac epithedau'r confensiwn hwnnw. Ond i beth? Os bwriad Williams Parry oedd llunio cerdd o fawl i ddyn, a dangos fel

---

6. ' 'Dy Fodryb Yw'r Dylluan' ', ibid., t. 204.

yr oedd dyn yn bwysicach na Duw, gan gyfleu hynny'n eironig drwy gyfeiriadau emynyddol, mae hi'n gerdd haerllug, stroclyd, yn gerdd wironeddol dila sy'n llawn tyllau ac anghysondebau.

Dilyn y dehongliad hwn sydd wedi arwain John Rowlands, er enghraifft, i gredu mai yn ei ymchwil am ystyr a phwrpas ac arwyddocâd i'w fywyd y mae dyn yn sefydlog ddigyfnewid ac yn hollol gyson yn ei agwedd at y pethau hyn drwy'r canrifoedd. Nid yw'r datganiad mai 'yn ansefydlogrwydd yr ymchwil y gwelir sefydlogrwydd dyn' yn gwneud iot o synnwyr i mi. 'Does dim awgrym o hynny yn y gerdd, ac os yw'r dehongliadau 'dyneiddiol' hyn yn gywir, mae hi'n gerdd wirion a phlentynnaidd.

Cerdd ddychan, ac nid cerdd foliant, yw 'Pagan', a dyna'r camgymeriad mawr a wnaethpwyd yn ei chylch. Fel cerdd ddychan mae hi'n gerdd rymus; fel cerdd fawl mae hi'n gerdd wantan a hollol afresymegol. Beth, felly, yw ystyr y gerdd ddychan hon? I ddechrau, mae Williams Parry yn priodoli i ddyn dri o hanfodion a phriodoleddau pennaf Duw, yn ôl diwinyddiaeth dyn amdano; i ddechrau: mai dyn, yn hytrach na Duw, sy'n ddigyfnewid; yn ail, fod dyn wedi creu ei Dduw neu ei dduwiau ei hun ar ei ddelw ei hun ('Ei ddinod wedd ei hun'), yn hytrach na'r hyn a draethir yn Genesis; ac, yn drydydd, mai dyn, yn hytrach na Duw, sy'n dragywydd. A allwn ni o ddifri ddychmygu R. Williams Parry yn honni fod dyn yn bwysicach na Duw, hyd yn oed os oedd yn anffyddiwr?

Mae'n rhaid cofio'r cyfnod y perthyn y gerdd iddo. Fe'i lluniwyd ym 1938, pan oedd Rhyfel Cartref Sbaen yn ei anterth a'r Ail Ryfel Byd ar y gorwel. Ymddangosodd y gerdd am y tro cyntaf yn rhifyn y Gaeaf, 1938, o'r *Llenor*, pan oedd digon o ddarogan gwae yn y cylchgrawn hwnnw. Ddwy flynedd ynghynt, yn rhifyn Hydref 1936, soniai W. J. Gruffydd am y 'cymylau erchyll sy'n amgau yn araf ond yn sicr am Ewrop a'n gwlad ninnau,' ac fel yr oedd 'pwerau yr Anghrist yn cau amdanom', a rhan fawr o Ewrop eisoes 'yng nghanol yr ymgyrch'.[7] Cyfeirio at Ryfel Cartref Sbaen yr oedd Gruffydd, wrth gwrs, ac fel 'roedd Ffasgiaeth yn ymladd benben â Chomiwnyddiaeth a gweriniaeth yno, ond cyfeiriai'n bennaf at y modd yr oedd Ffasgiaeth mewn grym yn rhai o wledydd Ewrop: Sbaen, Yr Eidal a'r Almaen. Dim ond un gwahaniaeth bach sydd rhwng fersiwn *Cerddi'r Gaeaf* a fersiwn *Y Llenor* o'r gerdd, gyda llaw: 'Mae heddiw a doe i'r duwiau' yn y fersiwn gorffenedig, ac 'Mae heddiw a ddoe i dduwiau' yn *Y Llenor.*

Yn ôl y cefndir hwn y dylid ystyried 'Pagan'. Sut y gallai unrhyw fardd, hyd yn oed fardd cymedrol a difeddwl, ganmol dyn i'r entrychion ar yr

---

7. 'Nodiadau'r Golygydd', *Y Llenor*, cyf. XV, rhif 3, Hydref 1936, t. 129.

union adeg yr oedd dyn ar ei fwyaf creulon a chiaidd, a'r byd yn prysur symud i gyfeiriad rhyfel? Eironig yw'r cywair drwy'r gerdd. Yn y pennill cyntaf, wfftir y syniad mai creadur anwadal yw dyn. Mae dyn yn hollol gyson mewn un peth, sef ei duedd ar hyd yr oesoedd i greu duwiau iddo'i hun, duwiau cyntefig i ddechrau (ac o hyd mewn rhai mannau), ac wedyn yr un Duw, yn ôl safbwynt Cristnogaeth a chrefyddau eraill. Yn hyn o beth y mae dynoliaeth yn gyson: yn ei thueddiad i greu duwiau, a'i hawydd i greu ffurfiau uwch ar fywyd y gall eu haddoli a'u moli, tueddiad digon anthropolegol; ond bellach mae'r un Duw a ddisodlodd y mân-dduwiau, yng nghyfnod marwolaeth Duw a choll ffydd, yntau wedi peidio â bod, ac wedi diflannu i ganlyn y duwiau eraill. Beth a gafwyd yn ei le?

Mae dyn yn dewis Duw neu dduwiau gan roi ei ffurf ef ei hun i'r Duw neu'r duwiau hyn, gan na all ddehongli na diffinio Duw ond yn ôl safbwynt yr hunan, ac o fewn cylch cyfyng ei brofiad ef ei hun. Felly, mae'n llunio Duw 'O'i waith a'i wedd ei hun', a'i 'wedd *ddinod*' ei hun at hynny. A ydyw'r ansoddair yn gyson â'r dehongliadau hynny sy'n mynnu mai cerdd o fawl i ddyn ac i ddyneiddiaeth yw hon? Dychanu y mae Williams Parry yma, dychanu tuedd dyn i greu duwiau ar ei lun a'i ddelw ei hun.

Unwaith, eilunod oedd y duwiau hyn, duwiau pren, cerrig a metel, duwiau o ddefnydd marw. Wedyn daeth Duw ei hun, Duw fel haniaeth ac fel bod ysbrydol, a diflannodd y gau-dduwiau. Ond bellach mae'r Duw hwnnw wedi marw hefyd. Dyma'r Duw y mae'n rhaid wrth ffydd i'w amgyffred a'i gydnabod, ond mae'r ffydd honno yn prysur edwino. Gyda marwolaeth y duwiau maen a phren, yr eilunod statig, a marwolaeth y Duw ysbrydol, Duw Cristnogaeth a Duw'r Hen Destament, mae dyn wedi creu trydydd math o dduw, sef, y tro hwn, duw mwy sylweddol, duwiau o gig a gwaed. Dyn, wrth gwrs, yw'r duw newydd hwn. 'Ni dderbyn hyn o ddydd' yw'r llinell allweddol. Dyna'r llinell sy'n angori'r gerdd yn gadarn yn ei chyfnod. Dyma'r cyfnod na allai bellach dderbyn y Duw na fedrai neb ei weld ond â llygad ffydd, na'i deimlo ond trwy gyffyrddiad ffydd. 'Roedd ffydd wedi marw, a ffydd yn unig a gadwai'r Duw hwnnw yn fyw. O ran cystrawen, bron na ellir dweud mai ymadrodd rhwng cromfachau, sangiad o ryw fath, yw tair llinell olaf yr ail bennill, a bod llinell gyntaf y trydydd pennill yn cwblhau'r frawddeg a ddechreuwyd yn nwy linell gyntaf yr ail bennill.

Dyn yw'r duw newydd hwn, dyn yn chwarae Duw. Mae duwiau'n mynd a dod, mân-dduwiau'r byd cyntefig, paganaidd, yn ogystal â Duw ffydd. Dyn, y duw newydd, sy'n rheoli'r byd bellach, ond nid dyn yn gyffredinol, ond arweinwyr dynion, arweinwyr milwrol a gwleidyddol y dydd. Hitler, Franco a Mussolini, dyma'r duwiau newydd. Dyma'r duwiau yr oedd y bobl yn eu haddoli, yn llefain dagrau yn eu gŵydd, yn arswydo rhagddyn nhw. Dyma'r Hitler a addolid gan dorfeydd o filoedd i ble bynnag yr âi yn Yr Almaen. Dyma'r duwiau a allai benderfynu a oedd gan genhedloedd cyfan hawl i fyw ai peidio, ac os nad oedd ganddyn nhw hawl i fyw, 'roedd gan y duwiau hyn y grym a'r awdurdod i'w diddymu oddi ar wyneb y ddaear. Dyma'r duw newydd dychrynllyd.

Mae dyn, felly, yn ddigyfnewid. Erys dyn, derfydd Duw a duwiau. Dyn yw'r hyn sy'n dragywydd, nid duwiau. Mae dyn yma o hyd, ond mynd a dod y mae duwiau. Mae'n 'sefydlog yn ei fryd' nid yn unig oherwydd ei duedd oesol i greu duwiau ond hefyd i greu dinistr a gwae. Mae 'Pagan' yn gerdd ddychrynllyd, iasoer, oherwydd mai cerdd ddychan eironig a chwerw yw hi, nid oherwydd ei bod yn gerdd ddiniwed o fawl i ddyn. Hoelio'r eironi i gof a chalon ac ymennydd, dyna beth yw diben y gyfeiriadaeth emynyddol a chrefyddol. Mae hi'n gerdd ysgytwol o greulon. Dyma'r gwae a fydd gyda ni am byth: awydd dyn i ddileu a dinistrio.

Mae'r gerdd yn nodweddiadol o gerddi'r Tridegau tywyll a chythryblus, yn Gymraeg a Saesneg, ac mewn ieithoedd eraill hefyd, o ran hynny. Un o themâu mawr y cyfnod oedd fod yr hen ffydd wedi marw, a'r hen Dduw Cristnogol wedi marw yn sgîl hynny, a bod duwiau newydd wedi dod i deyrnasu yn lle'r Duw ymadawedig, a bod y diafol, hyd yn oed, wedi dod i deyrnasu yn lle Duw. Mae cerdd fer W. H. Auden, 'Epitaph on a Tyrant', yn sôn am yr eilun-addoli hwn ar arweinwyr y dydd, yr histeria torfol a ddyrchafai rai dynion yn dduwiau:

Perfection, of a kind, was what he was after,
And the poetry he invented was easy to understand;
He knew human folly like the back of his hand,
And was greatly interested in armies and fleets;
When he laughed, respectable senators burst with laughter,
And when he cried the little children died in the streets.

Eironig yw cywair y gerdd hon hithau, a thrwy foli'r gormeswr a'r unben yn y gerdd, mae Auden yn tynnu ein sylw at ddyn brawychus, arswydus. Auden hefyd a ddywedodd, yn '1st September 1939':

... Find what occurred at Linz,
What huge imago made
A psychopathic God ...

Mewn pentref o'r enw Braunau-am-Inn yn ymyl Linz yn Awstria y ganed

Hitler, ac ef oedd y duw seicopathig hwn yn y gerdd. Dyma'r duw newydd a oedd yn hawlio 'the adoration of madmen', chwedl Auden mewn cerdd arall, 'Spain'. Yn 'God the Holy Ghost' gan un o feirdd mwyaf amlwg a mwyaf toreithiog y Tridegau, Ruthven Todd, mae yna dduw o ddyn sy'n fwy o arswyd na'r nadredd sy'n gwarchod ei deml:

> The well-advertised and too-familiar god
> Lived for a long time in the orange grove,
> Seen only by reporters who would brave
> The ten snakes that were his temple-guard.
> As he was news, the papers built his fame,
> Told how he cured with one swift acid glance
> Or, with another, spoiled a sword's menace;

Ac wedyn, ar ôl i'r duw ymddangos:

> ... For a long pause they stood,
> Eyes awed, before fear took them and they ran
> Seeing the snakes harmless and their god a man.

Gan mor amlwg yw'r thema hon yng ngwaith nifer o feirdd y Tridegau, ynghyd â'r thema gyfochrog o golli ffydd, prin fod angen amlhau enghreifftiau.

A 'does dim rhaid i ni fynd y tu allan i'r Gymraeg ychwaith. Yn ôl 'Ar Gyfeiliorn', Gwenallt, 'Y duwiau sy'n cerdded ein tiroedd yw ffortun a ffawd a hap', duwiau gwahanol i unbenaethiaid a militarwyr Williams Parry, ond mae'r ddwy gerdd Gymraeg yn debyg i'w gilydd yn y modd y maen nhw'n croniclo ymchwil dyn am dduwiau newydd ar ôl marwolaeth yr hen Dduw a thranc crefydd, 'Diffoddwyd canhwyllau'r nefoedd a thagwyd yr angylion i gyd' meddai Gwenallt eto yn yr un gerdd. Yn 'Y Byd a'n Blina', galara Alun Llywelyn-Williams am y cyfnod yng Nghymru 'pan oedd y nef yn amlwg o fryn Nebo', ond 'wele'r awron, ar sancteiddiaf dir y saint,/halog a didrugaredd ffeuau'r blaidd'. 'Y gwleidydd lloerig, a'r gwyddonydd euog', chwedl Alun Llywelyn-Williams, yn 'Cofio'r Tridegau', oedd 'awduron ein cancr a'n clwy'. Y rhain hefyd oedd duwiau newydd R. Williams Parry. Mae agwedd Williams Parry at y dyn modern yn hollol amlwg yn y soned 'Rhyfeddodau'r Wawr', a luniwyd ym 1937, flwyddyn o flaen 'Pagan'. Yn y soned honno mae'n dyheu am fyd heb ddynion, ac am wared 'y ddaear o'i wedd a'i sawyr', ac am fynd yn ôl at harddwch natur heb bresenoldeb dynion i lychwino'r prydferthwch hwnnw.

Lluniwyd cerddi Cymraeg eraill yn y Tridegau a chwaraeai â'r syniad
fod dyn wedi creu duw neu dduwiau ar ei wedd ei hun, ac mae'n fwy na
phosib fod cysgod y rhain ar 'Pagan'. Yn rhifyn Gwanwyn 1934 o'r *Llenor*
cyhoeddwyd dwy soned gan Iorwerth C. Peate, 'Duw a Dyn' (a'u hail-
gyhoeddi yn *Y Deyrnas Goll a Cherddi Eraill*, 1947). Dyma'r soned gyntaf,
'Duw wrth Ddyn':

> Pam, ddyn, y creaist fi â'th wamal ddawn,
> Ar ddelw d'ysig gnawd, yn ysbryd chwim,
> A rhoi fy nhrigfan fry yn llysoedd llawn
> Y nefoedd anwel a gynlluniaist im?
> Pa stremp yw hon o blygu glin a phen
> I gysgod diflanedig ar dy lun,
> O godi maen ar faen, ac allor bren
> I'th analluog gread di dy hun?
> Pan ddelych yn dy dro i'r gweryd llwm,
> Ni bydd na lle na llun i'm teyrnas mwy,
> A'm hanfeidroldeb i a'm gallu ynghlwm
> Wrth ffansi oriog eu creawdwr hwy;
> A'm bywyd i, – yr annherfynol dduw! –
> Yng ngafael gwael dosturi pob dyn byw.

Ceir syniadau lled-debyg yn soned Iorwerth Peate ac yng ngherdd Williams
Parry, yn enwedig y syniad fod dyn wedi creu Duw ar ei ddelw ei hun, yn
hytrach na bod Duw wedi creu dyn ar ei wedd ei hun, fod dyn yn addoli
eilunod, ac mai dynion sy'n cadw duwiau yn fyw. Yr un yw byrdwn yr ail
soned. 'Nid oedd it deyrnas gynt cyn dyddiau dyn,/Ni byddi'n atgof wedi
ei fyned, dduw' meddai dyn wrth Dduw, hynny yw, y mae duwiau'n
mynd a dod yn ôl mympwy dynion, a duwiau'n diflannu wrth i wahanol
wareiddiadau a diwylliannau ddiflannu. Dynion sy'n creu Duw a duwiau,
yn ôl Peate.

Amlycach fyth, fodd bynnag, yw'r tebygrwydd rhwng 'Ofn' T. Gwynn
Jones, un arall o gerddi'r Tridegau, a 'Pagan' ('roedd 'Ofn' yn un o'r clwstwr
cerddi *vers libre* cynganeddol hynny a gyhoeddwyd yn ystod 1935-1936
yn *Yr Efrydydd*, ac a gasglwyd yn ddiweddarach yn *Y Dwymyn*, 1944).
Meddai:

> "Onid oes un Duw,"
> meddai'r bardd na fedd ddim o dda'r byd,
> "Yna, bydded un, canys hynny yw bodd dynion;

un onid oes, yna, eu duw
a luniant ar eu delw eu hunain,
a'i ddelw a addolant,
bawb fel y bo ei obaith;
onid oes un Duw, y mae duwiau,
a duwiau od oes, nid oes un Duw."

Dynion yn creu duw ar eu delw eu hunain, ac yn ei addoli, yr un peth
yn union ag a ddywed Williams Parry yn 'Pagan'. Rhan o weledigaeth
apocalyptaidd T. Gwynn Jones yw 'Ofn', ac am ddyn fel dinistriwr a difäwr
gwareiddiad y sonnir:

... ei gwrs fydd amheuaeth ac arswyd;
ni wêl yn un man onid gelyn,
trais a genfydd lle try,
o dir a môr, a'r uchelder maith;
i hwn a'i lu ni bydd wybren las
a'i glaned onid maes gelyniaeth;
yntau a fyn er maint ei fost
fwgwd, neu gell, fel na fygo
o wehynnu ei wenwyn ei hunan.

Yn 'Ofn', gwêl T. Gwynn Jones ddyn yn ei lwyr ddileu ei hun – 'ac â'i dân
ysir holl rwysg dinasoedd/fel na bo ar eu cyfyl un bywyd,/namyn ym-
ddrylliad annhymig' – ac wedyn yn dychwelyd i'w gyflwr cyntefig:

Yntau ei hun yr ennyd honno,
yn hurt yn ei artaith
y dianc o'i foethus deiau,
i lawr i dywyll selerydd
o gyfyl ei gamp i ogofau,
fel anghenfil yng nghynfyd ...

Dyna weledigaeth debyg iawn i weledigaeth Williams Parry yn 'Rhyfedd-
odau'r Wawr', lle dychmygir yr haul yn peidio â chodi, 'a chadw Dyn yn ei
deiau,/Nes dyfod trosolion y glaswellt a'u chwalu'n sarn/Rhag dyfod dra-
chefn amserddoeth fwg ei simneiau'. Perthyn i ganu apocalyptaidd y Tri-
degau y mae 'Pagan' heb unrhyw amheuaeth.

Nid A. E. Housman yw'r 'Pagan' yn sicr. Bardd byrhoedledd a dinodedd
dyn oedd Housman, a 'doedd dyn ddim yn dragywydd mewn unrhyw

ffordd yn ei olwg. Darfodedigrwydd dyn, yn hytrach na thragwyddoldeb dynion, oedd thema fawr Housman, a'r ffaith mai un waith yn unig y genid dynion:

> Now to her lap the incestuous earth
> The son she bore has ta'en.
> And other sons she brings to birth
> But not my friend again.

Mae'n dweud yr un peth yn 'For my Funeral':

> We now to peace and darkness
> And earth and thee restore
> Thy creature that thou madest
> And wilt cast forth no more.

'Roedd dylanwad Housman yn drwm ar Williams Parry, ond yn y gerdd goffa iddo y dangosodd y Cymro ei edmygedd o'r Sais. Ac mae'n rhyfedd nad oes neb erioed, hyd y gwn i, wedi sylwi ar ddylanwad llethol 'The First of May' Housman ar un arall o gerddi llai adnabyddus Williams Parry, 'Ffeiriau'. Sôn y mae Housman yn y gerdd amdano ef a'i gyfeillion yn mynd i ffair Galanmai Llwydlo:

> The plum broke forth in green,
>   The pear stood high and snowed,
> My friends and I between
>   Would take the Ludlow road;
> Dressed to the nines and drinking
>   And light in heart and limb,
> And each chap thinking
>   The fair was held for him.

Cymharer â 'Ffeiriau':

> Pan awn i ffair y Betws
>   Am seiat efo Siôn,
> Mi wyddwn ei fod yntau
>   Yn rhywle ar y lôn ...

ac yn y blaen. Galara Housman nad yr un rhai sy'n cyrchu'r ffair bellach:

Between the trees in flower
New friends at fairtime tread
The way where Ludlow tower
Stands planted on the dead ...

Ay, yonder lads are yet
The fools that we were then ...

Meddai Williams Parry ym mhennill olaf 'Ffeiriau':

Mae'r byd yn dal i heidio
Yn selog i'r Hen Sioe;
Ond nid y rhain sydd yma
Yw'r rhai oedd yma ddoe ...

Ni cheisiodd Williams Parry guddio'i ddyled i Housman o gwbwl. Defn-yddiodd, i bob pwrpas, yr un mesur â Housman hyd yn oed.

Mae dychan ar ffurf mawl yn gallu bod yn broblem. Mae'n hen dech-neg, ond mae'n dechneg sy'n gallu arwain darllenydd ar gyfeiliorn. Fel arfer, mae'r gor-ddweud, y gorfoli, yn ei wneud yn ddigon amlwg mai dychan a fwriedir. Canmolwyd dwy o gerddi John Roderick Rees ychydig flynyddoedd yn ôl gan un o feirniaid mwyaf amlwg Cymru fel cerddi dychan rhagorol. Cerdd i Ronald Reagan oedd un, a cherdd i Margaret Thatcher oedd y llall. Ac, yn wir, onid yw 'Moliant i Ronald Reagan' yn gerdd ddychanol ddeifiol? –

Gwyliwr ar dŵr gweriniaeth yr ugeinfed ganrif
o gaer ei realaeth yn gwarchod tynged dyn;
ddwywaith ar benllanw pleidlais y maith daleithiau
cymerodd ei faich fel Atlas ar ei ysgwyddau ei hun.

Ar ei farch gwyn yn y blynyddoedd apocalyptaidd
y daeth o fachlud ei genedl yn grwsadwr rhydd;
rhoi i'r Gorllewin ruddin wedi'r gwamalu
rhag disgyn o len y fagddu i gymylu'n dydd.

A beth am ddychan miniog y llinellau hyn am Margaret Thatcher?

Yn nydd y gwrthryfel rhoes ddewrfin atalfa
Ar ruthr Gadara Scargiliaeth goch;

Hi a ddiddymodd lywodraeth picedi:
Atal dylif afreswm y strydoedd croch.

Diolch am ferch y groser o Grantham,
Pan aeth hi'n draed moch ar Callaghan a Heath;
Tarianodd yr unigolyn rhag bwlganiaeth
Undebau hunanol yn cyweirio eu nyth.

Ond nid cerddi dychan mohonyn nhw, ond cerddi o fawl dilys. Mae hyn
yn codi'r broblem honno o'r berthynas rhwng y bardd a'i ddarllenydd, a'r
gangen honno a fewn theorïaeth fodern sy'n rhoi cymaint o bwyslais ar
ymateb darllenydd. A oes gan feirniaid hawl i ganmol cerddi John Roderick
Rees fel cerddi dychan grymus, ac yntau'n edmygu'r gwrthrychau y canodd
iddyn nhw? A oes gan ddarllenwyr hawl i roi lliw eu personoliaeth nhw eu
hunain ar ddarn a farddoniaeth, a gweddnewid ystyr a safbwynt y darn
hwnnw yn llwyr? Ac eto, byddai'r rhan fwyaf helaeth ohonom yn tybio
mai cerddi dychan yw'r cerddi hyn gan John Roderick Rees, pe na baem
yn gwybod pwy a'u lluniodd.

Ceisiodd rhai damcaniaethwyr ein harwain i gredu fod pob ymateb yn
ddilys ac yn werthfawr, ond ni all hynny fod. Mae'r sawl sy'n credu mai
cerdd i A. E. Housman yw 'Pagan' yn camarwain darllenwyr, ac yn troi
cerdd gref yn gerdd ddiystyr. Man a man i rywun gredu mai cerdd o fawl i
Edward y Cyntaf oedd marwnad Gruffudd ab yr Ynad Coch i Lywelyn.
Mae'n rhaid parchu cywirdeb a safbwynt gwaelodol y gerdd wreiddiol.
Oddi fewn i'r cywirdeb sylfaenol hwn y daw'r dehongliadau gwahanol, a'r
gwahanol fathau o ymateb. Mae'r methiant i sylweddoli mai cerdd ddychan
yw 'Pagan', ac mai dyn fel addolwr duwiau meidrol yw'r 'Pagan' ynddi, a'r
honiad mai cerdd o fawl i ddyn ac i ddyneiddiaeth yw hi, yn peri fod y
gyfeiriadaeth emynyddol a diwinyddol ynddi yn hollol ddiystyr, ac yn
chwerthinllyd mewn gwirionedd. Mae safbwynt o'r fath yn troi cerdd gref
yn gerdd gyffredin a thila iawn.

'Dydw i ddim yn beio Williams Parry am beidio â rhoi ateb i argyfwng
ei gyfnod. Does dim rhaid ei feirniadu am beidio â thrafod cwestiynau
cymdeithasol a gwleidyddol,' meddai John Rowlands eto.[8] Ond y pwynt
yw mai cerdd *wleidyddol* yn ei hanfod yw 'Pagan'. 'Trwyddo ef y mynegwyd artaith colli ffydd, ac ofni wynebu'r byd sydd ohoni,' meddai drachefn.'[9]
Nid trwy Williams Parry yn unig y mynegwyd y thema hon o golli ffydd

---

8. *Y Patrwm Amryliw*, t. 87.
9. Ibid.

ac ofn wynebu'r byd cyfoes, wrth reswm, ond 'roedd yn un o'r beirdd i roi mynegiant i'r pethau hyn yn ei waith, ac mae'n gwneud hynny yn 'Pagan'. Y Rhyfel Mawr a ddechreuodd dolcio ffydd dynoliaeth yn Nuw, ac erbyn i ni gyrraedd yr Ail Ryfel Byd, 'roedd y thema hon wedi cael ei gwyntyllu'n ddi-ben-draw gan y beirdd. Yn y gerdd 'June 1940' mae Stephen Spender yn sôn am y ffydd a gollwyd rhwng dau ryfel byd, ac fel yr oedd dynoliaeth bellach ar gyfeiliorn, heb yr un seren i oleuo'r ffordd iddi a'i harwain yn ôl i hafan ffydd:

> But the ghost of one who was young and died,
> In the cross-fire of two wars, through the faint leaves sighed:
>
> 'I am cold as a cold world alone
> Voyaging through space without faith or aim
> And no Star whose rays point a Cross to believe in,
> And an endless, empty need to atone.'

Dywedodd Gwenallt rywbeth tebyg iawn o flaen Spender, yn 'Ar Gyfeiliorn':

> Gosod, O Fair, Dy Seren yng nghanol tywyllwch nef,
> A dangos â'th siart y llwybr yn ôl at Ei ewyllys Ef,
> A disgyn rhwng y rhaffau dryslyd, a rho dy law ar y llyw,
> A thywys ein llong wrthnysig i un o borthladdoedd Duw.

Yn ôl y cefndir hwn o fyd ar gyfeiliorn, o fyd heb sicrwydd ffydd bellach i'w gysuro a'i wareiddio, ac o fyd a reolid gan Ffasgiaeth a thotalitariaeth, gan ddynion a addolid fel duwiau, dynion a oedd yn ymddwyn ac yn gweithredu fel duwiau, y mae deall 'Pagan'.

[1997]

DYLAN THOMAS:
'A REFUSAL TO MOURN ...'

Bardd y mae ei safle a'i bwysigrwydd yn newid o genhedlaeth i genhedlaeth bron yw Dylan Thomas. Am rai blynyddoedd yn dilyn ei farwolaeth annhymig fe'i cyfrifid yn un o feirdd Saesneg pwysicaf y ganrif, ond bu sawl adwaith yn ei erbyn o ddiwedd y Pumdegau ymlaen, gyda llenorion fel Kingsley Amis yn ymosod yn hallt arno am ei ddiffyg cynildeb, ei ymhonusrwydd, ei eiriogrwydd a'i ddelweddau gwyllt. 'Roedd Amis yn aelod o'r garfan honno o feirdd a elwid *The Movement*, mudiad a ddaeth i fri yn y Pumdegau, ac a gymeradwyai gynildeb, uniongyrchedd, trefn a symlrwydd mynegiant mewn barddoniaeth. Nid rhyfedd, felly, iddo gollfarnu Dylan Thomas, yn ei nofelau yn ogystal ag yn ei sylwadau ar farddoniaeth.

Mae 'myth' Dylan Thomas wedi tawelu lawer erbyn hyn, ond pery'r dadleuon ynghylch ei safle fel bardd. Mae'r Americanwyr wedi ei fabwysiadu tra bo'r Saeson, i raddau helaeth, wedi ei wadu. Efallai nad yw hynny'n syndod, o gofio mai o America y daeth yr ysbryd arbrofol i mewn i farddoniaeth Saesneg yn ystod degawdau cyntaf y ganrif hon (Pound, Eliot, Wallace Stevens, a.y.b.). 'Roedd Dylan Thomas ei hun yn arbrofol iawn yn ei gyfnod, ac yn drwm dan ddylanwad Swrealaeth yn ei ganu cynnar, cyn iddo symleiddio'i arddull a'i fynegiant wrth dynnu tuag at derfyn ei fywyd ifanc.

Mae'n debyg fod llawer ohonom wedi mynd trwy gyfnod Dylanaidd, ac wedi astudio gwaith y bardd mewn cryn ddyfnder, yn union fel yr ydym wedi darllen gweithiau beirdd unigol eraill yn helaeth ar ryw gyfnod neu'i gilydd. Yn ddiweddar ailddarllenais rai o gerddi Dylan Thomas, ar ôl blynyddoedd helaeth o'u lled-gofio a'u llawn-gofio yn unig, heb eu darllen, er mwyn canfod pa effaith a gâi arnaf erbyn hyn. Mae rhyw ddwsin o gerddi Dylan Thomas wedi bod yn rhan ohonof erioed, 'Poem in October', 'Fern Hill', 'The Conversation of Prayer', 'Elegy', 'Do not go gentle into that good night', 'In My Craft or Sullen Art', ac yn y blaen, ac yn eu plith y mae hon, un o'i gerddi mwyaf anodd, amwys ac annelwig, 'A Refusal to Mourn the Death, by Fire, of a Child in London':

Never until the mankind making
Bird beast and flower
Fathering and all humbling darkness
Tells with silence the last light breaking
And the still hour
Is come of the sea tumbling in harness

And I must enter again the round
Zion of the water bead
And the synagogue of the ear of corn
Shall I let pray the shadow of a sound
Or sow my salt seed
In the least valley of sackcloth to mourn

The majesty and burning of the child's death.
I shall not murder
The mankind of her going with a grave truth
Nor blaspheme down the stations of the breath
With any further
Elegy of innocence and youth.

Deep with the first dead lies London's daughter,
Robed in the long friends,
The grains beyond age, the dark veins of her mother,
Secret by the unmourning water
Of the riding Thames.
After the first death, there is no other.

Gwn mai symudiad y gerdd, cryfder ei rhythm, a apeliodd ataf gyntaf, ond ar ôl i rywun gael ei gyfareddu gan swae mawreddog y gerdd, rhaid i ni ofyn y cwestiwn: beth yw ei hystyr? Dyma ymgais i'w dadansoddi gan un unigolyn, neu'n hytrach, dyma'r modd yr ydw i yn ymateb iddi.

Paradocsaidd yw'r teitl. Mae'r bardd yn gwrthod marwnadu marwolaeth y ferch fach a laddwyd gan un o'r cyrchoedd awyr ar Lundain yn ystod yr Ail Ryfel Byd; mewn geiriau eraill, mae'n gwrthod cydnabod tra-arglwyddiaeth Marwolaeth arnom ni, feidrolion ('And Death shall have no dominion'); yn wir, mae'n gwrthod derbyn ei marwolaeth o gwbl. Ond mae'r gerdd, er gwaethaf ei theitl, yn farwnad yn ogystal â bod yn benderfyniad ystyfnig i beidio â marwnadu marwolaeth y plentyn.

Un frawddeg hir yw'r ddau bennill cyntaf a llinell gyntaf y trydydd

pennill, un gystrawen gymhleth, gymalog, a dyma un o'r nodweddion ym
marddoniaeth Dylan Thomas a enynnai lid rhai beirniaid. Mae absenol-
deb atalnodau yn ychwanegu at y cymhlethdod. Gwneir datganiad yma. Y
brif frawddeg yw 'Never … Shall I let pray the shadow of a sound …' ac
yn y blaen, hyd at yr atalnod llawn cyntaf ar ddechrau'r trydydd pennill.
Dyma, yn fras, yr hyn y mae ei ddweud: Byth … (hyd nes y gall y ddynol-
iaeth chwarae Duw a chreu aderyn, creadur a blodyn, hyd nes y bydd y
tywyllwch yn difa goleuni am byth, hyd nes y bydd y môr yn peidio â
gwingo a baglu yn ei harnais (cymh. 'Though I sang in my chains like the
sea', 'Fern Hill'), ac y bydd yn rhaid i mi ddychwelyd i'r ddaear i fod yn
un â'r elfennau eto … y gweddïaf am y ferch hon, neu wylo amdani
yn nhir galar. Byddai atalnodi wedi bod o gymorth mawr i'r darllenydd.
Yn ogystal â'r diffyg atalnodi hwn, ychwanegwyd at y cymhlethdod gan
gystrawennau anarferol, chwithig, ond yn hyn o beth mae Dylan Thomas
yng ngwir olyniaeth Symbolwyr Ffrainc a Modernwyr Lloegr ac America.
Mae 'the mankind making/Bird beast and flower' yn ffordd ryfedd o
ddweud 'nes y bydd dynol-ryw yn gallu llunio aderyn, creadur a blodyn'.
Cedwir y syniad hwn o Dduw fel crëwr mewn epithedau fel 'Fathering'
ac 'all humbling', Duw fel tad y greadigaeth ac fel yr un sy'n peri inni
ymwyleiddio yn ei bresenoldeb wrth inni sylweddoli ein bychander a'n
distadledd.

Mae 'the round/Zion of the water bead' a'r 'synagogue of the ear of
corn' yn ymddangos yn ddigon dyrys, ond mewn gwirionedd, maen nhw'n
ddigon syml yng nghyd-destun holl farddoniaeth Dylan Thomas. I Dylan,
'roedd natur yn sanctaidd, natur fel crud y creu, tarddle'r Duwdod (cymh.
'And the Sabbath rang slowly/In the pebbles of the holy streams' – 'Fern
Hill'). Yma, fel mewn sawl cerdd arall o'i eiddo, mae'n cyplysu gwrthrychau
crefyddol â gwrthrychau o fyd natur. Mae diferyn crwn o ddŵr, glain o
ddŵr, felly yn deml, a thywysen yn addoldy. Hefyd mae i 'bead', glain,
gysylltiadau crefyddol, sef gleiniau gweddi'r Ffydd Gatholig. 'I must enter
again the round/Zion of the water bead …' meddai, hynny yw, dychwelyd
i'r ddaear, ffynhonnell pob bywyd, i fod yn un â'r elfennau drachefn.
Mae'r bardd, wrth iddo ymdynghedu i beidio â chanu marwnad y plentyn,
yn gwrthod i rith o sŵn, i unrhyw gysgod o sŵn ddod o'i enau ar ffurf
gweddi; mae'n gwrthod colli dagrau ('salt seed' – deigryn) drosti yng nglyn
galar. Mae'r 'salt seed' yn wrtheb o ryw fath: hadau diffaith, anffrwythlon
yw'r hadau hallt hyn, a'r hyn a ddywedir yw mai gweithred ddi-fudd,
gweithred ddiffrwyth a negyddol, yw marwnadu tranc y plentyn, a chyd-
nabod terfynoldeb marwolaeth. Mae gwisgo sachliain, wrth gwrs, yn dynodi
galar, ac ymadrodd sy'n groes i ramadeg yw 'the least valley of sackcloth',

fel y gystrawen wyrdro 'the mankind making/Bird beast and flower'. Mae'r bardd yn gwrthod bod yn y tir galar lleiaf, y tir galar mwyaf dibwys. Yn y trydydd pennill cadarnheir y bwriad hwn i ymwrthod â galaru. Ceir cystrawen anghyffredin arall yma, 'the mankind of her going', hynny yw, ei hymadawiad yn ôl trefn pethau, yn ôl ffordd yr holl ddaear. Nid yw'r bardd yn bwriadu galaru ei hymadawiad trwy ddatgan y gwirionedd dwys, y gwirionedd mai'r bedd yw diwedd y daith (ceir geirio amwys yn 'with a grave truth'). Nid yw'n golygu cablu sancteiddrwydd bywyd trwy ychwanegu at y toreth o farwnadau a geir i blant. Eto mae gan y gair 'stations' gysylltiadau crefyddol, sef y delweddau neu'r darluniau sy'n dynodi'r gwahanol adegau yn nioddefaint Crist, ond mae'r ymadrodd cyfarwydd Saesneg 'Stations of the Cross' yn ymadrodd newydd, anghyfarwydd gan Dylan Thomas, 'Stations of the breath', hynny yw, dioddefaint bywyd yn ei grynswth. Nid yw'r bardd yn bwriadu sarhau bywyd, cablu bywyd, trwy ildio i derfynoldeb angau.

Ar ôl datgan mewn tri phennill ei gyndynrwydd i beidio â chanu marwnad, yn ôl y confensiwn, i'r plentyn, rhoir y rhesymau am yr ymwrthod hwn yn y pennill olaf. Nid marw mo'r ferch ifanc, ond yn hytrach y mae hi'n rhan o drefn ddifarw'r cread, yn rhan o dragwyddoldeb y ddaear. Mae hi'n gorwedd yn ddwfn yn y ddaear gyda'r holl feirwon a fu erioed, ac y mae cenedlaethau'r gorffennol fel clogyn amdani: mae hi'n gwisgo'r ddaear, yn gwisgo meirwon eraill wrth i'w phridd gymysgu â'u pridd. Hefyd gall 'long friends' olygu rhes hir o alarwyr. Mae hi hefyd yn rhan o drefn dragwyddol, adnewyddol, ddiamser y cread ('grains beyond age'), ac mae gwythiennau tywyll y Fam-ddaear o'i hamgylch (afonydd, fel afon Tafwys, efallai). Nid yw afon Tafwys yn marwnadu ei marwolaeth, felly pam y dylai dyn? Mae natur yn ddifarw, ac felly nid oes ganddi achos na lle i alaru, ond mae'r plentyn celain bellach yn rhan o'r drefn dragwyddol hon, yn rhan o anfarwoldeb y ddaear, a dyna pam y gwrthodai'r bardd farwnadu. Mae marwnadu yn gyfystyr â derbyn marwolaeth fel diweddglo terfynol. Mae'r llinell olaf yn bryfoclyd o amwys. Gall olygu, (1) bod marwolaeth yn gwbl derfynol, a (2) mai un farwolaeth yn unig sydd, ac anfarwoldeb yn dilyn yr un farwolaeth honno. Yr ail ystyr yw'r brif ystyr, gan fod yr ystyr honno yn gwbl gyson â theithi meddwl y gerdd. Dylid sylwi hefyd fod 'the *riding* Thames' yn cydio'n ddelweddol wrth 'the sea tumbling in harness'.

Beth yw barn rhywun amdani erbyn heddiw? Ni byddwn yn ei rhoi ymhlith goreuon Dylan Thomas, y deg neu ddwsin o gerddi cwbl-berffaith sydd ganddo. Mae rhai o chwiwiau personol y bardd, a rhai o chwiwiau ei gyfnod, yn ei handwyo i raddau. Mae'r gystrawen aml-gymalog a'r brawddegu hir, diatalnodau yn tynnu oddi wrthi ryw fymryn, ac mae'r sŵn a'r dull o ddweud yn rhoi'r argraff inni, ar ôl ei dadansoddi, fod yr hyn a ddywedir, cynnwys neu fater neu syniadaeth y gerdd, yn swnio'n ddyfnach nag ydyw mewn gwirionedd, oherwydd dull y bardd o gyfleu ei fater. Hynny yw, mae'r gystrawen a'r dull dweud wedi rhoi iddi ryw ddyfnder cyfriniol nad yw, mewn gwirionedd, yn bod ynddi. Efallai mai cryfder pennaf y gerdd yw'r modd y mae'n siantio buddugoliaeth bywyd dros farwolaeth, llafarganu goruchafiaeth bywyd ar angau, gyda rhythmau cyfareddol.

[1993]

PHILIP LARKIN: 'AT GRASS'

Un o feirdd gorau Lloegr yn ail hanner yr Ugeinfed Ganrif, yn sicr, oedd Philip Larkin, a hoffwn drafod un o'i gerddi, er mwyn amlygu cryfder ei ganu a dangos ei ddull o farddoni ar waith. Dyma'r gerdd yr hoffwn ei thrafod:

AT GRASS

The eye can hardly pick them out
From the cold shade they shelter in,
Till wind distresses tail and mane;
Then one crops grass, and moves about
– The other seeming to look on
And stands anonymous again.

Yet fifteen years ago, perhaps
Two dozen distances sufficed
To fable them: faint afternoons
Of Cups and Stakes and Handicaps,
Whereby their names were artificed
To inlay faded, classic Junes –

Silks at the start: against the sky
Numbers and parasols: outside,
Squadrons of empty cars, and heat,
And littered grass: then the long cry
Hanging unhushed till it subside
To stop-press columns on the street.

Do memories plague their ears like flies?
They shake their heads. Dusk brims the shadows.
Summer by summer all stole away,
The starting-gates, the crowds and cries –

All but the unmolesting meadows.
Almanacked, their names live; they

Have slipped their names, and stand at ease,
Or gallop for what must be joy,
And not a fieldglass sees them home,
Or curious stop-watch prophesies:
Only the groom, and the groom's boy,
With bridles in the evening come.

Bardd oedd Larkin a ysgrifennai am Loegr y cyfnod wedi'r Ail Ryfel Byd, Lloegr y Wladwriaeth Les a'r meysydd rasio, Lloegr y gwyliau glan môr a'r carnifál pentrefol, yr hen Loegr a oedd yn chwilio am ei gwreiddiau a'i thraddodiadau ar ôl ysgytwad y Rhyfel. Nid rhyfedd i John Press ddweud amdano:[1]

> Larkin's poems present with a rare accuracy the outward appearance and the social climate of suburban England in the 1950s. His verse is suffused with a compassionate melancholy, a sense of the sadness and the transience of things.

Mae'r gerdd hon yn perthyn i'r corff hwn o ganu. Yn ei gerdd 'Going, Going' mae'n marwnadu tranc y Lloegr hamddenol-wledig honno a oedd yn prysur ddiflannu dan bwysau Cynnydd:

> I thought it would last my time –
> The sense that, beyond the town,
> There would always be fields and farms,
> Where the village louts could climb
> Such trees as were not cut down ...

Mae'r gwareiddiad dinesig yn prysur ddileu bywyd cefn-gwlad, a dyna un o ofidiau mawr Larkin:

> And that will be England gone,
> The shadows, the meadows, the lanes,
> The guildhalls, the carved choirs.
> There'll be books; it will linger on

---

1. *A Map of Modern English Verse*, t. 254.

In galleries; but all that remains
For us will be concrete and tyres.

Bardd cadwraeth a cheidwadaeth ydyw, a châi ei gyhuddo o dro i dro gan feirniaid o fod yn rhy ddof ei agwedd, yn rhy draddodiadol anfodernaidd ei ganu; ac eto, fe'i perchid gan y mwyafrif o feirniaid, ac mae'r parch hwnnw ar gynnydd. Mae Larkin yn enghraifft berffaith o fardd y mae cywreinder a gwychder ei gelfyddyd a chlosrwydd a thyndra diwastraff ei gerddi yn disgleirio drwy bob ffasiwn a rhagfarn. Mae grym parhaol iddo fel bardd ac mae ei gerddi yn fuddugoliaeth bendant i gelfyddyd.

Enghraifft o'r ymosod arno (er bod peth edmygedd ynghlwm wrth y collfarnu) yw'r hyn a ddywedodd A. Alvarez am y gerdd uchod:[2]

> Larkin's poem, elegant and unpretentious and rather beautiful in its gentle way, is a nostalgic re-creation of the Platonic (or *New Yorker*) idea of the English scene, part pastoral, part sporting. His horses are *social* creatures of fashionable race meetings and high style; emotionally, they belong to the world of the R.S.P.C.A.

I raddau yn unig y mae 'At Grass' yn gerdd am geffylau rasio yn treulio eu dyddiau olaf mewn gweirgloddiau. Dyna *bwnc* y gerdd, ond nid dyna'i *thema*.

Yn y pennill cyntaf, mae'r ceffylau hyn yn greaduriaid dinod, disylw, digyffro a diangerdd yn eu hymddeoliad. Prin y gall y llygad eu canfod – maen nhw mor ddinod a disymud â hynna. Yr unig beth sy'n aflonyddu arnyn nhw bellach yw'r gwynt. Byd hamddenol, diddigwydd yw eu byd, ac mae cryfder y ferf 'distresses', sy'n eironig fwriadol, yn pwysleisio undonedd digyffro eu bywydau. Mae un o'r ceffylau yn symud ychydig wrth bori – 'The other seeming to look on' meddai Larkin. Prin fod gan y ceffylau unrhyw ddiddordeb mewn unrhyw beth: bodoli y maent, ac nid byw. Creaduriaid anhysbys, cwbl ddistadl ydyn nhw.

Cyferbynnir yn yr ail bennill rhwng eu cyflwr presennol – diddigwydd, digyffro, cwbl negyddol – a'r bywyd cyffrous, llachar a oedd iddyn nhw bymtheng mlynedd yn ôl ar y meysydd rasio. Bryd hynny, yr oedd eu henwau'n gyfarwydd i bawb, ceffylau chwedlonol ym myd rasio. Mae'r ansoddair 'faint' yn 'faint afternoons' yn golygu dau beth, sef, yn gyntaf, prynhawniau pell yn ôl, atgof wedi'i bylu gan amser, ac, yn ail, prynhawniau tawchog, tesog, annelwig gan drymder haul. Anfarwolwyd y ceffylau hyn mewn paentiadau olew ('artificed/To inlay faded'). Mae'r ail bennill yn goferu i'r trydydd wedyn. Consurir yr olygfa mewn cyfarfodydd rasio ganol haf, gornestau rasio clasurol fel y Derby. Cyfeirir at wisgoedd sidan marchogion y ceffylau hyn, y parasolau ffasiynol yn amlwg ym mhobman, a rhifau'r ceffylau mewn fframiau pren. 'Roedd cri'r dorf wrth wylio'r ras ac wrth i'r ceffylau gyrraedd llinell yr enillwyr fel pe bai'n hofran yn yr awyr ac yn hedfan drwy'r awyr nes cyrraedd y papurau newydd. Ceir cyferbynnu rhwng oerni a gwres yn y tri phennill cyntaf. Yn y pennill cyntaf mae'r ceffylau'n cysgodi mewn cysgod oer ('cold shade'), a sonnir am y 'faint afternoons' a'r 'Squadrons of empty cars, and heat', cyferbynnu rhwng difaterwch ac angerdd.

Dychwelir at y ceffylau yn y pedwerydd pennill A allan nhw gofio'r dyddiau cyffrous hynny? A ydyw'r atgofion hyn yn eu poeni fel y mae'r gwybed yn eu poeni? Efallai eu bod yn enwog yn ystod y cyfnod hwnnw, yn anifeiliaid chwedlonol, ond cysgodion ydyn nhw bellach. Yr unig beth sy'n aros iddyn nhw yw'r gweirgloddiau tawel, digyffro. Er bod eu henwau yn fyw mewn almanaciau, maen nhw wedi gadael yr enwau hynny ar ôl mewn byd nad yw'n bod bellach; maen nhw wedi llithro'n ôl i'w hanhysbysrwydd. Mewn gwirionedd, mae rhywbeth yn drist ac yn orfoleddus yng nghyflwr presennol yr anifeiliaid hyn. Carlamant bellach mewn rhyddid a llawenydd, heb fod yn gaeth i gymdeithas ac i gonfensiynau, ac eto, mae diwedd eu bywydau yn ddiddigwydd, yn ddwys o ddistadl. 'Does neb bellach yn eu gwylio'n rhedeg drwy ysbienddrych, na neb yn amseru eu cyflymdra er mwyn gallu proffwydo eu perfformiad mewn gornestau rasio yn y dyfodol. Yr unig ymyrraeth â'u bywydau yw'r ffaith fod y gwastrawd a'i was yn dod derfyn dydd i'w ffrwyno ar gyfer eu cyrchu i'r stablau.

Cerdd am hynt bywyd yw hon, am ieuenctid a henaint, bywyd a marwolaeth. Cerdd ydyw am fywyd yn darfod, am aros marwolaeth ar ôl i fywyd golli ei gyffro a'i ddefnyddioldeb. Mae'r ceffylau hyn bellach yng nghyfnos eu bywydau ('in the evening come'), a'u hieuenctid ('faint afternoons') wedi hen ddarfod. Ar ôl ieuenctid llawn egni a chyffro, llawn llwyddiant a chyflawniadau, maent yn gorffen yn ddi-nod ac yn ddi-ddim. Y llinell allweddol yn y gerdd yw 'Summer by summer all stole away' – bywyd wedi gwibio heibio. Gaeaf yw hi bellach ('cold shade') – gaeaf bywyd, a'r haf, hafau ieuenctid, yn ddim ond atgof pell ac annelwig. Yn y pen draw, cerdd am ddarfodedigrwydd bywyd, am orthrwm amser ac am anocheledd angau ydyw. Ymddangosiadol rydd yw'r ceffylau hyn. Yn y diwedd fe'u ffrwynir drachefn gan y gwastrawd a'i was. Mae pawb ohonom yn gaeth i farwolaeth.

Mae'r gerdd yn nodweddiadol o artistri Philip Larkin. Bardd tawel,

myfyrgar, eironig ei gywair ydyw. Mae ei linellau yn aml iawn yn ym-
ddangos yn arwynebol o syml, yn ffeithiol o ddiddyfnder. Fel y llinell
dawel honno, llinell hollol ddisylw bron, a geir ganddo yn 'Ambulances':
'All streets in time are visited'. Datgan ffaith seml y mae, ond y tu ôl i
ffeithiolrwydd ymddangosiadol y llinell ceir arswyd ingol. Mae'n crynhoi
ein holl ofnau, ein holl ddychryn, a'n holl arswyd o farwolaeth. Mae'r gerdd
'At Grass' hefyd yn defnyddio un o'i hoff ffurfiau mydryddol, mesur sy'n
arbennig o addas i'w gywair myfyriol a'i dôn bruddglwyfus.

Dywedodd Larkin hyn unwaith am ei nod fel bardd:

> Some years ago I came to the conclusion that to write a poem was
> to construct a verbal device that would preserve an experience in-
> definitely by reproducing it in whoever read the poem.

Yn sicr, y mae 'At Grass' wedi croniclo a chrisialu'r profiad y ceisir ei gyfleu
yn berffaith, a gellir priodoli llwyddiant y gerdd yn hyn o beth i ddefnydd
diriaethol, synhwyrus a manwl y bardd o'i iaith. Ni ellir ond cytuno â dyfarn-
iad Peter Levi arno:[3]

> For all his lucidity, Philip Larkin's poetry is satisfyingly deep. It shim-
> mers with ironies and tensions of feeling, his words are very carefully
> chosen ... There is no doubt about his greatness as a poet.

[1993]

---

3. *The Art of Poetry*, 1991, t. 272.

WILFRED OWEN:
'GREATER LOVE'

Ni fynnwn weld achlysur canmlwyddiant geni Wilfred Owen yn mynd heibio heb roi rhyw fymryn o sylw iddo.

Ganed Wilfred Owen yng Nghroesoswallt ar Fawrth 18, 1893, ar y ffin rhwng Cymru a Lloegr, felly, ac 'roedd ganddo gysylltiadau Cymreig. Yn ôl y traddodiad a warchodwyd gan y teulu, 'roedd Wilfred Owen, ar ochr ei dad, yn ddisgynnydd i'r Barwn Lewis Owen, a benodwyd yn ddirprwy-siambrlen Gwynedd, dan Harri VIII, ac 'roedd yn farwn yn nhrysorlys Caernarfon. Hwn oedd Siryf Meirionnydd ym 1545-6 a 1554-5, a cheisiodd roi terfyn ar Wylliaid Cochion Mawddwy yn y swydd hon. Lladdwyd y Barwn Owen gan y Gwylliaid, fel dial, ar Hydref 11, 1555. Yn blentyn, bu Wilfred Owen ar wyliau yng Nghymru ddwywaith, yng Nglan Clwyd a'r Waunfawr, Caernarfon. Pan oedd yn aros yng Nglan Clwyd, dysgodd rhai o'r plant lleol ychydig o Gymraeg iddo. 'I can count up to 10 in Welsh, & have learnt a few expressions,' meddai mewn llythyr at ei fam. Hawliwyd Wilfred Owen yn fardd o Gymro, yn un o'r Eingl-Gymry, gan sawl beirniad, ond prin fod yr ychydig gysylltiadau uchod â Chymru yn ei wneud yn Gymro. 'Roedd yr Oweniaid wedi croesi o Gymru i Loegr cyn teyrnasiad Fictoria. Ac eto, er nad Cymro mohono, yr hyn sy'n ddiddorol i ni'r Cymry amdano yw ei fod yn defnyddio effeithiau cynganeddol yn ei waith.

Lladdwyd Wilfred Owen yn y Rhyfel Mawr, wythnos cyn y Cadoediad, ar Dachwedd 4, 1918. Ymunodd â'r Fyddin ddiwedd 1915, o'i wirfodd, ond aeth i gasáu'r Rhyfel fel y llusgai hwnnw ymlaen o flwyddyn i flwyddyn waedlyd. Yn Ysbyty Craiglockhart, ar gyrion Caeredin, cyfarfu â Siegfried Sassoon, ym 1917, a daethant yn gyfeillion. Nid rhyfedd hynny, oherwydd 'roedd llawer o bethau'n gyffredin rhwng y ddau: 'roedd y ddau ohonyn nhw yn feirdd, yn swyddogion yn y Fyddin, ac yn ffyrnig yn eu hatgasedd tuag at y Rhyfel. Penderfynodd y ddau wrthdystio yn erbyn y Rhyfel mewn dulliau gwahanol, Sassoon drwy ei gerddi rhyfel chwerw-ddychanol a thrwy wneud datganiad cyhoeddus yn erbyn y Rhyfel, Wilfred Owen drwy ei gerddi ingol-dosturiol, a thrwy ddychwelyd i'r ffosydd i geisio helpu'r milwyr. Penderfynodd Wilfred Owen mai trwy ei gerddi y gallai brotestio orau yn erbyn y Rhyfel, trwy ddatgelu dioddefaint ac aberth y milwyr. Arferai gario lluniau o erchyllterau'r Rhyfel gydag ef pan fyddai ar egwyl o'r Fyddin, rhag ofn y byddai rhywrai yn gogoneddu'r Rhyfel. Y gwahaniaeth mawr rhwng barddoniaeth Owen a Sassoon yw mai barddoniaeth yn erbyn oedd naill, a barddoniaeth o blaid oedd y llall. Collfarnai Sassoon y Rhyfel drwy daranu yn ei erbyn, a'i brif dargedau oedd yr uwch-swyddogion milwrol a'r gwleidyddion; condemnid Rhyfel gan Wilfred Owen trwy ochri â'r bechgyn, ac amlygu eu trueni a'u gwewyr. Trwy gydymdeimlo a thosturio â'r milwyr y collfernid y Rhyfel ganddo.

'Rydw i wedi dewis un o gerddi mwyaf nodweddiadol Wilfred Owen i'w thrafod, ac mae hi'n gwbl nodweddiadol ohono o safbwynt crefft a chynnwys. Dyma'r gerdd i ddechrau:

GREATER LOVE

Red lips are not so red
    As the stained stones kissed by the English dead.
Kindness of wooed and wooer
Seems shame to their love pure.
O Love, your eyes lose lure
    When I behold eyes blinded in my stead!

Your slender attitude
    Trembles not exquisite like limbs knife-skewed,
Rolling and rolling there
Where God seems not to care;
Till the fierce love they bear
    Cramps them in death's extreme decrepitude.

Your voice sings not so soft, –
    Though even as wind murmuring through raftered loft, –
Your dear voice is not dear,
Gentle, and evening clear,
As theirs whom none now hear,
    Now earth has stopped their piteous mouths that coughed.

Heart, you were never hot
    Nor large, nor full like hearts made great with shot;
And though your hand be pale,

Paler are all which trail
Your cross through flame and hail:
Weep, you may weep, for you may touch them not.

Mae'r gerdd hon, heb unrhyw amheuaeth, yn un o gerddi mawr Wilfred
Owen, ac yn un o gerddi mwyaf y Rhyfel Mawr yn ogystal. Mae hi'n gerdd
gymhleth iawn yn ei gwead a'i syniadaeth. Ysgrythurol yw'r teitl, wrth
gwrs, a hynny yn arwyddocaol iawn, fel y ceir gweld. Daw o'r Efengyl yn
ôl Ioan (15:13): 'Cariad mwy na hwn nid oes gan neb, sef bod i un roi ei
einioes dros ei gyfeillion'. Cerdd ydyw am y cariad mwy hwn, am gariad y
milwyr tuag at ei gilydd, tuag at eu gwlad a'u hanwyliaid a'u cydwladwyr,
y cariad a barodd iddynt, yn gam neu'n gymwys, ymuno â'r Fyddin yn lle
eraill a oedd un ai'n amharod i wneud hynny neu'n anghymwys. Cerdd
ydyw am gyflawni'r aberth eithaf yn gwbl anhunanol.

Er mwyn cyfleu gwrhydri, anhunanoldeb ac aberth y bechgyn hyn, ceir
cyferbynnu drwy'r gerdd rhwng dau fath o gariad, y corfforol a'r ysbrydol,
ac er mwyn gwahaniaethu rhwng y ddau fath o gariad a gosod y naill yn
erbyn y llall, defnyddir dwy ffynhonnell gyfeiriadol, un yn llenyddol a'r
llall yn grefyddol. Yn gefndir i'r gerdd y mae confensiwn y canu serch
rhamantaidd, ac mae geirfa ac ymadroddion y canu hwnnw yn eironig frith
drwyddi, ymadroddion fel 'red lips', 'love pure' (yn hytrach na 'pure love',
hynny yw, yr enw o flaen yr ansoddair yn ôl arfer y dull hwn o ganu),
'slender attitude', 'dear voice', 'evening clear' (cymh. 'love pure'), a 'hand
... pale'. Dyna eirfa ac ansoddeiriau ystrydebol y canu serch. Yr hyn y mae
Wilfred Owen yn ei wneud yw cymryd yr arwynebol a'r ystrydebol, a rhoi
arwyddocâd ac ystyr newydd a gwreiddiol iddyn nhw, gan droi'r hyn sy'n
felys ddiniwed yn erchyllter ac yn arswyd.

Mae'n canolbwyntio ar sawl agwedd ar gorff merch, sef gwefusau, llyg-
aid, osgo, llais a chalon a llaw, yn y pedwar pennill, nid er mwyn dangos
gwagedd y confensiwn fel y cyfryw, ond yn hytrach er mwyn amlygu
creulondeb rhyfel. Y gwefusau cochion i ddechrau. Mae Wilfred Owen yn
troi'r hyn sy'n ystrydeb yn greulondeb. Gwefusau cochion gan *waed* yw'r
rhain, ac mae'r gwaed hwnnw wedi ceulo ar gerrig. Mae 'stained stones' yn
gynghanedd, wrth reswm, a'r cytseiniaid yn taro'n galed yn erbyn ei gilydd,
fel gwefusau yn taro carreg. Lliw diniwed, lliw celwyddog, yw cochliw
gwefusau'r canu serch. Mae cochni'r gwaed ar y cerrig yn goch go iawn,
nid yn goch ffug ac ystrydebol. Ni allai cenhedlaeth Wilfred Owen edrych
ar y lliw coch heb gael eu haflonyddu ganddo. 'Hide that red wet/Thing
I must somehow forget,' meddai Ivor Gurney am filwr marw. Ac yn y
pennill cyntaf, nid yn unig y mae cochni'r gwefusau yn pylu o'u cymharu

â gwefusau gwaetgoch y milwyr, mae'r llygaid disglair fel dwy em hefyd yn pylu o'u cymharu â llygaid dall y milwyr. Mae dewrder ac aberth a chariad anhunanol y bechgyn hyn yn filwaith cryfach nag unrhyw gariad corfforol, unrhyw atynfa at harddwch corfforol merch. Cariad bas, arwynebol yw hwnnw o'i gymharu â chariad y rhain. Mewn gwirionedd, mae'n rhoi'r milwyr hyn ar yr un gwastad â Christ, yntau hefyd wedi cyflawni'r aberth eithaf. Mae'r ymadrodd 'in my stead' yn llawn adleisiau a chynodiadau ysgrythurol a chrefyddol gan i Grist farw yn ein lle. Mae'r pennill cyntaf wedi symud o gariad sy'n seiliedig ar atyniad corfforol at gariad mwy ysbrydol ac aberthol.

Ceir yr un patrwm yn union yn yr ail bennill. Y tro hwn troir harddwch osgo a siapusrwydd corfforol yn gorff wedi'i ystumio'n erchyll gan boen ac artaith wrth i'r esgeiriau gael eu gwanu a'u hollti gan fidogau. Mae'r ddelwedd – 'Trembles', 'limbs knife-skewed', gyda'r gyllell yn dynodi'r wialen, a 'Rolling and rolling there' – yn awgrymu cyfathrach rywiol. Troir pleser synhwyrus yn erchyllter arswydus. Unwaith eto symudir oddi wrth y corfforol at yr ysbrydol – o gariad cnawdol at ymadroddion sy'n awgrymu'r Croeshoeliad: 'Where God seems not to care' – Duw yn cefnu ar Grist pan oedd yn dioddef ar y Groes, ac esgeiriau Crist wedi eu cloi mewn marwolaeth – 'Cramps them in death's extreme decrepitude'. Mae awgrym o gynghanedd yma eto: *Cramps/decrepitude*, a'r effaith seiniol yn cyd-fynd â'r ystyr i'r dim.

Canolbwyntir ar y llais wedyn. Yn union fel y mae llygaid dall yn y pennill cyntaf yn pylu disgleirdeb y llygaid byw, mae lleisiau mud y milwyr marw yn fwy hyglyw ac yn bereiddiach na'r lleisiau byw mwyaf soniarus.

Yn y pennill olaf, rhoir tro annisgwyl i ystrydeb y galon sy'n eirias gan gariad ac yn llawn o gariad. Mae calonnau'r bechgyn hyn yn llawn o ddur eirias a bwledi. Yn yr un modd ag y mae cochni'r gwefusau gwaedlyd yn gochni go iawn, ac nid yn gochni ffug, y mae gwelwder dwylo'r milwyr yn welwder go iawn, nid yn welwder ffug. Unwaith eto, symudir oddi wrth y corfforol at yr ysbrydol, oddi wrth y rhamantaidd at yr ysgrythurol: 'Paler are all which trail/Your cross through flame and hail'. Ceir yma ddyrchafu Cristaidd ar y milwyr, nodwedd gyffredin iawn ym marddoniaeth y Rhyfel Mawr, fel y ceisiais ddangos yn y rhagymadrodd i *Gwaedd y Bechgyn*. Mae'r llinell 'Weep, you may weep, for you may touch them not' yn llawn o adleisiau ysgrythurol, wrth gwrs. Mae'n ein hatgoffa am eiriau Crist wrth Ferched Jerwsalem, yn ôl Luc 23:28, '... na wylwch o'm plegid i: eithr wylwch o'ch plegid eich hunain, ac oblegid eich plant', a hefyd am eiriau Crist wrth Fair Fadlen, yn ôl Ioan 20:17, 'Na chyffwrdd â mi' ('touch me not' yn Saesneg). Cofiwn hefyd am Efengyl Mathew (14:36), am y rhai a iachawyd trwy gyffwrdd â gwisg Iesu. Hynny yw, y mae'r milwyr hyn, a gyflawnodd yr aberth eithaf, yn rhy ddilychwin a phur i neb gyffwrdd â hwy, ond mae eironi yn y llinell hefyd, wrth gwrs. Ni ellir cyffwrdd â'r rhain oherwydd nad ydynt yn fyw mwyach.

Llwyddodd Wilfred Owen i gyfleu purdeb ac anhunanoldeb aberth y milwyr trwy ddefnyddio, mewn modd eironig, y confensiwn canu serch gyda'i duedd i ddyrchafu a gorddelfrydu, a thrwy lwytho'r gerdd ag awgrymiadau ac isleisiau ysgrythurol. Er ei fod yn defnyddio'r canu serch rhamantaidd yn ei grynswth, mae gan y gerdd hon gynsail pendant, sef cerdd gan Swinburne, 'Before the Mirror/(Verses Written under a Picture)', fel ag y gwelir o ddyfynnu'r pennill cyntaf:

> White rose in red rose-garden
>   Is not so white;
> Snowdrops that plead for pardon
>   And pine for fright
> Because the hard East blows
>   Over their maiden rows
>   Grow not as this face grows from pale to bright.

Bu farw Wilfred Owen yn 25 oed. 'Roedd wedi cyrraedd mawredd cyn bwrw'i ieuenctid heibio hyd yn oed. Mae'r modd y cyfosododd ac y cydblethodd â'i gilydd ddelweddau tyner, diniwed y canu serch ar y naill law, a delweddau mwy grymus ac arswydus rhyfel ar y llaw arall, er mwyn cyferbynnu rhwng dau fath o gariad a phwysleisio annynoldeb rhyfel, yn brawf digamsyniol fod y Rhyfel Mawr wedi dinistrio un o'r athrylithoedd barddonol mwyaf erioed yn hanes dynion.

[1993]